中国社会发展年度报告

李汉林 主编

2015

中国社会科学出版社

图书在版编目（CIP）数据

中国社会发展年度报告.2015 / 李汉林主编.—北京：中国社会科学出版社，2016.6

ISBN 978 - 7 - 5161 - 7831 - 7

Ⅰ.①中… Ⅱ.①李… Ⅲ.①社会发展—研究报告—中国—2015
Ⅳ.①D668

中国版本图书馆 CIP 数据核字（2016）第 057572 号

出 版 人	赵剑英	
责任编辑	王 茵	
特约编辑	孙 萍	马 明
责任校对	李 莉	
责任印制	王 超	

出　　版	中国社会科学出版社
社　　址	北京鼓楼西大街甲 158 号
邮　　编	100720
网　　址	http://www.csspw.cn
发 行 部	010 - 84083685
门 市 部	010 - 84029450
经　　销	新华书店及其他书店

印刷装订	三河市君旺印务有限公司
版　　次	2016 年 6 月第 1 版
印　　次	2016 年 6 月第 1 次印刷

开　　本	710×1000　1/16
印　　张	37.5
插　　页	2
字　　数	437 千字
定　　价	118.00 元

凡购买中国社会科学出版社图书，如有质量问题请与本社营销中心联系调换
电话:010 - 84083683

目　　录

第一章　可持续发展:世界与中国

一　引论

联合国 2015 年发表了《千年发展目标 2015 年报告》。报告显示，国际社会基本实现了全球极端贫困人口减半、小学教育性别均等，以及无法获取改善饮用水源的人口减半等具体目标，但仍有部分发展目标尚未完全实现。[①] 在接下来的第 69 届联合国大会上，193 个联合国会员国的代表就 2015 年后发展议程达成一致，通过了题为《变革我们的世界——2030 年可持续发展议程》的文件，并由联合国大会提交给 2015 年 9 月举行的联合国发展峰会正式通过，这标志着人类社会第一次就"可持续发展"达成了共识。

中国 2015 年刚刚通过的"十三五规划"中，设定了 2020 年全面建成小康社会的发展规划。其中最重要的发展方针之一就是针对我国现有发展中"不可持续问题"，把"生态环境质量总体改善"作为主要目标之一，设定了"创新、协调、绿色、

[①]　参见联合国开发计划署《千年发展目标 2015 年报告》，http://issuu. com/un-dp‐china/docs/undp‐ch_mdg2015_eng。

开放、共享”的发展理念。①

　　与“十二五规划”中提出的集中在“能量总量和用电总量控制”等绿色低碳发展②的讨论不一样的是，“十三五规划”中对如何治理污染、改善生态环境、发展绿色经济、发展清洁能源产业、转变经济发展方式以及相应的制度调整等给出了更系统的规划和方案，这也标志着中国的“可持续发展”和绿色转型在政策和实践层面有了更系统的整体性规划。

　　“可持续发展”（Sustainable Development），在台湾又常常被称为“永续发展”，是在“增长的极限”的观念基础上发展而来的，在 1980 年世界自然保护同盟发布的报告《世界自然保护大纲》里最早提出。“可持续发展”观念的提出和理论发展都与对传统现代化理论的“经济增长观”的反思、修正甚至颠覆性的讨论密不可分。

（一）“可持续发展观”的滥觞

　　中国可持续发展的观念源远流长，早在春秋战国时代就有对资源“永续利用”的朴素的可持续发展思想。如《孟子·梁惠王上》有“不违农时，谷不可胜食也；数罟不入洿池，鱼鳖不可胜食也；斧斤以时入山林，材木不可胜用也”③之说，主张要遵守自然生态的时节规律耕作，不涸泽而渔，并且要定期封

---

　　①　参见《中华人民共和国国民经济和社会发展第十三个五年规划纲要》，ht-tp://wcwy. ahxf. gov. cn/village/s4newContent. asp? webid = 5264&Class_ID = 76115&id = 2066705。

　　②　参见《中华人民共和国国民经济和社会发展第十二个五年规划纲要》，人民出版社 2011 年版。

　　③　朱熹注：《四书》，吉林文史出版社 2004 年版，第 141 页。

山育林。孔子也主张"钩而不纲，弋不射宿"① （《论语·述而》），说的是钓鱼但不拉大网，狩猎不射归巢的鸟，以保护正在怀孕或产卵期的鸟兽鱼鳖，蕴含着朴素的可持续发展思想。

西方早期的一些经济学家，如马尔萨斯（Malthus，1798，1820）、李嘉图（Ricardo，1817）、米勒（Mill，1900）等②也较早认识到人类的经济活动范围存在着生态边界，指出人类消费有物质限制的问题；西方经济学 19 世纪对林业的研究和 20 世纪初对渔业的研究，也提出并分析了资源类产业的"可持续产量"问题，这些对资源有限及对永续利用的讨论是可持续发展的先导。

现代可持续发展观的形成与人们对环境问题的认识和关注有着重要的关系。1962 年，蕾切尔·卡逊（Rachel Carson）出版了《寂静的春天》，向人类敲响了生态危机的警钟。人口爆炸、土地沙化、资源枯竭、能源危机和环境污染这一切已经使人类陷入了生存的"困境"，也引发了人们对以往习以为常的口号"向大自然宣战""征服大自然"的反思和质疑，唤起了环境保护的意识。20 世纪 60 年代中期以后，随着传统现代化理论提供的"经济增长观"发展模式陆续在一些发展中国家遭到失败，南北差距扩大、收入不均、贫富悬殊、阶级分化的现象反而愈演愈烈，能源短缺、环境污染、人口膨胀、生态恶化等成

---

① 朱熹注:《四书》，吉林文史出版社 2004 年版，第 49 页。

② 参见马尔萨斯《人口学原理》（1798）和《政治经济学原理——由实际应用的观点考察》（1820）；大卫·李嘉图《政治经济学及赋税原理》（1817）；约翰·穆勒（John Stuart Mill）著 *Principles of Political Economy*（1900）。

为全球性的问题，传统的经济发展观①不断地遭到质疑，不少学者开始对现代化理论和单纯经济增长观的发展模式进行反思，积极探索更有可持续性的新的发展道路。发展观经历了从最初的经济发展观，到社会发展观、"以人为中心"的发展观以及"生态主义"的发展观的转变②。在经济发展的同时，社会的可持续性、人文的可持续性和生态的可持续性渐渐被纳入人们的视野。

1972 年，罗马俱乐部③发表了《增长的极限》研究报告，并提出了"增长的极限"观念。报告提出地球是有限的，预言经济增长不可能无限持续下去，因为石油等自然资源的供给是有限的，人类若按现有方式发展下去，人口和工业的增长将会停止，同时罗马俱乐部设计了"零增长"的对策性方案。④ 这

---

① 经济发展观，也称经济增长观，是把发展、进步视同经济增长，换句话说，就是把人均国民生产总值的增长作为社会发展首要的甚至是唯一的目标，这样的发展观也常被称为"增长第一战略"。（童星：《发展社会学与中国现代化》，社会科学文献出版社 2005 年版，第 183 页）

② 参见童星《发展社会学与中国现代化》，社会科学文献出版社 2005 年版。

③ 罗马俱乐部（Club of Rome）成立于 1968 年 4 月，是关于未来学研究的国际性民间学术团体，也是一个研讨全球问题的全球智囊组织，总部设在意大利罗马，主要创始人是意大利的著名实业家、学者 A. 佩切伊和英国科学家 A. 金。罗马俱乐部的宗旨是通过对人口、粮食、工业化、污染、资源、贫困、教育等全球性问题的系统研究，提高公众的全球意识，教促国际组织和各国有关部门改革社会和政治制度，并采取必要的社会和政治行动，以改善全球管理，使人类摆脱所面临的困境。其在 1972 年发表的第一个研究报告《罗马俱乐部》，预言经济增长不可能无限持续下去，因为石油等自然资源的供给是有限的，预测世界性灾难即将来临，设计了"零增长"的对策性方案，在全世界挑起了一场持续至今的大辩论。其相关的理论也被称为"增长极限理论"。

④ 参见［美］德内拉·梅多斯、乔根·兰德斯和丹尼斯·梅多斯《增长的极限》（*Limits to Growth*），李涛、王智勇译，机械工业出版社 2013 年版。

些讨论在全世界挑起了一场持续至今的大辩论,影响力也逐渐从学术界扩散开来。

1980 年美国《呈给总统的公元 2000 年全球报告》大体接受了"增长的极限"这一观念,但是在 20 世纪 80 年代,在新自由主义的强势下,这个观念并未能进入观念的"内化"阶段。到了 20 世纪末,由于新兴国家的迅速发展以及全球环境的持续恶化,这一观念重新又引起人们的审视。

1980 年世界自然保护同盟发布的《世界自然保护大纲》最早提出了"可持续发展"观。在同年三月的联合国大会也向全球发出呼吁:必须研究自然的、社会的、生态的、经济的以及利用自然资源体系中的基本关系,确保全球的可持续发展。[①] 其本质就是将发展与自然保护结合起来,重视代际公平与代内公平。这一观念刚一出现便得到联合国相关组织的支持,在较短的时间内,50 多个国家表示支持这一报告以及"可持续发展"这一观念。

1981 年,美国世界观察研究所所长莱斯特·布朗(Lester Brown)博士出版了《建设一个可持续发展的社会》一书,阐述了能源短缺、环境污染、人口膨胀、生态恶化等全球性问题的严重性,明确提出人类社会必须以可持续发展为唯一选择,并对未来的可持续发展做了具体的描述。1987 年联合国环境与发展委员会发布的报告《我们共同的未来》吸收和发展了"可持续发展"的观念,系统地提出了"可持续发展"战略。1992 年联合国环境与发展会议通过的了《21 世纪议程》等文件,随后

---

① 参见国务院环境保护领导小组办公室《〈世界自然保护大纲〉概要》,《自然资源研究》1980 年第 2 期。

各国通过的相关政策，"可持续发展"的观念作为一种发展战略框架被各国普遍接受。

总结来看，"可持续发展"观对"经济增长论"进行了充分的批判，指明了地球资源的有限性，批判了"经济增长论"下的发展对自然的无限剥夺态度，通过对经济增长观下的发展带来的能源短缺、环境污染、人口膨胀、生态恶化等全球性问题的阐述，彻底撕裂了经济增长观的"增长等同于发展"的谬论，并对如何达到可持续性进行了探讨。经过20世纪70年代和80年代世界范围的讨论，可持续发展的理念作为一种发展观在全世界得到普遍的认同。

（二）"可持续发展"的含义与核心论题

1. "可持续发展"的含义

对于"可持续发展"的定义，迄今有几百种之多，最经典的是，1987年以布伦特兰（G. H. Nrundtland）夫人为首的世界环境与发展委员会在《我们共同的未来》（又称《布伦特兰报告》）的报告中给出的定义。在这个定义中，"可持续发展"被界定为"既满足当代人的需要，又不对后代人满足需要的能力构成威胁与危害的发展"①。

报告在定义的基础上进一步指出，可持续发展包括两个重要的概念，一个是"人类需要"的概念，另一个是"环境限制"的概念。前者尤其指应该优先考虑世界上贫困人民的需求；后者指的是技术状况和社会组织等施加给环境在满足当前和将

---

① 布伦特兰（G. H. Nrundtland）等：《我们共同的未来》（又称《布伦特兰报告》），王之佳、柯金良等译，吉林人民出版社1997年版，第52页。

来需要的能力方面的限制。报告强调,"一个充满贫困和不平等的世界将易发生生态和其他的危机,可持续的发展要求满足全体人民的基本需要和给全体人民机会以满足他们要求较好生活的愿望"①。

这里的"需要"指的是人类生存支持系统,换句话说,可持续发展指出了一个总目标即福利,以及一个总的约束条件即可利用的自然资源。"可持续发展"的提出隐含着对经济的"增长"与"发展"的区别,正如经济学家科斯坦萨等人进一步的解释:"经济的增长在一个有限的星球上不可能无限期地持续下去,经济发展意味着生活质量的改善,而并非必然意味着资源消耗量的增加,因此是可以持续的。可持续增长是不可能的事,但是可持续发展必须成为我们最重要的长期政策目标。"据此,他们从经济的角度丰富了对可持续发展的定义:"可持续发展使动态的人类经济系统与更大程度上动态的、但正常条件下变动更缓慢的生态系统之间的一种关系;这种关系意味着:人类的生存能够无限期地持续;人类个体能够处于全盛状态;人类文化能够发展;但这种关系也意味着人类获得的影响保持在某些限度之内,以免破坏生态协商的生存支持系统的多样性、复杂性和功能。"②

科斯坦萨等对可持续发展的定义进一步地指明了可持续性寻求的是一个动态的在人类总体福利和自然限度间的平衡,要

①　布伦特兰(G. H. Nrundtland)等:《我们共同的未来》(又称《布伦特兰报告》),王之佳、柯金良等译,吉林人民出版社1997年版,第52页。

②　参见 Costanza, Robert, ed., *Ecological economics*: *The Science and Management of Sustainability*, New York: Columbia University Press, 1991。

求发展处理好经济与环境的关系、经济与社会的关系、社会与环境的关系、发展与治理的几组关系。

在对"可持续发展"定义的这些讨论中，渐渐有了一些共识就是，可持续发展是一个多元的综合性的发展概念，除了经济可持续以外，还要考虑生态的可持续性（Ecological Sustainability）、社会的可持续性（Social Sustainability）和文化的可持续性（Cultural Sustainability）①。

2. "可持续发展"的主要议题

在地球资源有限前提下发展的可持续性的诉求里，可持续发展观首先提出的就是人类需要的满足"不能够无限地增长"，在对"经济增长观"的反思、批判甚至颠覆性的讨论过程中，人们重新对"发展"问题的审视构成了可持续发展理论重要的一个议题。

其次，可持续发展观中的"人类的需要"的满足有着追求公平的社会面向，这种公平首先指向不同人群之间发展权力的公平，特别是第三世界国家或民族有别于传统现代化理论的本土化的发展，或者说多元化的"发展"的权力。审视发展中不同人群之间的关系，重新审视不同文化关于发展的"本土知识"，对多元化发展的讨论是可持续发展的重要议题之一。

---

① Holmberg J. & Sandbrook R., "Sustainable Development: What is to be Done?", *Journal of Making Development Sustainable Redefining Institutions Policy & Economics*, 1992. Serageldin I. & Bank W. "Sustainability and the Wealth of Nations: First Steps in an ongoing Journey", *Journal of Sustainability & the Wealth of Nations First Steps in an ongoing Journey*, 1996. Harris, Jonathan M., Timothy A Wise, Kevin P. Gallagher, and Neva R. Goodwin eds., *A Survey of Sustainable Development: Social and Economic Dimensions*, Washington, D. C.: Island Press, 2001.

最后，可持续发展的公平的诉求还指向代际的发展权利的公平，就是说不仅要考虑当代人和当代社会的发展，还要从未来人类和未来社会发展的角度看待发展，这就要讨论到人与自然的"可持续性"。正如美国世界观察研究所所长莱斯特·布朗（Lester Brown）博士在《建设一个可持续发展的社会》一书中描述的一样，可持续发展与以往发展观相比的一个突出特点就是全面研究了人与自然的关系。与以往发展观中强调人对自然的开发和改造不同，可持续发展观强调要改变过去那种人与自然间的对立和"征服"自然的旧观念，要建立人与自然之间和谐统一的新关系，已成为与人类命攸关的抉择。① 可持续发展要求人们重新审视人与自然的关系，提出了生态可持续性的要求。反思"发展主义"基础上的对人与自然的关系的讨论已成为可持续发展的核心论题之一。

总的来看，可持续发展是一个综合性的概念，不只强调经济的可持续性，还要强调社会的可持续性、生态的可持续性和文化的可持续性。相应地，可持续发展有着可持续性、公平性、共同性和多元性的要求，可持续发展问题也常常有着整体性与全球性的特点，可持续发展研究也因此有着跨学科的特征。

二　"可持续发展"主要理论研究及发展

可持续发展对经济、社会、生态和文化可持续性的关注也决定了，可持续发展的研究有着多学科交叉研究的特定，生态

---

① Brown L. R., "Building a Sustainable Society", *Journal of Society*, 1981, 19 (2), pp. 75 - 85.

经济学、环境伦理学、人类学以及科学哲学对于"科学主义的反思"等都对可持续发展理论的发展做出过重要的贡献。在可持续发展观的理论发展中，对现代化理论下追求纯粹经济增长的发展观的反思、对人与人的关系及人与自然的关系的重新定义、对多样化的"本土知识"的重新审视构成了可持续发展的几个核心议题，相应地对这几个问题的相关讨论也贯穿了可持续发展理论的发展过程。

（一）对"经济增长观"的反思

1972 年，罗马俱乐部《增长的极限》研究报告的发表，相应的论说也形成了以丹尼斯·梅多斯（Dennis Meadows）和福雷斯特（I. W. Forrester）为代表的"增长极限理论"。"增长极限理论"的特点是以整个世界作为分析研究的单位，在"增长—资源—环境"的相互关系为内涵的"全球模式"的理论假设下，运用"体系动态学"的分析方法，研究世界人口、工业发展、污染、粮食生产和资源消耗五个因素之间的变动和联系，通过"体系动态学"的分析方法和电子计算机的协助，他们对这五种因素的增长、相互影响的因果关系进行分析并给予量的测量，并据此对世界的发展做预测。梅多斯和福雷斯特通过他们的研究提出了"增长极限预警"，认为这五种因素都有指数增长的特点，如果维持现有的人口增长率和资源消耗速度，那么估计不用到 2100 年，人类社会就会由于粮食不足、资源耗尽和环境的恶化而崩溃。[①]

---

① 参见［美］德内拉·梅多斯、乔根·兰德斯和丹尼斯·梅多斯《增长的极限》（*Limits to Growth*），李涛、王智勇译，机械工业出版社 2013 年版。

"增长极限理论"地球系统的有限性决定了人口和经济的增长一定要有一个限度,技术进步只是延缓了人口和工业增长达到极限的时间,对增长的无限追求势必会导致世界体系的崩溃。因此,增长极限理论认为,为了避免世界体系陷入急剧的不可控的崩溃,人类有必要自觉抑制增长的速率,从而提出了实行"零增长"的发展战略。增长极限理论摒弃了"经济发展至上论",注重认识人类与自然环境的关系,关注现在和未来的发展,对"经济增长论"做出了颠覆性的反思,为可持续发展观的产生做了理论上的铺垫。这些观点在它同期或稍后的人类学作品里得到了有力的佐证。

对传统的现代化理论和发展主义的反思中,不得不提到人类学的研究。一方面,在"发展阶段论"背后的学理假设正是人类学建构的"社会进化论","社会进化论"提供了衡量和分析发展程度的标尺和框架;但另一方面,20世纪以来人类学的各个理论流派如文化唯物主义、文化相对论、新进化论、结构功能主义和后殖民主义学说等也在反思、修正、批判甚至颠覆社会进化论的思潮中发挥了非常重要的作用。

如萨林斯(Marshal Sahlins)在他的著作《石器时期的经济学》(Stone Age Economics)中,对家户式生产方式的研究发现大半的部落社会从技术上本来可以达到较高的生产量,但是家户为单位的生产量远低于这个水平。所谓生产是为了获得最大利益,把资产当作财富越多越好的观点,只是现代资本主义社会的产物,并不适用于原始社会的采猎部落。对于终日迁移的采猎部落来说,资产只会变成负担,人生的终极目标绝非不断积累物质财富,而是获得不用背负沉重包袱的流动自由。①

又如博厄斯(Franz Boas)对夸求图印第安人(Kwakiutl Indians)夸富宴(Potlatch)的研究发现,在夸富宴仪式上,主人当众展现他的财富或者毁坏他的财富,并举行盛大的宴会、进行慷慨的馈赠。夸富宴中,财产的积累和消费观念并不是按照物质商品的供需关系,而是一个几乎无限制的要求。这个要求不是物质商品本身的生产和消费的满足,而是非物质的声望和社会地位。②

财富的增长并不一定带来社会的发展或幸福,"增长"并不代表着"发展","经济增长观"被解构后,人们也开始认识到传统的国民经济核算指标 GNP(及 GDP)在测算发展的可持续性方面存在明显缺陷,从 20 世纪 80 年代开始,一些国际组织及有关研究人员也开始致力于定量衡量一个国家或地区发展的可持续性指标的探寻。

(二)"多元化"与"另类发展"的讨论

"发展主义"的恶果不只是对生态环境的破坏,更有着对"生计方式多样性"和"生活方式多样性"的破坏,以及"文化多样性"的破坏。

人类学家阿帕杜雷(A. Appadurai)曾引用印度西部一个叫瓦迪(Vadi)农村的案例,分析现代化农业知识系统对农村带来的消极影响,他指出这些消极影响不只是在物质上的,还有

---

① 参见萨林斯《石器时代经济学》,张经纬、郑少雄、张帆译,生活·读书·新知三联书店 2009 年版。

② 庄孔韶主编:《人类学课本》,山西教育出版社 2002 年版,第 107 页。

对社群文化生活的破坏。瓦迪农村传统上用皮水桶汲取井水,从事农业耕作,并且由于资源匮乏,农民大多要分享水井和作为动力的耕牛,这是维系社群共同生活的一个重要基础。可是现代化电力科技引入瓦迪之后,电力汲水方法逐渐取代了畜力汲水,同时也取代了农民畜力汲水基础上的合作生活方式,结果不仅是降低了大部分并不富裕的农民承担风险的能力,更导致瓦迪合作互助的生活价值的解体。阿帕杜雷更进一步指出,虽然现代科技农业会催生出新的社群合作方式,但这种新的合作只是策略性和工具性的,而并非像原有的那样是一种强调合作互助的生活价值。[①]

现代化的发展的知识在传统农业社区中运用,不仅改变了生产手段,同时也改变了社会的组织方式和社群的知识、价值,文化的可持续性也在发展的过程中受到挑战。然而在这一过程中,"土著"人民却并没有真的摆脱贫困,反而打破了本土的自给自足的经济生活和社会平衡,越来越陷于困顿。同时另一方面,人们发现一些看似"不发达、欠发展"的地区,却有着很高的幸福指数,比如印度的喀拉拉邦。根据阿马蒂亚·森的研究,以农业经济为主的喀拉拉邦,1987 年的 GDP 为 1000 美元,比印度平均水平低 200 美元,是美国人均 GDP 的 1/26,按经济标尺看是标准的欠发达地区,然而喀拉拉邦在健康、教育和其他社会因素上却远远高于印度的平均水平,甚至超过了一些高收入国家。喀拉拉邦保持着很低的婴儿死亡率,人均寿命为 72 岁,比印度平均寿命多 11 岁;邦内实行全面义务教育,识字率

[①] 参见阿帕杜雷《印度西部农村技术与价值的再生产》,载许宝强、汪晖主编《发展的幻象》,中央编译出版社 2001 年版,第 205—244 页。

为90%，居民教育程度接近新加坡和西班牙的水平；该邦有大量伊斯兰教徒和基督教民众，可是很少有大的宗教冲突。[①]

人类学家弗兰克（Franke, R. W.）在喀拉拉邦的研究进一步表明，以资源再分配而非经济增长为重点的发展模式在实践中卓有成效、广受欢迎。由于当地政府注重改善乡村基本设施（如学校）和提高社会服务质量，喀拉拉邦广大乡村的人居环境条件远远优于印度的其他地区，所以尽管喀拉拉邦的 GDP 低于印度的平均水平，普通居民特别是穷人的物质条件却在稳步改善之中。[②] 正如威尔金森（R. G. Wilkinson）指出的，国家的富足不一定意味着最健康的社会，而社会越健康，收入分配越均衡，社会的整合度越高，国民的生活品质才有可能越高。[③]

如阿马蒂亚·森所强调的，发展不能被定义为产值的增加，或者知识消费水平、健康和教育的量度，而应该是可行能力的扩增。而"可行能力"指的是这个人有可能实现的、各种可能性的功能性活动组合。因此，可行能力是一种自由，是实现各种可能的功能性活动组合的实质自由。[④] 实现这样的自由最重要的是"多样性世界中的文化自由"[⑤]，而发展多元化的探索不得不提到"另类发展"的讨论，以及人类学关于"本土知识"和

---

① 参见 Sen, Amartya, *On Ethics and Economics*, New York: Basil Blackwell, 1987.

② 参加 Franke, R. W., *Life is a little better: Redistribution as a Development Strategy in Nadur Village, Kerala*, Boulder: Westview Press, 1993。

③ 参见 Wilkinson, R. G., *Unhealthy Societies: The Afflictions of Inequality*, New York: Routledge, 1996。

④ 阿马蒂亚·森（Amartya Sen）：《以自由看待发展》（*Development as Freedom*），中国人民大学出版社 2002 年版，第 62 页。

⑤ 同上书，第 247 页。

多元化发展的研究。

1997 年，弗朗索瓦·浩达（Francois Houtart）和萨米尔·阿明（Samir Amin）发起成立了"另类实践世界论坛"（World Forum for Alternatives），努力推动对主流制度的批判和分析，对另类理论和实践的谈说和推广。1999 年，他们参与策划了"世界社会论坛"（World Social Forum），与"世界经济论坛"同时召开，以对抗"世界经济论坛"的只讲经济利益的强国逻辑。2003 年开始，每年出版《抵抗的全球化》文集，邀约全球各地的公共知识分子撰文，既介绍和反思各地的运动经验，也寻求思想的汇聚和交锋。① 这三个平台对推进各国知识分子和社会运动的联结起到非常大的作用，"另类发展"的实践和研究也在热烈的对话和交流中很快发展起来。"另类发展"下的实践和研究对百多年来试图突破资本主义体制的各种尝试进行了回顾和反思，也介绍了浩瀚的另类发展个案，并提出了另类发展的本土知识，做出了建构"亚非拉"视野的宝贵尝试，② 对发展多元化的讨论贡献良多。

人类学因为其文化观的整体论（Holistic Perspective）和"文化相对论"（Cultural Relativism）的多元视角，以及人类学研究中多元的策略和方法，一直对非西方世界的"本土知识"有着重要关注。在《大转型》中，卡尔·波兰尼（Karl Polanyi）更揭示了市场经济只是资本主义社会的特殊产物，社会并不是

---

① 参见萨米尔·阿明、弗朗索瓦·浩达、伊格内西奥·拉蒙内特《单极世界中的蓬勃社会运动》，载刘健芝、萨米尔·阿明、弗朗索瓦·浩达主编《抵抗的全球化》，人民文学出版社 2009 年版。

② 参见刘健芝、萨米尔·阿明、弗朗索瓦·浩达主编《抵抗的全球化》，人民文学出版社 2009 年版。

一定要按照市场的需要来组织的，经济制度从来都是嵌入在社会之中的。波兰尼指出除了为利润而进行的市场交换外，人类社会还有互惠（Reciprocity）和再分配（Redistribution）的经济行为方式，人类的经济行为深嵌在社会网络里。波兰尼反对无节制的自由市场，主张通过诉诸民主政府、福利国家和保护性立法来遏制自我调节的市场的破坏性。[①] 在这些思想基础上发展而来的团结经济学成为很多另类发展的理论支撑，因为其更关注整体的经济体系，更易超越局部利益，易于避开资本主义的陷阱，为多元化发展的讨论提供了重要的贡献。

正是在这些研究的影响下，在 21 世纪之初联合国改变了以往"增长为先"的发展模式，而把"人文发展"纳入一项重要政策主旨，在发展中纳入对文化生存发展的人文关注，把对人类福利的投入，包括健康、教育和人身安全的人类福祉的全面改善作为社会发展的核心。联合国教科文组织（UNESCO）在 2001 年关于《文化多样性全球宣言》中，更是把文化作为与经济、生态和社会并列的发展四大支柱之一。而本土化的发展经验和知识也成为可持续发展多元化重要的文化依托。

（三）"科学主义"的反思及"人与自然的关系"的重新思考

《寂静的春天》一书的出版引发了公众对环境问题的注意，促使环境保护问题提到了各国政府面前，也掀开了生态主义对科学技术批判的帷幕，人类将生态问题郑重地提上了议事日程。书中，卡逊根据大量事实科学论述了 DDT 等农药对空气、土

---

① 参见卡尔·波兰尼《大转型：我们时代的政治与经济起源》，冯钢、刘阳译，浙江人民出版社 2007 年版。

壤、河流、海洋、动植物和人的污染，以及这些污染的迁移、转化，从而警告人们：要全面权衡和评价使用农药的利弊，要正视由于人类自身的生产活动而导致的严重后果。[①] 卡逊不仅威胁到了生产 DDT 的化学公司的利益，也威胁到了人们习以为常的科学主义意识形态。

科学主义自然观是建立在决定论、机械论、还原论的牛顿经典物理学模式的自然观之上的，它将自然看成一座遵从单一规律的运转精良的钟表，人可以洞悉其全部规律，并对它拥有无上的权力，可以无限地开发和索取。在这种机械的自然观下，科学技术的负面效应被认为只是偶然的、可以避免的、可以克服的，[②] 卡逊的《寂静的春天》揭露了这种观点的荒谬及后果。正如田晓强指出的，人必须重新考虑人与自然的关系。[③] 而古老的自然哲学将重新复活，在生态哲学中得到延续，并对当代生态运动产生了深刻的影响，并将批判的矛头直接指向了科学技术本身。他们对科学主义提出了直接的质疑，指出科学技术尽管带来了地球上表面的繁荣，却严重破坏了地球生态系统的稳定性和有序性，而这种破坏对人类的生存发展是根本的、不可恢复的破坏。科学技术创造了现代物质文明，却又为毁灭文明提供了高效手段，对绿色革命的反思和研究集中体现了对"科学主义"的反思。

1. 绿色革命

现代化对传统社会的冲击，并不仅限于现代技术的运用，更重要的是与技术运用相关但完全不同的跨区域甚至跨国的市

①　参见蕾切尔·卡逊《寂静的春天》，舒新译，北京理工大学出版社 2014 年版。
②　参见田松《警惕科学》，上海科学技术文献出版社 2014 年版。
③　参见田晓强《再论反科学思潮》，《江汉论坛》2005 年第 5 期。

场体系的强大力场。"绿色革命"就是最为突出的一个例子。"绿色革命"是20世纪中期以"科学种田"为名推出的一系列农业变革，宗旨是传授有关高产作物品种、化肥和农药以及各类农业机械设备的知识和技术，实现在世界范围内（尤其是社会主义阵营以外的欠发达地区）消除饥荒和贫困的终极目标，然而却演变成国际开发组织、政府、科技和产业界合力介入第三世界农业生产过程最为彻底、最富争议的一次发展的实验。在进行绿色革命农业实践的多数地区，高产的杂交品种和机械化耕种技术，确实明显增加了谷物产量，但与此同时，世界范围的饥饿问题并没有解决，还带来了土地板结、环境污染、生物多样性的破坏等诸多生态问题，以及新的食品安全问题、粮食安全问题以及贫富差距加大等社会问题。

　　人类学家德沃特（De Walt）在绿色革命得到大力推广的墨西哥乡村的田野调查发现，采用农业新技术而实现的作物丰收，不过起到了为家禽和畜牧业增加饲料来源的作用而已。他的研究表明，墨西哥谷物年产量的半数以上都是用来喂养生猪、肉鸡和肉牛羊，也就是买不起肉的穷人并非绿色革命的受益者。由于贫富差距的加大，绿色革命的扩张反而使有能力购买肉食品的消费者人数逐年递减。德沃特的结论是农业绿色革命带来的商品化和产业化趋势，只能进一步拉大墨西哥农村原来就存在的贫富差距，而食物、能量和劳动力并未得到充分利用，导致农业发展停滞不前。① 斯科特在《弱者的武器》一书中细致

---

　　① 参见 Dewalt, Bille R., Marths W. Rees & Arthur D. Murphy, *End of Agrarian Reform in Mexico: Past Lessons Future Prospects (Transformation of Rural Mexico)*, Oakland: University of California Press, 1994。

考察了农业绿色革命在马来西亚乡村社会造成的传统道义经济的崩溃，以及地主群体和失地失势的弱小农户权力关系的失衡和由此带来的后果。[①]

在动植物基因工程领域的一系列变化，尤其是近年来转基因（GM）作物和生物技术在全球各地的传播，更是把生物多样化推入了危险境地。全球知名的化学公司孟山都公司（Monsanto）是生物技术和基因作物的主要推广者，多年来一直鼓吹生物科技的优越性，并企图以此来替代耕犁、除草和留种等传统农业技术，来增加作物产量和实现农业现代化。"在工业文明的社会中，资本增殖成为社会行为的核心意图。科学及其技术也首先是为资本增殖服务的。"[②] 在转基因食品安全性没有被证实的情况下，孟山都公司通过收买科学家和一些发展中国家的官僚代理人在南美洲等发展中国家大面积推广转基因农业，已经有二十多年的历史。

以阿根廷为例，转基因农业彻底改造了这个国家的农业经济。20 世纪 70 年代，在债务危机之前，大豆在这个国家的农业经济中微不足道，种植面积仅有 9500 公顷，但是随着转基因农业在阿根廷的"大豆革命"，到 2004 年，阿根廷的转基因作物种植面积达到了 3400 万英亩，[③] 土地被大片的转基因大豆所占据，阿根廷成为有名的"粮仓"和"肉库"，可是转基因农业

---

① 参见 Scott, James C., *Weapons of the Weak: Everyday Forms of Peasant Resistance*, New Haven: Yale University press, 1985。

② 参见潘杰、刘健芝、田松合著《饮食、健康与生态文明》，《绿叶》2015 年第 4 期。

③ 参见 Leguizamón, Amalia, "Modifying Argentina: GM soy and socio - environmental Change", *Geoforum*, 2014, Volume 53, pp. 149 - 160。

却并没有带给阿根廷"富裕"，反而带来了灾难。

　　在阿根廷，农作物农药喷洒量从 1990 年的 900 万加仑至今天的 8400 万加仑已增加了 9 倍，然而，在这个南美洲国家存在着各种无视法规现象，使人暴露在危险中。这些滥用的化学品污染了家园、教室以及饮用水，医生和科学家均提出警告说，不受控制的喷涂将会在全国范围内引起严重的健康问题。阿根廷官方公布的生活在贫困线之下的人口比例从 1970 年的 5%上升到 1998 年的 30%，而到了 2002 年，又激增至 51%。以前在阿根廷闻所未闻的营养不良现象，到 2003 年上升到约占 3700 万总人口的 11%—17%，阿根廷被称为"全球第一个被转基因毁灭的国家"。[①]

　　"绿色革命"在绝大多数发展中国家和地区的实施过程中，并没能满足普通农民的需求，而是供肥了那些化肥供应商、稻种供应商、农用机械设备制造商和营销商以及农业大户。"绿色革命"并没能消除饥荒和贫困，反而带来了新的社会危机。普通的农民却由于放弃了传统的自给循环的耕作方式，越来越依赖于提供化肥、种子和机械设备等的大型农业企业，陷入灌溉用水、农药化肥等农资生产不断增加的漩涡[②]。麦克·波伦（Michael Pollan）《杂食者的两难》也揭示了绿色革命带给墨西

---

　　① 参见 Leguizamón, Amalia, "Modifying Argentina: GM soy and Socio – environmental Change", *Geoforum*, 2014, Volume 53, pp. 149 – 160. 和 Hackney M E, Kantorovich S, Earhart G M., "A Study on the Effects of Argentine Tango as a Form of Partnered Dance for those with Parkinson Disease and the Healthy Elderly", *American Journal of Dance Therapy*, 2007, 29（2），pp. 109 – 127。

　　② 参见 Scott, James C., *Weapons of the Weak*: *Everyday Forms of Peasant Resistance*, New Haven: Yale University press, 1985。

哥人另一个重大的变化就是当玉米种子变化后，随着生物多样
性的消失，造成饮食结构的变化和免疫能力的丧失和各种流行
病的兴起[1]。

　　在后绿色革命时期，农业领域发生的极速的商品化和机械
化带来了更多始料未及的负面效应。其中最严重的是农业公司
和企业成为新的污染源头。作为农业机械化生产的主要力量，
农业公司和企业必须依赖化石燃料、化肥、大片的耕地和杀虫
剂等有毒物质来维持日常运行，达到增产增收的终极目的。[2] 这
种由大企业主导和垄断的农业生产模式，从发达国家推广到第
三世界的广大农村地区，在墨西哥、印度和印尼等绿色革命的
重点区域，农业机械化生产需要的燃料、化肥、农药、种子的
昂贵开支使农民陷入对资本的依赖、农业公司的控制和农业贷
款等恶性循环之中，而化肥、有毒的除草剂和杀虫剂的大量使
用则成为新的环境污染源。

　　正如潘天舒所总结的，"绿色革命"改变了许多第三世界国
家和地区的农业结构、饮食方式，甚至生态形貌和社会形态，
其引发的振荡不仅让世人意识到在推介新技术过程中维护社会
公平均衡的必要性，而且还将进一步促发对农业的企业化经营
和生态效应的思考。[3]

---

　　① 参见麦克·波伦（Michael Pollan）《杂食者的两难》，邓子矜译，新北市：大
家出版社（台湾）2012年版。
　　② 参见徐文丽《墨西哥绿色革命研究（1940—1982年）》，博士学位论文，南
开大学，2013年。
　　③ 参见潘天舒《发展人类学概论》，华东理工大学出版社2009年版，第172—
173页。

2. 对"科学主义"的机械论世界观的反思

"科学主义"成为资本的帮凶,是很多现代灾难的开始。转基因问题是这样,核与氟利昂等的应用也是这样。当年核技术被用于发电的时候,一定也没有料到会在切尔诺、在福岛引发这样的核灾难;人们当年在欢呼氟利昂可用作制冷剂的时候,也一定没有预料到今天氟利昂的大量使用对臭氧层造成了并且仍然继续施加着破坏。[①] 一场场"科学主义"下人为的灾难不断地提醒着人们"科学及其技术是否注定给人类造福,早已成了问题"[②]。

对"科学主义"的反思引导着人们重新思考"人与自然的关系",从认识论的角度思考发展的可持续性问题。其中比较突出的是生态中心主义与"大地伦理"的提出。

生态中心主义 (Ecocentrism) 是环境伦理学的一种研究视角。它提出环境伦理学的中心问题应该是生态系统或生物共同体本身或它的亚系统,而不是它所包括的个体成员。生态中心论的根据是,生态学揭示了人类和自然的其他成员既有历时性(时间过程)也有共时性(同一时间)的关系,他们共同是生命系统的一部分。因此,我们应该考虑整个生态系统,而不是把个体于其中的母体与个体分隔开。而"大地伦理"作为非人类中心主义中较为"激进"的环境伦理观念,其提倡者阿尔多—利奥波德 (Aldo Leopold) 认为,大地伦理使人类的角色从大地共同体的征服者变为其中的普通的成员和公民。它蕴含着对它的同道成员的尊重,也包括对共同体的尊重。大地伦理扩

---

① 张坤民:《可持续发展论》,中国环境科学出版社1997年版,第6页。
② 田松:《警惕科学》,上海科学技术文献出版社2014年版,第24页。

展了共同体的边界，使它包括土壤、水、植物和动物，或者由它们组成的整体：大地。也因此，大地伦理反映了生态良心的存在，依次反映了个体对大地健康的义务的确信。① 利奥波德认为包括无生命的自然在内的整个大地，都应获得人类的尊重。

　　传统的人类中心主义，无论是传统的、未经修正的人类中心主义还是修正的人类中心主义都是以人为本的，行为的出发点是以人为中心的。虽然现代的人类中心主义表面看来已经开始重视保护自然环境，但这仍是人类为了自身的生存和长远发展而做出的选择。人们的行为目的是为了更好地向自然索取，为了长久地开采，为了人类自身利益。生态中心主义（非人类中心主义）与人类中心主义的不同在于：生态中心主义将人视为与自然平等的存在，或是认为人是自然演化发展的产物，人不能离开自然而生存、发展，是作为自然的一部分而存在，人与自然应该和谐共处，共同发展。非人类中心主义或生态中心主义则尊重自然自身发展，认为自然有其内在价值，这种平等观念，则超出了传统的机械论世界观的狭隘眼界，是人类在人与自然关系上的一种新的认识境界。同时，生态中心主义是一种整体论的或总体主义的方法，它依据对环境的影响判断人类行为的道德价值。因此，当其他方法力图把传统的西方道德规范扩展至关于动物和环境问题时，生态中心主义力图建立一种新的伦理模式，"土地伦理学"和"深层生态学"是这种倾向

---

　　① 参见 Leopold, Aldo, *A Sand County Almanac*, New York: Oxford University Press, 1949。

的最重要的代表。①

　　生态中心主义者应对的主要问题是如何把环境的利益与人类个体的权益相协调，并通过改变传统的机械的世界观、价值观，从而对人们的经济行为、消费方式发生影响，从而促成对环境的改善。生态运动和对科学主义的这些反思，使科学技术更注重人的发展，关注人和自然的协调发展，这不仅使科学精神和人文精神得以合一，也使科学伦理、技术道德和科学技术的价值评判受到人类的重视，这一切都对可持续发展观提供了重要的认识论基础。

（四）可持续发展测量的指标体系

　　在可持续发展理论体系逐步完善的过程中，定量评价的指标体系和评价模型一直有着全球范围的广泛关注和探讨。如前文所述，随着对经济增长观的反思，研究者很早就发现 GDP 的增长并不与国家福利的变化密切相关。② 在 1992 年的《21 世纪议程》里，对传统的国民经济核算指标 GNP（及 GDP）进行了反思，指出了 GNP（及 GDP）在测算发展的可持续性方面存在明显缺陷，并提出了发展新的定量衡量一个国家或地区发展的可持续性指标体系的需要；1992 年联合国环境与发展大会后，建立"可持续发展指标体系"被正式提上国际可持续发展研究

　　① 参见陈伟华、杨曦《世界观的转变：从人类中心主义到生态中心主义》，《科学技术与辩证法》第 18 卷第 4 期，2001 年 8 月。

　　② 参见［美］梅多斯，德内拉、兰德斯，乔根和梅多斯，丹尼斯：《增长的极限》（*Limits to Growth*），李涛、王智勇译，机械工业出版社 2013 年版。萨林斯：《石器时代经济学》，张经纬、郑少雄、张帆译，生活·读书·新知三联书店 2009 年版。Sen, Amartya, *On Ethics and Economics*, New York, N.Y.: Basil Blackwell, 1987。

的议事日程;联合国可持续发展委员会 (UNCSD) 也于 1995 年正式启动了"可持续发展指标工作计划 (1995—2000)"。迄今为止,比较有代表性的指标体系主要有以下几种:联合国开发计划署 (UNDP) 在 1990 年 5 月于《人类发展报告》中公布的人文发展指数 (HDI);1995 年由联合国可持续发展委员会及联合国政策协调与可持续发展部 (DPCSD) 牵头,联合国统计局 (UNSTAT)、联合国开发计划署、联合国儿童基金会 (UNICEF) 和亚太经社理事会 (ESCAP) 参加提出的可持续发展核心指标框架;世界银行 1995 年首次向全球公布的"扩展的财富"指标 (真实储蓄率);戴利和柯布 (Daly & Cobb) (1989) 的"可持续经济福利指数" (ISEW);柯布等的"真实发展指标" (GPI);1997 年,罗伯特·普瑞斯科特亚伦 (Robert·Prescott - Allen) 提出的"可持续发展晴雨表" (Barometer of Sustainability) 模型;还有生态学角度的生态足迹 (Ecological Footprint) 模型等。这些指标体系有综合涵盖可持续发展涉及的社会、经济、环境和制度等四维问题的系统性指标体系,也有主要侧重于一个方面可持续发展评估的指标体系,有社会发展类指标、经济发展类指标、生态环境类指标和制度类指标等。[1]

1. 基于经济学理论建立的可持续发展评价指标体系

经济学理论视角的可持续发展评价指标倾向于用货币的形式对自然资源存量或人类活动所造成的生态破坏进行评估测算,使用统一的价值尺度对经济、社会、资源和环境等要素进行度

---

[1]　参见 Zhang Zhi - qiang, Cheng Guo - dong, Xu Zhong - min, "Review of Indicators and Methodology for Measuring Sustainable Development and Their Applications", *Journal of Glaciology and Geocryology*, 2002, 24 (4), p. 345。

量。其主要代表有世界银行的"扩展的财富"指标（即真实储蓄率）、绿色净国内生产总值、绿色 GDP 指标等①。

1995 年，世界银行开始监测环境可持续发展的试验性工作，对传统的资本概念进行了创造性的扩展，试图通过测量自然资源（自然资本）、生产资产（人造资本）、人力资源（人力资本和社会资本）等来测量国家的财富和可持续发展能力随时间的动态变化。"财富"的概念从自然资本和人造资本扩展到包含人力资本和社会资本。人所具有的健康、技术、知识存量可用于投资、提高或获得稳定的生产率，或者被过度使用或遭受贬值；同样地，有以法律和秩序、公民组织、个人和社区责任性文化、有效率的市场和政府、容忍和公共信用等形式存在的社会资本。在此基础上，世界银行提出了国家财富及其动态变化的衡量工具——真实储蓄和真实储蓄率作为国民经济发展状况和潜力的指标，真实储蓄动态地表达了一个国家或地区的可持续发展能力，强调了人类发展的主要方面的联系和当前的主要特征，提供了一种全面的、动态的评价人类发展的框架。②。"扩展的财富"指标体系理论上更加全面、合理，特别是自然资本和人力资本的测算，丰富了传统意义上财富的概念。

2. 基于社会学理论建立的可持续发展评价指标体系

社会学理论视角的可持续发展评价指标体系将社会可持续发展作为研究对象，从可持续发展的角度研究人口增长与控制、社会发展、分配公正、利益均衡等社会问题，追求经济效率与

---

① 参见高敏雪《国家财富的测度及其认识》，《统计研究》1999 年第 12 期。

② 参见 World Bank, *Monitoring Environmental Progress：A Report on Work in Progress*，Washington D. C.：World Bank，1995。

社会公正取得合理的平衡。在这类指标体系中最具代表性的是联合国开发计划署在人类发展报告里提出的"人文发展指标"(HDI)。联合国开发计划署 1990 年开始出版年度《人类发展报告》,并在《人类发展报告》中提出了"人文发展指数"用于测算世界各国的人类发展状况,人文发展指数是由三项基础指标组成的综合指数:(1)出生时的人均预期寿命;(2)教育水平,包括成人识字率(15 岁及其以上人口)和综合入学率;(3)人均 GDP。这三项指标加权合成为测算国家的人类发展状况的综合指数——"人文发展指数"。[①]

HDI 提供了一个简明多维的比较性评价各国人类发展的方法,已成为对传统的 GDP 一维测量方法的重要替代。但是 HDI 也有些缺陷,首先,HDI 中没考虑到那些可能对国家收入和 HDI 有贡献的活动对自然系统的影响,而忽略了与可持续性的联系。其次,HDI 有些过分强调国家的行为和排名,缺乏全球的观点看待发展问题。另外,HDI 将人类健康、教育水平和生活质量这三个目标用算术法计算,忽视了这三个目标的基础性和不可替代性。针对这些缺陷,Sagar 和 Najam 又进行了批评和修正。[②]

3. 基于生态学理论建立的可持续发展评价指标体系

生态学理论的可持续发展评价指标体系从人类对自然资源的利用或者自然界为人类提供生存资料方面提取指标。其主要

---

① 参见 UNDP, *Human Development Report 1990*, New York: Oxford University Press, 1990。

② 参见 Sagar A. D., Najam A., "The Human Development Index: A Critical Review", *Journal of Ecological Economics*, 1998, 25 (3), pp. 249-264。

代表有生态足迹指数、生态系统服务指标、美国国家尺度生态指标、能值分析指标、生态系统健康力指数、自然资本指数等。[①] 其中的生态足迹模型是通过测定一定区域维持人类生存与发展的自然资源消费量以及吸纳人类产生的废弃物所需的生物生产性土地（Biologically Productive Area）面积大小，与给定的一定人口的区域生态承载力（Ecological Capacity）进行比较，评估人类对生态系统的影响，测度区域可持续发展状况的方法。生态足迹模型因为寻求从生态与经济两个角度与层面来探讨对可持续发展的测度，很快得到学者们的广泛关注和实证应用，多应用于不同食物消费模式、不同家庭收入与消费支出、国际贸易与生态不平等交换、国际债务、循环经济、能源消耗、国民紧急发展、交通运输以及特定产业与行业等九个前沿领域。[②]

　　除了以上三类指标体系外，还有一类是以系统论为指导的指标体系，其将自然、经济、社会看作一个复杂巨系统，运用系统学理论和方法全面、系统地反映三者整体的可持续发展。其主要代表是联合国可持续发展委员会（UNCSD）"可持续发展指标体系"（CSD Work Program on Indicators of Sustainable Development）（1995—2000）、经合组织（OECD）与联合国环境规划署联合提出的"压力—状态—响应"（PSR）概念模型、世界保护同盟（IUCN）和国际开发研究中心（IDRC）联合提出

---

　　① 参见王古欣《可持续发展指标体系的理论与实践》，社会科学文献出版社2004年版，第147—160页。

　　② 参见章锦河、张捷《国外生态足迹模型修正与前沿研究进展》，《资源科学》第26卷2006年第6期11月。

的 "可持续性晴雨表" (Barometer of Sustainability) 评估指标①。

　　通过这些可持续发展指标,人们不仅可以描述和反映某一时期社会各方面可持续发展的水平和状况,还可以评价和监测某一时期内各方面可持续发展的趋势和速度,并且综合衡量各领域整体可持续发展的协调程度。可持续发展评估指标提供给决策者了解和认识可持续发展进程的有效信息工具,而且为可持续发展政策的制定提供了重要的参考,使可持续发展理论具有了可操作性,为可持续发展观落实到实践提供了可能。

三　主要争论

　　可持续发展领域的争论主要表现在 "可持续性" 的标准方面,主要有 "弱可持续性" (Weak Sustainability) 与 "强可持续性" (Strong Sustainability) 两种发展模式的争论。② 前者的本质假设是认为自然资本可以替代,强调经济、社会、环境三个支柱在可持续发展模型中的并列,只要三者加合意义上的综合财富是增长的,就是对后代有利的,主张一代人遗留给下一代人的遗产不应少于遗产的现有数量的可持续的发展。③ 后者的本质假设正相反,认为自然资本不可替代,强调环境、社会、经济三者具有依次包容的关系,经济在环境之中而不是环境被经

---

① 参见温宗国《城市生态可持续发展指标的进展》,《城市环境与城市生态》2001 年第 6 期。

② 参见刘鸿明、邓久根《可持续发展理论研究的两种范式述评》,《经济纵横》2010 年第 4 期。

③ 参见 Gutés M. C. , "The Concept of Weak Sustainability", *Ecological Economics*, 1996, 17 (3) pp. 147 – 156。

济消解，认为只有自然资本非减少的综合财富增长才是对后代有利的，强调三者都应是非减少的发展才是可持续的发展。[①]

弱可持续性的范式，建立在罗伯特·索洛（Solow，Robert M.）等的研究著述基础上，相信自然资本具有完全的可替代性，也就是说认为自然资本对经济增长的约束力不强，人造资本和自然资本相互完全可以替代。因此认为在人类社会能够提供足够替代的人造资本的情况下，自然资本可以安全地减少，化石能源耗光了可以寻找新的能源替代，环境能力退化了可以建设人工替代物（生物圈二号以及各种污染治理设施等），他们认为技术和科学进步可以使资源开发更廉价，从而在技术创新中获得替代的途径。[②] 持弱可持续性观点的学者，又被称为资源乐观主义学者，他们认为环境是一种优质商品，经济发展对环境有好处，因此，他们赞成经济增长，认为消费的增长可以补偿可再生资源存量的下降和污染总量的增加，或消费的增加会阻止可再生资源存量的下降和污染总量的增加，不必担心自然资源的耗竭问题。也因此被诟病，被认为不过是俘获生态话语、充当了寡头集团收购地球资源使用权的合理化的工具。[③]

强可持续性理论认为自然资本对经济增长的约束力很强，人造资本和自然资本直接可替代的能力是有限的，如果可再生资源开采能力超过了再生能力，不可再生资源替代能力慢于使

---

① 参见 Neumayer, Eric, *Weak Versus Strong Sustainability*: *Exploring The Limits of Two Opposing Paradigms*, Edward El – far Publishing Limited, 1999。

② 参见 Solow, Robert M., "Intergenerational Equity and Exhaustible Resources", *Review of Economics Studies*, Symposium, 1974, pp. 29 – 46。

③ 参见弗朗索瓦·浩达《作物能源与资本主义危机》，社会科学文献出版社 2011 年版。

用能力,环境容量使用规模超过了承载能力,那么世界都是不可逆转的。因此,强可持续性理论不认为技术具有无限的可替代性,自然资本具有独立的不可被物质资本替代的属性。如戴利认为 20 世纪 80 年代以来,随着经济增长的生态足迹超过地球承载能力,自然资本成为发展的制约性因素,相应地发展的稀缺资源也从劳动力或资本的稀缺变成了自然资本的稀缺,而这种稀缺,即使再增加技术、资本和劳动力的投入,作为经济发展源的东西也没有了。气候问题的讨论要求减少二氧化碳排放,就是生态极限限制了经济社会发展的表现。[①]

对于这两种可持续性的范式,至今仍然争论不休。有的推崇弱可持续观点,认为用于小规模生产的大多数自然资产都具有很高的可替代性,不同的生产规模存在不同的临界点,技术有望继续提高资产之间在一个时期内的前者可替代性。[②] 也有的观点更悲观,对人类历史上技术解决方案的成功性提出质疑[③],指出如地球大气层、臭氧层和生物多样性等自然资本的存在形式在整体上是不可替代的,持久的高度有毒污染物的积累应当防止,土壤的肥力和饮用水源的清洁度应当保护。[④]

强可持续性与弱可持续性莫衷一是,但是不同的选择在政

① 参见 Daly, Herman E. , *Beyond Growth*: *The Economics of Sustainable Development*, Boston: Beacon Press, 1996。

② 参见世界银行《变革世界中的可持续发展:改进制度、增长模式与生活质量》,2003 年。

③ 参见 Victor, P. , Hanna, H. E. and Kubursi, A. , "How Strong is Weak Sustainability?", Paper presented at the International Symposium on *Models of Sustainable Development*, Paris, 1994。

④ 参见 Neumayer, Eric, *Weak Versus Strong Sustainability*: *Exploring The Limits of Two Opposing Paradigms*, Edward El - far Publishing Limited, 1999。

策意义上会诱导人们采取截然不同的发展策略。强可持续性发展要首先确定资源环境可以消耗的规模（经济可以有多大、经济现在有多大、经济应该有多大的问题）；其次要确定人均意义的资源环境拥有量，这就涉及发达地区和发展中地区的生态公平问题；然后才是市场意义上通过价格机制的提高效率问题。而弱可持续性只关注市场意义上价格政策（相对稀缺问题），不关注生态公平原则上的初始分配和生态规模总量控制问题。各国的可持续发展战略大多采用的仍然是弱可持续观，不过讨论气候变暖等生态问题时，基于总量和交易的模式（不是碳税模式）最充分表现了强可持续性的思想。

四　可持续发展与中国

尽管中国改革开放三十多年，在"发展才是硬道理"主导下的发展取得了非凡的经济成就，但是随着贫富分化问题、食品安全问题和生态环境恶化等问题的逐渐爆发，中国也一直都在可持续发展道路的探索之中。中国参与了《我们共同的未来》报告的起草和讨论工作，是最早提出和实践可持续发展战略的国家之一。早在1983年，中国政府就确定了环境保护为基本国策之一，并在1992年签署了《里约环境与发展宣言》和《21世纪议程》。1994年，中国发布了第一个国家级的21世纪议程——《中国21世纪议程——中国21世纪人口、环境与发展白皮书》①。1996年，可持续发展被正式确定为国家的基本发展

---

① 参见《中国21世纪议程——中国21世纪人口、环境与发展白皮书》，中国环境科学出版社1994年版。

战略之一，标志着可持续发展从科学共识转变到政府工作的重
要内容和具体行动，开始了从制度建设、政策措施、组织管理、
资源节约、环境保护工程和绿色低碳经济试点等多个领域的
工作。

首先，政策层面提出的可持续发展的相关理念。2000 年以
来，随着中国加入 WTO 和进入以重化工业增长为特征的工业化
和城市化快速发展，中国迅速成为"世界制造工厂"，并成为世
界第二大经济体。但伴随着快速发展，中国在 2002 年开始出现
全面的资源、能源、环境的紧张状态。为了解决面临的环境与
发展问题，中国政府提出了一系列与可持续发展相关的新理念。
这些理念包括新型工业化道路（2002），科学发展观（2003），
循环经济（2004），资源节约型、环境友好型社会（2004），和
谐社会（2005），节能减排（2006），创新型国家（2006），生
态文明（2007），绿色经济和低碳经济（2009），转变经济发展
方式（2010），绿色低碳发展（2011），以及十八届五中全会提
出的"创新、协调、绿色、开放、共享"五大发展理念
(2015)。① 这些理念一方面吸收了国际上关于可持续发展的重
要理念，另一方面结合了中国的具体国情，并通过采取相应的
具体行动落实这些理念，不断丰富了有中国特色的可持续发展
实践。

其次，中国在可持续发展测量指标方面也进行了积极的探

---

① 参见中国科学院可持续发展研究组编著《2012 中国可持续发展战略报
告——全球视野下的中国可持续发展》，科学出版社 2012 年版。

索。中国近些年在指标体系建立的原则①、指标体系结构和内容、基于指标体系的评价模型等几个方面都做出了有益的努力。这里，我们主要介绍一下指标体系的评价模型。中国现有的可持续发展模型按照目的的不同大概分成三类：首先是单纯确定可持续发展指标权重的模型，目前用得较多的是利用层次分析法（AHP）将专家和决策者的分散意见整理成判断矩阵，再利用判断矩阵的特征向量确定下层指标对上层指标的贡献程度，从而得到基层指标对总体目标或综合评价目标重要性的排列结果②。比如毛汉英的"山东省可持续发展指标权重"③、刘求实的"长白山地区可持续发展研究"④ 和中国科学院可持续发展战略研究组的"中国可持续发展指标体系"⑤ 都应用了此方法。第二类是用于对可持续发展系统的某一子系统状况或趋势的评估模型。典型的例子有 1995 年程道平提出的"构造的人口压力

---

① 参见刘求实、沈红《区域可持续发展指标体系与评价方法研究》，《中国人口·资源与环境》1997 年第 4 期。叶文虎、仝川《联合国可持续发展指标体系述评》，《中国人口·资源与环境》1997 年第 3 期。刘传祥、承继承、李琦《可持续发展的基本理论分析》，《中国人口·资源与环境》1996 年第 2 期。毛汉英《山东省可持续发展指标体系初步研究》，《地理研究》1996 年第 1 期。赵玉川、胡富梅《中国可持续发展指标体系建立的原则及结构》，《中国人口·资源与环境》1997 年第 4 期。罗守贵、曾尊固《可持续发展指标体系研究述评》，《人文地理》1999 年第 4 期。刘月珍《可持续农业及其评价指标体系》，《农业经济》1998 年第 12 期。

② 参见罗守贵、曾尊固《可持续发展指标体系研究述评》，《人文地理》1999 年第 4 期（总第 14 卷）。

③ 参见毛汉英《山东省可持续发展指标体系初步研究》，《地理研究》1996 年第 1 期。

④ 参见刘求实、沈红《区域可持续发展指标体系与评价方法研究》，《中国人口·资源与环境》1997 年第 4 期。

⑤ 参见中国科学院可持续发展战略研究组编著《2000 中国可持续发展战略报告——绿色发展与创新》，科学出版社 2000 年版。

评估模型"① 和朱庚申的"环境资源的量化模型"② 等。第三类是对可持续发展水平的综合评估模型。这类模型的评估结果一般用"可持续度""协调度""可持续发展达潜率"等百分值表示出来。1993 年,由中国的牛文元、美国的约纳森和阿伯杜拉(Niu,Jonathan and Abodullah)共同提出了"可持续发展度"模型 ③(DSD)影响很大。2002 年国家环保总局编制的"生态市建设指标"④ 等也都是有益的尝试。

第三,在实践层面比较突出的是节能减排战略、生态环境建设和绿色经济的发展。从 1998 年开始,中国开展了大规模的生态保护工程和节能环保工程。仅"十五"期间,中国就投入约 7000 亿元人民币实施了以"天然林保护""退耕还林"为主的林业六大工程⑤,已取得显著成效。2004 年开始,中国政府又陆续开展了循环经济、节约能源、开发可再生能源等工程项目和试点,并在 2008 年开始将节能减排和生态环境建设列为经济刺激计划的重点,这些工作都极大地提高了中国环境基础设施能力。2009 年,进一步在节能减排战略中充实了应对气候变化的内容,首次对国际社会承诺自愿降低碳强度和增加森林碳

---

① 参见程道平《人口压力评估及其应用研究》,《中国人口·资源与环境》1995 年第 1 期。

② 参见朱庚申《环境资源的量化模型及估算指标体系》,《中国人口·资源与环境》1995 年第 1 期。

③ 参见牛文元《持续发展导论》,科学出版社 1994 年版。

④ 参见中国环境检测总站编著《中国生态环境质量评价研究》,中国环境科学出版社 2004 年版,第 30—31 页。

⑤ 参见邓华宁、蔡玉高《"十五"期间我国投入七千亿元实施林业六大工程》,新华网,2005 年 9 月 27 日。

汇等量化指标。① 在"十二五"期间，中国政府继续"十一五"
的政策取向，提出要以转变经济发展方式为主线，增加了非化
石能源比重等约束性指标，提出了合理控制能源消费总量、逐
步建立碳排放交易市场等新政策，促进中的绿色低碳发展和
转型。

　　第四，随着环境污染问题、食品安全问题、"三农"问题、
社会排斥等问题的日趋严峻，中国对发展的反思和可持续发展
方面的讨论及行动中，也开始渐渐有一些民间社会的参与，比
如中国民间环境组织的发展下的各种行动②；学者和 NGO 团体
发起的"新乡村建设运动"③。2008 年以来随着食品安全问题的
集中爆发，中国从大都市开始的全国范围的 CSA 农场和有机农

---

　　① 参见王毅等《2012 中国可持续发展战略报告——全球视野下的中国可持续
发展》，中国科学院可持续发展研究组，科学出版社 2012 年版。

　　② 1995 年，中国环保民间组织发展的第一次高潮中，"自然之友"组织发起了
保护滇金丝猴和藏羚羊行动；1999 年，"北京地球村"与北京市政府合作，成功进行
了绿色社区试点工作，中国环保民间组织开始走进社区，把环保工作向基层延伸，逐
步为社会公众所了解和接受。2003 年的"怒江水电之争"和 2005 年的"26 度空调"
行动标志着中国环保民间组织已经逐渐成熟，参见 http://baike.baidu.com/view/
143321.htm。

　　③ 新乡村建设运动得名于 20 世纪 20 年代的乡村民粹主义运动，即由晏阳初和
梁漱溟先生所领导的乡村建设运动，是 20 世纪 90 年代以来聚焦与中国"三农问题"，
在农村社会学的研究和讨论影响下，由学者和 NGO 组织发起的致力于中国农村重建
的一场运动，包括建设农民合作社的各种实验、农民赋权的培训，以及与中外关于
"另类发展"的考察、交流与对话等。温铁军、贺雪峰、刘健芝等是新乡村建设运动
主要领军人物。参见亚历山大·戴伊、马修·哈拉《当代中国的新乡村建设运动》，
《中国社会学与人类学》，2007 年 9 月夏季号，第 3—9 页。西南大学中国乡村建设学
院、西南大学统筹城乡发展研究、新大新新农村发展研究院编《可持续实践与乡村建
设》，中国农业大学出版社 2015 年版。

夫市集等 "另类食品网络"① 的实践，以及有着媒体、学者和
公众参与的关于 "转基因" 的大论战②等。这些行动与讨论显
示出环境污染问题、生态保护问题、食品安全问题、社会排斥
问题等已经引起了中国公众广泛的关注，但是总的来看中国的
环境治理等可持续发展问题仍然有着 "社会缺席" 的问题③。

　　中国可持续发展的相关实践，表现出很强的自上而下推动
的特征，这种特征的优势是利于整体规划，有效运用行政、法
律等手段，项目试点、制度做保障，可能在有限的时间里获得
快速有效的进展。以节能减排为例，2006 年制定了 "节能减
排" 约束性指标为核心的新时期中国可持续发展战略，并出台

---

　　① 社区支持农业（CSA）是 20 世纪 70 年代最早在日本和欧洲兴起的，后来在
美国得到迅速的发展，并在全世界推广。它的主要理念是农夫与消费者结成互助的伙
伴关系，建立一个直接合作的流通体系，在这个流通体系消费者用提前购买或长期订
购的形式提供长期的市场支撑，农夫按照消费者的要求进行有机农业或生态农业，生
产安全有保障的食物，并定期配送给消费者。（参见 Thompson, D., Japan: Land of
Cooperatives, #135, March – April, 2008, http://www. cooperativegrocer. coop/articles/
2008 – 04 – 22/Japan – land – cooperatives. JOAA, Country Report for the First IFOAM Asi-
an Conference, http://www. joaa. net/english/teikei. htm. Hanno, Saitama, Japan. August
1993, pp. 19 – 22）中国的社区支持农业最早的萌芽是从 2006 年开始，由温铁军、何
慧丽等学者发起的 "购米包地" 开始的，香港社区伙伴（PCD）同期也在国内推动
一些由社会组织 NGO 和小农户组织的生态农业。但社区支持农业的蓬勃发展确实随
着 2009 年开始小毛驴市民农园按着社区支持农业 "风险共担、收益共享" 的理念顺
利发展并得到公众的广泛关注之后。目前，全国有 500 多个不同方式运作的 CSA 农
场，各大都市也建起了一个 "有机农夫市集" 网络。[参见潘杰、袁易天、严晓辉合
著《京港两地社区支持农业实践的比较》，《紫荆论坛》（中文繁体版）2014 年 7—8
月，总第 16 期。]

　　② 参见郑言成《论战 "转基因"》，《新产经》总第 38 期，2013 年第 12 期。

　　③ 参见包智明、陈占江《中国经验的环境之维：向度及其限度》，《社会学研
究》2011 年第 6 期。德鲁·汤普森、高华、张东昌《中国发展中的公民社会：从环
境到健康》，《国外理论动态》2009 年第 3 期。

了相应的法律法规。在"十一五"规划中，中国制定了降低能耗强度 20% 和减少主要污染物排放 10% 的约束性指标，并配套了法律、行政、经济、技术等一揽子综合措施来落实相应的综合性工作方案和重点工作。为了实现可持续发展战略和节能减排目标，中国政府做出了一系列制度安排。制定了清洁生产促进法（2002）、环境影响评估法（2002）、水法（2002）、可再生能源法（2005）、循环经济促进法（2008），修订了节约能源法（2007）、水污染防治法（2008）；出台应对气候变化国家方案（2007）；成立国家应对气候变化和节能减排工作领导小组以及应对气候变化专门管理机构（2008）；全国人大还通过了"关于积极应对气候变化的决定"。[①] 这些都为落实可持续发展战略和节能减排目标提供了法律和制度保障。

中国"十一五"期间节能减排领域的卓越成效充分证明了中国自上而下式的可持续发展战略的高效性。从统计数据来看，单单在"十一五"期间单位 GDP 能耗就下降了 19.1%，化学需氧量和二氧化硫排放总量分别下降了 12.5% 和 14.3%。可再生能源技术达到大规模应用，2010 年年底全国并网风电容量约 2958 万千瓦，年均增长 94.75%[②]，目前中国的风电装机规模已达世界第一。

但是自上而下的决策过程和对行政手段的过度依赖也导致了很多负面作用，如一哄而上、重复开发和资源不能有效利用

---

① 参见中国科学院可持续发展研究组编著：《2012 中国可持续发展战略报告——全球视野下的中国可持续发展》，科学出版社 2012 年版。

② 参见电力监管委员会《2010 年代发电业务情况通报》，2011 年 8 月，http://www.gov.cn/gzdt/2011-09/01/content_1938552.htm。

等，特别是在缺少有效协调机智的条件下，部门利益和特殊利益集团妨碍了改革的深化、国家利益的实现以及造成各种重复性工作。以光伏产业为例，近年来，我国光伏产业发展很快，2013 年起，我国已超过德国成为全球第一大光伏市场；2014 年，我国多晶硅产量 13.2 万吨，占全球总产量比例 47%；电池组件产量 35GW，占全球比例达到 70%；全年新增光伏并网装机 10.6GW，累计装机量达到 26.5GW，我国已成为全球最重要的光伏产品制造国和发展最快的光伏应用市场。但是同时，我国光伏产业也面临着行业发展无序、产能阶段性过剩，关键技术与国外先进水平仍有差距，市场发展不健全、应用体系有待完善，以及组织管理混乱、部门及地区利益阻碍行业健康发展等问题[1]，致使光伏产业的发展陷入困境。

以 DH 市的光伏产业发展为例，DH 市近年来大力推进光电项目，建成并网和在建管热项目突破 1000 兆瓦，可是光伏产业发出的电无法输出，造成本地只能消化 30% 左右的发电量，造成产能过剩。[2] 目前我国采用的光伏电站路条审批、分省区配额等制度带有较强的计划经济性质，并没有形成全国统一市场，国网对于光伏系统的入网检测形成实际垄断，电站不能及时并网、电价补贴发放滞后等问题尚未得到缓解，以上问题都制约了国内光伏市场的进一步发展。

不过，光伏产业等绿色经济发展困顿的另一个重要的原因是缺少对消费端的培育。例如 DH 市，尽管近年来大力推进光

---

① 参见《中国光伏产业发展现状及趋势前景预测》，亿芯网，2015 年 12 月 7 日，http://www.icbuy.com/info/news_show/info_id/217544.html。

② 参见 2014 年 DH 市政府工作报告。

电项目，强调实施可持续的发展战略发展新能源产业，但是在城市的各项规划中却没有转变能源消费结构的任何设计，交通上包括公共交通用的仍然只是石化能源，哪怕是2015年新规划中在建的大型工业园区和文化产业园区，能源方面的设计仍然是以石化能源的指向，所以光伏产业在电力输出受限的情况下，由于在本地的能源消化结构中份额也是很少，可以预见如果以上的两种问题都不改变的话，DH市光伏产业的"产能过剩"仍将继续，前景堪忧。

我们在前文已经介绍过，可持续发展是一个综合性的概念，说到底，它既有别于资本趋利的经济行为，也有别于消费主义的生活方式，可持续发展是经济与社会、生态、文化和谐发展的一种行为方式，是人与自然和谐共生的一种生活方式，它更是一种另类的社会想象。在一个可持续的社会里，生产不能够是只为赚取利润驱动下的生产，消费也不能够是无限满足欲望的消费，可持续性要求的不只是生产更有可持续性的产品，还更要求有可持续性的消费方式，以及整个社会各领域协调运转的可持续性。如果光伏产业只在生产方面努力，而没有配套的社会能源可持续消费结构的转变，没有对公众能源消费可持续生活方式的培养，这样的新能源产业只能是生产GDP的工业的一部分，是增加地方税收的一个产业而已，而无法真正解决发展的不可持续性。

2015年的十三五规划中，制定了2020年全面建成小康社会的发展目标。其中最重要的发展方针之一就是针对我国现有发展中"不可持续问题"，把"生态环境质量总体改善"作为主要目标之一，设定了"创新、协调、绿色、开放、共享的发展理念",这五大发展理念体现了纠正前期注重经济总量增长的发展模式,协调解决区域发展不平衡,治理环境污染等问题,保护生态环境,加速中国经济结构转型,向"可持续发展"转型指向的鲜明特征。正如《2012 年中国可持续发展战略报告》中指出的,由于中国"巨大的规模效应,使几乎所有的中国资源环境问题都具有世界意义和影响"①,加上中国特色的社会主义的诸多经验,中国的可持续发展的实践很有可能为整个世界的可持续发展提供重要的经验和贡献,不过中国的可持续发展也面临着"社会缺失"等很多挑战。

---

① 参见中国科学院可持续发展研究组编著:《2012 中国可持续发展战略报告——全球视野下的中国可持续发展》,科学出版社 2012 年版。

第二章　社会可持续性
——概念辨析与指标构建

社会可持续性（Social Sustainability）是可持续发展概念的支柱之一。1987 年，联合国世界环境与发展委员会发布了著名的专题报告《我们共同的未来》（也被称为《布伦兰特报告》，以下简称《报告》）。[①]《报告》对"可持续发展"概念提出了日后被广泛接受的定义，"可持续发展是既满足当代人的需求，又不对后代人满足其需求的能力构成危害的发展"，并对可持续发展进行了系统阐述。在《报告》中，可持续发展不仅有生态和经济的意蕴，也包括了社会方面的意蕴。在随后的讨论中，经济可持续性、生态可持续性、社会可持续性成为可持续发展的三大支柱。虽然有学者不断强调要兼顾环境与社会的可持续性，[②] 但是相对而言，社会可持续性受到的关注更少，其概念的内涵也更为模糊。[③] 不同学者在不同情境下对于社会可持续性有着不同的定义，甚至某些情况下，社会可持续性成了某些社会

---

① 世界环境与发展委员会：《我们共同的未来》，王之佳、柯金良译，吉林人民出版社 1997 年版。

② 洪大用：《理解中国社会的可持续性》，《江苏社会科学》2010 年第 5 期。

③ Omann & Spangenberg, "Assessing Social Sustainability. The Social Dimension of Sustainability in a Socio‑Economic Scenario", 2002.

可欲目标的简单堆砌，因此我们首先需要在理论上对社会可持续性进行认真辨析，然后才能对其构建合适的指标。

一　发展过程中的社会张力

社会可持续性是可持续性发展的一个部分，因此我们首先需要对于可持续发展进行辨析。发展是有向度的变迁过程。在通常理解中，发展意味着社会福利的不断增加。然而，发展过程也同时伴随着在生态层面和社会层面上的种种张力（Tension）。如果这种张力加剧，失去原来的平衡稳定状态，就会引致发展过程不可持续。

可持续发展当中包括的定义仍然有许多争议，主要的争议在于要"持续"的对象是什么？一种理解是力图使得传统的发展目标不断地得到"持续"，即虽然要考虑到生态和社会因素，然而归根到底，最终目标仍然是让经济增长能够不断持续。另一种理解是要"持续"的对象并不是不断增长的传统发展目标，而是生态和社会因素本身；生态和社会因素的平衡稳定，并非发展的手段，而是与经济增长并行的重要发展目标。有研究者认为，前者包括了不可解决的内在矛盾，后者才是可持续发展的主流含义。①

生态环境的平衡稳定比较容易定义和测量，但社会可持续性却常常被混同于各种社会目标的线性提高。虽然社会可持续性与社会目标的线性提高有很大关系，但两者并不能完全等同。

---

① Lele, Sharachchandra M., "Sustainable Development: A Critical Review", *World Development*, 1999, 19（6），pp. 607 - 621.

科兰托尼奥也指出："社会科学和政策研究推出了许多社会目标及测量工具，但是这些社会目标很少关注可持续性这个视角。"[①]廖福挺在讨论了社会可持续性的多个定义以后指出："在理论层面，有关社会可持续性的重要问题是，要持续的而非提高的是什么。面对经济发展，有些事物变得比它的原初平衡状态更差。这些方面包括环境多样性和生态平衡，这些就构成了环境可持续性的核心。但另一些事物，如住房质量……作为经济发展的结果，住房质量通常变得更好而不是更差。因此，它就不应该是社会可持续性的一个维度，而是经济发展的一个目标。"[②] 如果以上述观点来看，现有的许多社会可持续性的指标就失之过宽，成为了社会可欲目标的综合。例如，联合国可持续发展委员会（UNDSD）制定的可持续性社会维度的框架，就包括了平等、健康、教育、住房、安全、人口等多个子维度。然而，正如廖福挺所言，"如果社会成员营养不良、死亡率高、饮用水不足、卫生状况不好，这些问题并不说明发展在社会维度上是不可持续的，而是根本没有发展起来。但是，如果营养状况和死亡率高是由于发展过程中不平等加剧造成的，这才是社会不可持续性的问题"[③]。正如生态可持续性面对的是发展过程中的生态张力问题一样，社会可持续性必须能够揭示出发展过程中在

---

① Colantonio, Andrea, "Social sustainability: An exploratory analysis of its definition, assessment methods (Metrics and Tools, OISD (EIB) Working Paper 2007/01)", Oxford: Oxford Institute for Sustainable Development, 2007.

② Liao, T. F., "The Core Concept of Social Sustainability: Can We Cut the Gordian Knot?" *The International Journal of Environmental, Cultural, Economic and Social Sustainability*, 2014, 6 (2), pp. 123 – 138.

③ Ibid. .

社会层面上的结构张力和协调问题。它不是诸多社会目标的简单堆砌，而是发展目标与社会持续在多个层面上的协调。

科兰托尼奥在对各类社会可持续性指标进行比较之后，指出了新近指标的一些特点。[①] 他的分析是从七个方面进行的，但简要而言，可以归纳为如下三个角度。首先，早期的指标更多是静态的，测量的是发展的种种社会产生和结果；新近指标则是动态的，测量的是发展过程的持续性和不确定性。再次，早期的指标是目标导向的（Target-oriented），关心的是各种社会目标是否达成；新近指标则是原则导向的（Principle-oriented），关心的是发展是否由社会可持续的原则驱动。最后，早期的指标是客观指标主导的；新近指标则是综合了客观指标和主观调查得到的数据指标。社会可持续性指标的上述发展动向，与对于社会可持续性日益加深的理论理解密切相关。注重发展过程而非发展结果；注重原则导向而非目标导向；注重客观指标和主观指导的结合，这是我们在建构社会可持续性指标时应当坚持的几项原则。基于上述原则，我们认为，社会可持续性的核心内容就是发展进程中的社会张力。

不同的社会可持续性水平与不同的经济增长水平相组合，构成了发展的四种不同形态。如表2—1所示，如果经济增长水平较高且具有较高社会可持续性，这是均衡式发展的典型特征；如果经济增长水平较高但社会可持续性水平较低，此时社会处

---

① Colantonio, Andrea, "Social Sustainability: Exploring the Linkages between Research, Policy and Practice", In: Jaeger, Carlo C., Tabara, J. David and Jaeger, Julia, (eds.), *Transformative Science Approaches for Sustainability: European Research on Sustainable Development*, (1), Springer, 2011.

于非均衡式发展中；如果经济增长水平较低但社会可持续性水平较高，此时社会是处于静态均衡状况中；如果经济增长水平较低且社会可持续性水平也较低，此时可能就是社会危机的前期。由此可以看出，社会可持续性水平与经济增长是彼此相关但是又有着独立内涵的概念维度。

表 2—1　　　社会可持续性与经济增长水平的不同组合

		社会可持续性水平	
		高	低
经济增长水平	高	均衡式发展	非均衡式发展
	低	静态均衡	社会危机

二　社会可持续性的维度

如果说社会可持续性的核心是发展过程中的社会张力，这种张力的具体维度和内容是什么？基于不同的理论观点和立场，学界对此有着不同看法。廖福挺认为，发展过程中带来的最重要社会后果就是结构不平等的加剧，因此理解和测量社会可持续性的核心也就是"结构不平等"，其余维度要么与社会可持续性无关，要么只是结构不平等的后果或发生作用的中介。[①] 也有学者认为，应当从多个层面来探讨社会可持续性问题，"社区中

---

① Liao, T. F., "The Core Concept of Social Sustainability: Can We Cut the Gordian Knot?" *The International Journal of Environmental, Cultural, Economic and Social Sustainability*, 2010, 6 (2), pp. 123 – 138.

可以用来构建社会可持续性的资源，可以分为两种或两个层面：个体能力和社会社区能力。个体能力指个体可以用以提升自身福利和社区福利的资源，包括教育、技能、健康、价值、领导力。社会或社区能力可定义为各种关系、网络和规范，以便于进行集体行动以提升生活质量，并使之可持续"①。还有学者更偏重于从社区发展视角来看待社会可持续性问题。②

社会可持续性要关注的核心内容是发展进程中的社会张力，因此社会可持续性的维度也需要从发展进程中的社会张力出发进行分析。在这方面，社会学经典理论中有着丰富资源可以汲取，如社会团结理论、社会整合理论等。中国当代社会学者也基于经验现实，从"结构性紧张"的角度进行了诸多分析。③综合前述成果，我们认为，发展进程中的社会张力突出地表现在社会公平、社会秩序、社会归属、社会信任四个方面。

（1）社会公平。伴随着发展进程，增长的成果分配必然成为重要的问题。经济发展的各种成果在社会成员之间进行分配，需要符合社会成员认可的公平原则。不同的社会群体可能有着不同的利益诉求和分配伦理，如果现实中的分配格局与多数社会成员的分配伦理存在冲突，那么社会发展的持久能力也会受到威胁。因此，在发展进程中，我们必须关注经济增长的成果

---

① Gates, Rick, and Mario Lee, "Definition of Social Sustainability", City of Vancouver Policy Report, May 10, 2005.

② Magee, Liam, James, Paul, Scerri, Andy, "Measuring Social Sustainability: A Community – Centred Approach", *Applied Research in the Quality of Life*, 2012, 7 (3), pp. 239 – 61.

③ 李汉林、魏钦恭、张彦：《社会变迁过程中的结构紧张》，《中国社会科学》2010 年第 2 期。

分配与社会认可的分配伦理之间的匹配程度，关注人们对于发展成果的共享程度的认同程度。在这里，尤其要注意的是，在研究社会认可的分配伦理时，"要着眼于在经济和社会活动中互动的当事者，而不是如流行的一些做法那样，研究者预先给定一个自认为公平合理的标准，由此来裁定分配的状态"[1]。如果经济增长的成果分配和社会认可的分配伦理之间存在差距，就有可能导致社会冲突，进而增大发展成本。人们对于成果分配不认同，发展所必需的激励机制也会因此无法实现。此外，成果分配的状况和人们的认可伦理相悖离，也可能增强人们违反社会规范的激励，对于社会秩序形成破坏，这对于可持续发展也是不利的。

（2）社会秩序。伴随着发展进程，各类经济主体和社会主体之间的活动也会产生社会外部性或社会负效应。"社会成本是在社会活动中社会成员承受的来自他人的负面影响，可以说体现着社会成员之间的不协调性。"[2] 这种社会外部性可以表现为社会冲突和权益矛盾的增加。此外，伴随着发展进程，人们交往互动程度前所未有地加深，与此同时对于自身权益也经历着一个逐渐自觉的过程。两者共同作用的结果，就是人们之间发生权益冲突的可能性大大增加。发展进程带来的快速变迁又使得原来处理权益冲突的规则可能失效落伍，而新的规则又不可能快速建立，因此权益冲突的解决方案能够得到双方一致认同的难度变得更大。上述所有因素，都可能导致发展进程中社会

---

① 刘世定：《论断与学理——陆学艺的社会与经济发展不协调性分析》，《社会学研究》2014 年第 3 期。

② 同上。

秩序的瓦解和失效。如果在发展进程中，发展的外部成本越来越高，那么发展进程就是不可持续的。

（3）社会归属。社会成员在社会发展中的激励不仅来自于物质激励，如收入和福利的提升，而且也来自于社会身份的尊重和认同。只有物质激励没有身份的认同，发展能力也是不可持续的；只有身份认同没有物质福利的提升，也谈不到持久的发展。因此必须要考虑两种激励的协同。然而，伴随着现代化的发展进程，传统的种种社会归属常常面临分崩离析的处境，很难适应新的社会环境和竞争需求。原本在社会中发挥重要功能的各种传统社会群体和社会要素常常被连根拔起，个体丧失了社会共同体意义上的归属感，身份认同面临危机，社会疏离的潜在可能增强。如果不能建立起有效的新社会归属和社会认同，传统的社会归属和社会认同又已经被瓦解，这种发展进程中的"失范"现象会使得社会秩序和公民道德逐步解体，进而也无法达致社会发展的可持续性。

（4）社会信任。社会信任对于发展来说至关重要，信任是社会资本必不可少的组成部分。社会信任既与某一社会内部的文化规范有关，也与具体的社会制度生活相关。社会信任可以增加人们之间的合作激励，同时促进社会交往和信息流通，培育了人们在经济社会生活中的内在规范，培育了强大的互惠规范。然而，发展进程当中同样也存在社会信任培育方面的张力问题。在特定的发展路径之下，可能会激励人们的功利主义取向和投机性行为，使得社会信任流失。社会信任的流失会使得人们的合作难度加大，公共事务中的集体行为变得不可能，人们可能会更多地从公共领域当中退缩到私人生活中，而这又会抵制社会活力，削弱社会发展能力。

社会公平、社会秩序、社会归属、社会信任，上述四个方面构成了发展进程中社会张力的主要维度。在发展实践当中致力于发展的行动本身却造成了成果分配的公平程度不被多数社会成员认可、社会冲突和权益矛盾迅速增加、种种社会归属群体分崩离析、社会信任度被普遍瓦解了，此种情况并不鲜见。如同发展实践当中生态环境的恶化一样，上述因素在社会意义上构成了对发展实践的条件制约，构成了社会维度上的可持续性概念。

三　社会可持续性的指标框架

对于上述四个维度进行操作化，就构成了社会可持续性的指标框架。

公平问题不仅仅是一种客观现状的描述，而且也包含着对客观现状的主观社会性认知。在本研究中更为关注的是经济增长的成果分配是否能够得到社会民众的认可，因此需要测量人们对于公平的主观看法。研究者将公平评价分为两个方面：一个方面是对社会整体的分配公平状况的评价；另一方面是自身个体收入的公平状况的评价。这两个方面是既有联系又有区别的。例如怀默霆的研究表明，虽然中国公众倾向于认为整个社会的收入差距很大，但是多数人认为自己身边的不平等是可以接受的，甚至是公平的。[①] 如果人们更倾向于参照那些处于他们

---

① 怀默霆：《中国民众如何看待当前的社会不平等》，《社会学研究》2009 年第 1 期。

周边环境中的人而不是整个国家的人来认知公平问题，那么这一结论无疑是令人欣慰的。马磊和刘欣的研究也表明，个人的微观分配公平感与宏观分配公平感之间是有区别的。① 基于上述考虑，本研究中采用两个题项来测量社会公平度：第一个题项是"您觉得当下社会的收入和财富分配是否公平"，用来测量人们对于社会整体的宏观分配公平感；第二个题项是"考虑到您的能力、教育背景和工作付出等因素，您认为自己目前的收入是否公平"，用来测量人们对于自身收入的微观分配公平感。

社会秩序维度与人们感受到的社会冲突和权益矛盾有关。社会秩序感受有宏观感受和微观感受两个层面：前者是从社会整体出发进行的评价；后者则事关自身的具体经历。我们用两个题项来分别测量人们的宏观社会秩序感受和微观社会秩序感受。前一个题项为"您认为当前社会的总体状况是否和谐"；后一个题项为"过去一年间，您或您的家人是否有过权益受到侵害的经历"。后一个题项中涉及了来自政府行为的权益损害、工作单位中受到不公正对待、工资福利被克扣或拖欠、来自其他个人的权益损害等具体情况。需要说明的是，这里测量的是被访者的主观感受，是被访者的"主诉"。什么是自己的权益，每个人有着不同的理解，统一的问卷对此不可能进行深入探究。什么样的行为就能叫作损害，被访者的理解也不可能完全相同。这里测量的更无关某一事实是否在法理上真的构成了一种损害，而仅仅是被访者的主观感受。但是这种主观感受并不因为其"主观"而丧失意义；相反，它也是一种社会事实，也在深刻地

---

① 马磊、刘欣：《中国城市居民的分配公平感研究》，《社会学研究》2010 年第5 期。

影响着人们对于社会秩序的感受。

社会归属力图反映的是社会成员在社会身份意义上的认同感。我们在此用收入层级认同与地位层级认同来测量社会归属。社会学的诸多研究都表明，主观的收入层级认同和地位层级认同与客观地位要素之间并不一致。① 从多数现代国家的经验来看，客观地位要素与主观层级认同之间的不一致反而是更为常见的经验事实。其原因就在于主观社会层级认同是基于客观地位要素基础之上的社会建构，它同时反映了社会成员的社会认同感与社会归属感。如果在发展进程中，社会归属感保持稳定，那么社会成员的主观层级认同也会随之稳定；反之，如果社会归属感不断被侵蚀，那么尽管经济收入可能在增长，但主观层级认同却会出现下滑趋势。在本研究中，我们采用两个题项来测量社会归属："您认为您的收入属于第几层"；"您认为您的社会地位属于第几层"。前者用来测量收入的主观层级认同；后者用来测量社会地位的主观层级认同。

社会信任不同于政府信任或机构信任。帕特南指出："经验上来说，社会信任和政府信任可能相关也可能不相关，但是理论上必须进行清晰区分。政府信任可能是社会信任的原因或者结果，但是它不同于社会信任。"② 社会信任内部又可以区分为针对社会中一般性他人的"一般信任"（General Trust）或者"弥散性信任"（Thin Trust）和依赖于具体社会关系、针对共同

---

① 高勇：《地位层级认同为何下移：兼论地位层级认同基础的转变》，《社会》2013 年第 4 期；范晓光、陈云松：《中国城乡居民的阶层地位认同偏差》，《社会学研究》2015 年第 4 期。

② Putnam, Robert D., *Bowling Alone: The Collapse and Revival of American Community*, New York: Simon and Schuster, 2001.

体成员的"具体信任"（Specific Trust）或者"内聚性信任"
（Thick Trust）。本次调查中，用两个题项来测量社会信任："您
是否认为大多数人是值得信任的"；"生活中遇到困难，您是否
总能及时得到帮助"。第一个题项是关于"一般信任"的，第二
个题项是用来测量"具体信任"的，它们共同构成了关于社会
信任的测量。

综上所述，社会可持续性的指标框架如表 2—2 所示：它分
为社会公平、社会秩序、社会归属、社会信任四个维度；每个
维度又都细分为两个题项，用以凸显发展过程中的结构张力。

表 2—2 社会可持续性的指标框架

维度	指标名称	题项	指标操作化定义
社会公平	宏观分配公平感	您觉得当下社会的收入和财富分配是否公平	认为社会收入与财富分配公平的比例
	微观分配公平感	考虑到您的能力、教育背景和工作付出等因素，您认为自己目前的收入是否公平	认为自身收入公平的比例
社会秩序	宏观秩序感受	您认为当前社会的总体状况是否和谐	认为社会总体状况和谐的比例
	微观秩序感受	过去一年间，您或您的家人是否有过权益受到侵害的经历	过去一年中没有权益受损经历的比例
社会归属	收入层级认同	您认为您的收入属于第几层	收入层级认同在第五层以上的比例
	地位层级认同	您认为您的社会地位属于第几层	地位层级认同在第五层以上的比例

维度	指标名称	题项	指标操作化定义
社会信任	一般信任	您是否认为大多数人是值得信任的	赞同"大多数人是值得信任的"的比例
	具体信任	生活中遇到困难,您是否总能及时得到帮助	赞同"生活中遇到困难,我总能及时得到帮助"的比例

四　社会可持续性各项指标的测量结果

"社会态度与社会发展"调查的抽样为多阶段不等概抽样设计,以下数据均为数据进行抽样加权后的结果。

(一)社会公平:"微观公平感受"优于"宏观公平感受"

就宏观公平感受而言,数据中认为当下社会的收入和财富分配是公平的比例为38.9%(3.7%的人认为很公平,35.2%的人认为较公平);认为分配不公平的比例为49.8%(33.4%的人认为较不公平,16.4%的人认为很不公平);另有11.4%的人表示"不好说"。

人们对于自身收入公平状况的评价明显更高。认为自己目前收入公平的比例为56.1%(6.0%的人认为很公平,50.1%的人认为较公平);认为自己目前收入不公平的比例为32.5%(24.1%的人认为较不公平,8.4%的人认为很不公平);另有11.4%的人表示"不好说"。

上述数据表明,人们对于自身收入公平状况的评价明显优于对于社会整体的公平状况的评价，这印证了之前部分研究者的结果。怀默霆通过数据分析认为，虽然"大部分中国人认为全国范围内的收入差距过大，但是，当被问到的是他们身边的人——那些实实在在地作为他们参考对象的人——的时候，只有大概1/3的受访者会说当前他们周边环境里的收入差距过大。"① 在本次数据中，认为自己目前收入不公平的比例也接近1/3（32.5%），非常接近怀默霆的调查结果。微观公平感受优于宏观公平感受，背后的制度和文化原因值得深究。

（二）社会秩序："宏观秩序感受"良好，"微观秩序感受"仍需提升

多数被访者认为当前社会是和谐的。认为当前社会总体状况和谐的比例为60.6%（47.0%认为较和谐；13.6%认为很和谐）；认为不和谐的比例为8.5%（6.3%认为较不和谐；2.2%认为很不和谐）；另有30.8%的被访者认为一般。

有5.7%的被访者自述过去一年中曾感到政府行为损害到自身及家人权益；有7.7%的被访者自述过去一年间自身或家人在工作单位受到不公正对待；有9.6%的被访者自述过去一年中自身或家人工资福利被克扣或拖欠；有7.8%的被访者自述过去一年中有其他个人侵害自身或家人权益被侵害的情况。如果只要经历过上述四种情况之一就可以认为其有过权益被侵害经历，被访者中有19.0%在过去一年中自身或家人有过权益被侵害的经历。

---

① 怀默霆：《中国民众如何看待当前的社会不平等》，《社会学研究》2009年第1期。

可以看出，当下民众的宏观秩序感受是良好的，但是仍然有部分民众在过去一年中有过权益被侵害的感受。公众对于社会秩序状况有正面感受和乐观预期，这是发展的社会可持续性的重要保障。但另一方面，必须直面民众权益保障问题，权益受损影响的绝对不仅仅是权益受益者及其家庭，而且会形成一种更为广泛的社会情绪，影响社会整体的发展可持续性。

（三）社会归属："社会地位层级认同"高于"收入层级认同"

在收入层级认同和社会地位层级认同中，我们的度量方法都是分为十层，其中第一层代表最低，第十层代表最高。收入层级认同和社会地位层级认同最多的层级都是第五层，因此我们可以将第五层看成一般人心目中的中层。有多少人的收入层级认同和社会地位层级认同在中层以上呢？

在收入层级认同的分布中，有39.5%的被访者自认收入层级认同在第五层以上（第五层为25.3%，第六层及以上为14.2%）。在社会地位层级认同的分布中，有50.3%的被访者自认收入层级认同在第五层以上（第五层为33.5%，第六层及以上为16.8%）。可以看出，人们的社会地位层级认同高于收入层级认同。

客观地位层级认同与客观分层要素有着适度悖离，社会地位层级认同高于收入层级认同，这恰恰是一个良性社会中的常态。在这样的社会当中，虽然客观分层要素存在着分布上的差异，但是不同收入水平和不同社会地位的个体同样可以构建起坚实的社会归属感，有着强烈的社会身份认同，此时地位层级认同就会呈现出对客观分层要素的适度悖离。

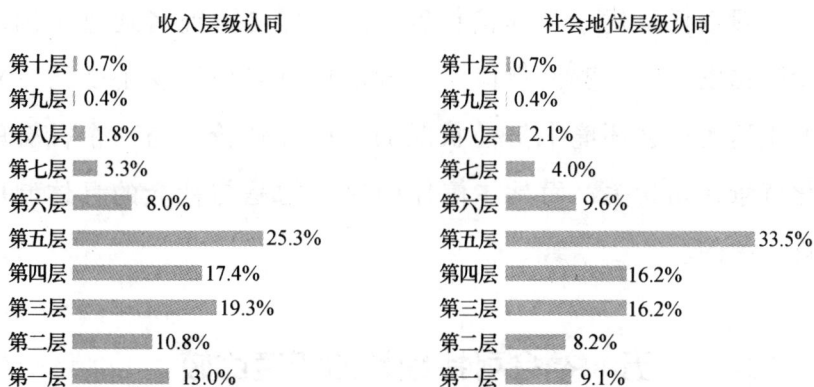

收入层级认同

第十层 0.7%
第九层 0.4%
第八层 1.8%
第七层 3.3%
第六层 8.0%
第五层 25.3%
第四层 17.4%
第三层 19.3%
第二层 10.8%
第一层 13.0%

社会地位层级认同

第十层 0.7%
第九层 0.4%
第八层 2.1%
第七层 4.0%
第六层 9.6%
第五层 33.5%
第四层 16.2%
第三层 16.2%
第二层 8.2%
第一层 9.1%

图2—1 收入层级认同与社会地位层级认同（%）

（四）社会信任："一般信任度"优于"具体信任度"

在"一般信任"方面，55.2%的被访者赞同"大多数人是值得信任的"这一说法（9.3%表示非常赞同，45.9%表示比较赞同）；表示不赞同的比例仅为13.5%（10.0%表示比较不赞同；3.5%表示完全不赞同）；另有31.3%的被访者对此陈述持中立态度。这一结果与其他调查项目得到的结果是一致的。在"世界价值观调查"中，中国大陆的一般信任度也达到53.6%，在国际上相对而言是处在较高水平的。①

在"具体信任"方面，有39.5%的被访者赞同"生活中遇到困难我是否总能及时得到帮助"这一说法（6.8%表示非常赞同，32.7%表示比较赞同）；表示不赞同的比例仅为17.0%

---

① 马得勇：《信任、信任的起源与信任的变迁》，《开放时代》2008年第4期。

（13.2%表示比较不赞同；3.8%表示完全不赞同）；另有43.5%的被访者对此陈述表示中立态度。

一般信任度优于具体信任度，这同样是研究者通过中国的经验数据发现的一般性规律。一般信任更多地反映了受访者对他所生活的社会环境中信任状况的一般性评价，与一个社会的文化背景密切相关；而具体信任则更多的是与社会的具体制度安排相关的。

五　社会可持续性的年度比较

"社会态度与社会发展调查"已经持续进行了四年，这使得我们可以对于前述指标进行纵向的比较。

社会可持续性的各项指标在前述四年中的情况如表2—3所示。"社会公平"维度的两项指标在前三年调查中没有涉及，因此无法进行年度比较。"社会秩序"维度的两项指标中，宏观秩序感在近年来有显著提升。认为社会总体状况和谐的比例从2012年的50.1%上升到2015年的60.6%。但是微观秩序感受保持较为稳定的水平，过去一年中自身及家人均没有权益受损经历的比例保持在80%左右。"社会归属"的两项指标均有大幅度提升。收入层级认同在第五层以上的比例提升到了近40%；地位层级认同在第五层以上的比例首次超过了50%。如前所述，层级认同的提升原因不仅仅是客观地位要素的变动（如收入的增长），更为重要的是，它同时反映了社会成员的社会认同感与社会归属感的提升。"社会信任"的两项指标则基本保持稳定，在各年间都略有一些波动。这也是符合预期的，社会信任程度往往受到文化因素的影响，在短期内是不会发生剧烈变化的。

表 2—3　　　　　社会可持续性各项指标的年度比较　　　单位：%

指标操作化定义	2012	2013	2014	2015	最近两年变化
认为社会收入与财富分配公平的比例	—	—	—	38.9	—
认为自身收入公平的比例	—	—	—	56.1	
认为社会总体状况和谐的比例	50.1	56.5	56.7	60.6	+3.9*
过去一年中没有权益受损经历的比例	—	79.6	81.2	80.9	−0.3
收入层级认同在第五层以上的比例	35.1	28.7	36.4	39.5	+3.1*
地位层级认同在第五层以上的比例	41.8	37.1	44.6	50.3	+5.7*
赞同"大多数人是值得信任的"的比例	—	—	54.4	55.2	+0.8
赞同"生活中遇到困难我总能及时得到帮助"的比例	42.8	39.7	42.2	39.5	−2.7*
总指标得分	—	—	102.6	105.3	

注：＊表示两年间的变化在5%显著性水平下是统计显著的；—表示该年度调查中未涉及此项指标。

　　在前述八个指标中，有四个指标是在四年调查中均有涉及的（宏观秩序感、收入层级认同、地位层级认同、具体信任）。我们将其变动绘制成图 2—2，从中可以更为清晰地看到社会可持续性在近年来的发展趋势是向上的。

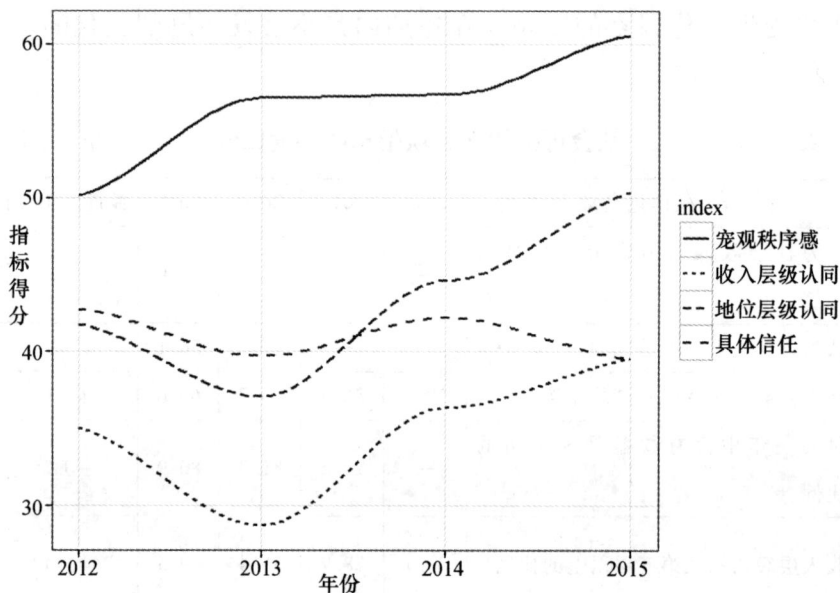

图2—2　社会可持续性各指标的年度变动趋势（2012—2015）（分）

我们将八个分项指标得分进行简单加总，再除以四，就可以得到更为简明的社会可持续性指数。用这个方法得到的2015年社会可持续性指数为105.3分。2014年数据中缺少有关"社会公平"维度的题项，如果我们假定2014年"社会公平"维度题项得分与2015年相同，那么2014年的社会可持续性指数为102.6分。两个年度相比，社会可持续性指数增加了2.7分。

六　社会可持续性的地区比较

基于上述指标框架，我们可以对于不同地区的社会可持续性进行测量。在"社会态度与社会发展调查（2015）"中，共涉及59个初级抽样单元（县级市或市辖区）。我们计算了每一个县级市或市辖区的上述八项指标，然后对这八项指标的标准化得分进行加总平均，由此得到了每一个县级市或市辖区的地区社会可持续性指数。

（一）地区社会可持续性与地区经济发展水平

为了探讨社会可持续性指数与经济发展水平之间的关系，我们进一步从各地统计年鉴、各地国民经济和社会发展统计公报中搜索了2013年各地的城镇居民人均可支配收入，作为其经济发展水平的衡量。① 各地区社会可持续性指数与经济发展水平之间的关系如图2—3所示。

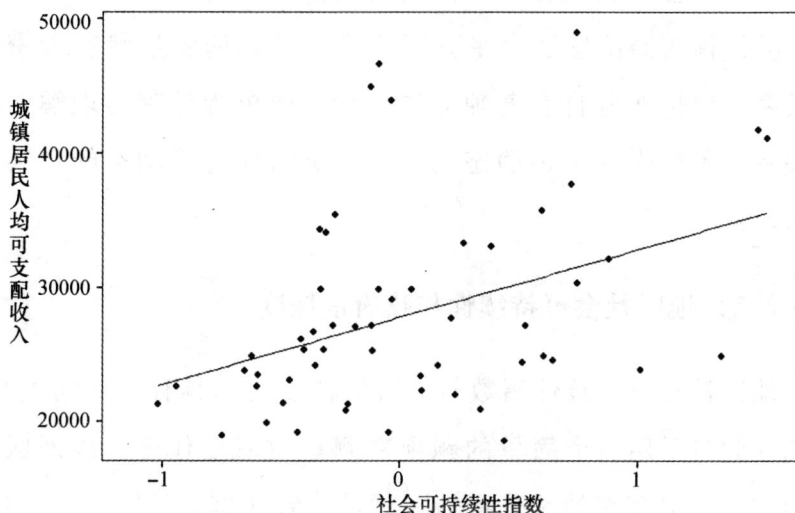

图2—3　地区社会可持续性与经济发展水平（r = 0.39）（元）

大致而言，社会可持续性指数与经济发展水平之间具有正

---

① 部分市辖区的城镇居民人均可支配收入无法确定，我们用其所在地级市的城镇居民人均可支配收入来进行近似估计。最终我们找到了调查所涉及的55个县级市或市辖区的城镇居民人均可支配收入资源，另有4个市辖区的资源缺失。

向的相关关系（r = 0.39）。图中散点图中的左下角显示了那些社会可持续性低同时经济发展水平也相对较低的地区；而右上角显示了社会可持续性高、经济发展水平也相对较高的地区。多数地区都沿着图中自左下角向右上角延伸的直线分布。这说明了社会可持续性是经济发展的一种重要支撑。

另一方面，两者之间的关系又不是完全线性的，还有少数地区位于图中的左上角和右下角，这些特殊的地区值得注意。在左上角的那些地区，虽然有着较高的经济发展水平，但是其社会可持续性并不太高。另外有一些地区位于右下角，它们有着较高的社会可持续性，但是经济发展水平并不高。这表明社会可持续性与经济发展水平并不完全一致，两者虽然有着密切的关系，但仍然各自有着独立的内涵。要更为深刻地理解两者的关系，不仅需要上述静态的测量，更需要有着动态的观察和分析。

（二）地区社会可持续性与政府信任度

地区社会可持续性指数与政府信任度之间具有密切的关系。我们在此只采用一个简单的题项来测量政府信任度：该地区中赞同"政府处理事情是公道的"的被访者比例。从图2—4中可以看出，那些社会可持续性指数较低的地区，政府信任度也相对较低；而社会可持续性指数较高的地区，有更多的被访者赞同"政府处理事情是公道的"。两者之间具有非常明显的线性关系，相关系数达到0.75，超过了地区社会可持续性与人均可支配收入的相关系数。

为什么社会可持续性与政府信任水平之间具有如此显著的

相关关系？其原因需要从两个方面来考虑。一方面，政府的成功运转必须在社会信任与社会合作的基础之上。帕特南就发现"政府绩效"和"公共精神"之间有着密切关系，公共精神强的地区，其政府绩效也更高。此外，政府信任甚至被认为是社会信任在政治领域中的一个投射。另一方面，良好的政府工作也同样可能促进社会公平和社会秩序，从而增强发展进程的社会可持续性。因此，社会可持续性与政府信任水平之间存在上述双向的因果关系，既可能出现彼此促进的良性循环，也可能出现彼此侵蚀的恶性循环。两者之间的密切相关关系，也再次说明了社会可持续性在发展进程中的重要性。

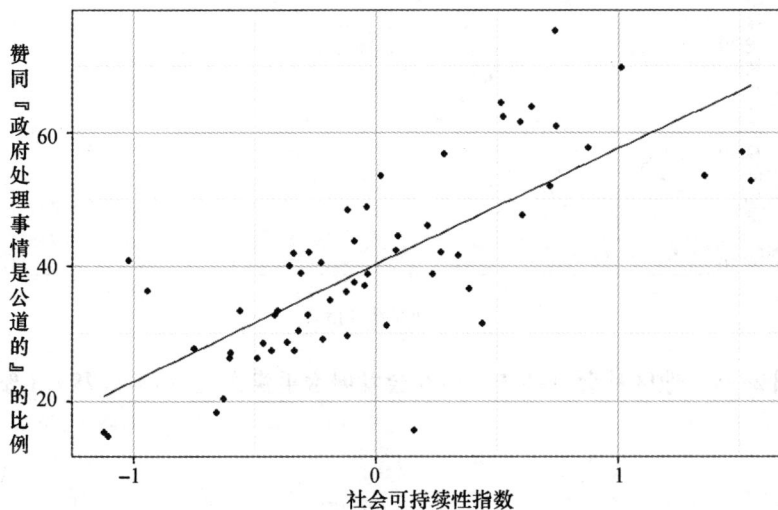

图2—4　地区社会可持续性与政府信任水平（r＝0.75）（%）

（三）地区社会可持续性与社会发展水平满意度

在调查中，我们询问了被访者对于当地社会整体发展水平的满意度。图 2—5 显示，社会可持续性与社会发展水平满意度之间同样有着明显的线性关系：社会可持续性高的地区，对社会发展水平的满意度也高；社会可持续性低的地区，对社会发展水平的满意度也相对更低。两者之间的相关系数达到 0.79。这再次证明了社会可持续性在发展进程中的关键性作用。在某些情况下，它与发展水平满意度之间的相关性甚至可能会超过人均收入之类的传统指标。

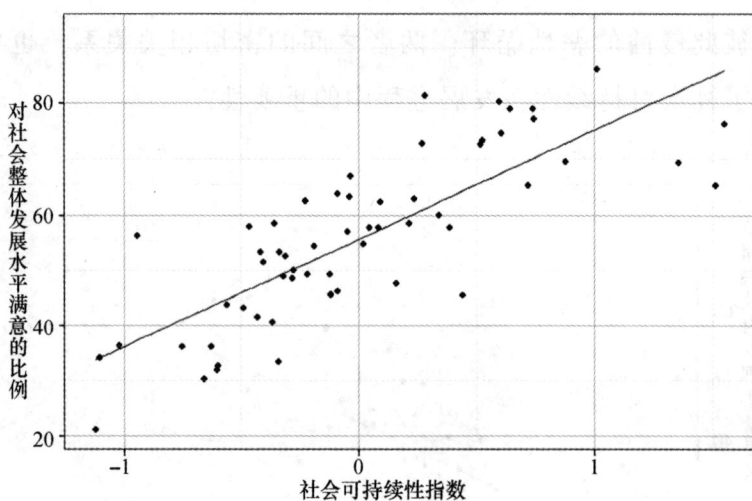

图 2—5　地区社会可持续性与社会发展水平满意度（r = 0.79）（%）

七　结语

社会可持续性是可持续发展的重要维度之一，它与生态可持续性同样重要。如同生态和资源问题在发展进程会出现种种张力和矛盾一样，社会性张力也会在发展进程中出现，必须加以关注和研究。这种社会性张力突出地表现在四个维度：社会公平、社会秩序、社会归属与社会信任。

　　本研究对于上述四个维度进行了初步测量，并揭示了其中存在的一些规律，如"微观公平感受"优于"宏观公平感受"、"社会地位层级认同"高于"收入层级认同""一般信任度"优于"具体信任度"等。这些规律有着深厚的社会文化根基，同时是现实中各种社会运行机制的反映。

　　对于社会可持续性指标的纵向比较说明，近年来社会可持续性是持续提升的。尤其是宏观秩序感在近年来有显著提升，认为社会总体状况和谐的比例提升较快。此外，人们的收入层级认同和社会地位层级认同均有大幅度提升，这反映了社会成员的社会认同感与社会归属感的提升。社会信任指标则保持基本稳定。

　　各个地区的社会可持续性与其政府信任度、社会发展水平满意度之间高度相关，这是对于社会可持续性在发展进程中关键作用的有力佐证。地区社会可持续性与经济发展水平之间的关系则更为复杂，两者之间具有中等程度的相关关系。社会可持续性是经济发展的一种重要支撑，但是社会可持续性与经济发展水平并不完全一致，两者有着各自独立的内涵。社会可持续性与经济发展水平之间的动态关系需要更深入和更具体地进行个案经验研究。

第三章　社会景气与社会信心

一　引言

在 2015 年，"一带一路"的战略想象以及"亚投行"的制度安排进一步激发了我们国家产能与资本双重输出的冲动，强烈刺激着中国创业者、企业家以及政治家试图走出国门，从全球化的角度布局、筹划发展的雄心壮志，从宏观与微观两个层次上努力推动着国内国外双向的结构变迁与调整。按照社会学的观点，在任何社会互动的情境中，群体与群体之间、国与国之间都可能有优势和劣势的不同情境的区分，进而形成一种支配的关系。这就是说，居优势地位的组织、群体和社会成员具有影响、控制和决定处于劣势地位的组织、群体和社会成员的机会和能力，并在这个基础上，形成一种支配与被支配、依赖与被依赖的社会互动关系形式，特别是当一些组织、群体和社会成员掌握和占有较多短缺社会资源的时候，它就会自然而然地产生一种向外发散的要求，以期达到扩展权力、利益和影响力的目的。① "一带一路"的战

---

① Simmel, G., *Soziologie: Untersuchungen ueber die Formen der Vergesellschaftung Berlin.* 1968, pp. 101 – 185; Simmel, G., *The Sociology of George Simmel*, Free Press, New York, 1975.

略想象以及"亚投行"的制度安排起码给了我们讲好中国故事，扩大中国影响，使中国了解世界，世界理解中国提供了一个不可多得的途径，起码给了我们一个在全球化宏观背景下使中国勾连世界、世界勾连中国的非常宝贵的机会，也起码给了我们一个思考中国的社会发展与社会治理如何与全球的社会发展与社会治理联系在一起的过程与条件，这对于中国国内乃至全球相关区域经济、政治及社会的发展、国内与国外、中国与世界的双向互动具有意味深长的意义。

在经济的其他层面上，2015 年作为"十二五规划"的收官之年，中国经济不断放慢，进入比较平稳的发展新常态，逐步地在实现经济的中低速增长，标志着"超高速增长时代"的结束。事实上，中国 30 多年来高速增长的积累，为中国经济社会进一步的结构调整与转型提供强有力的物质基础与保障，仍然会持续拉动中国的发展，把目前经济下行的压力转化为结构改革的动力。2015 年以来，国家不断释放政策红利，用诱导性制度变迁的方式推动和鼓励中国经济从单纯依赖政府释放短期政策红利转向依靠市场，用市场配置资源的力量来促进中国经济结构从根本上的转型与变迁；从单纯强调需求侧结构性变迁明确地开始转向供给侧结构性改革，以此提高经济增长的效率和质量。2015 年，跨太平洋伙伴关系协定 TPP12 个谈判国在美国达成基本协议，在某种程度上，刺激和倒逼中国进一步的改革开放与发展；另外，在 2015 年，政府正试图鼓励用互联网＋、全民创业的方式，从一个重要的角度来调整中国的经济结构。

在社会发展的层面上，2015 年，中国社会发展进入一个新的拐点的特征变得愈来愈明显：一方面，2.7亿的农民工正在逐步变成"新工人"，成为新时代工人阶级重要的组成部分；另一方面，我们在过去的2014年，中国的城镇化率就已经达到了54.77%。这两个不寻常的数字说明了我们国家的城乡区域结构和人口结构发生了具有深远影响的变化，① 城镇的结构以及城镇居民的行为在事实上主导着中国社会的变迁；2014年，城镇居民发展型消费支出为64%，农村居民则为60%，② 这说明人们的消费结构也在发生着重要的变化。另外在2015年，我们愈来愈容易触摸到人们的一种被强烈包围着的感受，即对于民众来说，出于一种对国家的热爱和参与的责任，强烈地感到要改变现状，用改革来促进国家的发展；对广大干部来说，也看到国家与社会在发展中存在的各种问题，出于对民族和对历史的责任感，也强烈地感到不改革不行，也希望通过改革促进国家的发展，实现中华民族复兴的中国梦。事实上，当上面与下面这种不约而同的不安与焦虑和人们不断提高的物质生活水平以及由之所产生的更高层次的诉求交织在一起的时候，中国的改革与发展不可避免地被倒逼，中国社会发展的拐点的出现也会变得不可避免。

2015年，我们在推进变迁的同时，也感受到发展面临的困难、问题与挑战。年初在网络中流传的一部关于中国雾霾的电视纪录片，加剧了很多老百姓对空气污染的担忧，更多地感受

---

① 迟福林：《中国经济转型升级的历史节点》，《中国经济报告》2015年第10期；http://www.chinairn.com/news/20141119/133422981.shtml。

② http://zhidao.baidu.com/link? url = 6bKlSbKOhoFXyvpEbgLoTtSi0KMWrkCk
CgzenEwWNRC16T9SKx8aaNuczaXynz454pToYNN1oOujRvEw4sAioGayJHy5KnDAbGP
3FOf_G2G.

到的是一种无力和不安全；年终在华北地区蔓延的重度雾霾，又激起人们对政府治理不力的不满情绪；面对张牙舞爪的雾霾，人们不断地呼唤着在公共事务中的知情权与参与权；天津港危险品的大爆炸，让我们触摸到风险社会的脉搏以及所带来的危机；股市与人民币汇率的波动，引发了人们对经济前景的惶恐、焦虑和不安；十一黄金周山东青岛一份38元的普通大虾变成了38元一只的天价虾的消费维权事件，经由网络媒体的传播，触动着老百姓过日子的神经，反映了人们维护自身权益，保障公平正义的强烈愿望；① 2.4亿的"新工人"虽然已经成为工人阶级的一部分，但是其价值观念与行为规范的"工人阶级化"还有很长的路要走，改变他们在城里待不下、到农村回不去的窘境以及他们生活的艰辛和无奈不仅需要他们自身的奋斗，而且还需要国家更多的制度安排以及社会更多的关注和努力。目前，越来越多的人日益感到，经济的发展虽然能够为社会的变迁提供物质基础，但不可能自动地实现社会的发展。推动一个社会的变迁更多的是需要人们对这种变迁有不断加深的认识、不断提高的觉悟以及主动的担当和积极的参与。

我们在2015年去重庆市南岸区调查的时候，那里的同志提出了三个令人深思的问题：社会保障越来越好，民生投入愈来愈多，为什么群众的满意度却没有越来越高？基层管理越来越细，基层干部越来越忙，为什么群众的认同感却没有越来越强？居住环境越来越好，物质生活水平越来越高，为什么群众

① http://www.gywb.cn/content/2015 - 10/07/content_3922578.htm.

的幸福感却没有越来越强?[1] 我们感到，这三个问题反映了全国不少地区干部和群众的一些惶惑，呼唤着国家与社会高质量的治理。

在上述的这些经济社会的背景下，我们开展了一年一度的社会态度调查。

二　分析框架

如何在宏观与微观的结合上把握中国社会发展的形势，如何分析和看待在发展过程中出现的问题，对于我们国家当前与今后的发展，至关重要，对研究者以及政策制定者能够在事实基础上做出正确的分析与选择是至关重要的。正是基于这种考虑，多年以来，我们尝试系统地从理论与方法的结合上研究社会的总体发展状况。在对国外一些发展理论的梳理以及对国内改革开放的一些发展经验和发展思路总结的基础之上，我们将社会发展的理念归纳为致力于人民福祉、社会公平、社会包容、社会可持续发展的路径和模式，[2] 并在此基础上，提出通过"社会景气"与"社会信心"这两项表征民众"总和性情绪"的社会事实来观测与分析一个社会发展的总体状况与运行态势。在这里，我们期望通过对"社会景气"与"社会信心"的研究，能够使人们较为准确地把握社会变迁与发展的形势，较为全面

---

[1]　重庆市南岸区人民政府：《推进三事分流，创新社区治理》，2015 年会议材料。

[2]　参见中国社会科学院社会发展战略研究院"社会发展与社会态度研究"课题组《社会发展的四个理念》，载《社会发展研究（第一期）》，中国社会科学出版社2012 年版，第3—19 页。

地把握经济社会的运行状况，从而使理论的研究以及政策的制定有一个全面、可靠的数据基础。

我们认为，个体层次上的主观态度一旦"化合"到总体性的社会情绪（Aggregated Mood）便具有了社会事实的特征，这是因为所有外在的客观变化都能在人们的主观感受中稳定地表现出来。虽然社会景气与社会信心是人们某种主观态度的总和性体现，但反映的是整个社会结构是否整合有序、整个社会环境是否安定团结、整个社会方向是否顺应民意。在研究中，社会景气主要是指人们对他们目前所处的社会环境的一种主观感受，社会信心则是人们在综合考虑各方面因素的基础上对社会未来发展状况的预期。按照理论概念演绎的方式，社会景气被操作化为民众的满意度、相对剥夺感和对政府的信任度；社会信心被操作化为对社会性事项的信心度和对个体性事项的信心度。从人们对可指涉对象的预期目标与目标实现程度之间的对比关系出发，民众社会态度产生的微观机制，即预期—实现的对比关系可以成为我们勾连微观个体与群体及社会宏观状况的"桥梁"。当然很难将这种对比关系进行精确化，但对比的差异程度成为人们进行相关社会问题评判的"模糊"标准。依据此机制，一旦人们的预期目标未能达成或只是部分达成，则会降低满意度和对政府的信任度并激发相对剥夺感；同样的道理，对当下社会景气状况的判断则构成了人们对未来进行预期的现实基础。

与此同时，我们还认为，一个发展状况良好的社会应该是一个景气的社会，也应该是一个人们对未来有着良好预期与信心充足的社会；在这个意义上，对社会景气状况与社会信心状况的研究是试图达到把握社会发展"脉搏"，以"晴雨表"的方式反映社会发展状况的目标。通过深入地理解一个社会的"社会景气"与"社会信心"，能够使人们较为准确地把握社会变迁与发展的形势，较为全面地把握经济社会的运行状况，从而使理论的研究以及政策的制定有一个全面、可靠的数据基础。

　　与2014年一样，2015年我们在对社会发展进行研究的过程中，首先尝试从社会景气与社会信心出发，对整个社会的发展状况进行评估。我们认为，一个社会的景气与社会信心状况是反映一个社会发展程度的"晴雨表"，许多外在客观变化都能在人们的主观感受中稳定地表现出来。社会景气强调的是人们对当下所处的社会环境的感受与看法，社会信心则是人们在综合考虑各方面因素的基础上对社会未来发展的理性预期。虽然是对人们主观态度的测量，但反映的是整个社会结构是否整合有序，整个社会环境是否安定团结，整个社会方向是否顺应民意。一个发展良好的社会理应是一个民众满意度水平高、相对剥夺感低、对政府信任的社会；一个发展良好的社会也理应是一个民众对未来有着良好预期与信心充足的社会。正是在上述研究逻辑之上，我们将社会景气的测量操作化为满意度、相对剥夺感和对政府的信任度；将社会信心操作化为对社会宏观层面的信心度和个体微观层面的信心度。（参见图3—1）

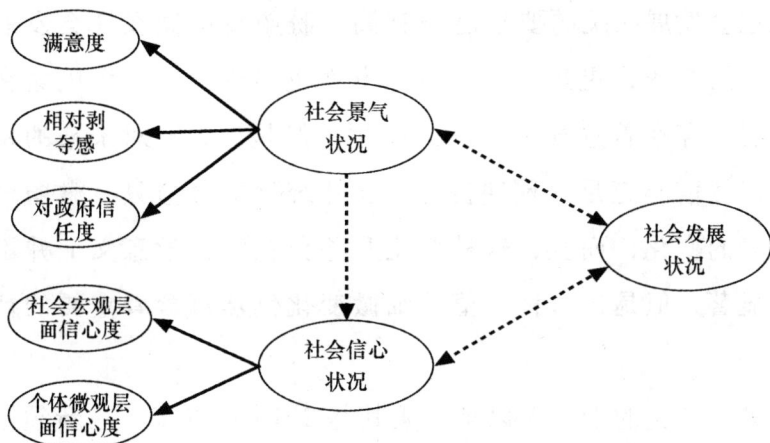

图 3—1 社会景气、社会信心与社会发展

三 2015 年社会景气与社会信心状况及变动趋势

1. 社会景气指数略有下降，民众对社会总体发展信心充足

在调查数据（分别是 2012 年、2013 年、2014 年和 2015 年的全国性抽样调查数据，样本量分别为 8070、7114、7171、7938）和对观测量表进行检验的基础上，课题组构建了用以分析社会发展状况的两项指针——社会景气指数和社会信心指数。[①] 以 2012 年为基准，社会景气指数与社会信心指数均呈现不同程度的增长态势，2015 年社会景气指数为 100.09，比 2014 年下降了 0.75；对总体事项的信心指数为 101.1，为四年来最高，且呈逐年上升趋势。（见图 3—2、表 3—1）这一方面意味着，民众对

---

① 关于量表的测量和指数的构建由于较为复杂，此处我们不再赘述，可参见张彦、魏钦恭、李汉林《发展过程中的社会景气与社会信心》，《中国社会科学》2015 年第 4 期。

国家社会发展状况的要求越来越高，盼望着国家在社会发展上能够百尺竿头，更进一步；另一方面也显现出，尽管国家在社会发展上存在着这样和那样的问题，但是，大家对未来的发展趋势仍然信心充足、预期良好。虽然统计的分值只有微弱增势或减势的变化，而且，这种变化及差异在统计学意义上并不呈现出显著，但是，这种分值的细微变化仍然蕴含着重要的社会意义。

第一，党的十八大以来，尤其是 2015 年以来，在新领导集体的带领下，用"踏石留印，抓铁有痕"的决心，全面深化改革，扎实稳健地在推进中国的发展。在这样不断推进发展的过程中，深层次的矛盾日益变得清晰起来，改革的难度也变得愈来愈大，人们对改革的期望值以及对新领导集体的期待也变得愈来愈高，当这种期望与期望的实现有了一些距离的时候，当人们感知到愈来愈多的"成长的烦恼"的时候，人们对发展的满意度就会出现下降的趋势。认识到这一点，对于促进政府进一步的努力，激励人们在改革过程中迎难而上，加快改革的步伐，是一种鞭策和鼓励。

第二，即便是人们看到一些来自社会发展滞后所带来的结构性紧张以及变迁过程中的严峻挑战，仍然对我们国家的发展前景充满着信心。对总体事项的信心指数逐年趋高，反映了人们对我们国家未来发展的预期，反映了人们对未来社会发展进步的期待和希望。在我们国家艰难推进改革的过程中，我们的人民不丧失信心，且充满着期待，这正是这个国家进一步推进改革的最重要的基础和条件。

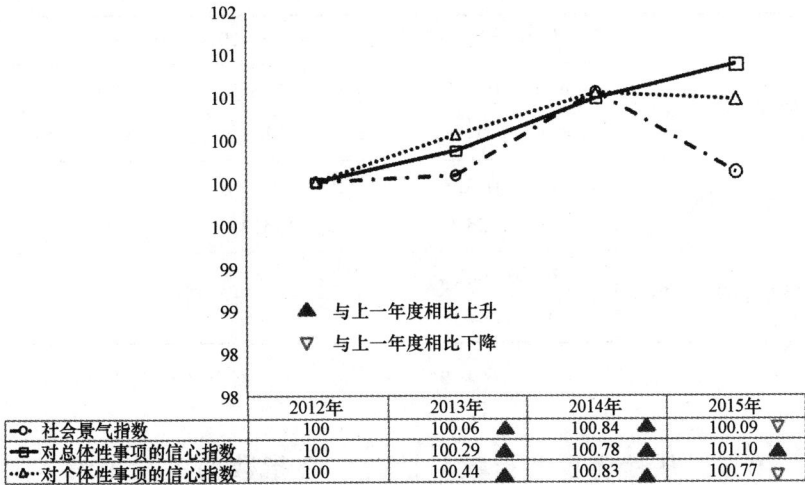

图3—2　2012—2015 年社会景气与社会信心状况的比较

表3—1　社会景气指数与社会信心指数年度比较的显著性检验

	社会景气指数_2015	社会景气指数_2014	社会景气指数_2013
社会景气指数_2012	diff = 0.092 t = 0.433	diff = 0.566 t = 2.322*	diff = -0.026 t = -0.108
社会景气指数_2013	diff = 0.118 t = 0.536	diff = 0.592 t = 2.393	
社会景气指数_2014	diff = -0.474 t = -2.140		
	总体信心指数_2015	总体信心指数_2014	总体信心指数_2013
总体信心指数_2012	diff = -1.099 t = -5.332***	diff = -0.785 t = -3.191**	diff = -0.287 t = -1.178
总体信心指数_2013	diff = -0.812 t = -3.781***	diff = -0.498 t = -1.968*	
总体信心指数_2014	diff = -0.314 t = -1.454		

续表

	个体信心指数_2015	个体信心指数_2014	个体信心指数_2013
个体信心指数_2012	diff = − 0. 768 t = − 3. 773 ***	diff = − 0. 830 t = − 3. 308 **	diff = − 0. 440 t = − 1. 816
个体信心指数_2013	diff = − 0. 328 t = − 1. 551	diff = − 0. 390 t = − 1. 514	
个体信心指数_2014	diff = 0. 062 t = 0. 287		

注：* 表示 p < = 0. 1，* * 表示 p < = 0. 01，* * * 表示 p < = 0. 001。

第三，从社会景气指数与社会信心指数的关系来看，人们对未来的良好预期和充足信心是建立在当下社会发展状况之上的，一个景气的社会是一个发展状况良好的社会，也是人们对未来有着良好预期的社会。

2. 民众对总体事项的满意度高于对个体事项的满意度，二者关联度逐年提高

满意度不仅是人们心理上的一种主观感受，群体乃至社会整体层面的满意度水平亦能反映出一个社会在特定发展阶段的景气状况；人们的满意度不仅是个人期望是否得以满足的体现，同样受到社会发展情势的影响。在一定的程度上，人们对自己、对组织与社区、对国家与政府满意不满意的主观感受能够直接或间接地反映出一个国家与社会的稳定水平、经济、政治与社会的发展程度。一个矛盾凸显和冲突频发的社会必定是人们满意度处于很低水平的社会，反之，一个发展态势良好、总体景气的社会也必定是大多数人满意度较高的社会。① 正是在这个意

---

① 李汉林等:《发展过程中的满意度》,《社会学评论》2013 年第 1 期。

义上，民众对个体事项和社会总体事项的满意度水平可以成为衡量一个社会发展与稳定程度的有力指针。

图3—3是满意度指数的变动趋势，可以看到，以2012年为基准，人们对总体事项的满意度都呈现出逐年不断增长的态势。这表明我们社会在总体上正朝着良性、协调的方向发展。虽然总体的发展趋势令我们振奋，但这种总体印象对于进行更为细致的判断难以"对症下药"，接下来还需要对满意度的各事项进一步分解，以知晓哪些因素是当下民众最不满意的以及哪些因素是阻碍人们满意度提升的关键。

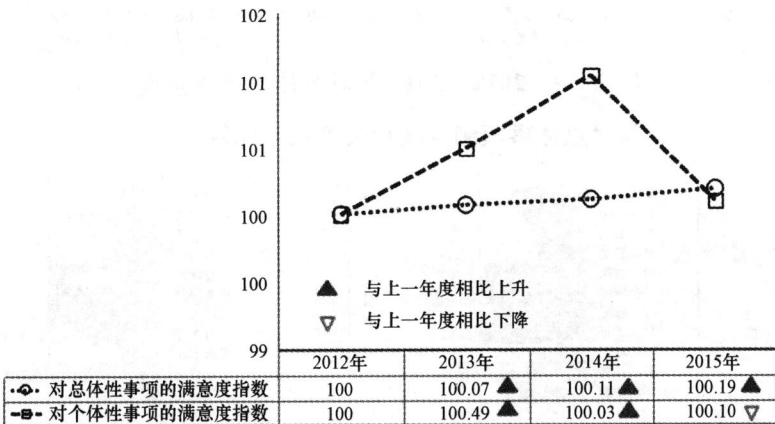

	2012年	2013年	2014年	2015年
对总体性事项的满意度指数	100	100.07 ▲	100.11 ▲	100.19 ▲
对个体性事项的满意度指数	100	100.49 ▲	100.03 ▲	100.10 ▽

▲ 与上一年度相比上升
▽ 与上一年度相比下降

图3—3 2012—2015年满意度量表的比较（分）

如图3—5的数据显示出，与2014年相比，2015年人们对环境质量（48.39%）、基础设施（56.80%）、教育水平（47.26%）以及治安状况（50.61%）满意度有明显的提高。同样，与2014年相比，人们对物价水平以及食品安全的不满意度均下降了近十个百分点。

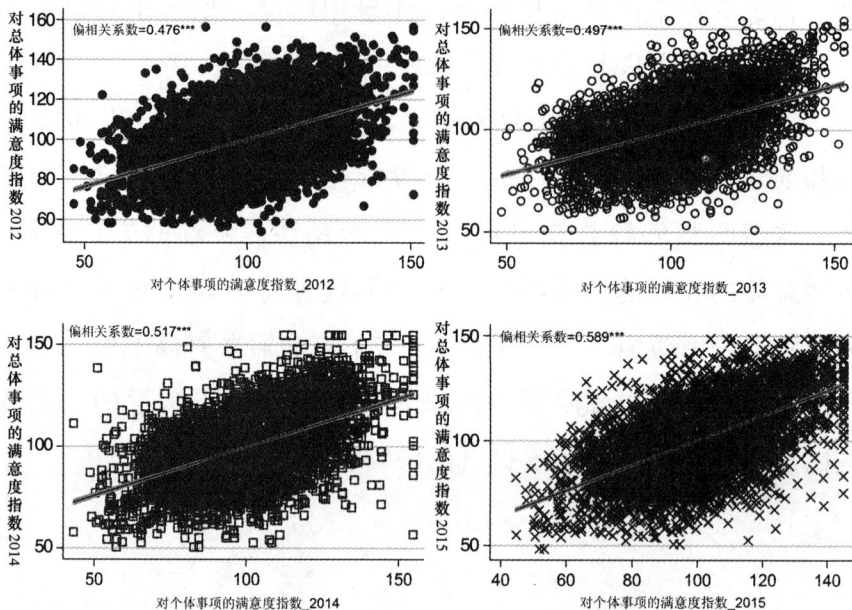

图3—4　2012—2015年对个体事项满意度

与对总体事项满意度相关关系的比较（分）

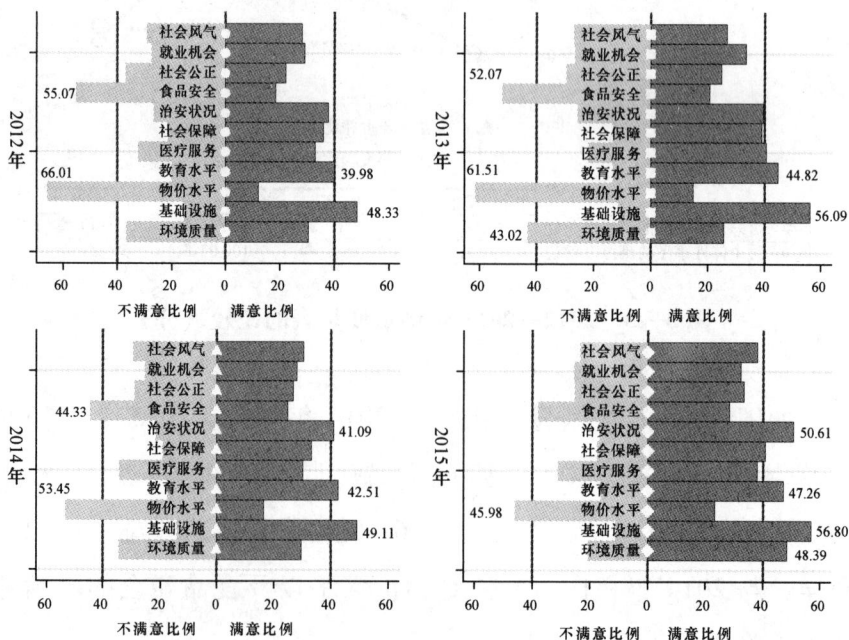

图3—5　对总体事项满意度的具体分析（％）

表 3—2　　对总体事项满意度指数年度比较的显著性检验

	总体满意度_ 2015	总体满意度_ 2014	总体满意度_ 2013
总体满意度_ 2012	diff = - 0.186 t = - 0.863	diff = - 0.109 t = - 0.444	diff = - 0.073 t = - 0.304
总体满意度_ 2013	diff = - 0.113 t = - 0.505	diff = - 0.035 t = - 0.143	
总体满意度_ 2014	diff = - 0.077 t = - 0.343		

为了对社会总体事项满意度的内在结构进行分析，我们采用夏普利值分解方法对社会总体事项满意度所包含的维度即采用的题器的重要性进行了排序。在这里，运用这种方法进行排序的原则主要是，社会总体满意度的各个题器或事项将依据被访者对相关题器认知上的贡献率大小来进行排序。根据这种方法，我们以人们对社会总体发展满意度为因变量，以构建总体满意度的各事项为自变量，通过夏普利值分解方法来探讨各项因素对社会满意状况的影响力大小。分析的结果表明（见表 3—3），影响力较高的事项分别是社会保障（贡献率为 14.66%）、就业机会（贡献率为 11.08%）、社会风气（贡献率为 10.81%）和医疗服务（贡献率为 10.22%）。

表 3—3　　　　以社会总体发展满意度为因变量的
相关影响因素夏普利值分解

因素	贡献额	贡献率（%）
环境质量	0.022	9.07
基础设施	0.022	9.08

因素	贡献额	贡献率（%）
物价水平	0.021	8.79
教育水平	0.009	3.66
医疗服务	0.025	10.22
社会保障	0.035	14.66
治安状况	0.019	8.03
食品安全	0.024	10.04
社会公正	0.011	4.55
就业机会	0.027	11.08
社会风气	0.026	10.81
残差	-0.746	
总计	0.241	100.00

　　然后，我们再根据满意度水平高低和影响大小进行矩阵分析，以确定哪些因素满意度较低且对社会总体和谐状况的影响力最高。图3—6是民众对社会事项满意度与各因素影响力大小的关系矩阵，结果显示，物价水平（不满意比例为45.98%，贡献率为8.79%）、食品安全（不满意比例为37.4%，贡献率为10.04%）和医疗服务（不满意比例为30.8%，贡献率为10.22%）问题不仅民众满意度水平较低而且其对社会和谐状况的贡献率也很大，故而对这些问题的解决更需要保持政策和制度安排的优先性，进而有效地提升总体满意度，促进社会景气发展。

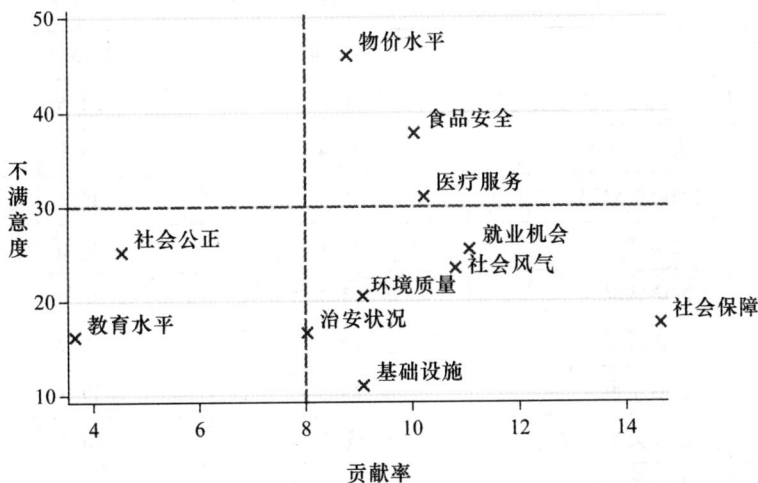

图3—6　社会总体发展满意度水平与构成要素

贡献率的关系矩阵（2015）（%）

在对个体事项满意度的分析过程中，我们首先分析人们对个体事项满意度各个具体因素的分布状况。比较欣慰的是，与2014年对个体事项的满意度相比，2015年人们对个体事项的满意度均呈上升趋势。① 在这里，人们对自己的家庭关系、人际关系与健康状况持比较满意的态度。值得注意的是，在2015年，个人收入与生活压力仍然处于满意度最低的水平。

———————————

① 这里需要解释的是，我们把2014年与2015年对一些个体事项的满意度单独拿出来相比，其结果与做指数稍微有所不同，这主要是因为计算方法上略有不同，而且其结果也没有统计学意义上的差别。

表 3—4　　　　个人事项满意度 2014 年与 2015 年的比较　　　单位:%

	2014 年	2015 年
个人事项的总体满意度	40.6	51.5
个人收入水平	25.4	28.3
家庭经济状况	29.4	38.1
住房状况	31.6	41.0
健康状况	53.4	65.0
工作状况	29.3	30.9
生活压力	23.3	29.3
家庭关系	66.9	76.1
人际关系	55.0	65.6
社会地位	27.4	33.8
发展机会	25.5	34.1

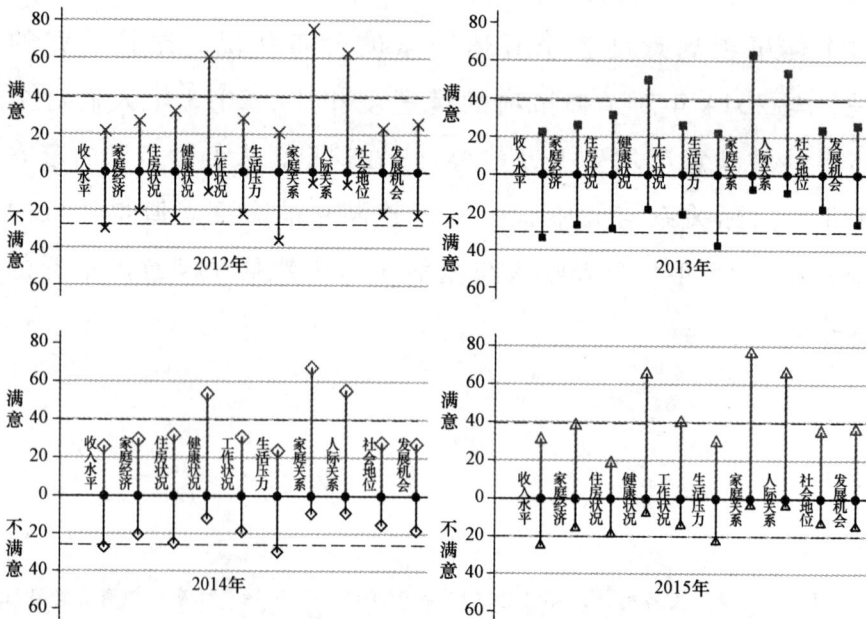

图 3—7　2012—2015 年个体事项满意度的比较分析（%）

表3—5　对个体事项满意度指数年度比较的显著性检验

	个体满意度_2015	个体满意度_2014	个体满意度_2013
个体满意度_2012	diff = - 0.095 t = - 0.447	diff = - 1.027 t = - 4.045***	diff = - 0.491 t = - 1.917
个体满意度_2013	diff = 0.396 t = - 0.505	diff = - 0.536 t = - 1.948	
个体满意度_2014	diff = 0.932 t = 4.094***		

注：* 表示 p < =0.1；** 表示 p < =0.01；*** 表示 p < =0.001。

在 2015 年的调查中，有一项题器专门询问受访者对个体事项的总体满意度，答案分为"很满意""较满意""一般""较不满意"和"很不满意"五类。在此基础上，通过统计分析进一步查看各类事项对总体满意度的影响大小。夏普利值分解的结果表明，收入水平、家庭经济状况和生活压力三类事项的贡献率最高，也意味着在所调查的个体事项中，这三类因素更多地影响民众的总体满意度水平。（见表3—6）

表3—6　以个体满意度为因变量的相关影响因素夏普利值分解

因素	贡献额	贡献率（%）
收入水平	0.063	18.32
家庭经济状况	0.078	22.72
住房状况	0.023	6.76
健康状况	0.017	4.93
工作状况	0.027	8.00
生活压力	0.043	12.53
家庭关系	0.012	3.52
人际关系	0.019	5.54

续表

因素	贡献额	贡献率（%）
社会地位	0.032	9.25
发展机会	0.029	8.43
残差	−0.967	
总计	0.342	100.00

　　在上述基础上，通过交互分析，形成民众对各事项满意度和其重要性的关系矩阵。（见图3—8）结果显示，在所有事项中，家庭经济状况（不满意比例为18.6，贡献率为22.72%）、个人收入水平（不满意比例为22.9%，贡献率为18.32%）和生活压力（不满意比例为22.3%，贡献率为12.53%），不仅民众的满意度较低，而且其也构成了对总体满意度水平影响最为重要的因素。

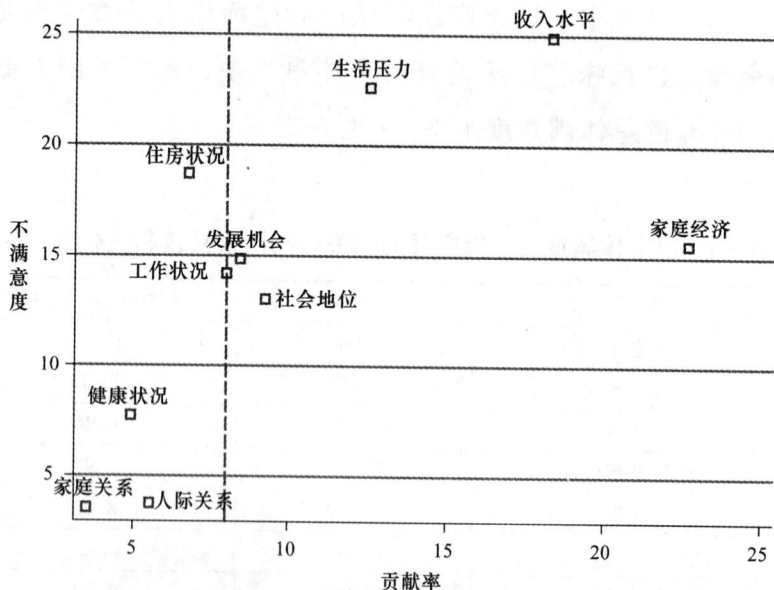

图3—8　个体事项满意度水平与构成要素贡献率的关系矩阵（2015）（%）

3. 民众主观地位认同下移趋势减缓，经济社会地位获得感增强

我们知道，今天的中国社会，已经从满足基本需求即低收入阶段步入到了满足社会发展更高层次需求的中等收入阶段。在这个阶段里，人们的诉求更多地关注在自身权益的保护，关注自己在经济社会等诸方面实实在在的"获得感"，关注自己与周围社会群体生活质量的提高，强调社会公平正义的实现以及对公共事务参与表达出强烈的意愿。事实上，我们在调查中很容易触摸到：人们的一些重要的期盼，已经不再是基于温饱的点点滴滴，而是提高生活质量的方方面面；人们的一些重要的关注点，已经转移到国家宏观的形势、社会与政治参与的程度以及实现社会公平正义的问题上来了；人们的一些重要诉求，也主要放在了住房、环境质量、食品安全、物价水平等关乎民生的基本问题上，放在了自身权益的保护以及一些实实在在"获得感"的实现上。

以往人们在评估自己的社会经济地位的时候，往往把自己评估得较低，这样做的根据，一方面可能是由于的确符合事实，处于社会的底层；另一方面也可能出于一种与他人或者其他社会群体比较过程中的愤恨与相对剥夺感，当然也可能是出于一种愤世嫉俗的情绪。事实上，一个处于转型期的社会，非常容易因为利益分配与再分配过程中所产生的贫富分化和社会不公，让一些处于劣势地位的社会群体通过比较产生一种权益和利益被他人剥夺的感觉，产生一种愤世嫉俗的情绪。当这种心态和情绪在社会中蔓延开来，又得不到有效的疏导和宣泄的时候，那么就会很容易引发人们对社会的大规模的不满，从而造成一

个社会的不稳定,影响社会的变迁与发展。所以,从这个意义上说,人们对自己主观地位评估得愈低,这种主观地位认同下移的趋势发展的愈快,那么,对一个社会的稳定与发展就会变得很不利。

　　比较欣喜的是,在2015年人们主观地位认同的下移趋势明显地减缓。从图中可以看到,2012年人们主观经济地位自我认同为下层的比例为38.82%,而到了2015年,人们主观经济地位自我认同为下层的比例则减少为23.81%,减少了15个百分点;与此同时,认为自己属于中层的被访者,则由2012年的25.35%增加到了2015年的33.25%,增加了近8个百分点。在对自己社会地位的主观评价上也是如此。2012年,认为自己的社会地位属于下层的被访者为32.57%,而到了2015年,认为自己的社会地位属于下层的被访者减少为17.34%,减少了15个百分点。与此同时,认为自己的社会地位为中层的被访者,在2012年为32.07%,而到了2015年,认为自己的社会地位为中层的被访者则上升到了43.13%,增加了约11个百分点。人们主观地位认同的下移趋势在2015年明显减缓的情况,非常大的可能是因为人们在实际的工作和生活中,通过自己的奋斗和努力,获得了许多实实在在的利益,社会分配过程中的那些极端的不公平得到了有效的遏制。人们主观地位认同的下移趋缓以及经济社会地位获得感增强,从一个方面也支持了2015年社会总体和个体满意度不断提高的社会事实。

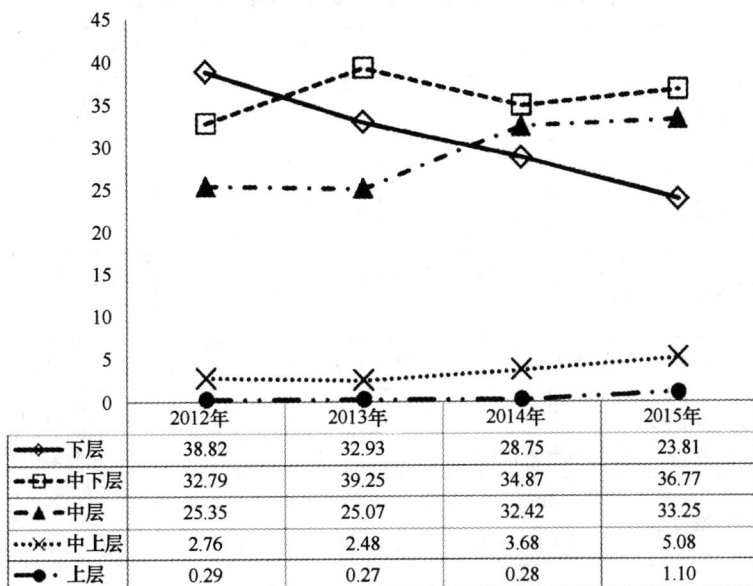

	2012年	2013年	2014年	2015年
下层	38.82	32.93	28.75	23.81
中下层	32.79	39.25	34.87	36.77
中层	25.35	25.07	32.42	33.25
中上层	2.76	2.48	3.68	5.08
上层	0.29	0.27	0.28	1.10

图3—9　主观经济地位的变动趋势（2012—2015）（%）

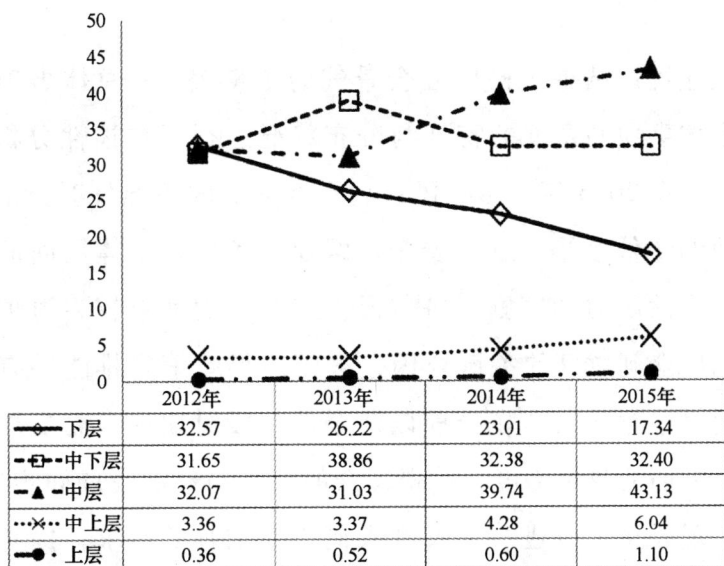

	2012年	2013年	2014年	2015年
下层	32.57	26.22	23.01	17.34
中下层	31.65	38.86	32.38	32.40
中层	32.07	31.03	39.74	43.13
中上层	3.36	3.37	4.28	6.04
上层	0.36	0.52	0.60	1.10

图3—10　主观社会地位的变动趋势（2012—2015）（%）

表 3—7　　　　主观经济社会地位年度变动的显著性检验

	主观经济地位_2015	主观经济地位_2014	主观经济地位_2013
主观经济地位_2012	diff = −0.179 t = −7.270***	diff = 0.043 t = 1.519	diff = 0.235 t = 8.388***
主观经济地位_2013	diff = −0.414 t = −16.220***	diff = −0.192 t = −6.664***	
主观经济地位_2014	diff = −0.222 t = −8.654***		
	主观社会地位_2015	主观社会地位_2014	主观社会地位_2013
主观社会地位_2012	diff = −0.290 t = −12.122***	diff = −0.015 t = −0.526	diff = 0.108 t = 3.914***
主观社会地位_2013	diff = −0.397 t = −16.082***	diff = −0.122 t = −4.321***	
主观社会地位_2014	diff = −0.275 t = −11.037***		

注：* 表示 $p < =0.1$；* * 表示 $p < =0.01$；* * * 表示 $p < =0.001$。

　　上述统计结果对构成社会景气的子量表——总体事项满意度和个体事项满意度的特征与分布状况进行了描述性分析。结果表明，在 2015 年，影响民众满意度高低的关键事项分别是总体层面的物价水平、食品安全、医疗服务以及个体层面的收入水平、生活压力和家庭经济状况。这样我们就能较为清晰地确定影响民众满意度的关键要因，进而使得政策安排能够有的放矢。同时也意味着，在当前以及今后一段时期内，需要加大如上几个方面的政策力度，使得民众的收入与经济发展同步增长、社会实现公正，以进一步实现人们不断增长的需求，提升民众的满意度。

　　上述结果所隐含的其他意义还在于，一方面，通过对民众满意度诸事项的调查与分析，也即对民众社会态度走向的把握可以从根本上反映出我们社会处于何种发展阶段。与 GDP 水平或者基尼系数等过于单一的客观指标不同，民众的社会态度包含综合的心理感受和价值判断，从而可以更为全面地反映一个社会的发展水平。另一方面，此处的分析纠正了以往关于民众满意度研究的一个偏误，即只对总体的满意度水平进行判断，忽视满意度的组成因素及各因素间的差异，而我们恰恰需要的是"目无全牛"，并非"盲人摸象"。当然，更重要的意义在于，对不同事项满意度水平的测量，可以从一个侧面反映出我们社会在践行各项政策时所存在的差距以及面临的问题，从而为政府解决这些问题和进行合理的制度安排提供一项事实基础。

4. 民众对政府的信任度稳中有升，对政府信任的层级差异明显

对政府的信任度是人们对政府执政能力的主观感受，是对政府所做的相应制度安排的评价，同时也是人们对政府行为绩效的一种认可以及人们对政府行为的一些预期与这些预期实现状况之间关系的评判。一个不被公众信任的政府，很可能是一个执政能力不高、绩效不好的政府，在这样一个政府的领导下，社会很可能不会稳定，人们对这个社会的经济社会与政治发展也很可能不会满意。对政府信任度的研究事实上涉及的是政治信任（Political Trust）的核心议题，即政府执政的合法性（Legitimacy）和政策执行的有效性（Effectiveness）问题。就合法性而言，对政府的信任程度反映了一个国家（或地方）的政府及其行为在多大程度上得到了一般民众的认可；对于政策执行的有效性而言，民众对政府的信任度过低则意味着政治体系或政

府行为丧失了民众基础，从而使得政策的制定和执行过程会遇到更多的阻力和反对，需付出更大的社会成本。[①]

首先，对政府信任是对政府行为绩效以及执政能力的一种肯定与社会承认。在理论意义上，政府代表公众来掌握和分配公共资源，提供公共物品与公共服务。政府与公众实际上是一种特殊的"委托—代理"关系，为公众服务理应是政府的职责所在，也是政府存在的题中之义。在某种程度上，政府分配的公共资源越公平，为公众提供的公共物品与公共服务越多以及质量越高，满足公众的利益需求与期望越好，那么，人们对这样的政府以及政府绩效的评价就会越高，对政府的执政能力就会持一种赞赏与肯定的态度。这里事实上包含着两层含义，一层是政府行为的绩效与表现，另一层是公众的需求与期望。政府行为的绩效越高，公众的需求与期望实现得越好，那么，公众对政府的信任度就会越高。

其次，对政府的信任是一个政府合法性的根本基础。从理论上说，合法性"是一种特性，这种特性不仅来自于正式的法律或命令，更重要的是来自根据有关价值体系所判定的、由社会成员给予积极的社会支持与认可的政治统治的可能性或正当性"[②]。如果我们按照韦伯对统治的定义来理解政府的合法性，[③]起码有三点值得注意。第一，统治是一种社会承认了的权力。只有在对政府行为及其行为的能力给予充分的肯定和认可的情

[①]　马德勇：《政治信任及其起源：对亚洲 8 个国家和地区的比较研究》，《经济社会体制比较》2007 年第 5 期。

[②]　王浦劬：《政治学基础》，北京大学出版社 1995 年版，第 162 页。

[③]　"统治应该指下属能够顺从地执行上级指令的一切机会。"参见 M. Weber, *Wirtschaft und Gesellschaft*, Tuebingen, 1980, p. 80。

况下，政府管理作为一种统治才可能真正实现。因为统治的基础是顺从，是一种社会承认的、发自内心的顺从。第二，统治是一种具有合法性的权力。在这里，政府的统治的合法性与公众的认可形成了一种高度相关的关系，政府提供公共产品与公共服务的质量越高，满足公众的利益需求与期望越好，那么，人们对这样的政府就会越信任，其政府实施管理与统治的合法性基础就越巩固。第三，统治是一种制度化的权力，意味着权力合法性的确立要通过一定的程序，遵循特定的规范来实现。

再次，对政府的信任同时也是对形成政府行为的一系列制度安排与框架的承认与肯定。从实质上说，当人们对政府行为的绩效以及政府的管理和执政能力表示认可和承认的时候，这同时也意味着，人们对承载政府行为的一系列制度安排与框架的认可与承认。这主要是因为，政府的行为往往是嵌入一定的社会与政治结构以及制度环境之中的，政府行为被这种结构与制度所规范与制约。也恰恰在这个意义上，对政府的信任反映出来的同时也是对政治系统与制度的信任。

从预期—实现逻辑出发，对政府的信任度高低取决于政府所制定的相应的制度安排和政策措施，政府提供的社会公共服务，政府履行的社会责任和社会义务以及政府的社会管理是否达到人们的预期。这些都直接或间接影响人们对政府的信任，政府的权威以及政府行为的合法性。在上述分析的基础上，问卷调查中我们将对政府的信任度操作化为民众对政府总体的信任度和对政府职能部门的信任度。对政府总体的信任度包括对政府处理突发事件的能力、对政府服务是否能够征询民意、对政府服务是否公道、对政府服务是否能让民众得到实惠、对政府服务是否贴近民众需要的感受和评价；对政府职能部门的信任度包括对城管部门、信访部门、社会保障部门、工商（税务）部门、公安局（派出所）的信任度。

图3—11和表3—8是在多年调查数据基础上所计算的政府信任度指数。首先我们看到，对政府的信任度仍然呈上升的趋势。对中央政府的信任度，与2014年相比（70.28%），2015年上升了近11个百分点（81.09%）；与往年相比，2015年人们对区、县、市、省政府的信任度也是呈上升趋势，分别为60.08%（对区县政府的信任）和73.63%（对省市政府的信任）。同时，我们在这里仍然可以明显地感觉到，2015年，人们对政府信任"央强地弱"的差序结构仍然明显（对中央政府的信任度为81.09%，对省市政府的信任度为73.63%，对区县政府的信任度为60.08%）。

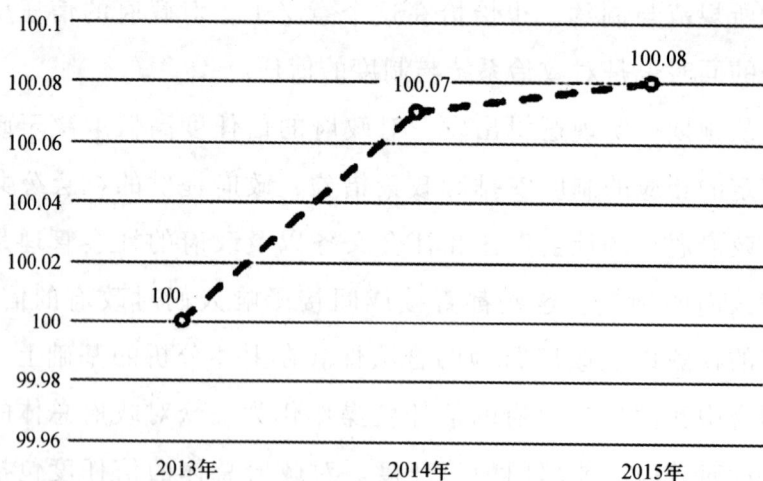

图3—11　2013—2015年政府信任度比较（%）

表 3—8　　　　　　　　**2013—2015 年政府信任度比较**　　　单位:%

对中央政府的信任度		
	2013 年	2014 年	2015 年
信任	80.31	70.28 ▽	81.09 ▲
一般	15.39	18.26 ▲	16.40 ▽
不信任	4.29	3.46 ▽	2.50 ▽

对省、市政府的信任度		
	2013 年	2014 年	2015 年
信任	66.97	66.65 ▽	73.63 ▲
一般	28.14	27.93 ▽	22.19 ▽
不信任	4.90	5.41 ▲	4.19 ▽

对区、县政府的信任度		
	2013 年	2014 年	2015 年
信任	50.30	51.05 ▲	60.08 ▲
一般	30.05	37.71 ▲	31.36 ▽
不信任	19.65	11.25 ▽	8.56 ▽

注：▲ 与上一年度相比上升，▽ 与上一年度相比下降。

　　图 3—12 是 2012—2015 年人们对政府工作的一个评价。图中我们看到，与 2014 年相比，2015 年政府在处理突发事件、政府服务惠民、政府工作贴近民众，政府工作听取民众意见以及政府公道处理事情方面有了明显的进步，政府在这些方面的努力说明了政府治理能力的提高，这也恰恰是人们信任政府的重要的事实基础。

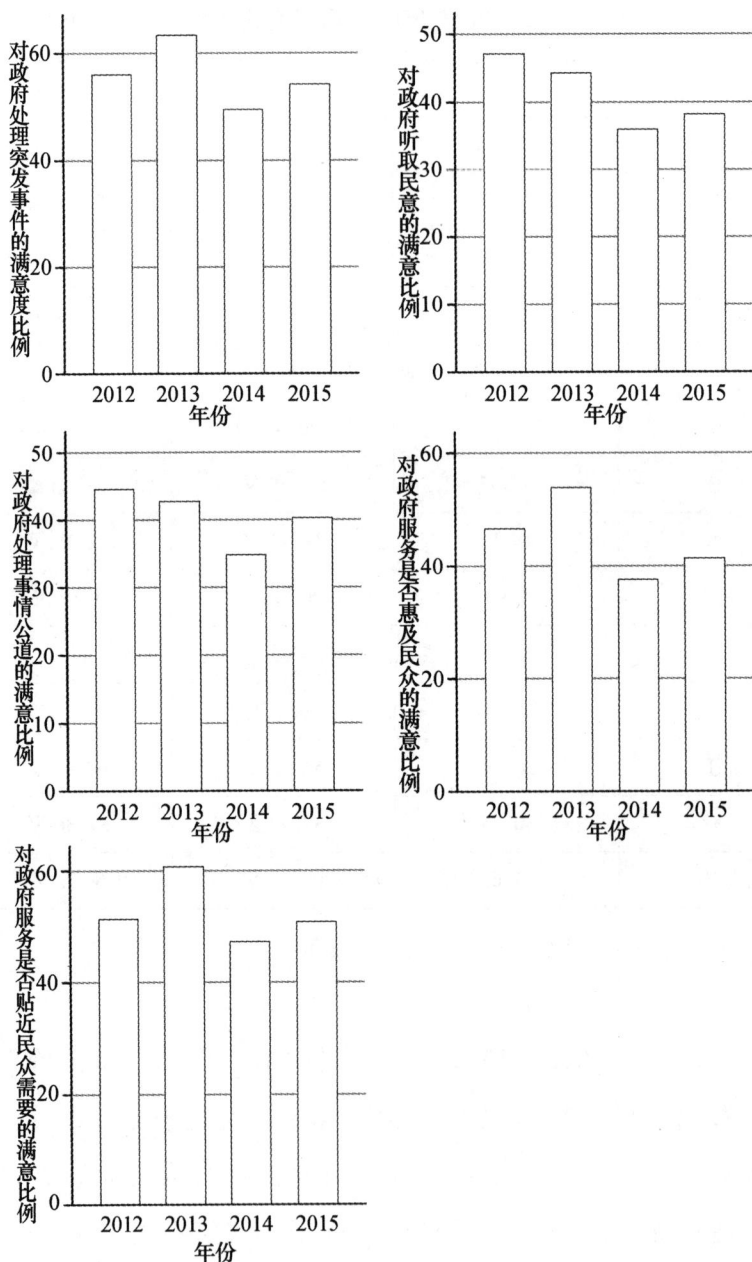

图 3—12　2012—2015 年人们对政府工作评价的比较（%）

　　图 3—13 列出的是人们对政府职能部门信任状况的年度比较。在 2015 年，人们对政府职能部门的信任度由高至低依次是公安局、派出所（58.80%），法院（57.80%），社会保障部门（49.60%），工商、税务部门（43.30%），信访部门（38.20%），城管部门（26.20%）。从横向比较来看，与往年相比，在 2015 年，人们对政府职能部门的信任度略有提高，说明国家的治理以及提高公务员的工作效率方面还是有积极的成效的。

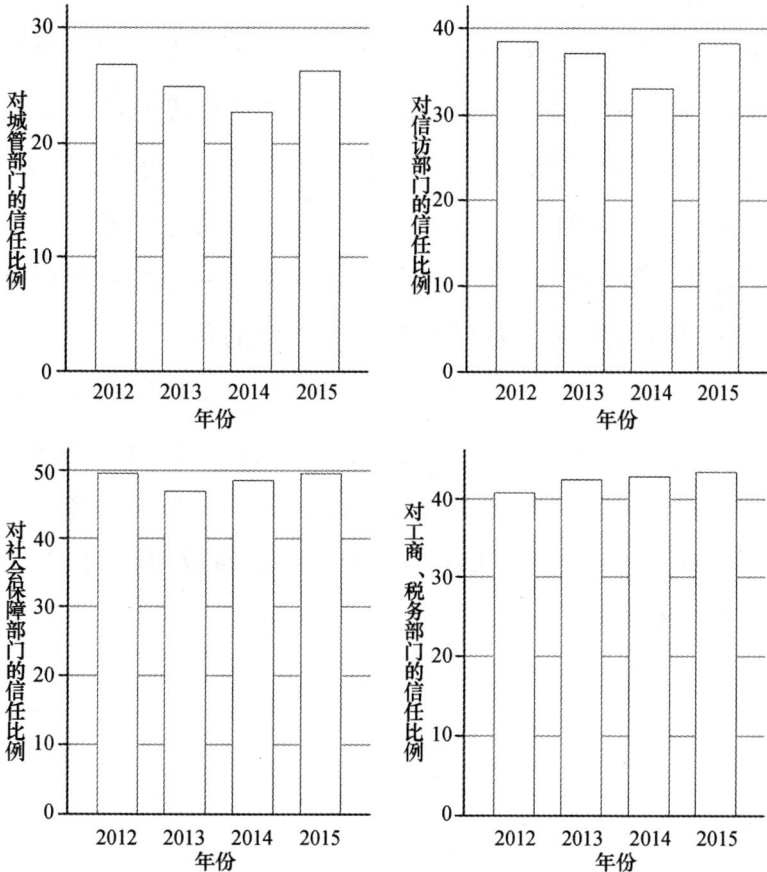

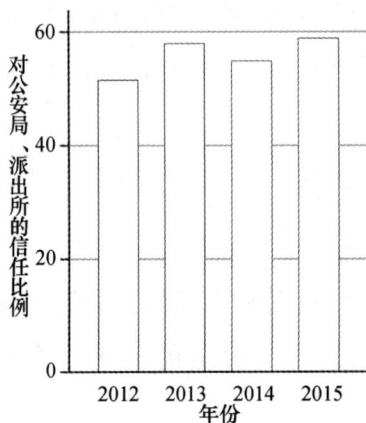

图 3—13　对政府职能部门信任状况的年度比较 （%）

　　表 3—9 是对不同社会群体对政府信任度的差异状况进行的分析。分析发现，在性别上人们对政府信任度没有统计学意义上的显著差异。从对被访者的年龄结构上分析，我们首先看到，社会年龄愈大对政府信任度愈高的这样一个线性的趋势；如果再仔细分析，我们就会发现，31—40 岁这样一个年龄组的社会群体，在我们的样本中表现出对政府最低的信任度。相反，30 岁以下年龄组的社会群体对政府的信任度，在我们的样本中则表现出略高于 31—40 岁这个年龄组的社会群体的社会态度。看到这一点，对于我们能够有的放矢地去做一些思想工作，针对特定社会群体来改进我们的工作作风，提高政府的管理水平，应该说是很重要的。

表 3—9　　　　　不同群组民众对政府信任度的方差分析

	均值	标准差	样本量	方差检验
性别				
男	101.17	15.58	3661	F = 0.36,
女	100.97	15.38	4306	Sig. = 0.551
年龄				
30 岁及以下	99.96	15.38	2851	
31—40 岁	99.70	15.38	1741	
41—50 岁	101.22	15.24	1852	F = 36.55,
51—60 岁	102.43	15.67	923	Sig. = 0.000
60 岁以上	107.64	14.80	600	
收入				
2000 元及以下	100.22	16.27	475	
2001—4000 元	102.20	14.56	2148	
4001—6000 元	99.77	14.29	1160	F = 40.39,
6001—8000 元	98.10	14.32	298	Sig. = 0.000
8001—10000 元	99.09	16.27	186	
10000 元以上	101.21	15.34	123	
文化程度				
小学及以下	103.60	17.00	464	
初中、高中	101.31	15.40	3960	
中专、技校	100.83	15.76	825	F = 4.97,
大专	100.15	14.86	1450	Sig. = 0.001
本科及以上	100.57	15.58	1232	

　　在对不同文化程度的社会群体进行分析中我们发现，2015年，文化程度比较高的群体对政府更容易持有一种批评和怀疑

的态度。从积极的角度去理解，在社会上这样一种社会群体的存在有利于监督政府的行为，督促他们做得更好。恰恰在这个意义上，在当今改革开放的中国，有这样一些社会群体能够用怀疑、挑剔和监督的眼光来从一个特殊的角度督促和推动政府的工作，对我们今天社会的变迁与发展，是有积极意义的。

在对样本中不同收入群体的分析过程中我们发现，2015年月收入为6001—10000元的这个群体中，他们对政府的信任度相对于其他群体较低；而月收入为2001—4000元的这个群体相对于其他群体而言则表现出对政府较高的信任度。在今天中国的城镇居民中，月收入为2001—4000元的群体属于中等偏下的收入群体，在这个群体中企业职工和新工人群体居多，他们在日常的生活中比较容易细腻地感受到国家点点滴滴的改变，对党和政府怀有一种特殊的朴素感情。一旦政府的行为有了向好的变化，一旦他们的社会经济状况有了一些好的改善，他们都会记在心里，从而产生一种比较强烈的获得感。这个群体是政府执政的基础，是我们党和政府依靠的主要对象。月收入为6001—10000元的群体属于中等偏上的收入群体，在这个群体中一般知识分子、白领阶层居多。他们有的本身就属于文化程度比较高的群体，或者说，他们与文化程度比较高的群体相类似，对政府更容易持有一种批评和怀疑的态度。从积极的角度去理解，在社会上这样一种社会群体的存在有利于监督我们政府的行为，督促他们做得更好。恰恰在这个意义上，在当今改革开放的中国，有这样一些社会群体能够用怀疑、挑剔和监督的眼光来从一个特殊的角度督促和推动政府的工作，对我们今天社会的变迁与发展是有积极意义的。

5. 关于相对剥夺感

相对剥夺感主要是指人们从期望得到的和实际得到的差距中（Discrepancy between Expectation and Actuality）所产生出来的或所感受到的，特别是与相应的参照群体的比较过程中所产生出来的一种负面主观感受，一种不满和愤慨的情绪。在我们理解相对剥夺感这个概念的过程中，起码有以下四点需要强调：首先，相对剥夺感总是在期望以及期望的实现的不断比较过程中产生出来的。当人们认为能够或应该得到的东西而在实际上却没有得到的时候，他们就很容易自然而然地感到在实际行为过程中受到剥夺。其次，相对剥夺感同时也是人们在其行为的过程中，不断地与其相应的参照群体（Reference Group）相比较的结果。在这里，相对剥夺感的特殊之点在于：它更多地在意自己所得到的回报和奖赏，在和自己的参照群体（Reference Group）的比较过程中，是否处于一种等值或公平的状态。人们在拿自己的付出和回报与其相应的参照群体的比较过程中越感到平衡与公平，那么，其相对剥夺感的程度就会越低。反过来，如果人们在拿自己的付出和回报与其相应的参照群体的比较过程中越感到不公平和愤恨，那么，不仅满意度的程度会变得愈低，而且，也会不可避免地产生出一种被相对剥夺的感觉。再次，相对剥夺感作为一种负面的感受（Negative Feeling），反映的是人们的失望和失落，表达的是一种愤慨和不满的情绪。只有当人们具有高期望值和低期望实际实现值的时候，人们的那种被相对剥夺的感觉才会变得强烈起来。最后，相对剥夺感产生的一个重要的条件就是不切实际地大幅度提高人们的期望值，做出许多没有实现或不可能实现的允诺。这样所造成的结果必然会使人们的期望值和实际实现值的差距不断拉大，使人们经常地陷入失望与失落、不满和愤慨的情绪之中。在这样的一种情况下，人们的相对剥夺感也就会不可避免地产生出来。

总之，"相对剥夺感"作为人们的一种主观感受，所要测量的，则是人们在与相应的参照群体的比较过程中所产生的一种对两者之差异的主观感受，这种感受一般而言都是负面的和消极的，都会透露出一种不满和愤慨的情绪。

首先，产生相对剥夺感的根本原因也在于，社会行动者通过比较行为期望和期望实现的程度，所形成的付出与所得不对等的主观感受：当人们的行为期望值总是高于实际实现值的时候，他们就会感到失望和失落。对单位组织来说，这种感受在心理上的一个直接后果，就是组织或体制本身对他个人的剥夺。更重要的是，一旦他们将与其相应的参照群体（Reference Group）纳入他们主观的比较和判断过程之中，上述感受会再叠加一个维度，从而变得更加强烈。[1] 在这里，参照群体指的是这样一些社会群体或个人，他们的行为规范和价值取向通常被其他某些社会群体或个人当作自身的行为规范和价值取向，而由此造成的社会行为及其效果也被这些群体或个人用来与自身相比较。也就是说，相对剥夺感的一个重要基础，在于单位组织内的个人或群体从主观上与单位组织外的个人或群体有所认同，

---

[1]　Kelly, "Two Functions of Reference Groups", In: G. H. Swanson ed. al. , *Readings in Social Psychology*, New York, 1952, pp. 401 - 414; Merton and Rossi, "Contributions to the Theory of Reference Group Behavior", In: R. K. Merton, *Social Theory and Social Structure*, The Free Press, 1968, pp. 279 - 283.

这种认同可能会表现在身份、地位、等级或声望等许多方面。事实上，人们总是在与他们自己所认同的参照群体与个人的比较过程中，不断认定或修正自己的行为，而这种比较的过程，同时也是估算自己相对被剥夺的程度的过程。

所以，就社会的总体环境来说，相对剥夺感产生的一个基本条件，就是不切实际地大幅度提高人们的期望值。特别是在巨大的社会转型过程中，由于组织变迁形成了结构的诸多不确定性，加之各种各样的新的社会因素，使各种不同的组织结构形成了许多交叉、重叠和错落的局面，所有制度的调整和转换都会使制度本身变得越来越不透明，越来越不明确，社会成员也越来越难于确定自身的行动目的和价值；在这种情况下，倘若整个社会通过文化系统进一步做出许多没有实现或无法实现的承诺，人们在各种各样的参照群体或个人的比照下，必然会使自己的期望值和实际实现值的差距不断拉大，从而产生越来越强烈的相对剥夺感，甚至是怨恨和愤慨的情绪。

表3—10是2012—2015年人们相对剥夺感的一个横向比较，从中可以看出，以2012年为基准，人们在日常生活中那种被相对剥夺的感受呈逐步下降的趋势。这说明，经过多年的努力，群体间的那种结构性紧张得到了缓和，群体间的那种非常不平衡、不平等以及不公平的状况也得到了一定程度的改善，反映到大家的社会情绪上，就变得比较平和一些，由此集聚的一些正能量对于社会的稳定与和谐具有了积极的意义。

表 3—10　以 2012 年为基准，2012—2015 年相对剥夺感变化情况

	2012 年	2013 年	2014 年	2015 年
相对剥夺感	100	99.73	99.82	98.87

表 3—11 是 2015 年不同结构群体对相对剥夺的感受，我们首先看到，在性别上，男性受访群体比女性受访群体更能够强烈地感受到被相对剥夺，这可能是由于男性受访群体的社会参与意识要强于女性受访群体。其次，从年龄结构上看，60 岁及以上的受访群体被相对剥夺的感受最低，而 31—40 岁的受访群体则表现出较高的相对剥夺感。31—40 岁属于青壮年时期，在职场中起骨干和中坚的作用，他们血气方刚，对国家、民族、事业、家庭都有着一种强烈的责任感和上进心，对社会的不公平和不公正的现象敏感，敢于拍案，挥斥方遒。这样一种群体的社会感受在很大程度上能够反映一个社会的舆情与发展趋势，值得研究者和社会管理者高度重视。

表 3—11　　　2015 年不同群组民众的相对剥夺感方差分析

	均值	标准差	样本量	方差检验
👥性别				
男	99.21	10.77	3661	$F = 6.72$,
女	98.58	10.80	4006	Sig. = 0.010
📅年龄				
30 岁及以下	98.80	10.31	2851	
31—40 岁	99.36	10.68	1741	$F = 4.84$,
41—50 岁	99.31	11.04	1852	
51—60 岁	98.10	11.57	923	Sig. = 0.001
60 岁以上	97.62	11.23	600	

续表

	均值	标准差	样本量	方差检验
收入				
2000 元及以下	95.27	11.68	475	
2001—4000 元	100.11	10.33	2148	
4001—6000 元	101.18	8.74	1160	F = 40.39,
6001—8000 元	103.02	8.56	298	Sig. = 0.000
8001—10000 元	104.16	9.16	186	
10000 元以上	104.18	9.10	123	
文化程度				
小学及以下	96.16	11.79	464	
初中、高中	98.05	10.96	3960	
中专、技校	98.77	11.03	825	F = 30.85,
大专	100.15	9.83	1450	Sig. = 0.000
本科及以上	101.02	10.22	1232	

在不同的收入群体以及在不同的文化程度的社会群体中，我们看到一个值得注意的现象，即在 2015 年，人们的收入水平越高，受教育的程度越高，大家的那种被相对剥夺的感受反而愈强烈，这和 20 世纪 80 年代那种"端起碗吃肉，放下碗骂娘"的状况比较相似。从社会背景上分析，那个时候和目前的这个时期都存在着不可忽视的不平等、不公正和不公平的现象。大量社会学的研究表明，当一个社会的不平等、不公平和不公正超过大众所能承受的限度的时候，就会在很大的程度上影响这个社会的稳定。[1] 我们知道，任何一个社会不可能有绝对的平

---

① Gurr, T. R., *Why Men Rebel*, Princeton：Princeton University Press, 1971.

等、公平和公正。没有差异，就不可能有发展；不让一部分人先富起来，就不可能最终实现全体人民的共同富裕。但是，问题的关键在于，一个政府是否有可能通过相应的制度安排，在不平等造成贫富差距过大的时候，努力缩小贫富差距；当社会的不公平和不公正导致利益分配机制严重失衡的时候，努力调整利益分配政策。

从社会学理论上说，一个社会的不平等和不公正并不是直接影响这个社会的稳定的。只有在以下三种条件逐步递进并不断强化的情况下，才有可能导致一个社会的不稳定。[①] 这三个条件简单地说就是：（1）人们的相对剥夺感、地位的不一致性和不满意度变得愈来愈高；（2）社会的基本价值取向和行为规范发生动摇和混乱；（3）政府不作为。具体地说，不平等和不公正首先造成的一个最明显的社会后果是利益分配不当、激励机制扭曲和贫富差距过大。先富起来的群体以及一些腐败分子的炫耀性消费的示范效应，人们在经济制度中行为的激励结构扭曲以及社会生活中经济、政治行为规范与取向混乱，使人们的羡慕与妒忌、攀比与模仿、失落与愤怒等各种情绪交织在了一起。如果再加上媒体不适当的炒作与推动，就会使得其他社会群体心理上的那种相对剥夺感与地位的不一致性在相互比较的过程中变得越来越强烈，由此引发的不满意度就会变得越来越高。如果在这样的一种情况下，我们政府的政策没有做适当的

---

① Li , Atteslander, Tanur and Wang, *Searching for Hidden Reality*: *Anomie and Social Change*, SAD, 1998; Merton, R. K. & A. S. Rossi, "Contributions to the Theory of Reference Group Behavior", In: R. K. Merton, *Social Theory and Social Structure*, The Free Press, 1968; Nee, V. , "A Theory of Market Transition: From Redistrbution to Markets in State Socialism", *American Sociological Review*, 54, 1989, pp. 663 - 681.

调整，在结构上没有做出适当的制度安排，那么，人们就会对一个社会的诸如共同富裕、社会主义道路等这样的基本价值观念发生怀疑和动摇，对我们的政府以及政府的行为越来越不信任。只有在这样的一种情况下，任何一个偶然的事件都可能会引起这个社会大规模的动荡和全面的不稳定，人们的愤怒与不满就可能会用一种极端的方式发泄出来。在这里，被剥夺的感受在这样一个结构紧张与冲突的过程中起到了举足轻重的作用。

另外，现在这样一些处于社会中间层的群体，与20世纪80年代那个时候的群体相比，他们的自我意识、维权的觉悟、对公正公平的向往以及高品质的生活质量的追求都是80年代那个群体不可比拟的。当这样一个群体在一个社会中发展到相当数量的时候，他们就会在相当的程度上左右舆论，左右社会思潮甚至会左右一个社会发展的方向。如果我们的研究者不深入地分析处于社会拐点的社会中间层，探讨他们的价值观念与行为规范，如果我们的社会管理者不在研究的基础上因势利导地改变我们管理的方式以及治理方法，有针对性地引导发展中的社会中间层，那么我们的研究就会处于一个被动的状态，国家和政府就不可能制定出有效的、针对不同社会群体的社会政策，从而成功地引导全体人民推动社会的进步与变迁。

如果我们以相对剥夺感为因变量来分析人们对诸如像满意度和信心度这样的状况，那么我们就可以看到，两者之间都具有统计学意义上的显著相关（表3—12）。这说明，人们对被相对剥夺这样的感受的强弱，直接可以影响人们对其他诸如满意度和信心度这方面的感受，从而从总体上影响人们的社会情绪。恰恰在这个意义上，关注人们是否、为什么、在什么方面以及在多大的程度上被相对剥夺的感受，对我们理解一个社会的景气状况，具有不可忽视的重要意义。

表 3—12   2015 年以相对剥夺感为因变量的分析

	对总体事项的满意度	对总体事项信心度	对个体事项的满意度	对个体事项信心度	对政府总体信心度	对政府职能部门信心度
R 值	0.090	0.049	0.198	0.030	0.070	0.040
F 值	131.071	38.181	653.151	14.650	79.389	25.450
Sig.	0.000	0.000	0.000	0.000	0.000	0.000

6. 关于社会信心

在我们的研究中，社会信心主要是指人们在当下社会发展状况的基础上对社会未来发展的预期。社会信心与社会景气是分析与研究一个社会发展状况的两个重要方面。缺少了对社会景气的研究，对社会信心的观察就成了无源之水，无本之木；反过来，缺少了对社会信心的分析，对社会景气的探讨便缺少了理论与实践的张力。尽管社会信心与社会景气一样，都是人们对他们所处的社会在宏观与微观层面上产生的一种主观感受，但是两者之间一个最根本的区别是，社会景气研究的是人们对目前社会环境的主观感受与看法，而社会信心则是人们综合考虑各方面因素的基础上对社会未来发展的预期和心理期望。下面表格是我们 2012 年到 2015 年的调查数据（表 3—13），试图说明，社会景气与社会信心两者之间具有正向的相关关系，即人们对未来的预期和信心是建立在当下社会发展状况之上的，一个景气的社会是一个发展状况良好的社会，也是人们对未来有着良好预期的社会。在一定程度上，一个社会的景气状况决定了人们的社会信心，从预期—实现对比机制出发，当下预期目标的实现程度越高则对未来的预期越高，反之则低。

表 3—13 社会景气指数与社会信心指数的相关关系（2012—2015）

2012 年				2013 年			
	社会景气指数	总体信心指数	个体信心指数		社会景气指数	总体信心指数	个体信心指数
社会景气指数	1.000			社会景气指数	1.000		
总体信心指数	0.389***	1.000		总体信心指数	0.408***	1.000	
个体信心指数	0.212***	0.450***	1.000	个体信心指数	0.186***	0.393***	1.000
2014 年				2015 年			
	社会景气指数	总体信心指数	个体信心指数		社会景气指数	总体信心指数	个体信心指数
社会景气指数	1.000			社会景气指数	1.000		
总体信心指数	0.293***	1.000		总体信心指数	0.336***	1.000	
个体信心指数	0.217***	0.554***	1.000	个体信心指数	0.120***	0.568***	1.000

注：***$p < 0.001$

从理论上说，个体层次上的主观态度一旦"化合"到总体性的社会情绪（Aggregated Mood）便具有了社会事实的特征，这是因为所有外在的客观变化都能在人们的主观感受中稳定地表现出来。虽然社会景气与社会信心是人们某种主观态度的总和性体现，但反映的是整个社会结构是否整合有序、整个社会环境是否安定团结、整个社会方向是否顺应民意。在研究中，社会景气主要是指人们对自身目前所处的社会环境的一种主观感受，社会信心则是人们在综合考虑各方面因素的基础上对社会未来发展状况的预期。按照理论概念演绎的方式，社会景气被操作化为民众的满意度、相对剥夺感和对政府的信任度；社会信心被操作化为对社会宏观层面的信心度和对社会微观层面的信心度。从人们对可指涉对象的预期目标与目标实现程度之间的对比关系出发，民众社会态度产生的微观机制，即预期—实现的对比关系可以成为我们勾连微观个体与群体及社会宏观状况的"桥梁"。当然很难将这种对比关系进行精确化，但对比的差异程度却成为人们进行相关社会问题评判的"模糊"标准。依据此机制，一旦人们的预期目标未能达成或只是部分达成，则会降低满意度和对政府的信任度并激发相对剥夺感；同样的道理，对当下社会景气状况的判断则构成了人们对未来进行预期的现实基础，直接影响人们对未来发展的信心。

（1）民众对各事项的信心状况有不同程度提升

图3—14和图3—15是2012年到2015年人们对各个不同事项信心状况的比较。如果我们把2012年到2015年这四年的数据连接起来比较来看，就可以发现，和历年相比，2015年人们无论是在对反映社会宏观层面具体事项的信心还是在对反映社会微观层面具体事项的信心上，均表现出不同程度上的提升。2015年，我们国家虽然在经济增长与社会发展上遇到一些困难，但是，新的领导集体用"踏石留印，抓铁有痕"的方式处理发展中的难题，扎实稳健地推动中国社会的发展与改革。人们对我们国家未来发展中各个事项的信心呈现出的上升状况，从一个角度肯定了我们国家和政府一年来的工作与成绩。

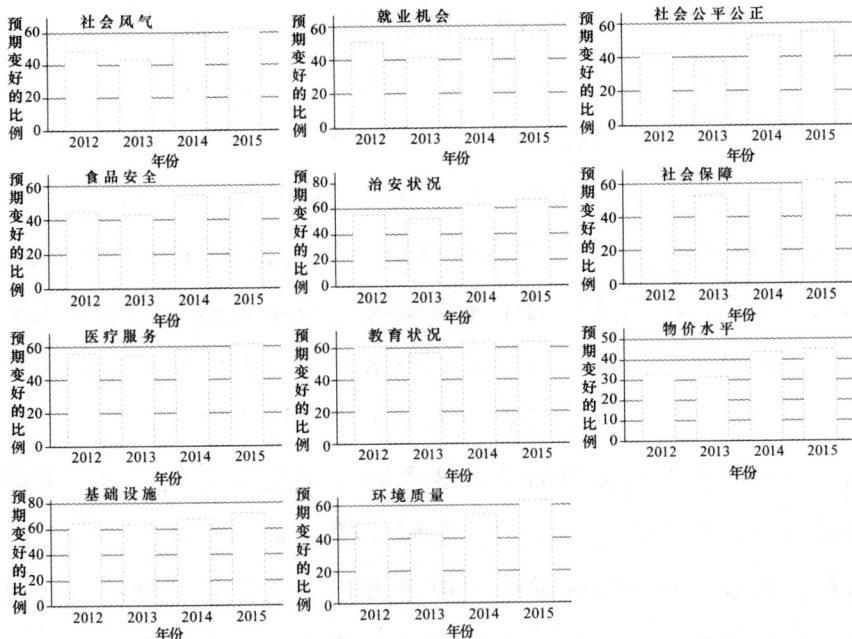

图 3—14 民众对社会性事项的信心程度（2012—2015）（%）

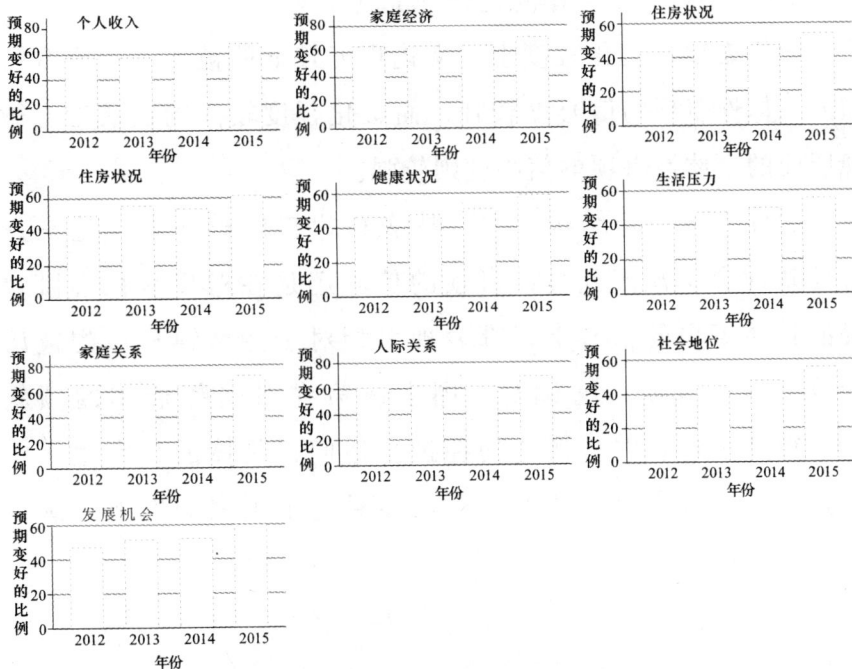

图 3—15 民众对个体性事项的预期程度（2012—2015）（%）

（2）民众的社会信心状况因组群不同呈现出较大差异

下面的表格是具体分析，什么群体在什么事项上对未来有信心（表3—14）。数据表明，人们对未来的信心状况在性别上没有统计学意义上的显著差异。在年龄结构上，对反映宏观层面的总体性事项，60岁以上的被访者表现出了最充足的信心，而对反映社会微观层面的个体性事项，30岁及以下的年轻人表现出了最充足的信心。这样的一个结果与我们的经验观察相符合。今天的年轻人，如果在收入、工作、住房以及职业发展等诸方面对未来不抱希望的话，这个国家的发展就会出现不可忽视的问题。在某种意义上说，年轻人的希望代表着这个国家的希望。所以，我们的数据中，30岁及以下的年轻人对社会微观层面的个体性事项表现出了最充足的信心，说明了人们对我们国家2015年一年来工作的充分肯定。

同样表现在文化程度上，文化程度较低的被访者对宏观层面的总体性事项的信心度较强，而文化程度较高的被访者对微观层面的个体性事项的信心度则较强。

此外，从户籍结构上看，持农村户口的被访者无论是在对反映社会宏观层面具体事项的信心还是在对反映社会微观层面具体事项的信心上，都表现出相对于持城镇户口的被访者较高的信心度，这说明，国家政策在对弱势群体的倾斜上，得到了许多弱势群体的拥护，他们在具体的日常生活中看到了他们自身发展的希望，从而对这个国家的发展充满了信心。

表 3—14   不同群组民众社会信心状况的方差分析（2015）

	对总体性事项的信心指数				对个体性事项的信心指数			
	均值	标准差	样本量	方差检验	均值	标准差	样本量	方差检验
👥性别								
男	100.76	15.31	3661	F = 3.32,	100.48	15.26	3661	F = 2.64,
女	101.38	14.95	4306	P = 0.068	101.02	14.46	4306	P = 0.105
📅年龄								
30 岁及以下	99.88	15.09	2851		102.68	14.18	2851	
31—40 岁	100.26	14.88	1741	F = 32.76,	100.71	14.86	1741	F = 21.67,
41—50 岁	101.16	15.00	1852	P = 0.000	99.17	14.80	1852	P = 0.000
51—60 岁	102.33	15.69	923		99.07	15.58	923	
60 岁以上	107.24	13.80	600		99.41	15.75	600	
💰月收入								
2000 元及以下	101.93	16.47	475		100.22	16.95	475	
2001—4000 元	99.17	15.01	2148		99.23	15.07	2148	
4001—6000 元	99.53	14.28	1160	F = 3.84,	100.27	14.64	1160	F = 3.40,
6001—8000 元	98.45	15.21	298	P = 0.002	100.53	14.73	298	P = 0.005
8001—10000 元	101.28	14.19	186		102.68	14.65	186	
10000 元以上	101.40	13.64	123		102.97	13.10	123	
🎓文化程度								
小学及以下	103.86	15.60	464		100.95	15.51	464	
初中、高中	101.43	15.16	3960	F = 7.93,	99.93	14.99	3960	F = 11.58,
中专、技校	101.09	14.94	825	P = 0.000	101.82	14.39	825	P = 0.000
大专	99.70	14.77	1450		100.38	14.99	1450	
本科及以上	100.53	15.19	1232		103.02	14.05	1232	
📁户籍								
农业	101.91	15.15	2389	F = 8.99,	102.89	14.67	2389	F = 69.13,
城镇	100.80	15.09	5548	P = 0.003	99.89	14.83	5548	P = 0.000

（3）民众的社会信心与现实状况密切相关

图3—16是2013年中国民众的社会信心度与欧盟30个国家的一些比较的数据。由于我们没有欧盟2015年这些方面的数据，所以不能用我们2015年的数据与欧盟国家在社会信心度方面进行比较。但是，我们就是利用2013年的数据仍然可以看到，中国民众在经济发展状况、住房状况、社会保障水平等方面对国家发展的信心度在和欧盟30个国家的比较中处于一种比较先进的状态，说明中国民众对自己国家的信任以及对将来发展的信心。

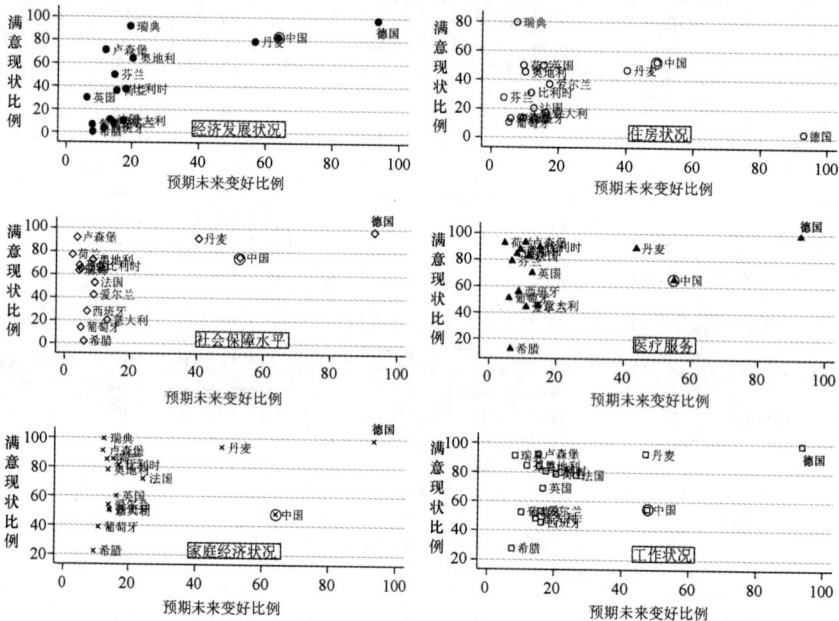

图3—16　民众对相关事项的满意度和未来预期状况的国际比较（2013）（%）

数据来源：http：//zacat. gesis. org。①

---

① 欧盟"Eurobarometer（2013）"调查对相关国家民众的未来预期状况进行了测量，样本量为26680，涵盖了30个国家和地区。其中有些题器与我们组织实施的"社会态度与社会发展状况调查"中的题器相一致。此处，我们依据2013年的调查数据，对相关事项的民众预期程度进行了国家间的对比分析。

图 3—17、图 3—18 试图说明人们对 2012—2015 年社会发展状况的满意度与社会信心度之间的关系。从中我们看到，在对总体性事项的满意度与信心度方面，从 2012 年到 2014 年，人们对基础设施与教育水平满意度与信心度始终处于前列，而到了 2015 年，对基础设施与治安状况满意度与信心度处于前列，对环境质量希望未来变好的预期列为第三项，说明了人们对青山绿水的向往，对国家与政府在环境治理上更上一层楼的盼望。另外，人们对物价水平、食品安全以及社会公正方面的满意度与信心度从 2012 年到 2015 年始终处于较低的水平，应该引起我们的警惕。

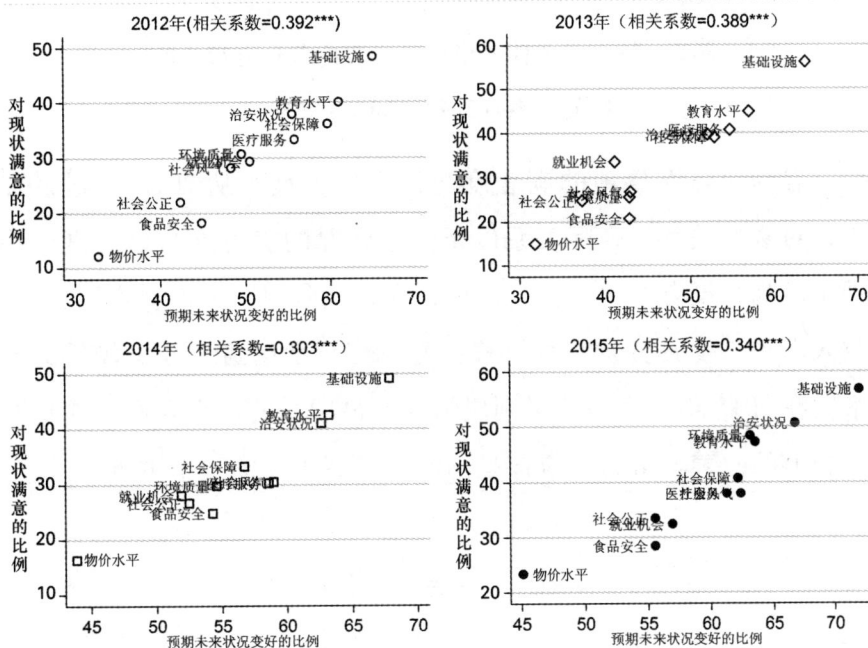

图 3—17 对总体性事项满意程度与信心程度的

相关关系（2012—2015）（%）

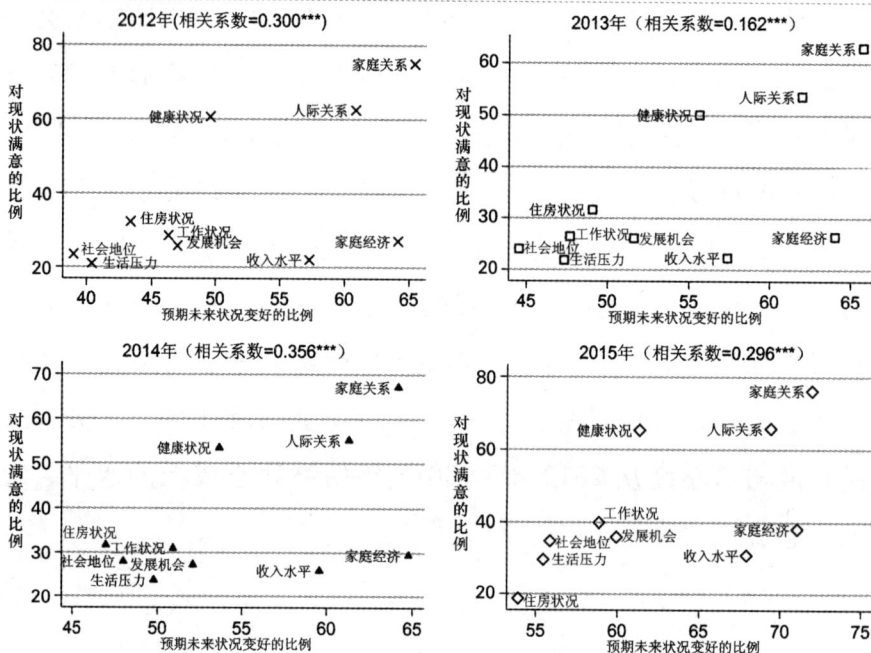

图3—18　对个体性事项满意程度与信心程度的

相关关系（2012—2015）（%）

　　在对个体性事项的满意度与信心度方面，从 2012 年到 2015 年，对家庭关系、人际关系以及健康状况的满意度与信心度始终处于前列，没有发生变化。同样，在这四年里，人们对生活压力、收入水平、发展机会方面的满意度与信心度也始终处于较低的水平。在 2015 年，住房状况则成为人们最期盼的一个方面。在这些问题上的改善与努力，应该是国家与政府工作的一个重点。

四　思考与建议

　　通过 2015 年调查数据的分析，尤其是结合 2012—2015 年数据的比较，我们发现：以 2012 年为基准，社会景气指数与社会信心指数均呈现不同程度的增长态势，2015 年社会景气指数为 100.09，比 2014 年下降了 0.75 个百分点；对总体事项的信心指数为 101.1。为四年来最高，且呈逐年上升趋势。这一方面意味着，民众对国家社会发展状况的要求越来越高，盼望着国家在社会发展上能够百尺竿头、更进一步；另一方面也显现出，尽管国家在社会发展上存在着这样和那样的问题，但是，大家对未来的发展趋势仍然信心充足、预期良好。在进一步对相关指标分析后，结合发现的问题，我们提出以下政策建议：

第一，一定要重视和做好社会中间群体的工作，扩大和稳定社会中间阶层，进一步增强民众获得感。一个社会的中间阶层是社会的稳定器，逐步实现社会结构向"橄榄型"转变是发展的必然趋势。一些研究表明，近年来，我国社会向上流动通道不断变窄、阶层壁垒不断加固、社会利益不断分化，甚至被称为上层"定型化"、中层"碎片化"、下层"溃败化"。这些也警示我们，要着力培育社会中间阶层，增加下层民众向上流通渠道，稳定现有社会中间群体，提升民众预期和安全感，切实增强多数民众的经济社会地位获得感，不断激发社会活力，推动社会稳定发展。

第二，国家在制定社会政策的时候，要充分兼顾社会中间层的利益和诉求。社会中间群体不仅是国家的中坚，而且是家庭的中坚。对内，他们上有老下有小，承担着巨大的生活压力，要挑起家庭的重担；对事业，他们奋力拼搏，成为工作中的主力；对国家和社会，他们事实上起着一个承上启下的关键作用。认识到这一点，就会使我们在做制度安排和制定政策的时候，能够充分地考虑他们的利益，使他们不会环顾左右而产生被相对剥夺甚至是绝对剥夺的感受，从而能够心情舒畅地为国家与社会、为事业与工作以及为自己的家庭贡献自己的力量。

第三，正视民众真实诉求，转变公共投入模式。近年来，我们国家处于社会矛盾多发期，广大群众利益诉求复杂化、多元化，而基层政府工作机制还不能完全适应新形势的要求，在实际工作中面临一些长期无法回避的事关民生福祉的重要问题。但反观我们国家一段时期的民生投入却具有不合理之处：一方面，用于社会保障、公共卫生、环境治理等方面的公共投入比例过小，与经济发展水平不相适应；另一方面，基础建设、行政管理等方面的公共投入比例过大。近年来，这种情形虽然有所好转，但仍未有根本转变，没有将民众的刚性需求放置到优先位置，在一定程度上造成了民众满意度不能随着经济增长持续提高的局面。

第四，辩证看待政府信任，不能一味求全。近年来，与同时期世界其他国家相比，中国民众对政府的信任度一直处于前列。民众对政府的信任是政府有效施政的"蓄水池"，在一个民众对政府高度信任的社会，即使政府执政有所疏漏，若能及时纠正，仍能得到民众支持，从而为政府行为提供了一个有力缓冲。但如果施政者不能及时意识到民意的涨跌变化，过度利用民众信任资源而偏废民众基本诉求，那么由于过高的信任而产生的反弹作用也会更加强烈。事实上，从古今中外的历史发展来看，一个社会在改革和发展的进程中，政府在调整利益格局、改变惯性思维、打破社会藩篱的过程中，总会涉及一部分群体的既得利益，进而引发他们的不满甚至抵抗。但并不能偏激地看待政府信任水平，只要政府服务有益于多数民众、政府改革顺应多数人意愿，那么民心向背自分。在上述意义上，民众信任处于一个合理的弹性区间更易于政府执政和社会发展。

第五，稳定民众预期，激发社会活力。民众社会信心不足会延滞预期行为或改变行为取向。在宏观意义和更为严重的后果上，如果一个社会民众的总体信心出现不足或溃散，则会影响整个社会的发展前景。2008 年的世界金融危机殷鉴不远，反观当时欧美一些国家，民众社会信心的不足成为经济风险发生和扩大的助推器。这也表明，稳定民众预期、增强社会安全感是激发社会活力的关键所在。在我国经济结构性减速的新常态下，提振民众社会信心是增强社会动力的重要心理基础。

第六，注意把握好舆论宣传参照导向。人们一些诸如被相对剥夺的感受往往是在和其他群体比较的过程中产生的，要减缓这种负面情绪的产生，最重要的一点就是要在舆论宣传上进行正面引导，努力创造正面比较的基础。因此，应尽量避免在舆论中炒作最富与最穷两个极端群体的新闻与信息，以最大限度地集聚正能量。

第七，充分重视民众社会态度，进一步加大对社会景气状况的跟踪研究。民众的主观态度是反映一个社会是否景气以及有序发展的有力指针。目前我们国家对经济形势的现状监测和未来预测已经有一套较为完备的体系，与之相比，对社会发展状况尤其是民众社会态度的观测还存在断点、不完善的状况。建立以民众社会态度为基础的"社会景气"状况研究，长期跟踪人们的主观态度变化，形成能够反映社会发展状况和运行态势的"晴雨表""温度计"，不但可与"经济景气"研究相得益彰，也可为全面把握我们国家经济社会的运行状况及政策制定提供全面、可靠的事实依据。

第四章　城市居民生活质量

一　引论

从人类发展历史看，人们物质和精神文化的生活水平是衡量世界各国、各个时期的发展程度的基本内容。国家发展规划早已拟定 2020 年实现全面建成小康社会的发展目标，为了实现这一目标，2015 年"十三五规划"进一步指出，要着力保障民生建设资金投入，全力解决好人民群众关心的教育、就业、收入、社保、医疗卫生、食品安全等问题，保障民生链正常运转。在此宏观政策和发展水平背景下，中国社会科学院社会发展战略研究院开展了中国城市居民生活质量研究，其主要目标在于描绘中国城市居民的生活质量现状和问题、探索人们对未来生活的期望图景，为社会发展的参与者推进民生建设提供数据和实证资料支持。

2015 年中国社会科学院社会发展战略研究院开展了第四次"中国社会态度和社会发展问卷调查"。在这次问卷调查中，研究组设计了专门的题器用于制作量表和测量中国城市居民的生活质量水平。本次调查取得了丰富的数据资料，为分析生活质量及其影响因素提供全面的数据支持，尤其是搜集了大量关于物质生活（收入、住房、健康等）、社会情感生活、社会环境等重要生活领域的主观感受的信息，并以该主观感受作为衡量人们生活各方面的水平高低的综合指标。

基于此次调研数据资料，并在 2012—2014 年中国城市居民生活质量研究基础之上，形成了关于 2015 年度城市居民生活质量的研究报告，跟踪了解中国城市居民生活质量变化、特点及形成因素。具体而言，本报告以人们对生活的总体满意程度、人们对未来的生活的信心程度以及人们的心理信任度为核心测量指标，以各类社会制度安排和社会结构为主要分析视角，以"物质需求""社会情感需求""自我成长需求"和"社会环境需求"为主要考察内容，对中国城市居民生活质量进行测度分析。这次调查所拟推论的总体是中国城镇地区居住的 16 岁及以上的人口，具体操作定义为中国大陆直辖市、地级市、县级市中居住在社区（居委会）辖区中的 16 岁及以上人口。抽样方法采取四阶段（市辖区、县级市—居委会—家庭户—个人）复杂抽样设计，最终回收有效问卷 7967 份。

二　概念、指标与测量

人们生活的客观环境和条件深刻影响着人们对自己需求满足程度的感知，本报告中生活质量指标既包括人们欲望或需求得到满足的客观条件即产生幸福感的利益或客观事物，也包含人们欲望或需求得到满足的心理状态，即幸福感或满意感等主观感受。换言之，生活质量指标包括三个内容：（1）人们经济收入、教育程度、职业等客观指标；（2）人们对自身目前客观生活条件和所处的社会环境的主观感受；（3）人们客观环境和主观感受所形成的心理特征。

从两个角度分析人们的主观感受，一个是人们对生活现状的满意度指数，另一个是人们对未来生活的信心度指数。2015年将侧重于分析个人微观生活质量状况，并在此基础之上做出评价和政策建议。

本报告中生活现状的满意度和对未来生活的信心度均采用李克特五级量表方法进行测量。

（1）满意度指数：本报告在微观个人层次选取了收入水平、住房状况、健康状况、工作状况、生活压力、家庭经济状况、家庭关系、人际关系、社会地位、发展机会十个指标，在宏观社会层次选取了居民收入增长、物价（消费品价格）、住房价格、环境质量、基础设施状况、社会保障、医疗服务、教育水平、治安状况和食品安全十个指标，在两个层次进行综合评判。受访者的主观评价分为"很不满意""不满意""一般""较为满意""很满意"五个层级，通过累加各题项得分，得到满意度指数得分。

需要说明的是，上述量表的每个题项都是 5 分制，累加后的得分则会因题项的不同而有差异，每个题项赋分是 1 分、2分、3 分、4 分和 5 分。我们将 5 分制换算为百分制，在累加后，再除以量表的题项数，这样就换算成了最后得分。

（2）信心度指数：本报告在微观个人层次选取了收入水平、住房状况、健康状况、工作状况、生活压力、家庭经济状况、家庭关系、人际关系、社会地位、发展机会十个指标，在宏观社会层次选取了居民收入增长、物价（消费品价格）、住房价格、环境质量、基础设施状况、社会保障、医疗服务、教育水平、治安状况和食品安全十个指标，在两个层次进行综合评判。受访者的主观评价分为"变好""不变""变差"三个层级，通过累加各题项得分，得到满意度指数得分。

需要说明的是，上述量表的每个题项都是 3 分制，累加后的得分则会因题项的不同而有差异，每个题项赋分是 1 分、2 分、3 分。我们将 3 分制换算为百分制，在累加后，再除以量表的题项数，这样就换算成了最后得分。

（3）信任度指数：本报告在心理层次上选取了对个人未来前途的信任、对朋友的信任、对一般化他人的信任、对社会道德价值观的信任来测量人们心理的信任度。分为"很不赞同""不赞同""一般""较为赞同""很赞同"五个层级，通过累加各题项得分，得到信任度指数得分。

需要说明的是，上述量表的每个题项都是 5 分制，累加后的得分则会因题项的不同而有差异，每个题项赋分是 1 分、2 分、3 分、4 分和 5 分。我们将 5 分制换算为百分制，在累加后，再除以量表的题项数，这样就换算成了最后得分。

三　中国城市居民生活质量总体分析

统计结果显示（图 4—1），2015 年中国城市居民生活满意度为 65.38 分，城市居民对总体生活现状基本满意。2015 年城市居民的总体信心度为 84.85 分，城市居民对未来总体生活状况有较大的信心。2015 年城市居民的心理信任度为 61.84 分。总体上，人们对未来生活的信心度远高于人们对生活现状的满意度，人们对生活现状的满意度显著高于人们内心的信任度或安全感。

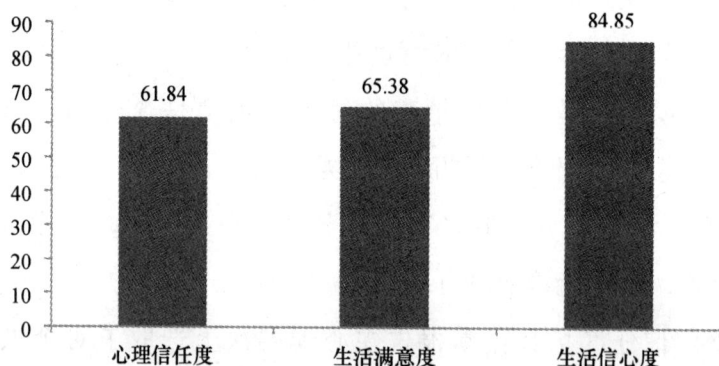

图4—1　生活质量指标均值分布（分）

　　与 2014 年统计结果相比较，2015 年城市居民生活满意度和信心度均有所提升，总体上，人们对生活现状更为满意，对未来生活更充满信心。本报告将生活状况划分为宏观社会质量、微观个人生活两个层次。统计结果显示，人们对宏观社会质量状况满意度为 62.35 分，人们对微观个人生活状况满意度为 68.40 分。对宏观社会质量的信心度为 83.62 分，人们对微观个人层次生活状况的信心度为 86.08 分。总体上，人们对个人生活状况的满意度和信心度都显著高于对社会质量的满意度和信心度，这一结果对国家、政府和社会团体等力量开展社会建设提出了更高的要求。人们内心的感受差于人们对个人生活和社会发展的各项指标的评价，这提出了如何解决人们的精神生活显著滞后于物质生活发展水平的课题。

（一）个人层次生活质量的总体状况

2015 年中国城市居民生活基本满意，满意度为 68.40 分。在微观层次各生活领域，受访者生活满意度从低到高依序为个人收入、生活压力、住房状况、发展机会、家庭经济状况、社会地位、工作状况、健康状况、人际关系、家庭关系（图 4—2）。与 2014 年相比，受访者对"个人收入"状况的不满意度有所强化，并成为障碍受访者个人生活质量的首要问题。

在各项个人生活状况指标中，"生活压力"按照从低分到高分的秩序排第二位，该题器的分值显著低于其他题器。然而，2014 年统计结果显示，"生活压力"的得分在各项得分中排列最后位。这说明，生活压力问题仍然是障碍人们对个人生活现状满意度的重要问题，并可能发展为普遍的社会问题，亟须引起关注重视。

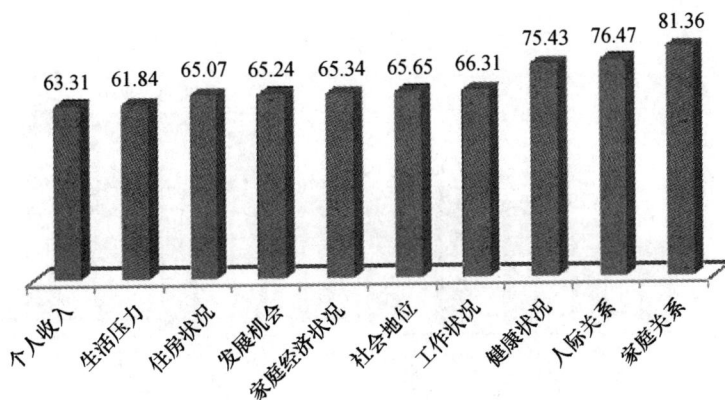

63.31 61.84 65.07 65.24 65.34 65.65 66.31 75.43 76.47 81.36

个人收入 生活压力 住房状况 发展机会 家庭经济状况 社会地位 工作状况 健康状况 人际关系 家庭关系

图 4—2 微观个人生活层次的满意度分值（分）

2015 年中国城市居民受访者对未来生活状况充满信心，信心度为 86.08 分。在微观层次各生活领域，受访者生活信心度从低到高依序为生活压力、住房状况、社会地位、工作状况、健康状况、发展机会、个人收入、家庭经济状况、人际关系、家庭关系（图4—3）。其中，人们对"生活压力"未来变好最不乐观。这一统计结果提出了改进人们心理层次的健康问题的新要求，也指出了心理层次健康改善的困难，更需要长时间的资源投入。其次，受访者对"住房状况"在未来得到改善的前景较为不乐观。

中国社会结构的特征是"关系型"社会，社会学家费孝通提出"差序格局"的概念来描绘中国社会的基本结构，在中国社会里家庭的意义超越了个体。因此，中国社会具有"个人—家庭—社会"的三级模式，不同于西方社会"个人—社会"的两级结构特征。统计结果显示，家庭关系和人际关系是人们获得生活安全感、满意感和信心感的重要来源，这也为中国社会稳定发展提供了坚实的社会基础。

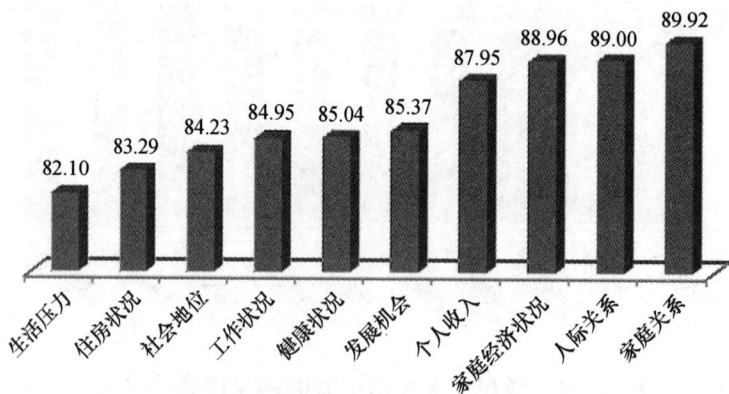

图4—3　微观个人生活层次的信心度分值（分）

（二）社会层次生活质量的总体状况

2015 年中国城市居民对宏观层次社会质量的满意度低于对个人微观生活的满意度，其满意度为 62.35 分，这提出在国家战略层次上开展社会建设和社会发展的要求。在宏观层次各生活领域，受访者生活满意度从低到高依序为住房状况、物价水平、食品安全、医疗服务、收入增长、社会保障、环境质量、教育水平、治安状况、基础设施（图 4—4）。

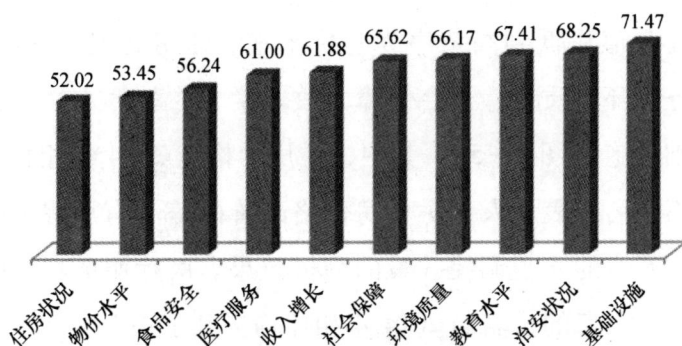

图 4—4　宏观层次生活质量的满意度分布（分）

统计结果显示，受访者的"住房价格"成为障碍受访者生活质量水平的首要问题，接近半数的受访者表示对"住房状况"不满意，其中，48.9% 的受访者表示对住房价格不满意，28.7% 的受访者认为住房水平"一般"，22.3% 的受访者表示"满意"。居有所屋是社会稳定、家庭和谐的重要基础，这一结果表示住房价格高严重而普遍影响了人们的生活质量，有必要相关国家政策实行调控。

另外，"物价水平"也是障碍受访者对当前生活满意度的重大问题。具体而言，14.7%的受访者对物价水平表示"非常不满意"，31.9%的受访者对物价水平表示"比较不满意"，30.3%的受访者对物价水平表示"一般满意"，仅有18.5%的受访者对物价水平表示比较满意，仅有4.6%的受访者对物价水平表示非常满意。总之，高达46.6%的受访者对物价水平表示不满意，提出了宏观调控方面要在收入和支出之间保持平衡的迫切要求。

2015年中国城市居民对宏观层次社会质量的信心度较高，其信心度为86.08分。在宏观层次各生活领域，受访者对社会质量的信心度分值从低到高依序为物价水平、住房状况、食品安全、医疗服务、环境质量、社会保障、收入增长、教育水平、治安状况、基础设施（图4—5）。其中，住房价格与2014年相比由第一名降为第二名，表示人们对住房价格改善的信心有所提升，这是国家采取有力的宏观调控政策的积极效果。医疗服务、社会保障和教育水平三者的排名与2014年相比均提升了一个名次，表明人们对三个领域公共服务的信心度有所下降，也提出了在医疗服务、社会保障和教育水平方面提供更为优质、便捷服务的要求。

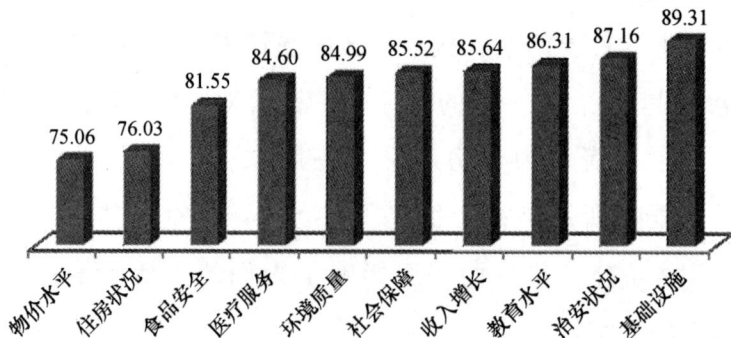

图4—5　2015年宏观社会质量层次的信心度分布（分）

统计结果显示，受访者对"物价水平"在未来三年变好的信心不足，17.5%的受访者认为"变差"，42.8%的受访者认为"没变化"，39.7%的受访者认为会"变好"。另外，受访者对未来三年"住房价格"变化的信心也明显不足，其中60.9%的受访者认为"变差"或"不变"，40.4%的受访者认为会变好。

（三）人们心理信任度状况

人们的心理层次的信任度为61.84分，具体而言，人们对个人前途与发展的信任度为68.70分，对陌生人有信任感，但对人与人之间的联结感和信任感不足（图4—6）。统计结果显示，45.6%的人认为目前社会道德价值观模糊，12.2%的人们认为社会道德价值观"清晰"。37.5%的人们认为很难找到可信赖的朋友，25.2%的人认为容易找到可信赖的朋友。由此看来，中国城市居民的心态结构中人们深度的信任感和联结感较为缺失，内心的孤独感和与社会失去联系的焦虑感问题格外突出。

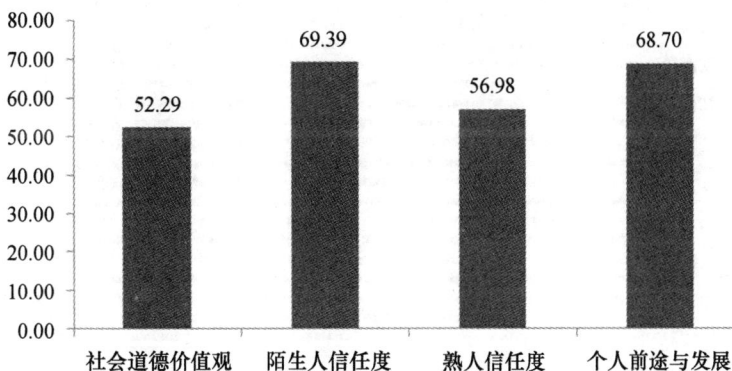

图4—6 2015年人们心理信任度分布（分）

　　统计结果显示，人们对生活的满意度与信心度（r = 0.332，Sig. = 0.000）、满意度与信任度（F = 0.205，Sig. = 0.000）、信心度与信任度（F = 0.165，Sig. = 0.000）均有着显著的正相关关系。这反映了人们心理健康程度、个人生活水平和社会质量是相互联系的有机体，从宏观、微观到心理三个层次提高人们生活质量均有助于改善人们整体生活质量。

四　各项指数在社会自然特征上的分布

　　（1）人们生活满意度和信心度均存在显著的省际差异。显著的省际差异超越了区域性差异，使得以省会城市为中心的空间单位成为新的社会分化的边界。

　　统计结果显示（图4—7），在满意度子量表上，北京、湖北、云南三省的满意度较低，其中北京的生活满意度最低

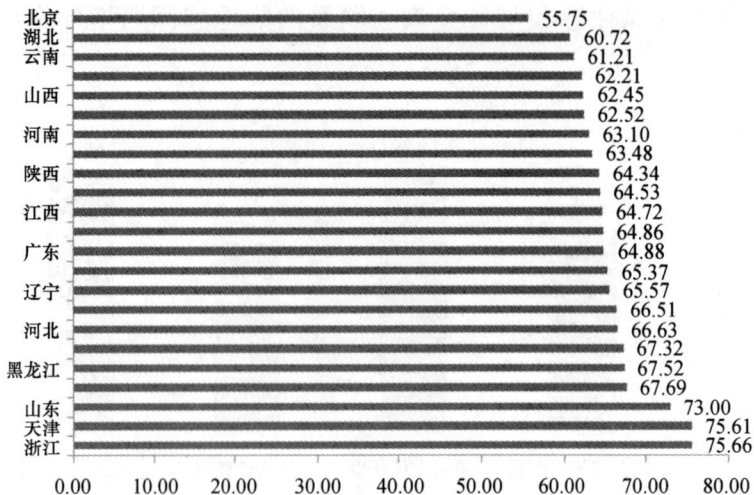

图4—7　分省份生活质量满意度分布（分）

（55.75 分）；山东、天津、浙江三省的生活满意度较高，其中浙江省人们生活满意度最高（75.66 分）。

人们在宏观层次的满意度（均值为 68.40 分）低于人们在微观层次的满意度（62.35 分）。北京市居民在宏观层次的满意度（50.53 分）、微观层次的满意度（60.96 分）均为最低，显著低于同样经济发达的长三角、珠三角地区。浙江省居民在宏观层次的生活满意度最高（73.77 分），天津市居民在微观层次的生活满意度最高（79.04 分）。

人们对宏观层次的满意度高于对微观层次的满意度，但两者满意度不一致存在着显著的区域差异（图 4—8）。其中北京市居民对宏观、微观生活质量的感受差异度最大（10.43 分），陕西省居民对宏观、微观生活质量的感受差异度最小（1.5 分）。

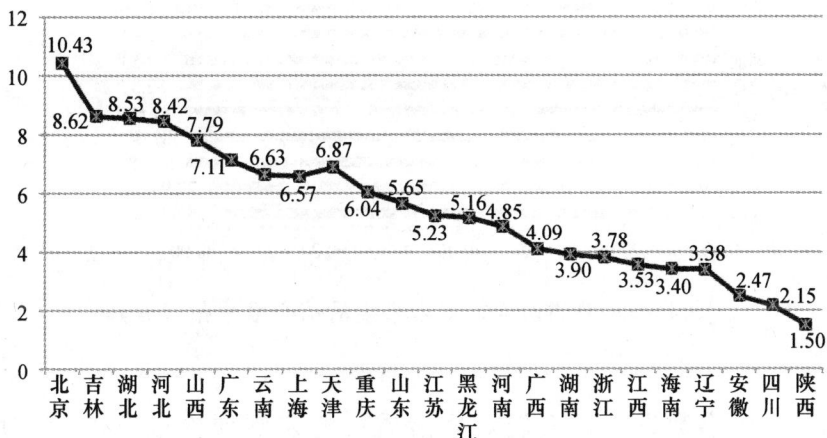

图 4—8　分省份宏观、微观生活质量的满意度差异分布（分）

统计结果显示（图 4—9），在信心度子量表上，江西、陕西、云南三省的信心度较低，其中江西省受访者对未来生活发展变化

的信心度最低，信心度均值分别为 76.07 分、77.94 分、81.38
分；山东、天津、河南三省对未来生活发展变化的信心度最高，
信心度均值分别为 92.30 分、91.92 分、90.08 分。人们在宏观层
次的满意度（均值为 68.40 分）低于人们在微观层次的满意度
（均值为 65.38 分）。北京市居民虽然对生活现状的满意度均为最
低，但对未来生活改变仍有较大的信心，信心度排名第六位。

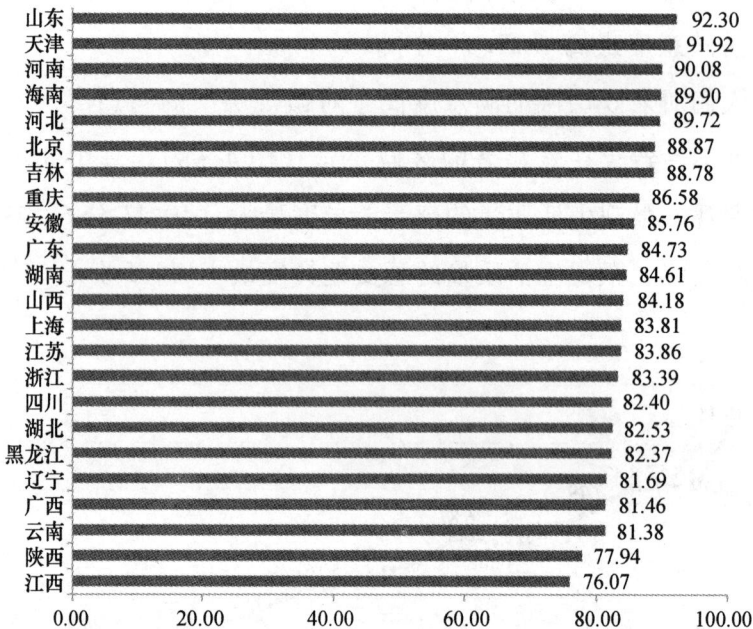

省份	信心度
山东	92.30
天津	91.92
河南	90.08
海南	89.90
河北	89.72
北京	88.87
吉林	88.78
重庆	86.58
安徽	85.76
广东	84.73
湖南	84.61
山西	84.18
上海	83.81
江苏	83.86
浙江	83.39
四川	82.40
湖北	82.53
黑龙江	82.37
辽宁	81.69
广西	81.46
云南	81.38
陕西	77.94
江西	76.07

图4—9　分省份人们对未来生活信心度分布（分）

　　在大多数省份，人们对生活质量的宏观层次改善的信心度
明显低于个体微观层次改善的信心度，各省份宏观、微观信心
度不一致的程度存在着显著差异（图4—10）。宏观、微观层次
信心度的差距说明人们对个人未来综合发展的信心和动力，在
微观层次上反映了城市的发展活力状态。其中广东省居民对宏

观、微观生活质量的感受差异度最大（7.73 分），陕西省居民对宏观、微观生活质量的感受差异度最小（1.5 分）。虽然北京市人们对生活现状的满意度最低，但对未来生活特别是个人未来生活改善的信心度比较高，排列第四位。

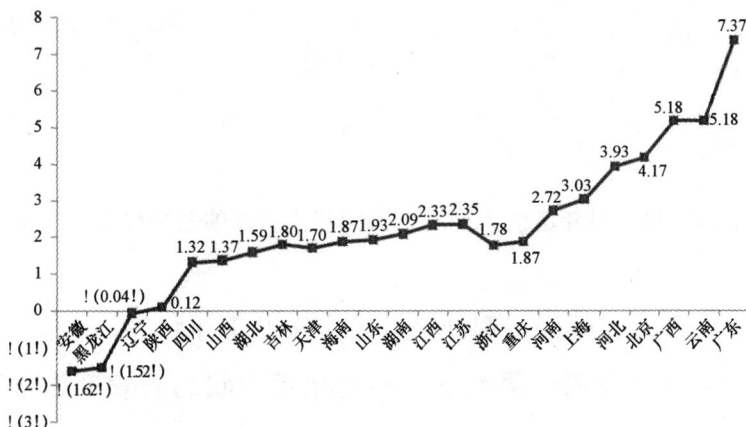

图 4—10　分省份对未来生活信心度宏观、微观层次差异分布（分）

（2）人们生活满意度和信心度呈现出明显的年龄组差异，36—45 岁年龄组人们的生活现状满意度最低（均值为 64.57分），其次为 26—35 岁年龄组，生活满意度有 U 形曲线的趋势，也就是"中间低、两头高"的状态（图 4—11）。

从家庭生命周期看，26—35 岁正值个人事业发展和建立新核心家庭的生命周期，要面对家庭和生活的双重挑战。在各年龄组中，26—35 岁年龄组人们生活压力感最大（满意度均值为59.64 分），远低于 66 岁以上的老年人群体（满意度均值为73.76 分）。除了健康状况和个人收入的满意度，26—35 岁年龄组人们在家庭经济、发展机会、社会地位、家庭关系、人际关系、住房状况等方面的满意度均为最低，反映出青年群体在社

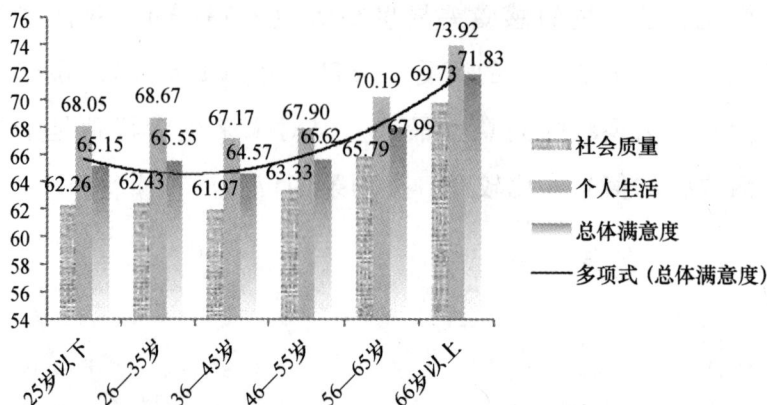

图4—11　分年龄组人们对生活现状满意度的差异分布（分）

会结构中被巨大的经济和社会压力挤压的生存状态。

（3）分性别看，男性和女性对生活现状的满意度无显著差别，但女性对宏观层次生活质量即社会改善和国家发展的信心度显著高于男性。

统计结果显示（表4—1），虽然女性受访者对生活现状的满意度分值（68.34分）低于男性受访者（68.47分），据卡方检验两者区别不显著（$F = 1.116$；$Sig. = 0.291$），换言之，人们对生活现状的满意度无明显区别。据卡方检验结果（$F = 5.4$；$Sig. = 0.020$）显示，女性和男性对个人生活改善的信心度有明显区别。

表4—1　　分性别生活质量满意度和信心度均值分布　　单位：分

	信心度			满意度		
	宏观层次	微观层次	总体	宏观层次	微观层次	总体
男	83.57	85.87	84.72	63.23	68.47	65.85
女	84.20	86.27	85.23	62.86	68.34	65.60
总计	83.91	86.08	85.00	63.03	68.40	65.72

（4）分宗教信仰来看，宗教信仰显著提高了人们的生活信心度。有宗教信仰的受访者对生活满意度显著高于无宗教信仰的受访者；有宗教信仰的受访者对生活的信心度明显低于无宗教信仰者。特别是，有宗教信仰的人们虽然对社会质量的满意度显著低于无宗教信仰者，但是他们对社会发展的信心度均值高于有宗教信仰的人们，而且有宗教信仰的人们对个人发展变化的信心度显著高于无宗教信仰者。在某种程度上，宗教成为化解社会不满和社会冲突的制度渠道。

统计结果显示（表4—2），有宗教信仰者对生活现状满意度（64.53分）低于无宗教信仰者对生活现状的满意度（65.81分），据卡方检验结果两者有显著区别（F = 8.137，Sig. = 0.004），换言之，有宗教信仰者对生活现状的满意度显著低于无宗教信仰者。根据宏观、微观各项指标比较，有宗教信仰者在空气质量、环境质量、垃圾处理、住房状况、治安状况、社会公平公正等方面的满意度显著低于无宗教信仰者。有宗教信仰者对未来生活的信心度（86.27分）高于无宗教信仰者（84.90分），据卡方检验结果两者有着显著区别（F = 10.603，Sig. = 0.001），换言之，有宗教信仰者对未来发展更加积极、乐观和充满信心。

表4—2　　　分宗教信仰生活质量满意度和信心度均值分布　　单位：分

	信心度			满意度		
	宏观层次	微观层次	总体	宏观层次	微观层次	总体
有宗教信仰	84.47	88.06	86.27	61.11	67.94	64.53
无宗教信仰	83.88	85.92	84.90	63.18	68.45	65.81
总计	83.92	86.08	85.00	63.02	68.41	65.72

（5）分婚姻状态来看，离婚状态人们对未来生活的信心度最差，而同居状态人们对生活现状的满意度最差。从宏观、微观各项指标看，离婚状态人们对生活质量的多数指标的满意度均低于其他状态。

统计结果显示（表4—3），离婚状态人们对个人生活现状的满意度和信心度均远低于其他群体和总体平均值，特别表现在个人经济、工作压力、家庭关系、人际关系等方面，可能原因是离婚给离婚者带来了不良的情绪和心理压力，进而影响其生活态度和质量。

表4—3　　　分婚姻状态生活质量满意度和信心度均值分布　　单位：分

	信心度			满意度		
	宏观层次	微观层次	总体	宏观层次	微观层次	总体
未婚单身	62.11	67.89	65.00	83.13	87.66	85.40
同居	61.80	66.20	64.00	80.86	84.05	82.46
已婚	63.30	68.68	66.00	84.16	85.75	84.95
离婚	59.14	64.71	61.93	83.50	83.79	83.64
丧偶	67.59	69.64	68.62	86.78	84.26	85.52
总计	63.03	68.43	65.73	83.93	86.10	85.02

（6）分收入层次看，收入水平与生活满意度呈正相关关系，收入水平与未来生活信心度呈负相关关系。换言之，收入越高对生活满意度越高，收入越高对生活改善的信心度却越低。这主要是由于当前社会设施等宏观社会环境的发展水平与高收入群体的期待存在明显差距。

按照家庭人均收入划分为低收入、中等收入和高收入三个群体，所占百分比分别为40.8%、49.5%和9.6%。统计结果显示（表4—4），低收入群体对未来生活充满信心，特别是宏观社会质量层次的各项社会保障的信心度显著高于中等收入和高收入群体。高收入群体对宏观社会发展的信心明显不足，中等收入和高收入群体的不满主要表现为三个主题：社会和谐、社会治安等社会稳定状况，空气、水和环境质量状况，教育、医疗等公共服务水平。

表4—4　　　　分收入人们生活质量满意度和信心度均值分布　　单位：分

	信心度			满意度		
	宏观层次	微观层次	总体	宏观层次	微观层次	总体
低收入	85.21	85.92	85.56	63.14	66.98	65.06
中等收入	83.08	85.47	84.27	63.57	69.50	66.53
高收入	82.21	86.08	84.15	66.74	73.40	70.07
总计	83.86	85.71	84.79	63.70	68.85	66.28

统计结果显示，收入水平与微观层次各项满意度指标表现出显著的正相关关系（图4—12），相关系数为0.127，（Sig. = 0.000），换言之，经济收入成为显著影响人们生活各个方面的因素，经济收入越高，人们的满意度越高。

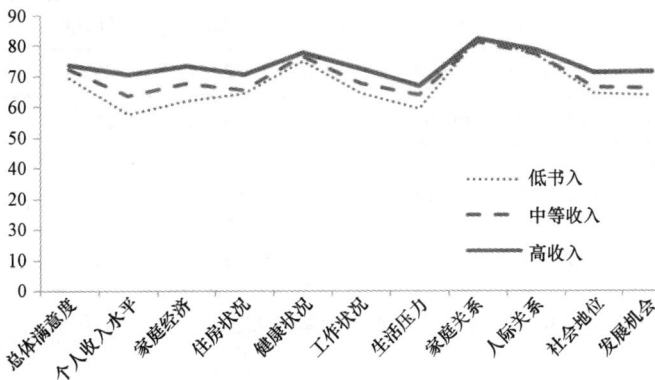

图4—12　分收入人们收入水平与生活质量满意度分布（分）

（7）分受教育程度看，受教育水平和生活质量满意度存在显著正相关关系，即受教育水平越高，对生活满意度越高；受教育水平与人们生活信心度存在负相关关系，即受教育水平越高，对未来生活的信心度越低，但主要是对社会宏观发展的信心不足。

统计结果显示（表4—5），受教育水平在微观层次与生活满意度存在负相关关系（r = − 0.038，Sig. = 0.01），受教育水平越高，对个人生活现状越不满意，可以说人们受教育程度越高，对自己的教育回报越不满意。人们受教育水平越高，对社会宏观层面的变化发展的信心越不足（r = − 0.025，Sig. = 0.05）。总体上，受教育水平越高人们对个人现状越不满，又对依赖社会改革改善自己状况的信心越不足，激化了人们的社会排斥感和失望感。

表4—5　　　　　　　分受教育程度人们生活质量满意度、

信心度均值和相关性分布　　　　　　单位：分

	信心度			满意度		
	宏观层次	微观层次	总体	宏观层次	微观层次	总体
初中及以下	63.82	67.65	65.74	85.33	86.00	85.67
高中或中专	62.90	67.98	65.44	83.41	85.59	84.50
大专及以上	62.58	69.52	66.05	83.26	86.67	84.97
教育水平相关性	− 0.025*	0.013	− 0.071**	0.025*	− 0.038**	0.066**
总计	63.05	68.41	65.73	83.90	86.07	84.98

注：**表示在0.01水平（双侧）上显著相关，*表示在0.05水平（双侧）上显著相关。

（8）总体上，满意度和信心度之间存在显著的正向相关关系，也就是人们的满意度越高，人们的信心度越高。受教育程度和收入水平满意度有着显著的正向相关关系，表现出客观社会地位一致性的结构特征。受教育程度、收入水平与人们生活满意度呈正向相关关系，而与人们生活信心度呈负向相关关系，体现了人们对随着个人文化程度、收入水平提高而社会发展机会、条件等制度环境不能满足人们发展需要的不满意（表4—6）。

表4—6　　　　生活满意度、信心度、收入水平

和受教育程度相关性分布

	信心度		满意度			收入水平	受教育程度
	微观层次	总体	宏观层次	微观层次	总体		
宏观层次信心度	0.554**	0.881**	0.321**	0.261**	0.330**	-0.100**	-0.071**
微观层次信心度			0.143**	0.320**	0.256**	-0.007	0.025*
总体信心度			0.263**	0.330**	0.332**	-0.060**	-0.025*
宏观层次满意度				0.570**	0.897**	0.066**	-0.038**
微观层次满意度					0.874**	0.164**	0.066**
总体满意度						0.127**	0.013
收入水平							0.332**

注：**表示在0.01水平（双侧）上显著相关，*表示在0.05水平（双侧）上显著相关。

（9）社会公平、平等是社会进步发展的目标，主观地位是衡量社会平等程度的重要指标。社会学研究中有一个重要概念即"参照群体"，就是人们通过与其进行某种比照以便选取某种立场、态度或行为的群体。它不仅包括了这些具有互动基础的群体，也涵盖了与个体没有直接面对面接触但对个体行为产生影响的个人和群体。许多研究认为，人们的思维和行为决策往往以其他群体的行为模式作为参照。

通过问卷调查采集人们对自己在社会上的经济与社会地位的自我评价信息。调查显示（见图4—13），35.97%的人们以经济收入作为与他人相比较的标准，27.93%的人们以个人能力作为与他人相比较的标准，11.04%的人们以职业作为与他人相比较的标准，7.00%的人选择家庭背景作为与他人相比较的标准。自致性的角色能力的重要性远大于先赋性的角色。

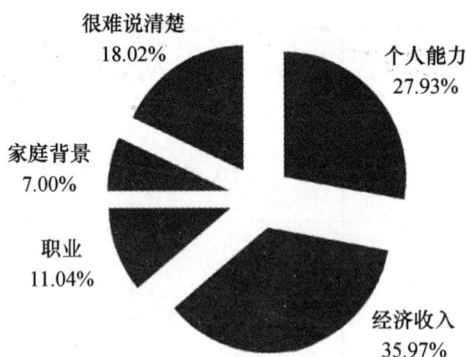

很难说清楚 18.02%
个人能力 27.93%
家庭背景 7.00%
职业 11.04%
经济收入 35.97%

图4—13　与他人相比的参照标准分布（%）

人们在与社会上其他人相比的时候，对自己的评价远低于与单位同事和亲友相比时对自己的评价。统计结果显示（见

图4—14），与他人相比，35%的人们认为自己的经济收入更低；与同事相比，11.7%的人们认为自己的经济收入更低；与相同职业的人相比，16.2%的人们认为自己的经济收入更低；与亲朋好友相比，22.2%的人们认为自己的经济收入更低。然而，49%的人们认为自己的经济地位与他人差不多。

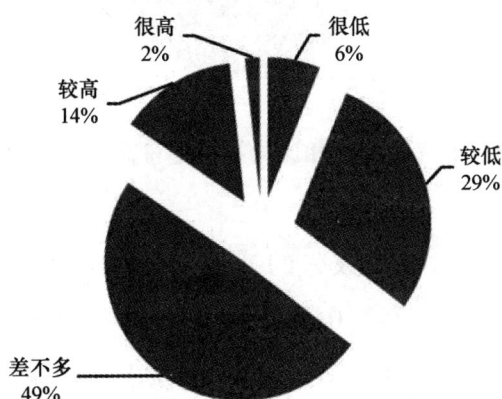

图4—14 与他人相比的经济地位高低分布（%）

在社会地位方面，人们的主观评价表现出更高的一致性。统计结果显示（图4—15），与他人相比，23.09%的人们认为自己的社会地位更低，63.36%的人们认为自己的社会地位与他人差不多；与同事相比，11.7%的人们认为自己的经济收入更低，59.9%的人们认为自己的社会地位与他人差不多；与相同职业的人相比，69.8%的人们认为自己的经济收入更低；与亲朋好友相比，13.1%的人们认为自己的社会地位更低，75.5%的人们认为自己的社会地位与他人差不多。总之，人们的首属群体关系内社会地位具有更高的"地位一致性"特征。

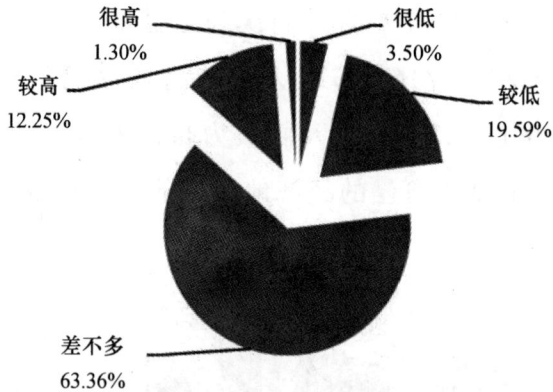

图 4—15　与他人相比的社会地位高低分布 （%）

　　2015 年人们对经济收入的社会不平感较为强烈。统计结果
显示（见图 4—16），34.04% 的人们认为“较不公平”，其财富
收入不公平感较为明显，半数以上的人们认为财富和收入分配
是不公平的，16.42% 的人们认为当前财富和收入分配“很不公
平”，38.38% 的人们认为当前财富和收入分配是公平的。

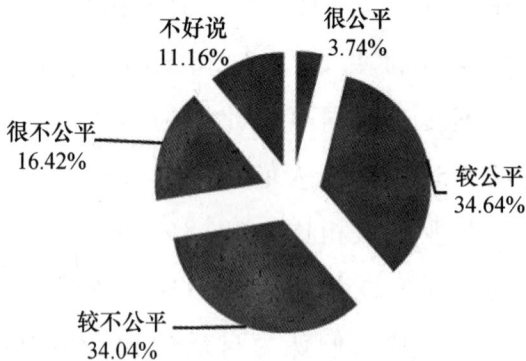

图 4—16　人们对财富和收入的公平感分布 （%）

五　生活质量社会制度性因素分析

（1）分城乡户籍看（表4—7），农业户籍人口生活满意度显著低于非农业户籍人口，农业户籍人口对未来生活的信心度显著高于非农业户籍人口，农业户籍人口对生活的信任度显著高于非农业户籍人口。

一方面，在客观层次上人们的收入水平和受教育程度仍存在城乡户籍性差异，与收入水平的相关系数显著（r=0.071，Sig.=0.000），与受教育水平的相关系数显著（r=0.189，Sig.=0.000）；另一方面，在主观层次上人们对生活现状的满意度也存在显著的户籍性差异（r=0.071，Sig.=0.000）。最近数年来国家加大了对农村、农业和农民反哺的力度，医疗保障、社会保障、土地产权等制度性改革推动城乡一体化和加快农村经济发展，农民对未来生活的信心度显著高于非农业户口。

表4—7　分城乡户籍生活满意度、信心度、信任度均值分布　单位：分

	信心度			满意度			精神生活
	宏观层次	微观层次	总体	宏观层次	微观层次	总体	生活
农业	84.39	87.67	86.04	62.15	67.02	64.59	60.43
非农业	83.74	85.42	84.58	63.45	69.01	66.23	58.86
总计	83.93	86.10	85.02	63.06	68.42	65.74	59.33

（2）分本地、外地户口类型看（表4—8），外地户籍人口生活满意度显著低于本地户籍人口，本地和外地户籍人口对未来生活的信心度无显著差异，本地人和外地人对生活的信任感无显著差别。

一方面，在客观层次上人们的收入水平和受教育程度仍存在本地、外地户籍性差异，与收入水平的相关系数显著（r = 0.096，Sig. = 0.000），与受教育水平的相关系数显著（r = 0.056，Sig. = 0.000）。换言之，外地人受教育程度和收入水平均高于本地人。另一方面，在主观层次上人们对生活现状的满意度也存在显著的本地、外地户籍性差异（r = － 0.083，Sig. = 0.000），外地人生活质量满意度显著低于本地人。外地人对未来生活的信心度均值高于本地人的信心度均值，具体表现为对宏观制度安排的信心度显著低于本地人，而对微观个人层次依赖个人努力而获得改变的信心度显著高于本地人。换言之，外地人对所在城市的社会制度等的信心不足，而对通过个人努力奋斗改善生活质量充满活力和信心。

表 4—8　　　　　分本地、外地户口类型人们生活满意度、
信心度、信任度均值分布　　　　单位：分

	满意度			信心度			精神
	总体	宏观层次	微观层次	总体	宏观层次	微观层次	生活
本地	63. 40	68. 72	66. 06	84. 98	84. 03	85. 93	59. 25
外地	60. 44	66. 28	63. 36	85. 29	83. 27	87. 30	59. 92
总计	63. 04	68. 42	65. 73	85. 02	83. 94	86. 10	59. 33

（3）分居住类型看（表 4—9），购买商品房者的生活满意度、信心度和安全感均显著高于其他群体。回迁房者的生活满意度排名第二位，对宏观社会制度安排的信心度最高（满意度分值为 86.07 分）。租房者的生活满意度最低，购买原公用住房者的信心度和安全感最差。

表4—9 分住房类型人们生活满意度、信心度、信任度均值分布 单位：分

	满意度			信心度			安全感
	宏观层次	微观层次	总体	宏观层次	微观层次	总体	
租赁	60.98	65.39	63.18	83.41	86.25	84.83	58.53
自建	62.66	67.45	65.05	83.07	86.21	84.64	59.32
商品房	64.32	70.93	67.62	84.23	87.15	85.69	60.19
二手房	63.19	67.42	65.30	84.72	85.50	85.11	59.52
经济适用房	61.53	67.95	64.74	84.41	87.67	86.04	58.47
原公用住房	62.72	66.93	64.82	82.20	82.47	82.33	58.19
回迁房	63.32	68.74	66.03	86.07	85.91	85.99	59.30
总计	63.01	68.40	65.71	83.93	86.09	85.01	59.34

六 "互联网+"背景下的生活质量

信息化时代的来临，引发了人们社会生活全方位的变革，人们获得信息的方式、社会交往方式和价值观都受到深刻影响。

（1）人们获取信息的方式发生较大变化，手机移动网络已然成为信息化时代人们获取信息的主要方式之一，特别是以手机为媒介的移动互联网日益普及。统计结果显示（图4—17），55.17%的受访者较多使用微信或手机获取信息。调查也发现，电视仍然是人们获取信息的主要方式，65.76%的人们表示较多通过电视获得新闻信息。

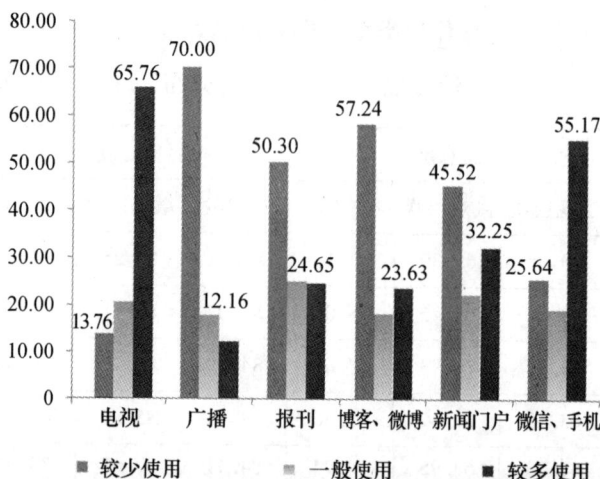

图 4—17　人们日常生活的新闻信息获取方式分布（％）

（2）虽然移动互联网成为人们获得信息的主要渠道，但人们对来自互联网渠道信息的信任程度显著低于传统渠道如电视、报刊。

统计结果显示（图 4—18），仅有 37.64％ 的人们对来自微信、手机的信息表示信任，而有 66.59％ 的人们对来自电视媒体的信息表示信任，47.09％ 的人们表示对来自报刊的信息表示信任。

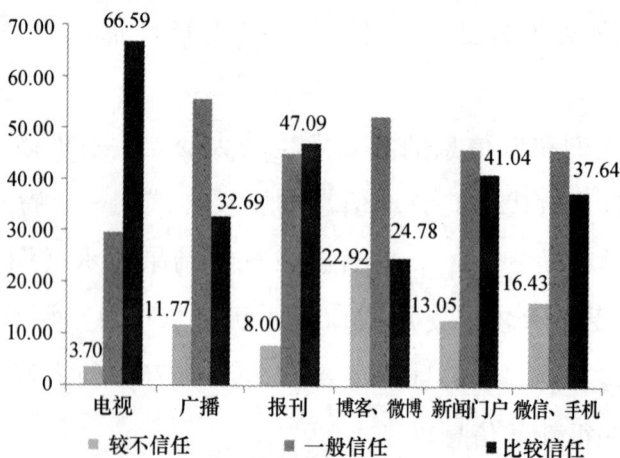

图 4—18　人们对信息获取渠道的信任度分布（％）

（3）网络已融入城市居民的日常生活，大多数人每天上网时间大于 1 小时。互联网进入中国已有 21 年，至今网民数量达 6.5 亿人，智能手机用户达 5 亿人，通信网络、互联网、智能手机等设备普及。按照国家工业与信息化部的规划，到 2015 年，基本实现城市光纤到楼入户、农村宽带进乡入村，固定宽带家庭普及率达到 50%。互联网日益融入人们的日常生活。

本次调查了解了人们最近一周使用互联网的情况，让受访者回答"请问最近一周内，您每天使用互联网（包括电脑、手机、移动设备等上网）的情况是怎样的"。统计结果显示（图 4—19），80.55% 的受访者或多或少每天上网获得新信息，19.04% 的受访者的上网时间在 4 小时以上。

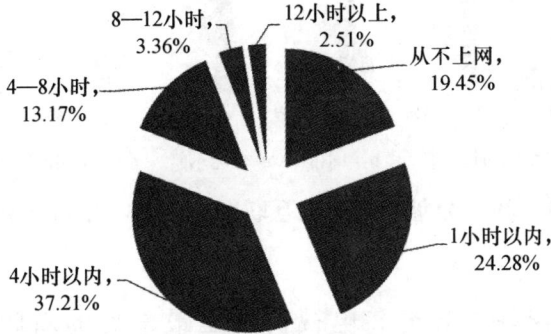

图 4—19　人们使用互联网时间分布（%）

（4）网络使用存在显著的年龄差异，可能导致代际性网络数字鸿沟。网络是年轻人获得信息的最常用方式，而 55 岁以上老年人群体中"从不上网"者比例高达 70% 以上（图 4—20）。

方差分析结果显示，男性和女性在使用网络时间上不存在明显差异（F = 0.079，Sig. = 0.779）。不同年龄组上网时间存在显著的差异（F = 703.649，Sig. = 0.000）。主要是 55 岁以上老年人上网时间显著低于其他年龄组。人口老龄化已成为中国社会变迁的基本内容，如何使用信息化、网络化方式为老年人提供服务，以及让老年人群体适应信息社会，甚至在信息社会实现自己的价值，已成为中国社会面临的现实课题。

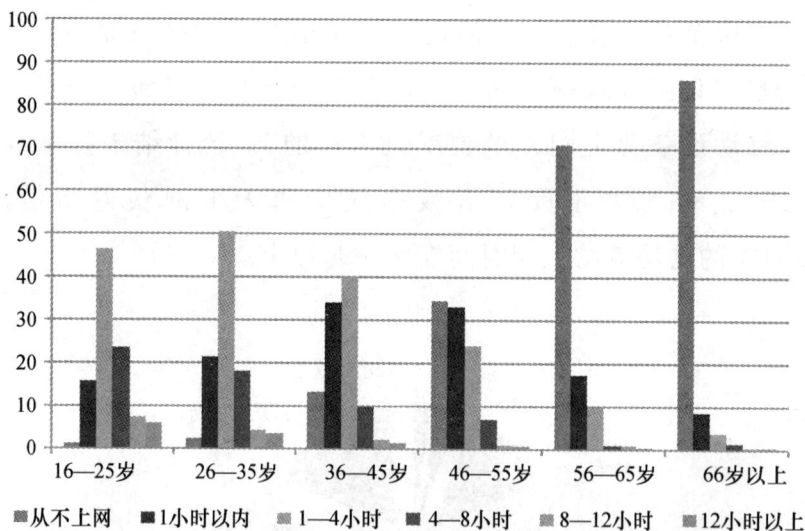

图 4—20　分年龄组人们互联网使用时间分布（%）

（5）比较各类媒介，电视仍然是最常见的新闻信息来源，但表现出了"老龄化"特征，即越是老年人越是经常地通过看电视获取信息。

统计结果显示（表 4—10），65.8% 的受访者表示经常看电视。各个年龄群体中半数以上受访者表示"经常看电视"以获取新闻信息。80% 以上的 56 岁以上老年人表示他们"经常看电视"以获取外界信息，看电视的比率随着年龄增加而升高。

表4—10　　　　　　　分年龄组人们看电视的频率分布　　　　单位：%

	较少	一般	经常
16—25 岁	23.2	25.7	51.1
26—35 岁	15.3	23.2	61.4
36—45 岁	10.7	20.7	68.6
46—55 岁	9.2	16.2	74.6
56—65 岁	6.5	12.7	80.9
66 岁以上	6.9	9.9	83.1
总计	13.8	20.5	65.8

（6）人们使用网络的时间与对生活总体满意度、信任度呈负相关，也就是上网频率越高，人们对生活现状的满意度和未来生活的信心度越低。

表4—11　　　　　　按"上网时间"人们生活满意度、
信心度、信任度均值分布　　　　单位：分

	满意度			信心度			安全感
	宏观层次	微观层次	总体	宏观层次	微观层次	总体	
从不上网	66.54	69.51	68.02	86.91	85.82	86.36	58.86
1 小时以内	62.31	67.88	65.09	83.83	86.07	84.95	59.21
1—4 小时	62.38	68.50	65.44	82.91	85.81	84.36	59.01
4—8 小时	61.96	67.81	64.89	82.96	86.58	84.77	60.93
8—12 小时	61.04	67.91	64.48	83.23	87.70	85.47	60.43
12 小时以上	59.92	66.46	63.19	82.49	87.43	84.96	60.07
总计	63.01	68.39	65.70	83.92	86.08	85.00	59.36

统计结果显示（表4—11），"从不上网"受访者的总体满意度分值最高（均值为68.02分），"12 小时以上"受访者的总

体满意度最低（均值为 63.19 分）。上网时间变量与满意度变量呈显著的负相关关系（r = -0.091，Sig. = 0.000），上网时间变量与信心度呈显著的负相关关系（r = -0.044，Sig. = 0.000）。由于年龄与上网频率有明显相关关系，采用回归方程模型，控制年龄变量后，上网时间与对生活现状的满意度表现出显著的负相关关系（B = -0.482，Sig = 0.000），上网时间与对未来生活的信心度表现出负相关关系（B = -0.515，Sig. = 0.000）。

七　生活与消费预期

居民消费水平不仅取决于当前收入，而且受收入预期的影响。我们调查了城市居民过去五年经济收入和社会地位状况的变化。城市居民经济收入普遍提高，40.44% 的受访者认为其经济收入"提高较多"，6.10% 的受访者认为其经济收入"提高很多"，47.38% 的受访者认为其经济收入变化不大。虽然半数受访者认为经济收入普遍提升，但是人们对"物价水平"的不满意程度较高，物价水平过高也约束了人们的消费（图4—21）。

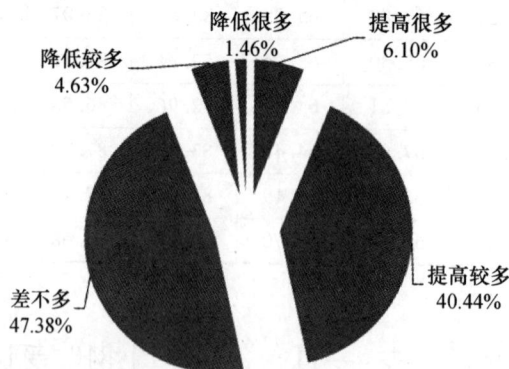

降低很多 1.46%
提高很多 6.10%
降低较多 4.63%
提高较多 40.44%
差不多 47.38%

图4—21　比较过去五年"经济收入"变化分布（%）

　　社会地位是人们在各种社会关系中所处的位置，也影响着人们的身份、自我感和自尊感。社会地位的稳定程度反映了社会结构和稳定状况，据此，我们调查了人们与五年前相比社会地位变化状况。统计结果显示，人们的社会地位比较稳定，72.23%的受访者认为人们的社会地位"差不多"，有20.35%的受访者认为"提高较多"，仅有3.86%的受访者认为有所降低（图4—22）。

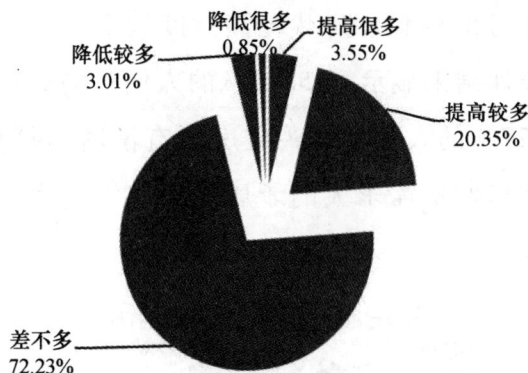

图4—22　比较过去五年"社会地位"变化分布（%）

　　我国经济结构不断调整，近几年消费超过投资，成为拉动经济增长的第一动力。但是，城市居民对耐用消费品的需求偏低。50.86%的受访者表示"不曾想过"更换大宗电器，34.68%的受访者表示"不敢想"（图4—23）。

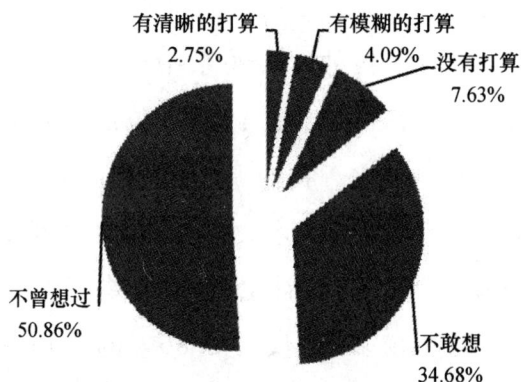

图4—23　"更换大宗电器"的消费预期（%）

　　人们对住房价格和住房状况满意度较低，人们仍有较大的购房需求。统计结果显示，15.46%的人们对购买住房"有模糊的打算"，9.27%的人们对购买住房"有清晰的打算"。如何协调住房价格高和住房需求大的矛盾是改善人们生活水平的关键点（图4—24）。

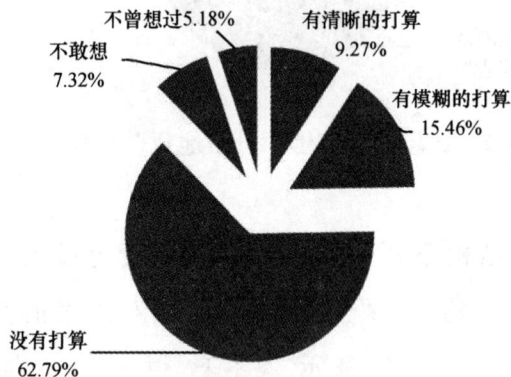

图4—24　"购买住房"的消费预期（%）

　　随着经济增长和生活方式变化，人们对汽车的消费需求量仍然较大。17.82%的人们对购买汽车"有模糊的打算"，11.27%的受访者对购买汽车"有清晰的打算"（图4—25）。

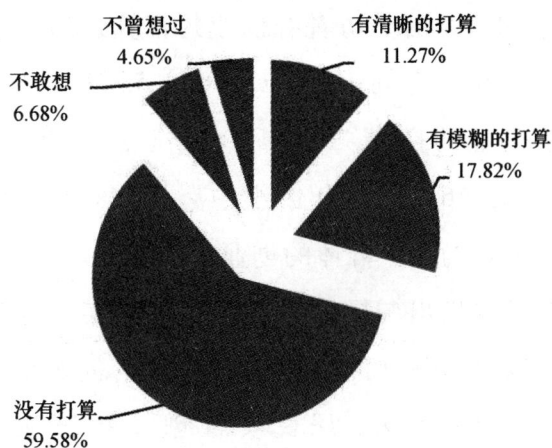

图 4—25 "购买汽车"的消费预期（%）

国家政策指出推动大众创业、万众创新，以扩大就业、增加居民收入，进而促进社会纵向流动和公平正义。统计结果显示，9.49%的受访者表示"有清晰的打算"，20.08%的受访者表示"有模糊的打算"（图 4—26）。

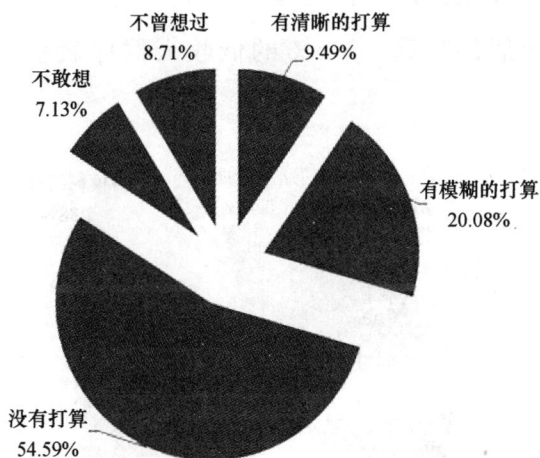

图 4—26 "投资创业"的行为预期（%）

中国城市居民创新有着明显的年龄差异。统计结果显示，16—25 岁年龄组中有 42.3% 的受访者有创业的打算，26—35 岁年龄组中有 38.2% 的受访者有创业的打算，36—45 岁年龄组中有 29.9% 的受访者有创业的打算，46—55 岁年龄组中有 18.0% 的受访者有创业的打算，56—65 岁年龄组中有 6.9% 的受访者有创业的打算，66 岁以上年龄组中有 3.6% 受访者有创业打算。总体上，低年龄的青年群体的创业热情最高。

虽然有研究指出中国女性创业占比与美国相当，相较于法国、德国、俄罗斯等欧洲国家女性，更具创业精神。然而，调查结果显示，中国城市居民女性创业意愿显著低于男性，34.1% 的男性受访者表示有创业的计划，25.7% 的女性受访者表示有投资创业的计划。

移民也成为中国城市居民的选择，0.99% 的人们表示"有清晰的打算"，2.88% 的受访者表示"有模糊的打算"（图 4—27）。高收入群体的移民倾向明显高于其他群体，6.6% 的高收入受访者表示有移民或出国定居的打算；3.0% 的中等收入群体表示有移民或出国定居的打算，2.6% 的低收入群体表示有移民或出国定居的打算。

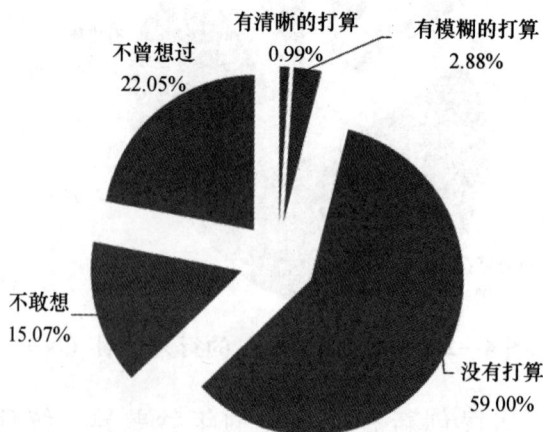

图 4—27　　"移民或出国定居"的行为预期（%）

人们职业流动的意愿较高。询问受访者是否有"换工作"的打算，11.88%的人们表示"有清晰的打算"，21.61%的受访者表示"有模糊的打算"，50.56%的人们表示"没有打算"（图4—28）。

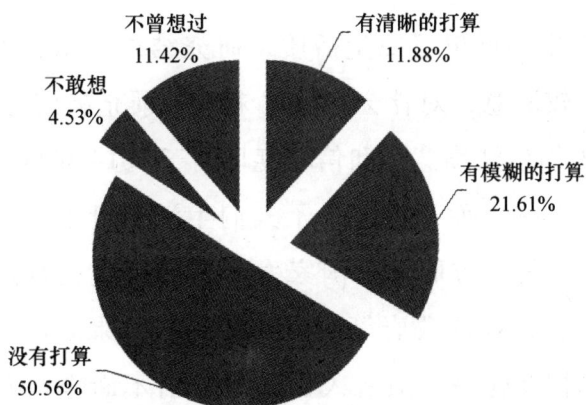

不曾想过
11.42%

有清晰的打算
11.88%

不敢想
4.53%

有模糊的打算
21.61%

没有打算
50.56%

图4—28　"换工作"的行为预期（%）

人们自由流动的意愿较低，大多数人表示没有搬迁的打算时，询问被访者是否有"搬迁至外省市"的打算时，统计结果显示，68.23%的受访者表示"没有打算"，4.64%的受访者表示"有模糊的打算"，仅有1.70%的受访者表示"有清晰的打算"（图4—29）。

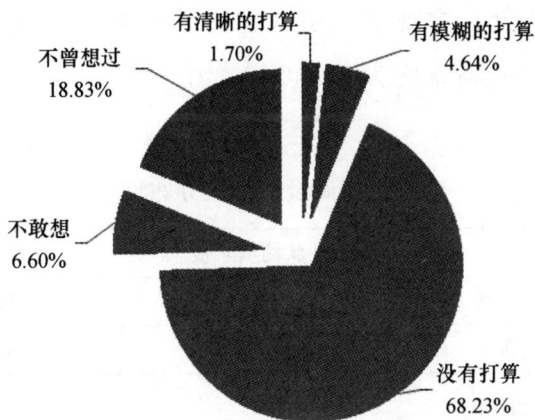

不曾想过
18.83%

有清晰的打算
1.70%

有模糊的打算
4.64%

不敢想
6.60%

没有打算
68.23%

图4—29　"搬迁至外省市"的行为预期（%）

八　主要结论与讨论

2015 年中国城市居民生活质量研究结果显示，人们对社会发展现状比较满意，对社会发展的未来前景充满信心。特别是，2015 年度人们生活满意度和信心度均高于 2014 年度人们的满意度和信心度。一方面，这显示了人们生活质量不断提高和改善的发展趋势，另一方面也是国家发展战略上重视推进民生建设和建设廉洁、高效的政府等所取得的良好效果。但一个明显的社会心态结构变化是，随着人们物质生活不断丰富和经济社会变化，人们生活的需求结构正发生变化，精神文化落后和心理健康支持不足问题凸显。

2015 中国城市居民生活满意度为 65.38 分，城市居民对生活现状基本满意。2015 年城市居民的总体信心度分值为 84.85 分，城市居民对未来生活有较大的信心。城市居民对宏观社会层次生活状况满意度为 62.35 分。宏观社会层次生活状况的信心度为 83.62 分，微观个人层次生活状况的信心度为 86.08 分，微观个人层次的满意度为 68.40 分。

表 4—12　　　　　　　　生活质量的指数分布　　　　　　单位：分

	生活现状的满意度	未来生活的信心度
微观——个人生活	68.40	86.08
宏观——社会质量	62.35	83.62

注：满分为 100 分。

（1）人们心理的不安全感和焦虑感问题突出。人们心理信任度为 61.84 分，显著低于人们对生活现状的满意度和对未来生活的信心度。中国城市居民的心态结构中人们深度的信任感和联结缺失，内心的孤独感和与社会失去联系的焦虑感问题格外突出。

（2）住房价格不仅是经济发展问题，更是关系民生健康发展的重大社会问题。调查结果显示，人们对住房价格和住房状况满意度较低，高达 48.9% 的人们对住房价格表示"不满意"。人们仍有较大的购房需求，统计结果显示，15.46% 的人们对购买住房"有模糊的打算"，9.27% 的人们对购买住房"有清晰的打算"。如何协调住房价格高和住房需求大的矛盾是改善人们生活水平的关键点。

（3）连续四年的调查显示，人们对"物价水平"的不满意程度最高。2015 年度，18.0% 的受访者表示对物价水平非常不满意，35.4% 的受访者表示对物价水平"较为不满意"，30.1% 的受访者表示"一般"，仅有 13.6% 的受访者表示"较为满意"，仅有 2.9% 的受访者表示"满意"。因此，2015 年国家仍亟须加强宏观调控和市场监管，理顺价格体系和管理体系。

（4）人们生活满意度和信心度均存在显著的省际差异，而不存在显著的区域差异，这显示出以省会城市为中心的空间分化的基本格局，这可能有助于化解区域发展的不平衡。其中，北京市人们的生活满意度显著低于其他省份，而浙江省人们满意度最高。

（5）中青年群体是推动社会发展的核心力量，而调查显示中青年群体对生活不满意程度最严重，对未来生活的信心度明显不足。36—45 岁年龄组人们的生活现状满意度最低，满意度均值仅为 64.57 分。其次为 26—35 岁年龄组，生活满意度分值为 65.55 分。

（6）分宗教信仰来看，宗教信仰显著提高了人们的生活信心度。有宗教信仰的受访者对生活满意度显著高于无宗教信仰的受访者；有宗教信仰的受访者对生活的信心度明显低于无宗教信仰者。特别是，有宗教信仰的人们虽然对社会质量的满意度显著低于无宗教信仰者，但是他们对社会发展的信心度均值高于无宗教信仰的人们，而且有宗教信仰的人们对个人发展变化的信心度显著高于无宗教信仰者。在某个程度上，宗教成为化解社会不满和社会冲突的制度渠道。

（7）当前社会设施等宏观社会环境的发展水平与较高社会阶层的人们的期待存在明显差距。分收入层次看，收入水平与生活满意度呈正相关关系，收入水平与未来生活信心度呈负相关关系。换言之，收入越高对生活满意度越高，收入越高对生活改善的信心度却越低。分受教育程度看，受教育水平和生活质量满意度存在显著正相关关系，即受教育水平越高，对生活满意度越高；受教育水平与人们生活信心度存在负相关关系，即受教育水平越高，对未来生活的信心度越低。

（8）人们对经济收入的社会不平感较为强烈。人们的财富收入不公平感较为明显，半数以上的人们认为财富和收入分配是不公平的。统计结果显示，34.04% 的人们认为当前财富和收入分配"较不公平"，16.42% 的人们认为当前财富和收入分配"很不公平"，38.38% 的人们认为当前财富和收入分配是公平的。

（9）中国城市居民中城乡一体化水平不断提高，虽然城乡分割的结构性差异仍然存在，但人们对未来均等化的发展充满信心。分城乡户籍看，农业户籍人口生活满意度显著低于非农业户籍人口。农业户籍人口对未来生活的信心度显著高于非农业户籍人口，农业人口对生活的信任度显著高于非农业人口。

（10）随着城市化进程不断加快，流动人口的社会融入和社会福利问题日益凸显。本地人和外地人对生活现状的满意度存在显著差异，而对未来生活变化的信心度没有显著差异。分本地、外地户口类型看，外地户籍人口生活满意度显著低于本地户籍人口，本地和外地户籍人口对未来生活的信心度无显著差异，本地人和外地人生活的信任感没有显著差别。

（11）人们获取信息的方式发生较大变化，手机移动网络已然成为信息化时代人们获取信息的主要方式之一，特别是以手机为媒介的移动互联网日益普及。55.17％的受访者较多使用微信或手机获取信息。调查也发现，电视仍然是人们获取信息的主要方式，65.76％的人们表示较多通过电视获得新闻信息。

（12）虽然网络成为人们获取信息的重要而普遍的方式，但人们对网络信息的信任度偏低，网络使用时间越长，人们对生活的满意度和信心度越低。仅有37.64％的人们对来源于网络的信息表示信任。人们使用网络的时间与对生活总体满意度、信任度呈负相关，也就是上网频率越高，人们对生活现状的满意度和未来生活的信心度越低。

（13）网络使用存在显著的年龄差异，可能导致代际性网络数字鸿沟。网络是年轻人获得信息的最常用方式，而55岁以上老年人群体中"从不上网"者比例高达70％以上。

（14）青年人群体有着较高的创业热情。国家政策指出推动大众创业、万众创新，以扩大就业、增加居民收入，进而促进社会纵向流动和公平正义。16—25 岁年龄组中 42.3% 的受访者有创业的打算，26—35 岁年龄组中 38.2% 的受访者有创业的打算。

从本次调查来看，我国城市居民生活质量总体上不断地改善和提高，随着经济发展水平提高和物质财富积累，人们的生活需求结构正在发生转型。人们对个人价值、精神文化的需求日益强烈，个体价值观和个人选择日渐多样化，社会治理进入更为复杂、更需要求同存异协调发展的新阶段。

随着经济发展到新常态阶段，过去几十年经济快速发展所引发的社会矛盾和后果仍是未来社会治理的重点。快速经济发展留下了社会价值规范失调等问题，这提出了宏观制度安排上提供服务以满足人们的心理精神健康和精神文化的要求。快速经济增长留下环境破坏等生态问题，这提出了在宏观制度安排上调整经济增长方式、激活社会组织以加快生态、环境的修复和治理的要求。在未来改革发展中，一是需要国家在物价、房价、环境保护、文化建设等方面进行战略性的改革；二是重视推动人民群众参与到社会建设中，让每个人在家庭、社区和工作生活中发掘创造真善美。

第五章　城镇居民工作环境

一　引言

在现代社会，工作组织是各类组织最主要的形式，也是多数社会成员主要的"栖身"场所，因而工作环境的重要性日益凸显。一个社会中良好的工作环境，在个体微观层面，能够帮助个体更好地在组织中实现自我，激发潜能；在组织中观层面，能够促进良好的组织文化构建，以此提高组织成员对组织的认同感和满意度，提高组织效率，进而快速推动组织的创新与发展；在宏观社会层面，有助于我们构建观测社会发展水平的重要指标。从微观延伸到宏观，从个体跃迁至总体，这项研究的结果则可能将工作环境的议题逐渐推入学术研究与政策探讨的关注视野，帮助人们认识到，通过营造良好的工作环境来提高人们对组织乃至社会的认同程度，提高组织成员的人力资本质量，削减社会矛盾，实现社会团结及广泛的社会公平，是社会治理的重要内容之一。

从学科特点来说，组织"工作环境"问题是社会学研究的重要内容。从组织社会学角度出发对其进行研究则更具有明显的学科特长和优势。就研究路径而言，将组织社会学的相关理论、方法和观点运用于对"工作环境"问题的研究，不仅可以对组织环境变迁的结构特征及影响机制产生更为深入的认识，而且由于"工作环境"贴近现实生活实践，勾连着社会成员与各类工作组织，因而也成为社会治理的一个重要环节。

按照社会学的理论，在一个企业组织的发展过程中，人们的行为结构总是嵌入企业组织的结构之中。在这个意义上，工作环境作为企业员工行为的结构性因素，同样也发挥着至关重要的作用：为人们获得幸福与满足提供必要的物质保障和前提；为人们的情感满足提供必要的社会归属；为人们的自我成长和满足提供必要的公共场所，为稳定协调的社会发展提供合理的预期。毋庸置疑，好的工作环境作为衡量生活质量的重要指标之一，不应该也不能够被忽略在社会发展的关注范畴之外。

在一个企业组织中，许多外在的客观变化总能在人们的主观感受中稳定地表现出来；而且，只要个体层次上的主观态度"化合"到总体性的社会情绪之中，这种主观态度就具有反映整个企业组织状况的能力与特征。因此，通过观察一个企业组织中人们的态度以及在这种态度基础上形成的"总和性的社会情绪"，我们可以观测与分析一个企业组织发展的总体状况和运行态势，进而把握企业发展的"脉搏"，这恰恰是我们这项研究相对于以往研究所独具的学术价值和应用价值。

为了追寻好的工作质量、工作环境与生活质量，甚至与人类福祉的关系，以及与社会发展的意义，探寻人们对工作环境的主观感知状态，欧盟率先在其成员国每隔五年就进行一次"欧洲工作环境调查"，这样的调查从 1990 年开始，持续了 15 年。"每一次欧洲工作环境"调查基本上都运用了包括工作时间、劳动报酬、待遇公平、工作与生活的平衡等一系列完整的题器来了解欧洲社会中，工作变迁与社会变迁在多大程度上相互影响，由此为政策制定提供相应的选择依据①。

从欧洲工作环境调查的结果，我们得到了关于"工作环境"社会属性的两个学理印象：一是如何从社会学的学科角度观察工作环境与社会发展总体变迁与态势所发生的关联；二是如何在强调经济发展与社会发展联动、接纳经济长效高速增长到稳速增长的发展"拐点"的前提下，关注个体对工作环境更多元的主观感受、自主意识。在实践中，随着我国经济高速发展以及产业结构的宏观调整，在传统制造业和新兴的信息产业、服务业等工作研究的核心领域都出现了诸多宏观繁荣与微观衰微的矛盾景象，社会结构的变化与转型并未塑造出一种容纳人们身心健康的精神结构。这些新问题、新现象一方面在微观层面上关系到企业组织的发展、劳动者的个人福祉，另一方面在宏观层面上则关系到国家整体社会发展的方向、路径以及策略选择。尤为重要的是，通过对工作环境基本特征的把握，将更有利于对我国当前总体劳动关系状况的理解与分析，为经济、社会的平稳发展提供切实的政策导向。

二　概念操作化：工作环境满意指数（客观工作环境、组织工作环境、主观心理环境）

尽管目前的研究尚未对工作环境进行学科归类，也未曾对

---

① Eurofound, "Fifth European Working Conditions Survey", Publications Office of the European Union, Luxembourg, 2012, pp. 10 – 13.

工作环境的概念做出明确的界定。但是，作为研究变量，这一概念已经在经济学、管理学、社会学、医学等学科领域的研究中被频繁提及。

在概念使用上，工作环境有两种英文表述，working condition 和 working environment。使用 working condition 一词来表述工作环境的文献，往往会用物理环境（physical condition）、社会心理环境（psychosocial condition）来概括个体工作行为发生的环境。与此对应的，使用 working environment 一词（有时还可以用 workplace 表述）的文献，则往往将研究视野局限于空气、噪声、粉尘等物理环境对工作环境安全、职业健康等方面的研究。

尽管在概念上，工作环境并未有清晰的界定，甚至在使用上都还存在争议。但是，工作环境的内在结构的研究却走在了相关核心研究的前列。根据调研需求，工作环境常常会因为研究目的的不同被划分为不同的组成因子。总结目前的研究文献发现，工作环境概念的内部结构划分主要有两种倾向。

首先，如大多数研究者认为，对工作环境进行实证考察，需要从工作安排（work arrangement）、物理工作条件（physical working conditions）和社会心理工作环境（psychosocial working conditions）三部分入手。[1] 其中，工作安排是指由工作岗位所赋

---

① Pérez, Elena Ronda, Fernando G. Benavides, Katia Levecque, John G. Love, Emily Felt & Ronan Van Rossem, "Differences in Working Conditions and Employment Arrangements among Migrant and Non – migrant Workers in Europe", *Ethnicity & Health*, 17 (6), 2012; Olli Pietiläinen, Mikko Laaksonen, Ossi Rahkonen, Eero Lahelma, "Self – Rated Health as a Predictor of Disability Retirement: The Contribution of Ill – Health and Working Conditions", *Self – Rated Health and Disability Retirement*, 6 (9), 2011; Risto Kaikkonen, Ossi Rahkonen, Tea Lallukka & Eero Lahelma, "Physical and Psychosocial Working Conditions as Explanations for Occupational Class Inequalities in Self – rated Health", *The European Journal of Public Health*, 19 (5), 2009.

予个体的具体工作任务，包括工作负荷、工作时间、轮班情况等；社会心理工作环境，多使用 Karasek 的 demand - control - support 模型[1]，从工作需求、工作控制和工作中的社会支持三个维度去考察在工作过程中个体所处的中观组织环境和微观个体岗位环境。其次，也有研究者将工作安排排除在外，认为工作环境仅由物理工作环境（physical working conditions）和社会心理工作环境（psychosocial working environment）两部分构成。[2] 在这类研究中，对员工客观物理工作环境的研究结论多与管理心理学的经典——霍桑试验所得结果相类似，即客观物理工作环境对员工的工作绩效、身体健康、工作满意度等有影响，但是否显著却结果不一。除此之外，近年来个体员工所处的社会心理工作环境（psychosocial working environment）影响因素研究更多地激发了社会学、管理学、经济学研究者们的兴趣。学者们基于 Karasek 的 demand - control - support 模型，集中探讨个体员工的社会心理环境与个体主观感受（如工作倦怠、工作满意度、幸福感等）的关联，并且研究结果显示出员工的社会心理环境现状与工作倦怠、工作满意度、幸福感等呈现不同程度的显著相关。[3]

此外，还有一部分学者从反方向研究员工的工作环境。他们假设，如果员工所处的工作环境较差，其有可能会感到不同

① Karasek, Robert, *Job Content Questionnaire*, Los Angeles: University of Southern California, Department of Industrial and Systems Engineering, 1985.

② Tea Lallukka, Tarani Chandola, Harry Hemingway, Michael Marmot, Eero Lahelma, Ossi Rahkonen, "Job Strain and Symptoms of Angina Pectoris among British and Finnish Middle - aged Employees", *Journal of Epidemiology and Community Health*, (26), 2010.

③ Karasek, Robert, *Job Content Questionnaire*, Los Angeles: University of Southern California, Department of Industrial and Systems Engineering, 1985.

程度的工作压力。据此，员工个体不同程度的工作压力，就有可能反映其工作环境的优劣。工作压力小，其工作环境较好；工作压力大，其工作环境较差。W. Lederer 在考察麻醉师的工作环境与工作倦怠的关系时，就曾借用过考察个体工作压力的两个维度——工作任务的质量与常规工作问题来评价麻醉师的工作环境优劣程度。其中，工作任务的质量，是由常规工作要求（包括工作的灵活性、多样性）、常规工作可能（包括时间控制、交流与分享、合作的范围、注意力集中的需要等）组成；常规工作问题则包含时间压力、工作干扰两个内容。[①] 另外，Michael Ertel 在研究自由作家的社会心理工作环境与其健康水平的关联时，也不约而同地把工作压力看作衡量受访者对社会心理工作环境质量高低的评价的尺度。[②]

　　无论何种工作环境的划分方式，学者们都不约而同地将其概念定位在个体所处的客观环境（objective working conditions）上。这种客观环境可以包含个体工作行为发生时所处的客观物理环境（如温度、粉尘、噪声等），也包含个体的工作岗位所赋予的客观工作环境（如工作时间、工作内容、劳动工具等）和个体所处的组织环境（如与同事交流、领导支持等），而将个体对客观工作环境的主观感受，即主观工作环境（subjective working conditions）排除在外。

---

　　① Lederer, Wolfgang, J. F. Kinzl, Ernestine Trefalt, Christian Traweger & Arnulf Benzer, "Significance of Working Conditions on Burnout in Anesthetists", *Acta Anaesthesiologica Scandinavica*, 50 (1), 2006.

　　② Michael Ertel, Eberhard Pech, Peter Ullsperger, Olaf Von Dem Knesebeck, Johannes Siegrist, "Adverse Psychosocial Working Conditions and Subjective Health in Freelance Media Workers", *Work and Stress*, 19 (3), 2005.

在上述工作环境问题缘起和理论阐释的基础上，我们参考中国社会科学院社会发展战略研究院 2014 年全国社会发展与社会态度调查工作环境分问卷的设计框架，以个体工作界线来划分，我们将视野聚焦于个体对其工作行为所发生的客观工作环境、组织工作环境和主观心理环境的评价与态度，由此构建城镇居民个体的工作环境满意指数（图 5—1）。首先，我们认为员工对工作最直观的感受，源于客观工作环境，包括自然工作

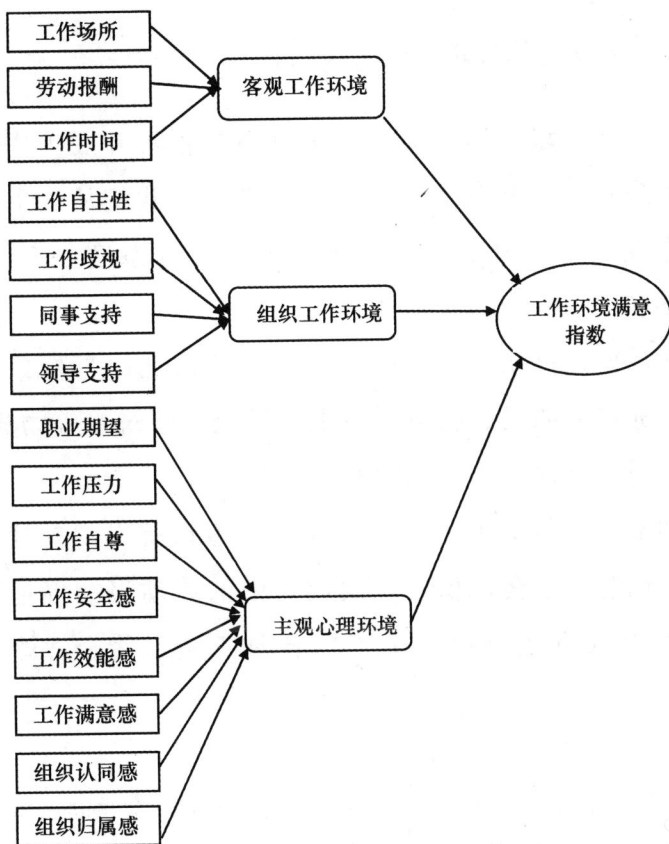

图 5—1　工作环境满意指数的指标体系

场所、劳动报酬、工作时间、工作与生活的平衡①。其次，这种主观感受还与其在组织中的具体工作内容和流程密切相关，即客观组织环境，这也是决定员工是否能够高效工作的关键因素，其中包括工作自主性、工作歧视和组织支持②。最后，除了以上两个客观环境之外，我们认为，真正影响员工对工作感受的因素源于其对工作的主观体验，即主观心理环境，它是员工一切工作行为和工作体验的内在驱动力，包括职业期望、工作压力、工作自尊、工作安全感和工作效能感。③

（一）客观工作环境

客观工作环境，是企业组织为保障其正常开展工作而给员工提供的最基本的硬件条件。本年度调查，我们从以下三个方面考察企业员工对其所处的客观工作环境的态度：工作场所、劳动报酬和工作时间。

工作场所，是指员工在劳动过程中所占据的自然条件和人工环境，如灯光照明、噪声、粉尘、设施、建筑物等物质系统，它是员工对工作评价最表象的参照体系。

劳动报酬，是员工付出体力或脑力劳动所得的补偿，体现的是员工创造的社会价值，本次调查中的劳动报酬仅指用人单位以货币形式直接支付给员工的各种工资、奖金、津贴、补贴等。

---

① Eurofound, "Fourth European Working Conditions Survey", Publications Office of the European Union, Luxembourg, 2011, pp. 10 – 13.

② 参见罗宾斯主编《组织行为学》中关于组织环境的定义。转引自 http: // baike. baidu. com/view/1338670. htm。

③ 转引自 http: //baike. baidu. com/view/1338670. htm。

工作时间，是指员工根据劳动合同的约定，在用人单位工作所消耗的时间。在本次调查中，我们更为关注除了法定工作时间之外的加班时间，因为我们认为加班时间的长短会在一定程度上影响员工对工作环境的评价。

如果员工能够拥有一个令其满意的物理工作场所，劳动时间适度，且所得的工资和报酬与其投入的能力、精力相匹配，我们则认为这是一个好的客观工作环境。

因此，本调查的客观工作环境满意指数由三个题器构成（见表5—1）。这些评价分为5个层次："1"表示完全不赞同，"2"表示比较不赞同，"3"表示一般，"4"表示比较赞同，"5"表示完全赞同。其中，需要对b1004题"我的工资和报酬与我的付出和能力相适应"、b1011题"我对我的工作场所感到满意"进行反向计分。三个题器累积计分所得分值，记作该受访者在客观工作环境满意指数上的得分。分值越高，表明该受访者对自己目前所处的客观工作环境越满意。

表5—1 客观工作环境满意指数的因子构成和题器设置

指数	因子	题器
客观工作环境	工作场所	b1011 我对我的工作场所感到满意
	劳动报酬	b1004 我的工资和报酬与我的付出和能力相适应
	工作时间	b3110 我经常加班工作

（二）组织工作环境

除了通过岗位属性的满意度来评价工作环境之外，员工还可以将其与组织环境的交互是否满意作为评价工作环境的参考。

不同于组织行为学中的组织环境，本次调查中的组织工作环境主要指与工作流程、组织人际关系、组织氛围相关的，并对个人工作行为和组织绩效产生影响的客观组织条件。一个良好的组织工作环境是组织生存和发展的基础和动力，同时也是推动员工有效工作行为的根本。据此，本次调查将从工作自主性、工作歧视、同事支持和领导支持四个因子来考察员工对其组织工作环境的满意程度。

工作自主性，是指在工作过程中，员工自我感觉能够独立地控制自己的工作，包括决定工作方法、工作流程、工作任务等。如果员工可以自主地决定如何开展工作，在很大程度上，体现了工作单位对员工的信任和肯定，有利于提高员工对工作单位的认同感以及对工作的投入程度。

从人力资源学的视角看，工作歧视是基于性别、年龄、地区等因素而产生的任何区别、排斥，其后果是直接或间接损害员工就业的机会平等或待遇平等。本次调查主要集中探寻员工在工作过程中因性别和年龄所遭受的不平等待遇。

同事支持，是指工作在同一单位中，处于同等地位和同等水平的个体之间相互提供的情感、工具和信息等方面的支持和援助①。同理，领导支持，是指员工在工作过程中获得来自上级领导在工作方法或精神激励等方面的支持。我们认为，正向的同事和领导支持，会提高员工对组织的满意程度，作为回报，员工也会提升自己对组织的承诺和忠诚；相反，如果员工很少

---

① 戴春林、李茂平、张松：《同事支持研究的回顾与思考》，《企业研究》2011年第8期。

得到来自同级同事和上级领导在情感、工具等方面的支持，他们会降低对组织的心理承诺和工作表现，甚至产生离职倾向。

综上所述，在工作过程中，如果员工能够自主地决定如何开展工作，获得一定程度来自上级领导或组织成员的支持，并能得到与自身工作相匹配的待遇，我们就有理由认为这是一个好的组织工作环境。

组织工作环境满意指数由四个题器构成（见表5—2），计分方式与上述客观工作环境满意指数题器的计分相同。在本部分，需要对 b1009 "我可以按照自己的时间灵活安排工作任务"、b1001 "工作中我会获得同事的帮助支持" 和 b1002 "在工作中我能够获得领导的帮助与支持" 三个题器进行反向计分。累积所得分值，记为组织工作环境满意指数。分值越高，客观组织环境越好。

表5—2　　组织工作环境满意指数的因子构成和题器设置

指数	因子	题器
客观工作环境	工作自主性	b1009 我可以按照自己的时间灵活安排工作任务
	工作歧视	b1014 在工作中有时会遇到性别和年龄歧视
	同事支持	b1001 工作中我会获得同事的帮助支持
	领导支持	b1002 在工作中我能够获得领导的帮助与支持

（三）主观心理环境

如果以员工个体为边界线来划分，我们可以把上述客观工作环境和客观组织环境视为外部环境，将对个体工作行为起决定性作用的主观心理环境视为内部环境。我们认为，主观心理环境是指个体在工作的动态变化过程中所表现出来的心理现象。在本次调查中，我们在2014年的量表基础上，将主观心理环境的考察因子增加到8个，分别是：工作压力、工作自尊、工作安全感、工作效能感、职业期望、组织归属感、工作满意度和组织认同感。

工作压力，是指员工因工作负担过重、工作责任过大、工作时间过长等由工作或与工作直接有关的因素所造成的紧张状态。如果员工个体长期、反复地处于较高的工作压力中，除了会出现失眠、疲劳、忧郁等一系列不良生理反应，还会产生对工作的不满，产生工作倦怠。

工作自尊是指员工能不断地以一种有价值的方式应付工作挑战的能力状态。

在本次调查中，我们讨论的是狭义工作安全感，是指员工在工作中面临与过去迥异且尚未适应的状态。

工作效能感，是指员工对其实施并达成工作目标所需能力的信念。工作效能感高的个体能在有限的工作时间内完成更多的任务，获得工作成就感，对激发其后续工作的积极性情绪更加有效。

职业期望，是员工希望自己目前所从事工作的态度倾向。正向的职业期望会促使员工继续保持现在的工作行为。

组织归属感，是员工所处的一种积极状态，在这种情况下，个体认同某一特定组织的目标与价值观，有意愿把实现和捍卫组织的利益与目标置于本人或所在小群体的直接利益之上，并希望以此来维持其成员身份并促进组织目标的实现①。

组织认同感，是指某个特定组织中的员工所感受到与其所属组织在心理和行为上的一致性，包含情感、认知、评价三方面的内容。本次调研中，我们主要从情感的角度考察员工的组织认同感。

Locke 认为工作满意度是源于员工对工作或工作经历进行评价时的一种愉快的或者积极的情感状态，是一个员工对他所从事的工作的总体态度②。

用上述题器来衡量员工的主观心理环境的原因在于，尽管客观物理工作环境、组织工作环境的优劣可能对员工的工作行为产生影响，然而影响员工工作积极性、产生亲组织行为的因素是员工个体对自身所处工作环境的主观感受。据此，我们认为，如果员工对目前自己所从事的工作有积极正向的期望，能自如应付其工作任务和工作压力，能在工作过程中体验到安全感、自我价值感、认同感、归属感和满意感，我们有理由认为这是一个好的主观心理环境。

据此，本调查的主观心理环境指数由九个题器构成（见表5—3），计分方式同上。需要注意的是，需要对 b1010、b1008、b1005、b1015、b1016、b1006、b1003、b1007 八个题器进行反向计分。累积分值得到主观心理环境指数，分值越高，主观心理环境越理想。

---

① Porter, L. W., R. M. Steers, R. T. Mowday & P. V. Boulian, "Organizational Commitment, Job Satisfaction, and Turnover Among Psychiatric Technicians", *Journal of Applied Psychology*, 59, 1974.

② 斯蒂芬·P. 罗宾斯：《组织行为学精要》（第六版），郑晓明译，电子工业出版社 2002 年版。

表5—3　　　　主观心理环境指数的因子构成和题器设置

指数	因子	题器
主观心理环境	工作压力	b1012 我时常觉得工作压力大而感到很累
	工作自尊	b1010 我的工作能够体现我的个人价值
	工作安全感	b1008 我不担心我会失业
	工作效能感	b1005 我的工作让我有成就感
	职业期望	b1015 我的工作有良好的发展前景
	组织归属感	b1016 我对现在的单位有一种归属感
	工作满意度	b1006 我对现阶段的工作感到满意
	组织认同感	b1003 我愿意通过个人的努力为组织创造利益
		b1007 我愿意通过个人努力维护组织形象

（四）工作环境三个因子之间的相互关系

通过相关矩阵，具体考察工作环境满意指数 3 个因子之间的关系。表5—4 显示，"组织工作环境" 与 "主观心理环境" 两者之间有着较高的相关关系，相关系数达 0.588，且在 0.01 水平（双侧）上显著相关，这说明身处于工作自主性、同事支持和领导支持等方面较优的中观组织工作环境中的员工，对工作的主观满意度更高。此外，"主观心理环境" 还与 "客观工作环境" 呈现较高相关，相关系数达 0.560，这反映出员工对工作环境的主观满意度在一定程度上，取决于工作岗位给员工提供的工作场所是否舒适、劳动报酬和工作时间是否合理，在何种程度上使其能够兼顾工作—生活的关系。最后，矩阵还显示 "客观工作环境" 与 "客观组织环境" 之间也存在紧密关联，相关系数为 0.404，这也能帮助我们产生一种合理的假设：一个组织如果能够公平对待每一位员工、提高工作自主性、对其工作提供必要的技术和精神支持，这个组织在工作场所、劳动报酬方面的满意度也有可能相应得以提升，更有甚者，在该组织中工作的员工也能协调工作与生活上的冲突。

表5—4　　　　　　工作环境满意指数三因子的相互关系

因子	客观工作环境	组织工作环境	主观心理环境
客观工作环境	1	0.404**	0.560**
组织工作环境	0.404**	1	0.588**
主观心理环境	0.560**	0.588**	1

注：＊＊表示在0.01水平（双侧）上显著相关。

三　2015年城镇居民工作环境满意状况的总体分析与讨论

（一）工作环境满意指数及三因子的结果分析

根据上述理论假设和验证性因素分析的结果，本年度城镇居民工作环境满意度研究将从客观工作环境（包括工作时间、劳动报酬和工作场所）、组织工作环境（包括工作自主性、工作歧视、同事支持和领导支持）、主观心理环境（包括工作压力、工作自尊、工作安全感、工作效能感、职业期望、组织归属感、组织认同感和工作满意度）三个维度展开，并由此构成受访者的工作环境的总体满意指数。频次分析结果表明，2015年城镇居民工作环境的总体满意指数为68.91分（总分为100分，分值越高表示对工作环境越满意），标准差为9.922，呈现负偏态（见图5—2）。由此可见，2015年城镇居民对工作环境总体满意度较高。

其中，城镇居民对客观工作环境的满意度为 65.74 分、对中观组织工作环境的满意度为 70.46 分、对主观工作环境的满意度为 69.15 分（见表 5—5）。

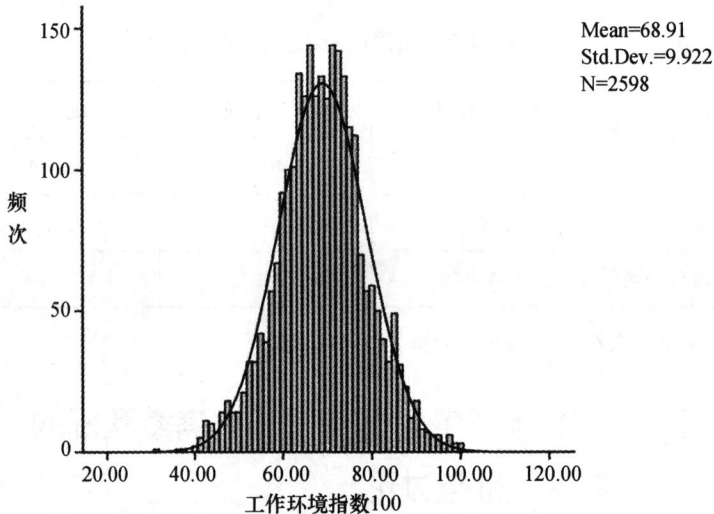

Mean=68.91
Std.Dev.=9.922
N=2598

频次

工作环境指数100

图5—2　工作环境满意指数的正态分布（分）

表5—5　工作环境满意指数及其三因子的总体情况（百分制）

	客观工作环境	组织工作环境	主观心理环境	工作环境满意指数
均值（Mean）（分）	65.74	70.46	69.15	68.91
最小值（Minimum）（分）	20.00	35.00	26.67	31.25
最大值（Maximum）（分）	100.00	100.00	100.00	100.00
标准差（Std. Deviation）	10.61	11.35	11.35	9.92
总分（Total）（分）	100.00	100.00	100.00	100.00
有效数据量（Number）（个）	2792	2749	2661	2598

1. 客观工作环境的结果分析

在客观工作环境的评价中，城镇居民对自身工作场所的满意指数最高（70.41 分），其次是劳动报酬（满意指数为 68.27 分），对工作时间的满意指数最低，仅为 58.45 分（见图 5—3）。

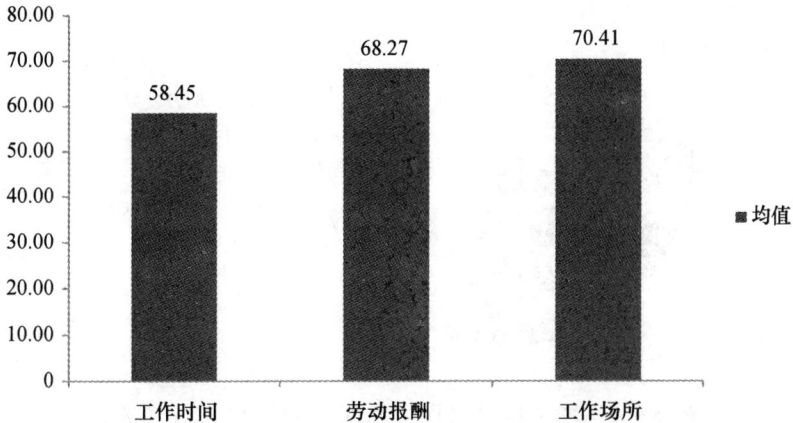

图 5—3 客观工作环境中三个题器的均值比较（分）

为了探寻城镇居民对工作时间满意度相对较低的原因，本次调研还对城镇居民的工作情况进行了详尽的入户访谈。访谈结果显示，城镇居民每周的平均工作时长为 46.56 小时，超过每周 40 小时的法定工作时间（一周五个工作日，每天 8 小时工作时间）。通过数据的频次分析（见图 5—4），我们发现，有 44.4% 的受访者的工作时间符合法定工作时间或低于 40 小时/周，23.8% 的受访者每周工作时间为 41—48 小时（相当于一周工作六天），21.3% 的受访者每周工作时间为 49—56 小时（相当于一周工作七天）。另外，还有 10.5% 的受访者的每周工作时长超过 56 小时，处于超负荷工作状态。通过 ANOVA 分析，我们还发现，城镇居民每周工作时长与其工作环境满意度呈显著相关关系（$F = 1.924$，$Sig. = 0.000$）。由此可见，城镇居民的加班现象已经成为非常普遍的职场现状，且严重影响着城镇居民对其工作环境的满意度的评价。

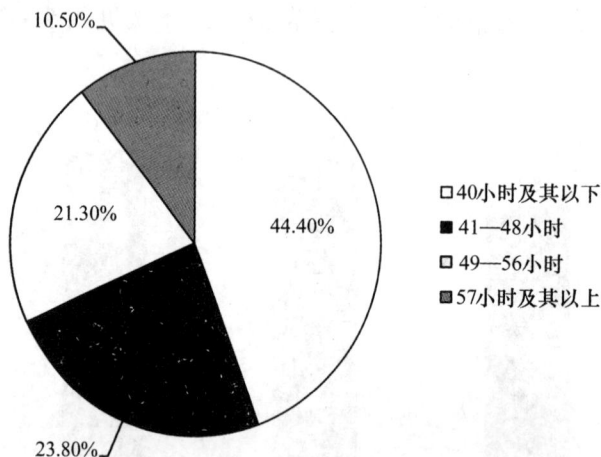

图5—4 城镇居民每周工作时间的频次分布（%）

2. 组织工作环境的结果分析

2015年城镇居民对其组织工作环境的满意指数为70.46分（百分制）。其中，城镇居民对中观组织环境中的同事支持和领导支持评价较高（分别为78.04分、75.09分），而对工作歧视、工作自主性均不太满意，得分分别为66.21分、62.19分（图5—5）。

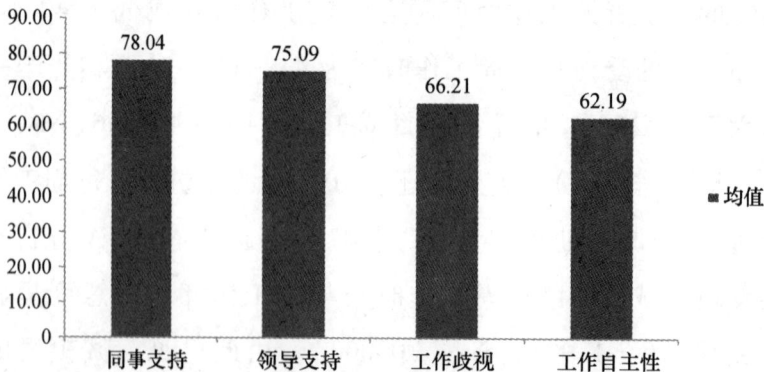

图5—5 组织工作环境中四个题器的均值比较（分）

如果仔细分析代表工作歧视的题项"在工作中有时会遇到性别和年龄歧视"（见图5—6），我们发现，在2798名受访者中，6.00%的受访者表示"完全赞同"工作中会遇到性别与年龄歧视的境况，19.10%的受访者表示"比较赞同"，29.40%的受访者表示"一般赞同"，比例较高。这从一个侧面说明，尽管公民公平享有工作权受到包括《劳动法》等在内的法律法规的保障，但在实际的工作场所中和具体的工作岗位上，劳动者依旧受到性别和年龄等方面的歧视，由此影响城镇居民对工作环境满意度的评价。

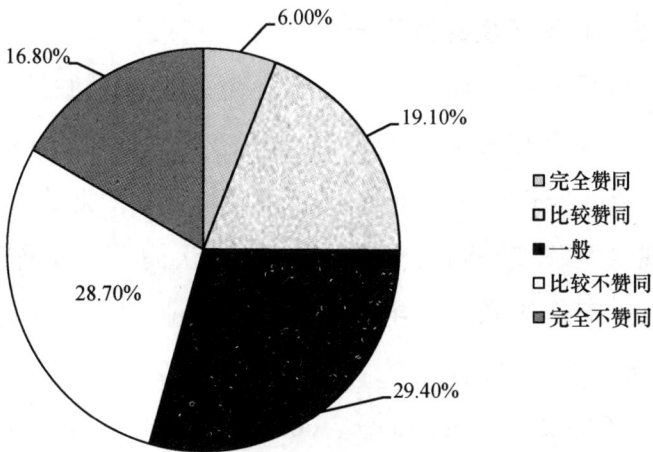

图5—6　组织工作环境中性别和年龄歧视的认同比例分布（%）

在代表工作自主性的题项"我可以按照自己的时间灵活安排工作任务"上（见图5—7），数据显示，高达40.20%的城镇居民明确表示组织工作环境在不同程度上限制了其自身的工作自主性。

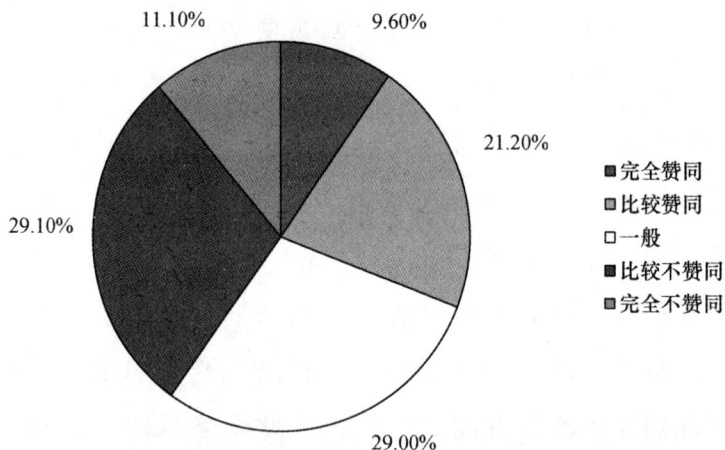

图5—7　组织工作环境中工作自主性的认同比例分布（%）

3. 主观心理环境的结果分析

除了客观工作环境与组织工作环境之外，对城镇居民工作环境满意指数影响最大的是个体主观感受到的工作环境（F = 733.313，Sig. = 0.000），即主观心理环境。在对此进行分析时，我们发现（见图5—8），受访者在组织认同感、工作效能感、工作自尊、工作满意度、组织归属感、职业期望、工作安全感和工作压力八个题器上的得分分别为 77.61 分、71.69 分、70.25 分、69.42 分、68.15 分、66.26 分、64.58 分、54.31 分，分数越高，满意度越高。

其中，工作压力题器上得分仅为 54.31 分，明显低于其他题器。具体分析该指标的题器"我时常觉得工作压力大而感到很累"时发现，高达 4065 名受访者对"工作压力大"表达了不同程度的认同，占总受访者的 42.20%（见图5—9）。

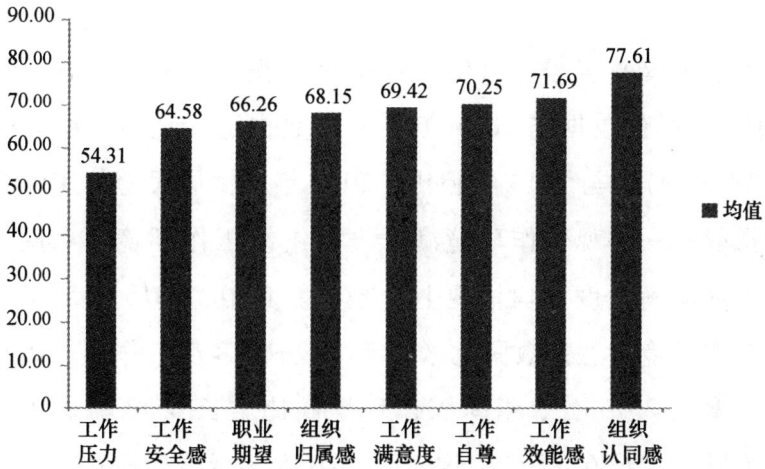

图5—8　主观心理环境中八个题器的均值比较（分）

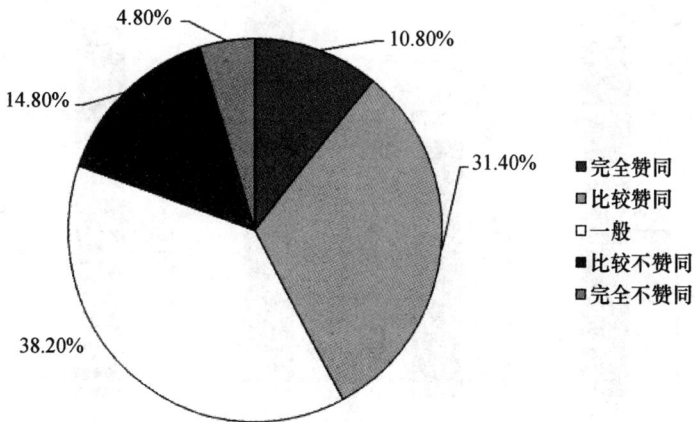

图5—9　工作压力认同的比例分布（％）

（二）工作环境满意指数及三因子的历年比较分析

为了了解城镇居民对工作环境满意程度的动态变化，我们将 2015 年所获数据与 2014 年获取的数据进行比较。结果表明（见图 5—10），与 2014 年相比，2015 年城镇居民总体工作环境满意指数——客观工作环境满意度、组织工作环境满意度、主观心理环境满意度，均呈现上升趋势。其中，2015 年城镇居民总体工作环境满意指数同比增长 5.85 分，客观工作环境满意指数同比增长 2.74 分、组织工作环境同比增长 6.13 分、主观工作环境同比增长 6.77 分。这表明，2015 年城镇居民对其工作环境的主观评价更加正向、积极。

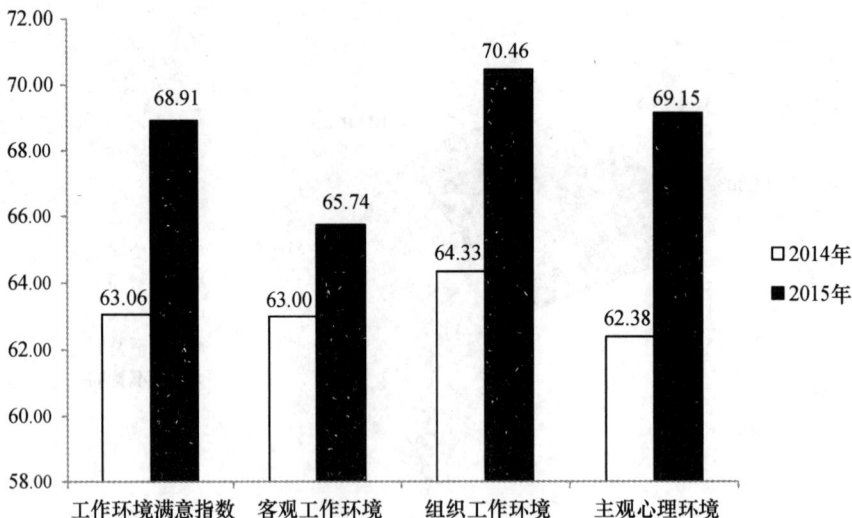

图 5—10　工作环境满意指数及其三因子比较（2014—2015）（分）

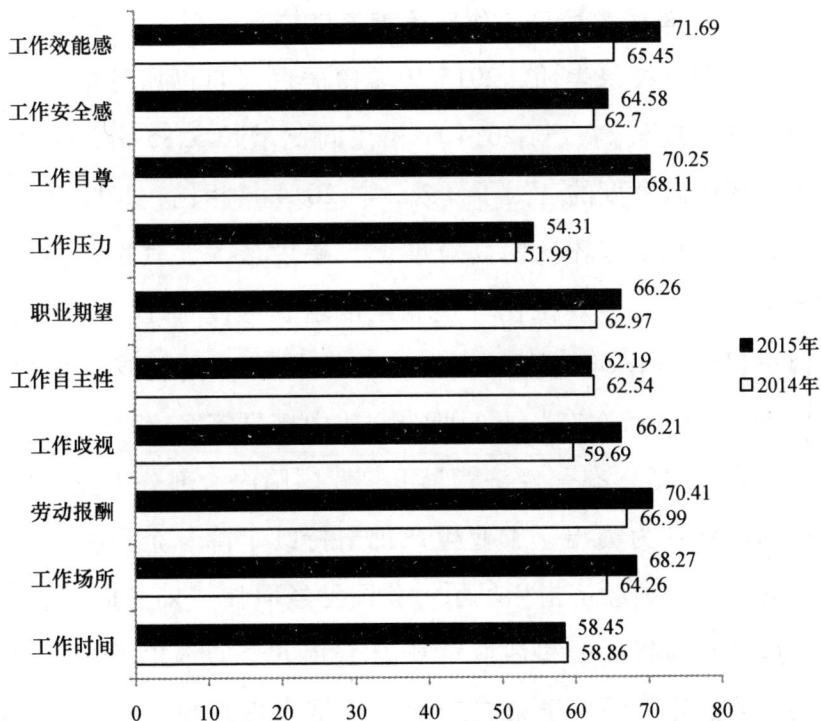

图 5—11　工作环境各个题器上的均值比较（2014—2015）（分）

　　具体对比三因子中的各个题器进行分析，我们发现工作环境满意度调查问卷中大多数题器上的得分均比 2014 年有所增长。若论增长幅度高低，2015 年城镇居民在工作效能感、工作歧视、工作场所题器上的得分增长较快。但与此同时，某些题器得分却相对下滑。例如，2014 年城镇居民工作时间题器上的得分为 58.86 分，2015 年同比下降 0.41 分；2014 年城镇居民工作自主性题器得分为 62.54 分，2015 年同比下降 0.35 分。

（三）讨论

1. 2015 年城镇居民工作环境满意度较高，同比上升 5.85 分

本次调查结果表明，2015 年城镇居民对自己所处的工作环境总体满意度较高，与 2014 年相比同比增长 5.85 分。分别考察工作环境满意度的三因子发现，与 2014 年相比，2015 年城镇居民对其主观工作环境的满意度增长幅度最大，其次是组织工作环境满意度，客观工作环境满意度增长幅度最小。如何解释城镇居民对工作环境满意度评价得以提升，我们或许可以从 2015 年经济"新常态"下的两个变化中探寻答案。

首先，"新常态"经济背景下，我国国内大部分工业领域产能过剩现象较为突出、工业生产价格持续下降、企业生产经营困难重重。各项经济指标显示：我国已经面临"刘易斯"拐点，在人口红利即将消失和环境承载力不断下降的约束下，出现了第三产业的比重领先于第二产业的经济发展现象。在这场规模较大的产业结构升级过程中，劳动密集型产业、高耗能的重化工产业逐渐萎缩，取而代之的是服务业、互联网产业、高端产业，如汽车产业、造船业、高铁等新兴产业。这种产业结构的优化为劳动力市场提供了大量第三产业的岗位空缺，城镇居民有更多机会摆脱工作条件恶劣、工作程序缺乏自主性的各种工作岗位，而选择工作环境更为健康、工作性质更加灵活的工作岗位，实现工作性质的升级。因而，物理工作环境的优化、产业运行制度的灵活很有可能会促进城镇居民工作环境满意度的提升。

其次，"新常态"经济背景下，我国国内经济增长开始从过

去更多地依靠固定资产投资转向寻求企业"内生动力"。"内生动力"一词来源于新经济增长理论中美国经济学家卢卡斯提出的"人力资本溢出"模型和罗默提出的"知识溢出"模型，其核心要义有两个：一是技术创新进步，二是人力资本积累。这一理论对于企业同样适用。从技术创新的角度看，开发新产品、创造新工艺、推广新技术、转化成果，依然是实现一个企业技术创新进步的最佳途径。为此，我国企业正积极有效地建立更加健全的企业管理制度，推行内部机制改革，进而逐步破除阻碍企业员工工作创新的约束，彻底解除捆绑员工创新动力的诸多限制。其次，从人力资本积累的角度看，美国经济学家舒尔茨在 20 个世纪六十年代提出了人力资本理论，后受到西方国家的普遍重视。美国、日本、德国等发达国家无一不是依靠巨大的人力资本投资，创建高水平的教育体系，培养出高素质的人才，为经济发展提供源源不断的动力源泉。而在我国，近年来高等院校扩招、应用型本科学校增加，使我国当前形成了人力资本的高速积累，为人力资本质量的提升创造了条件。因此，一方面，优化企业内部管理制度、解放员工工作约束有利于提高城镇居民对组织工作环境的满意度；另一方面，从文化修养、职业能力上提升人力资本质量，也使得适龄劳动群体有较高的工作智商、情商和逆商去应对工作中的各种问题，进而在工作中获得较为积极的情绪体验。

2. 城镇居民对客观工作环境的评价总体较高，但加班工作现象仍然较为严重

尽管从总体来看，城镇居民对客观工作环境的评价尚可，但是具体剖析各个考察因子发现，城镇居民在工作时间上的满意度却不高，仅为 58.45 分，与 2014 年相比，同比下降了 0.41 分。数据显示，2015 年城镇居民平均每周工作时间为 46.56 小时，较之 2014 年的 49.30 小时，工作时间总体有所减少。但是，加班现象却依然严重，高达 72.0% 的受访者反映，在工作中存在不同程度的加班现象。其中，23.8% 的受访者每周工作时间为 41—48 小时（相当于一周工作六天），21.3% 的受访者每周工作时间为 49—56 小时（相当于一周工作七天）。还有 10.5% 的受访者每周工作时间超过 56 小时，处于超负荷工作的状态。导致加班工作现象严重的原因主要有两个。第一，被迫加班。在目前的职场上，加班似乎已经成为一种常态。不少用人单位把加班视作完成订单、季节性工作任务的主要方式，尤其是一些小型企业在面对接单不容易、时间紧任务重的情况下，加班则成为他们获取利润的主要方式。第二，"利益作祟"。根据中山大学社会科学调查中心发布的《中国劳动力动态调查：2015 年报告》的数据结果，超过 60% 的加班雇员是"自愿加班"，其"自愿加班"的原因是因为雇员获得直接经济回报的劳动报酬过低，单位时间的收入质量不高，所以他们不得不通过加班的方式来提高自己的收入。

3. 城镇居民对中观组织环境的评价整体提升，但较低的工作自主性成为降低组织工作环境满意度的影响因素之一

本次研究从同事支持、领导支持、工作自主性和工作歧视四个方面考察城镇居民对自己所处的组织内部工作环境的评价。结果显示，2015 年城镇居民对其组织工作环境的满意指数为 70.46 分，整体评价与 2014 年相比，增长了 6.13 分。尽管城镇居民对组织工作环境的评价较高，但在工作自主性上的得分却较之 2014 年有所降低。这一结果与企业管理模式的转型不无关系。在当前中国经济进入"三期叠加"的新常态背景下，企业正面临着利润日益收缩、发展壁垒重重的双重挑战，企业一方面要强化自身的业务转型，另一方面要向管理要效益、向管理要利润，以保障企业具有持续的竞争力。精细化管理与高效的流程管控作为有效控制企业运营成本、提升组织管理效率和整体执行力的先进管理理念已被越来越多的企业所采纳。精细化管理是社会分工的精细化，以及服务质量的精细化对现代管理的必然要求，是建立在常规管理的基础上，并深化常规管理的基本思想和管理模式，是一种以最大限度地减少管理所占用的资源和降低管理成本为主要目标的管理方式。在这种管理理念下，管理责任具体化、明确化，每项工作程序化、标准化和数据化，必然会在短时间内全面提高企业管理制度的有效性、提升企业生产效率。但是，如此精准的管理模式也可能会导致工作流程过于循规蹈矩，工作者的能动性和自主性大大降低。

4. 城镇居民对主观心理环境满意度较高，但工作压力问题在职场日渐凸显

为了更加全面地了解城镇居民对工作的主观体验，本年度的调查在主观心理环境维度上增设了组织归属感、组织认同感和工作满意度三个题器以探寻城镇居民对单位组织和整体职业状况的态度。结果显示，2015 年城镇居民在职业归属感上的得分为 68.15 分、组织认同感上的得分为 77.61 分、工作满意度上的得分为 69.42 分。除此之外，在工作压力、工作自尊、工作安全感、工作效能感和职业期望五个方面的得分均优于 2014

年的情况。由此可见，尽管 2015 年中国就业市场形势依然严峻，但是，城镇居民无论是在对工作环境的评价，还是在组织认同上同样表现出积极的态势。

然而，这种积极乐观态势并不能掩盖员工在职场感受到的日益严峻的工作压力问题。横向对比 2015 年城镇居民对工作环境的各项主观体验发现，工作压力上的得分明显低于其他题器，为 54.31 分（分值越低，满意度越低，工作压力越大）。进一步考察发现，这种工作压力在农民工和城镇职工之间（$F = 0.625$，$Sig. = 0.429$）、本地人与外地人之间（$F = 0.308$，$Sig. = 0.579$），甚至在性别和（$F = 0.010$，$Sig. = 0.922$）、年龄（$F = 0.937$，$Sig. = 0.456$）、受教育程度等人口变量（$F = 1.177$，$Sig. = 0.309$）上也不存在差异，却在个人月收入（$F = 4.301$，$Sig. = 0.001$）和家庭月收入（$F = 5.396$，$Sig. = 0.000$）上差异显著。

这一方面表明，城镇居民对自己工作环境是否满意，在很大程度上受到这项工作给其带来多大程度的工作压力的影响。另一方面也反映出，目前城镇居民工作压力问题与其收入低下存在直接关联。工作超负荷、职业发展期望、家庭经济支持、人际纠纷、住房问题等原因所带来的压力，在他们所从事的工作上汇集。于是，工作被赋予除获取劳动回报的目标之外的更多诉求，他们期望在工作中获得更理想的经济收入、积累良好的人脉。这使城镇居民在工作中感受到的压力变得愈来愈大，导致"过劳死"的社会现象屡屡出现。

四　城镇居民工作环境的人口学变量分析与讨论

（一）人口学变量的影响结果分析

在这个部分，我们将通过几个重要的人口学变量（性别、年龄、民族、户口性质、收入水平、受教育程度、工作性质等）来分析城镇居民工作环境满意指数上的差异。

1. 自然特征变量：性别、年龄、婚姻状况、民族、宗教信仰

在对受访者的自然特征的初步分析中（表5—6），我们发现，工作环境满意指数仅在年龄这一变量上存在显著差异（F = 2.443，Sig. = 0.032）。除此之外，在性别（F = 0.070，Sig. = 0.792）、婚姻状况（F = 2.289，Sig. = 0.058）、民族（F = 1.001，Sig. = 0.317）和宗教信仰（F = 1.376，Sig. = 0.241）上均不具有统计学意义上的显著差异。

表5—6　　工作环境满意指数在自然特征变量上的差异性

单位：分、个

自然特征		均值（Mean）	样本数（N）	差异显著性
性别	男性	68.86	1310	F = 0.070，df = 1，Sig. = 0.792
	女性	68.97	1288	
年龄	16—20 岁	65.86	61	F = 2.443，df = 5，Sig. = 0.032
	21—30 岁	68.56	932	
	31—40 岁	68.86	738	
	41—50 岁	69.78	680	
	51—60 岁	68.72	179	
	61 岁以上	69.22	8	

自然特征		均值（Mean）	样本数 （N）	差异显著性
婚姻状况	未婚单身	68.08	504	F = 2.289，df = 4，Sig. = 0.058
	同居	67.95	28	
	已婚	69.30	2005	
	离婚	66.61	35	
	丧偶	66.41	8	
民族	汉族	68.96	2497	F = 1.001，df = 1，Sig. = 0.317
	少数民族	67.93	98	
宗教信仰	信教	69.88	141	F = 1.376，df = 1，Sig. = 0.241
	不信教	68.87	2447	

（1）性别在客观工作环境、组织工作环境两因子上存在显著差异

尽管性别对工作环境的总体满意指数没有显著影响，但是，当我们深入考察其对工作环境满意指数中的客观工作环境、组织工作环境和主观心理环境三因子的影响时发现，城镇居民对客观工作环境、组织工作环境的评价在性别上还存在统计学意义上的显著差异。数据分析的结果显示（图5—12），在主观心理环境因子上，男性与女性的差异性并不显著（F = 0.030，Sig. = 0.864），而在客观工作环境因子上，男性64.98分，小于女性66.52分，且 F = 10.513，Sig. = 0.001。这表明，男性受访者对客观工作环境的满意程度显著低于女性受访者；在组织工作环境因子上的得分情况恰好相反，男性70.93分，大于女性得分（69.99分），且 F = 4.777，Sig. = 0.029。这表明男性受访者对其组织工作环境的评价显著高于女性受访者。

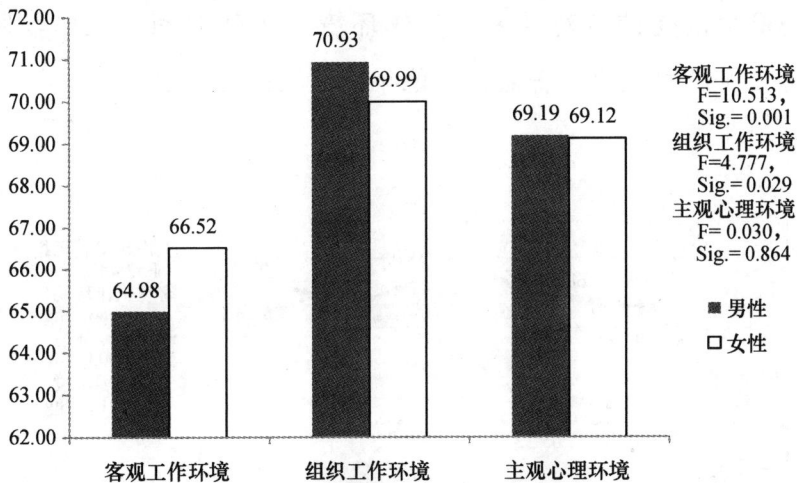

图 5—12　工作环境三因子在性别上的差异性（分）

（2）工作环境满意指数及其因子在年龄上存在不同程度的显著差异

具体考察年龄在工作环境满意指数及其三因子上的相关程度，我们发现，处在不同年龄阶段的城镇居民不仅在工作环境满意指数上存在显著差异（F = 2.443，Sig. = 0.032），而且，在客观工作环境（F = 4.086，Sig. = 0.001）、主观心理环境（F = 3.512，Sig. = 0.004）上也存在显著差异。

如图 5—13 所示，城镇居民对工作环境的满意度随着其年龄的增长呈现出稳步上升的趋势，其中，41—50 岁的受访者对目前自身的工作环境满意度显著高于其他年龄阶段的受访者。在工作环境满意度的三因子中，这一现象同样出现在主观心理环境这一因子上，41—50 岁的受访者在工作满意度、组织认同感、组织归属感等心理体验上显著优于其他群体。此外，不同年龄阶段的受访者对客观工作环境的态度也存在显著差异，

51—60 岁的受访者对其客观工作环境（工作时间、工作场所、劳动报酬）的评价显著低于其他年龄阶段的受访者。

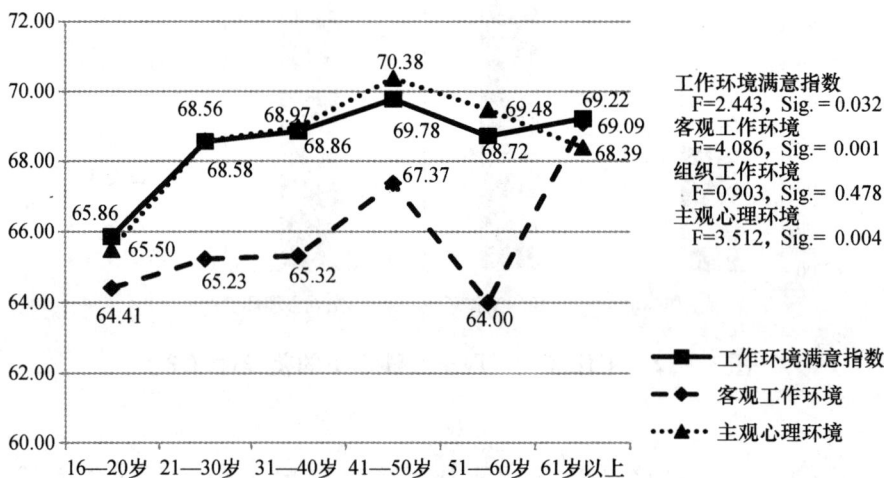

图 5—13　工作环境满意指数及其三因子在年龄上的
均值分布及显著性（分）

（3）婚姻状况在客观工作环境、主观心理环境上存在显著差异

根据 ANOVA 分析（图 5—14），我们发现，处于不同婚姻状况下的城镇居民对其所处的客观工作环境的评价存在统计学意义上的显著差异（F = 3.224，Sig. = 0.012）。具体来说，已婚群体对客观工作环境的评价显著优于其他群体（均值为 66.18分），丧偶群体对客观工作环境的评价最低，得分为 59.17 分。此外，婚姻状况对城镇居民主观心理环境也有一定程度的影响（F = 2.687，Sig. = 0.030）。已婚群体的主观心理体验显著优于其他群体（均值为 69.64 分），而在婚姻上并不理想的群体（如离婚、丧偶）在工作中的主观感受明显较差（均值分别为

67.65 分、67.41 分)。

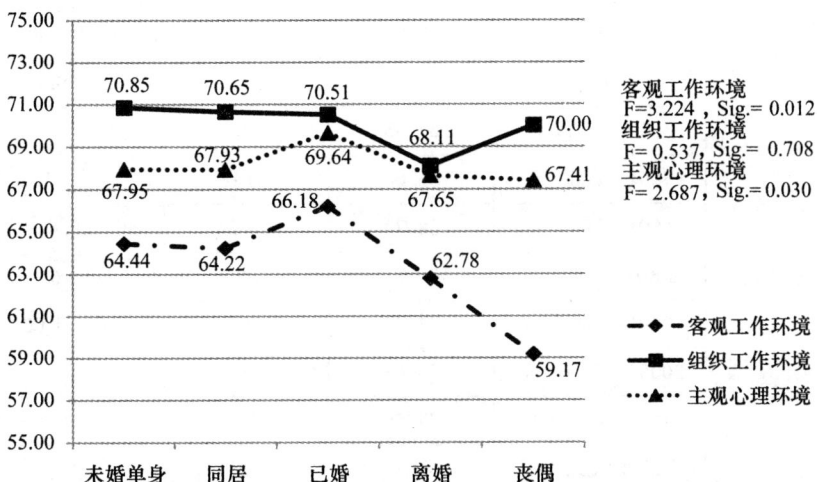

图 5—14　工作环境三因子在婚姻状况上的均值分布及显著性（分）

2. 社会特征变量：户口类型、收入水平、受教育程度

在对受访者的一些社会特征变量（包括户口类型、户口所在地、家庭月收入、个人月收入、受教育程度）进行分析发现（表5—7），受访者的工作环境满意指数在家庭月收入（$F = 14.894$，$Sig. = 0.000$）、个人月收入（$F = 7.946$，$Sig. = 0.000$）、受教育程度（$F = 9.417$，$Sig. = 0.000$）上呈现出显著差异。

表 5—7　　工作环境满意指数在社会特征变量上的差异性

单位：分、个

社会特征		均值（Mean）	样本数（N）	差异显著性
户口类型	农业户口	68.85	499	$F = 0.034$，$df = 1$，
	非农业户口	68.94	2092	$Sig. = 0.855$

社会特征		均值（Mean）	样本数（N）	差异显著性
户口所在地	本市县	68.98	2264	F = 0.574，df = 1，
	外市县	68.53	318	Sig. = 0.449
家庭月收入	3000 元及以下	67.83	136	
	3001—6000 元	66.68	761	
	6001—8000 元	68.73	517	F = 19.419，
	8001—10000 元	70.81	399	df = 6，
	10001—20000 元	72.09	388	Sig. = 0.000
	20001—30000 元	70.63	40	
	30001 元及以上	79.50	15	
个人月收入（包括各种收入）	2000 元以下	68.77	223	
	2001—4000 元	67.94	1346	F = 7.946，
	4001—6000 元	70.14	730	df = 5，
	6001—8000 元	69.76	147	Sig. = 0.000
	8001—10000 元	71.33	74	
	10001 元以上	73.55	43	
受教育水平	没有受过任何教育	84.38	2	
	小学	65.38	26	
	初中	67.43	272	
	高中	67.07	618	F = 9.417，
	中专、技校	68.39	273	df = 8，
	大学专科	69.28	776	Sig. = 0.000
	大学本科	71.19	587	
	研究生及以上	72.64	35	

（1）户口类型在组织工作环境因子上存在显著差异

尽管不同户口类型的城镇居民在工作环境满意指数上不存

在显著差异。具体考察工作环境内部三因子发现（图 5—15），受访者的客观工作环境（F = 0.305，Sig. = 0.581）、主观心理环境（F = 0.905，Sig. = 0.341）在户口类型上也不存在显著差异。但是，在组织工作环境这一因子上，农村户口受访者的得分（均值为 71.83 分）显著高于非农村户口受访者（均值为 70.15 分，F = 9.400，Sig. = 0.000）。

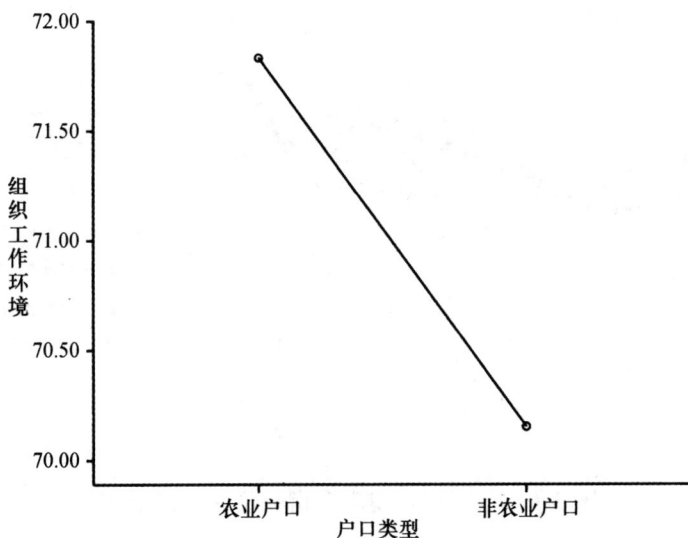

图 5—15 组织工作环境因子在户口类型上的均值分布（分）

（2）工作环境满意指数及其三因子在家庭月收入上存在显著差异

随着家庭月收入的增加，城镇居民的工作环境满意指数均呈现稳步增长的趋势（F = 19.419，Sig. = 0.000）。具体分层考察家庭月收入时，我们发现（图 5—16），家庭月收入在 3000—20000 元的受访者在工作环境满意指数上匀速增长的趋势，在 20001—30000 元的组别上出现下滑，随后依旧呈现波动增长的趋势。上述波动上升趋势也在客观工作环境、组织工作环境和主观心理环境因子上均有呈现，即，家庭月收入为2万元以下的受访者在三因子上呈现匀速上升、家庭月收入在2万元以上的受访者在主观心理环境上呈现波动上升趋势，差异显著。

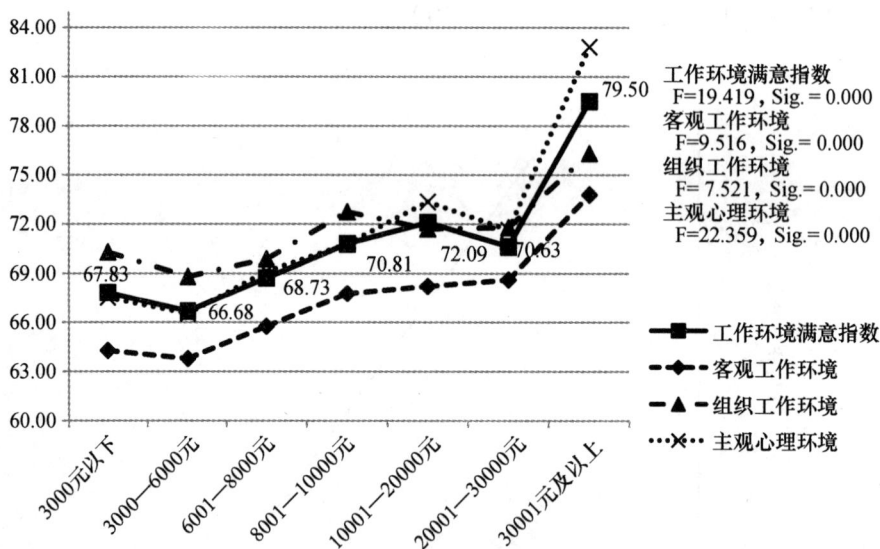

图5—16　工作环境满意指数及其三因子在
家庭月收入上的差异分析（分）

（3）工作环境满意指数及其三因子在个人月收入上存在显著差异

从个人月收入考察发现（图5—17），随着个人月收入的不断增加，城镇居民的工作环境满意指数呈现出显著的波动上升趋势（F=7.946，Sig.=0.000）。具体分析其三因子发现，受访者在客观工作环境（F=2.925，Sig.=0.012）、组织工作环境（F=4.338，Sig.=0.001）和主观心理环境（F=11.033，

Sig. = 0.000）上的得分均呈现出显著的匀速上升趋势。值得注意的是，在工作环境满意指数及其三因子的波动上升的过程中，个人月收入在6001—8000元的组别上，曲线跌入明显的低谷。这表明，随着个人月收入的增长，城镇居民工作环境满意指数波动上升；但当当城镇居民的个人月收入达到一定数值时，该指数的上升速度有所减弱。

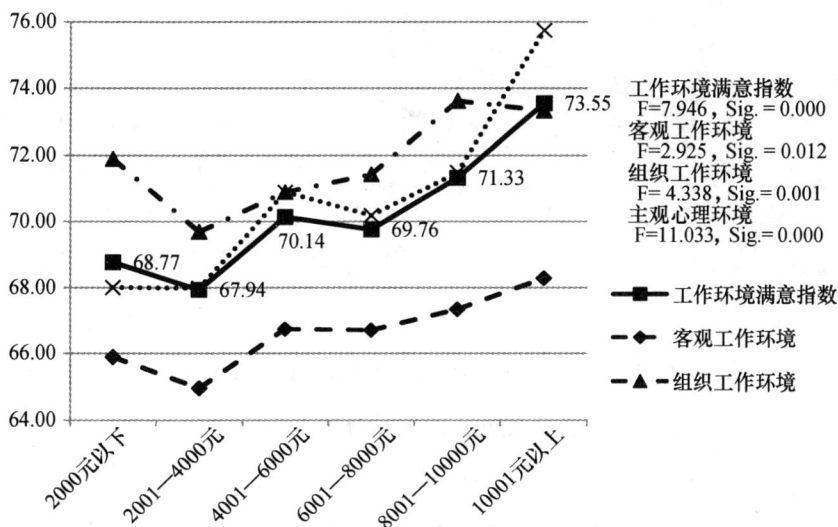

图5—17　工作环境满意指数及其三因子在
个人月收入上的差异分析（分）

（4）工作环境满意指数在受教育程度上存在显著差异

具体分析拥有不同教育背景的受访者在工作环境满意指数上的得分发现（图5—18），随着受访者受教育水平的提高，其工作环境满意指数呈现出显著增加的趋势（F = 9.417，Sig. = 0.000）。分别考察工作环境满意指数的三个因子（客观工作环境、组织工作环境和主观心理环境）发现，三个因子也同样在受教育程度上呈现出显著上升的趋势。

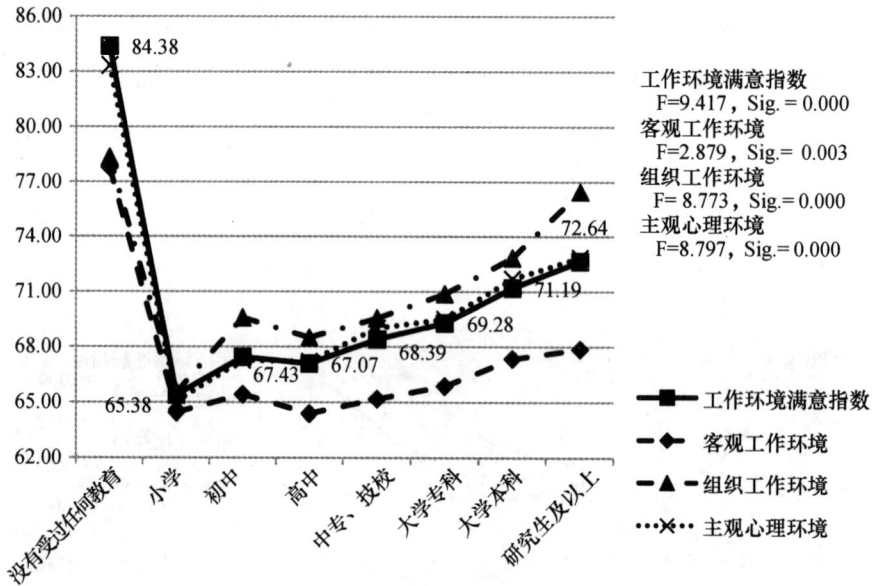

图5—18 工作环境满意指数及其三因子在
受教育程度上的差异分析（分）

3. 工作特征变量：单位类型、职位、社会保障机制

对受访者的工作属性进行分析发现，受访者的工作环境满意指数在单位类型（F = 21.925，Sig. = 0.000）、单位性质（F = 9.935，Sig. = 0.000）、不同职位（F = 16.832，Sig. = 0.000）方面呈现显著差异。此外，在社会保障福利上也存在显著差异（表5—8）。

表 5—8　工作环境满意指数在工作特征变量上的差异性

单位：分、个

工作特征		均值（Mean）	样本数（N）	差异显著性
单位类型	党政机关及其派出机构	74.13	40	F = 21.925, df = 5, Sig. = 0.000
	事业单位	70.65	492	
	居委会/村委会	67.61	103	
	社会团体	79.06	45	
	个体工商户/自营职业者	68.19	1918	
	企业	62.05	1749	
单位性质	国有	70.43	631	F = 9.935, df = 5, Sig. = 0.000
	集体所有	71.22	202	
	私有/民营	67.89	1556	
	港澳台资	69.23	13	
	外资所有	72.31	52	
	中外合资/中外合作	68.36	124	
职位	领导	76.29	34	F = 23.098, df = 2, Sig. = 0.000
	中层管理人员	71.14	388	
	普通职工	68.34	2136	
社会保障	养老保险　有	69.34	2060	F = 19.685, df = 1, Sig. = 0.000
	养老保险　没有	67.19	520	
	医疗保险　有	69.18	2231	F = 11.105, df = 1, Sig. = 0.000
	医疗保险　没有	67.31	360	
	失业保险　有	69.61	1535	F = 17.469, df = 1, Sig. = 0.000
	失业保险　没有	67.93	1006	
	住房公积金　有	70.01	1234	F = 28.763, df = 1, Sig. = 0.000
	住房公积金　没有	67.91	1314	

（1）不同单位类型中的城镇居民在工作环境满意指数及其三因子上有显著差异

当我们对不同单位的城镇居民进行工作环境满意指数比较时，我们发现（图5—19），工作单位是党政机关及其派出机构、事业单位、居委会/村委会的受访者在工作环境满意指数上的均值都大于70.00分，显著高于其他受访者。具体考察工作环境满意指数的三因子，我们还发现，在客观工作环境因子上，在居委会/村委会工作的受访者均值达75.20分，显著高于其他受访者；在企业工作的受访者（客观工作环境评价分数为64.94分）和在社会团体工作的受访者（客观工作环境评价分数为66.43分），其得分明显低于其他受访者。在组织工作环境因子上，在党政机关及其派出机构、事业单位、居委会/村委会工作的受访者均值超过72.00分，显著高于其他受访者；但在企业工作的受访者的客观组织环境指数仅为69.69分，显著低于其他受访者。在主观心理环境因子上，党政机关及其派出机构、事业单位、居委会/村委会的受访者的主观心理环境均值显著优于其他受访者（在该因子上的得分分别是75.00分、70.94分、78.84分），而身处企业或社会团体的受访者的主观心理环境较低，仅为68.45分和67.19分。

上述这些数据可以从一个角度说明，单位体制对城镇居民在工作环境的主观感受会产生显著影响。

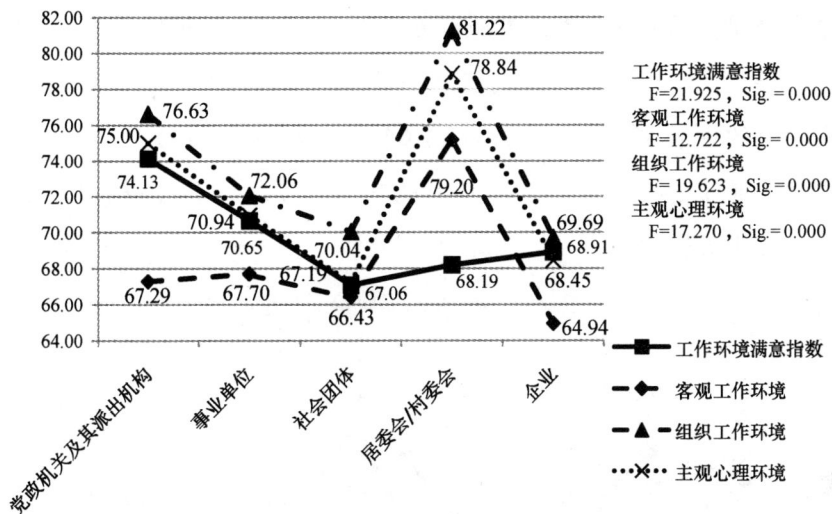

图5—19　工作环境满意指数及其三因子
在单位类型上的差异分析（分）

（2）城镇居民的工作环境满意指数及其三因子在单位性质
上存在显著差异

通过 ANOVA 分析结果，我们发现身处不同单位性质中的城
镇居民对其工作环境的态度存在显著差异。由图 5—20 可知，
在外资所有企业中的受访者对其工作环境的满意度最高，均值
高达 72.31 分；而在私有制或民营单位工作的受访者，其满意
度最低，均值仅为 67.89 分。

具体考察工作环境满意指数下的三个因子（图 5—20），我
们发现，客观工作环境、组织工作环境和主观心理环境三个因
子在单位性质上均存在显著差异，并且在外资所有企业工作的
受访者对其客观工作环境、组织工作环境和主观心理环境得分
均显著高于在其他单位工作的群体（在外资所有企业工作的受
访者在客观工作环境、组织工作环境和主观心理环境上的得分

均值分别为 71.31 分、72.78 分、72.26 分)。此外,在中外合资/中外合作企业中工作的受访者对其客观工作环境和组织工作环境上的评价最低 (得分仅为 64.24 分、68.71 分);在私有/民营企业工作的受访者对工作的主观心理环境的满意度最低,得分仅为 67.99 分。

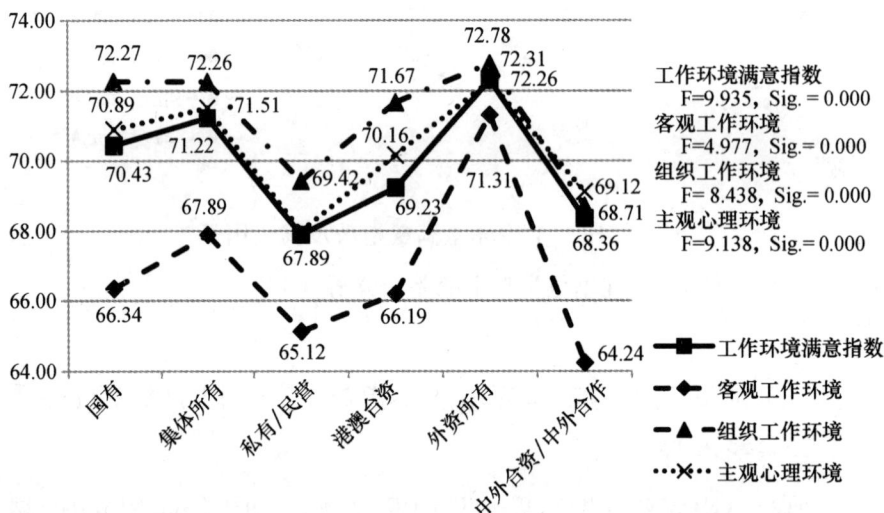

图5—20 工作环境满意指数及其三因子在单位性质上的差异分析 (分)

(3) 职位高低对工作环境满意指数及其三因子存在显著影响

考察受访者在职位高低上的差异时发现 (图5—21),领导和中层管理人员的工作环境满意指数显著高于普通职工的工作环境满意指数。在工作环境满意指数的三个因子上,这种显著差异依然存在。

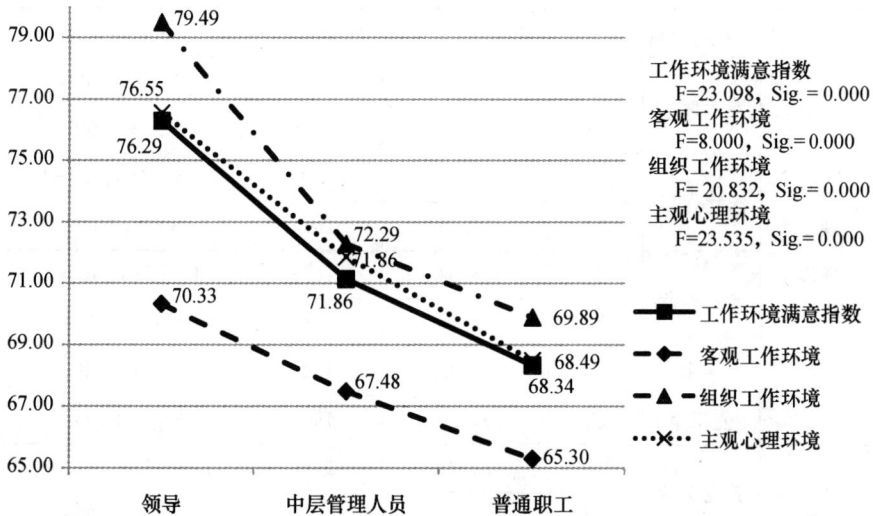

**图 5—21　工作环境满意指数及其三因子
在工作职位上的差异分析（分）**

（4）城镇居民的工作环境满意指数及其三因子在社会福利
保障上存在显著差异

从表 5—9 可知，分别享有养老保险、医疗保险、失业保险
和住房公积金的受访者的工作环境满意指数都高于无法享有这
些社会保障的受访者。具体考察社会福利保障对工作环境三因
子的影响发现，除了失业保险对城镇居民客观工作环境评价不
存在统计学上的显著差异（F = 0. 318，Sig. = 0. 573）之外，其
他类型的社会福利保障均对城镇居民客观工作环境、组织工作
环境和主观心理环境评价存在显著差异。

表5—9   工作环境三因子在工作职位上的差异性 单位：分、个

工作职位特征			均值（Mean）	样本数（N）	差异显著性
客观工作环境	养老保险	有	66.21	2216	F = 16.675，df = 1，Sig. = 0.000
		没有	63.78	555	
	医疗保险	有	66.08	2393	F = 11.455，df = 1，Sig. = 0.001
		没有	63.75	388	
	失业保险	有	65.84	1638	F = .318，df = 1 Sig. = 0.573
		没有	65.57	1084	
	住房公积金	有	66.26	1320	F = 3.955，df = 1，Sig. = 0.047
		没有	65.29	1409	
组织工作环境	养老保险	有	70.73	2180	F = 6.836，df = 1，Sig. = 0.009
		没有	69.32	548	
	医疗保险	有	70.33	2358	F = 17.566，df = 1，Sig. = 0.000
		没有	68.22	382	
	失业保险	有	71.16	1617	F = 11.560，df = 1，Sig. = 0.001
		没有	69.64	1067	
	住房公积金	有	71.13	1301	F = 7.922，df = 1，Sig. = 0.005
		没有	69.90	1389	
主观心理环境	养老保险	有	69.62	2111	F = 17.586，df = 1，Sig. = 0.000
		没有	67.31	532	
	医疗保险	有	69.35	2285	F = 4.769，df = 1，Sig. = 0.029
		没有	67.96	369	
	失业保险	有	69.97	1576	F = 20.200，df = 1，Sig. = 0.000
		没有	67.93	1027	
	住房公积金	有	70.63	1261	F = 41.462，df = 1，Sig. = 0.000
		没有	67.79	1346	

（二）工作环境满意指数在人口学变量上影响因素的历年比较分析

1. 工作环境满意指数在自然特征变量上影响因素的历年比较

表 5—10 工作环境满意指数在自然特征变量上影响的历年比较

变量	年度	差异显著性		
		F 值	df 值	Sig. 值
性别	2014 年	0.165	1	0.685
	2015 年	0.070	1	0.792
年龄	2014 年	3.357	5	0.005
	2015 年	2.443	5	0.032
婚姻状况	2014 年	1.198	5	0.307
	2015 年	2.289	4	0.058
民族	2014 年	0.028	1	0.868
	2015 年	1.001	1	0.317
宗教信仰	2014 年	0.024	1	0.878
	2015 年	1.376	1	0.241

对比 2014 年、2015 年城镇居民工作环境满意指数及其三因子在性别、年龄、婚姻状况、民族和宗教信仰五个自然特征变量上的差异，我们发现，总体而言，两个年度调查里的城镇居民工作环境满意指数在自然特征变量上表现出相似的差异性。具体而言，两年度的工作环境满意指数在性别、婚姻状况、民族和宗教信仰上均不存在统计意义上的显著差异（表 5—10）。但在图 5—22 中我们发现，尽管 2015 年与 2014 年，城镇居民在

年龄变量上均存在不同程度的显著差异（即城镇居民随着年龄的增长对其工作环境的满意度呈波动上升趋势），但是，从整体来看，2015年各个年龄阶段的城镇居民对其工作环境的整体满意度都有所提升，且在2014年趋势线中的31—40岁这个阶段出现的满意度低谷，在2015年的调查结果中有所回升。

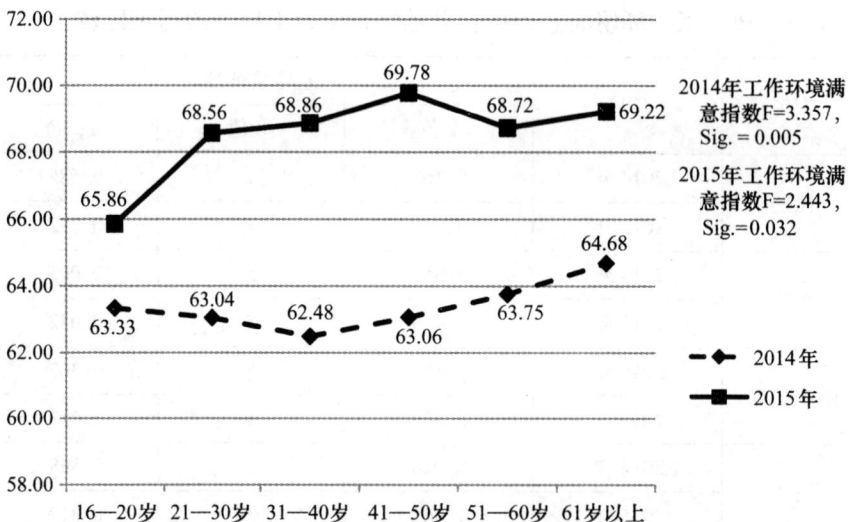

图5—22　工作环境满意指数在年龄上差异的
历年比较（2014—2015）（分）

对客观工作环境、组织工作环境和主观心理环境三因子进行考察，我们发现，2015年自然特征变量对这三个因子的影响与2014年大致相同，但有三点变化值得我们注意。第一，在性别变量上，2014年和2015年男女城镇居民的主观心理体验均不存在显著差异；但2014年和2015年，女性城镇居民对客观工作环境的评价均显著高于男性，而男性城镇居民对组织工作环境的评价也均显著高于女性。

　　第二，随着年龄的增长，2015 年受访者对客观工作环境的评价（F = 4.086，Sig. = 0.001）和对工作的主观心理环境的评价（F = 3.512，Sig. = 0.004）上均存在显著差异，而对组织工作环境的评价（F = 0.903，Sig. = 0.478）上的差异却不显著。这与 2014 年的情况不完全一致。2014 年受访者仅在客观工作环境的评价上存在显著的年龄差异（F = 9.976，Sig. = 0.000），而在对组织工作环境评价（F = 0.692，Sig. = 0.629）和主观心理环境评价（F = 1.723，Sig. = 0.126）上均不存在显著差异。进一步考察这两年里城镇居民对客观工作环境的评价在年龄上的差异是否一致，我们发现，2014 年城镇居民对客观工作环境的评价随着年龄的增长呈 U 字形变化，在 31—40 岁这个年龄阶段，其评价出现最低点，而 2015 年城镇居民对客观工作环境的评价随着年龄的增长呈波动上升趋势，其评价却在 51—60 岁这个年龄阶段出现最低点（图 5—23）。

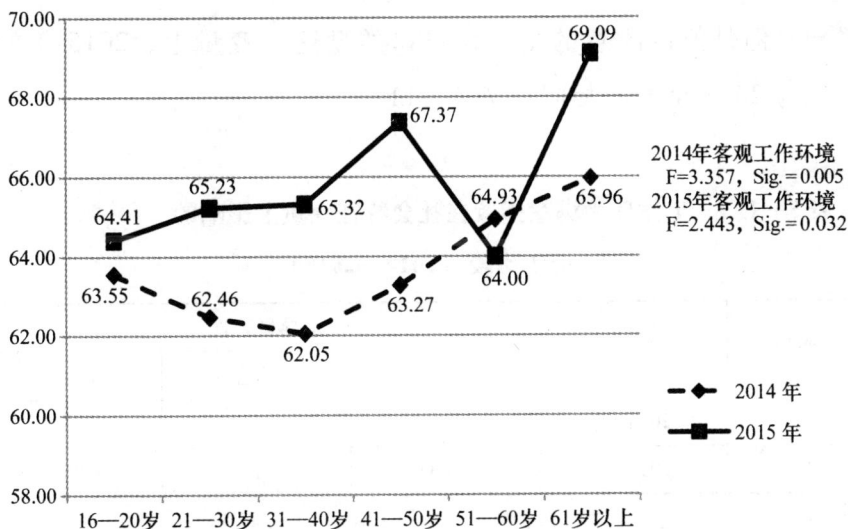

图 5—23　客观工作环境评价在年龄上差异的历年比较（2014—2015 年）（分）

第三，在婚姻状况变量上，2014 年数据显示，不同婚姻状况对城镇居民的客观工作环境（F = 1.064，Sig. = 0.378）、组织工作环境（F = 0.195，Sig. = 0.964）和主观心理环境（F = 1.611，Sig. = 0.153）三因子不存在显著差异。然而，2015 年数据显示，不同婚姻状态下的城镇居民在客观工作环境（F = 3.224，Sig. = 0.012）和主观心理环境（F = 2.687，Sig. = 0.030）二因子上却存在显著差异，已婚群体对客观工作环境的评价和对工作的主观心理环境上的得分均显著高于其他群体。

2. 工作环境满意指数在社会特征变量上影响的历年比较

对比 2014 年和 2015 年城镇居民工作环境满意指数及其三因子在户口、收入、受教育水平等社会特征变量上的差异，我们发现，总体而言，2015 年城镇居民工作环境满意指数在社会特征变量上的差异显著情况与 2014 年的基本情况大体相同：工作环境满意指数在家庭月收入、个人月收入和受教育水平上均存在统计意义上的显著差异，而在户口所在地上却不存在显著差异。但是值得注意的是，在户口类型这一变量上，2015 年的情况与 2014 年大不相同（表 5—11）。

表 5—11　　工作环境满意指数在社会特征变量上影响的
历年比较（2014—2015）

变量	年度	差异显著性		
		F 值	df 值	Sig. 值
户口类型	2014 年	4.128	1	0.042
	2015 年	0.034	1	0.855

变量	年度	差异显著性		
		F 值	df 值	Sig. 值
户口 所在地	2014 年	0.055	1	0.815
	2015 年	0.574	1	0.449
家庭 月收入	2014 年	4.160	6	0.000
	2015 年	19.419	6	0.000
个人 月收入	2014 年	10.706	6	0.000
	2015 年	7.946	5	0.000
受教育 水平	2014 年	12.665	8	0.000
	2015 年	9.417	8	0.000

对工作环境满意指数及客观工作环境、组织工作环境和主观心理环境三因子进行考察，我们发现，2015 年社会特征变量对这三个因子的影响与 2014 年大致相同，但有几处变化值得我们注意：第一，在户口类型上，2014 年拥有非农业户口的城镇居民（均值为 63.22 分）的工作环境满意度明显高于拥有农业户口的城镇居民（均值为 62.65 分）。然而，2015 年数据显示，拥有农业户口的城镇居民与拥有非农户口的城镇居民在工作环境满意指数上已不存在显著差异（F = 0.034，Sig. = 0.855）。具体分析工作环境三个因子之间的关联时，我们发现，2014 年数据显示，拥有非农户口的城镇居民对客观工作环境的评价显著高于拥有农业户口的城镇居民（F = 14.710，Sig. = 0.000），然而，2015 年的数据却表明不同户口的城镇居民对客观工作环境的评价已不存在显著差异（F = 0.305，Sig. = 0.581），相反却在对组织工作环境的评价上出现了显著差异（F = 9.400，Sig. = 0.000），拥有农业户口受访者的得分显著高于拥有非农户

口受访者。第二，随着家庭月收入的增加，2014 年与 2015 年城镇居民的工作环境满意度呈现显著上升的趋势。但是，由图 5—24 所示，2014 年数据趋势显示，当家庭月收入达到 30000 元时，城镇居民的工作环境满意度会出现下降的态势；然而，2015 年的情况则不同，这种"溢出"现象消失了，取而代之的是，随着家庭月收入的增加，城镇居民的工作环境满意度稳步上升。并且，这种变化同样存在于客观工作环境、组织工作环境和主观心理环境三因子中。

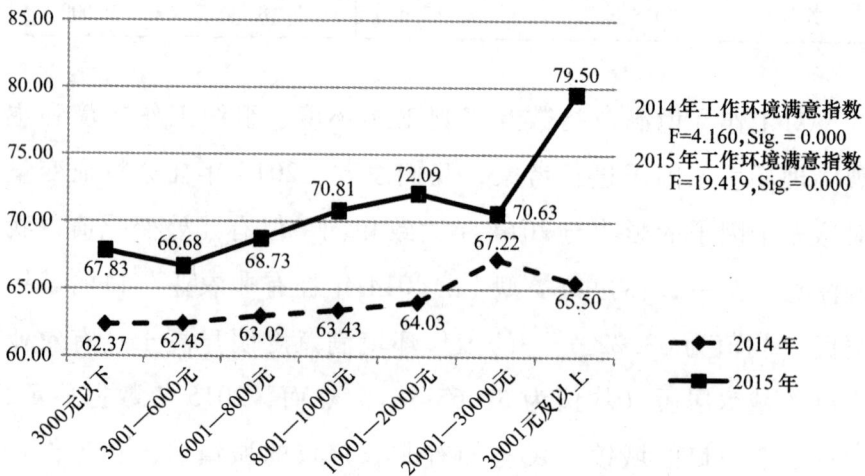

图 5—24　工作环境满意指数在家庭月收入上差异的
历年比较（2014—2015）（分）

3. 工作环境满意指数在工作特征变量上影响的历年比较

对比 2014 年和 2015 年城镇居民工作环境满意指数及其三因子在单位类型、单位性质、工作职位和社会福利保障四个工作特征变量上的差异，我们发现，总体而言，2015 年城镇居民工作环境满意指数在社会特征变量上的差异显著情况与 2014 年完全相同：工作环境满意指数在单位类型、单位性质、工作职位和社会福利保障上均存在统计意义上的显著差异（表5—12）。

表5—12　工作环境满意指数在工作特征变量上影响的
历年比较（2014—2015）

变量		年度	差异显著性		
			F 值	df 值	Sig. 值
单位类型		2014 年	11.110	7	0.000
		2015 年	21.925	5	0.000
单位性质		2014 年	24.138	5	0.000
		2015 年	9.935	5	0.000
工作职位		2014 年	57.745	2	0.000
		2015 年	23.098	2	0.000
社会福利保障	养老保险	2014 年	15.200	1	0.000
		2015 年	19.685	1	0.000
	医疗保险	2014 年	13.049	1	0.000
		2015 年	11.105	1	0.000
	失业保险	2014 年	0.302	1	0.583
		2015 年	17.469	1	0.000
	住房公积金	2014 年	9.278	1	0.002
		2015 年	28.763	1	0.000

对客观工作环境、组织工作环境和主观心理环境三因子进行考察，我们发现有几处变化值得我们注意：第一，在单位类型变量上的差异比较中我们发现，党政机关及其派出机构、事业单位、居委会/村委会这类国家公职人员在 2014 年和 2015

年的工作环境满意指数均较高。但是，对比在企业工作的城镇
居民的工作环境满意度，我们发现2015年满意指数有较大增
长，且显著高于在社会团体工作的城镇居民；而在社会团体工
作的城镇居民的满意指数却在2015年跌落至最后一位（图5—
25）。

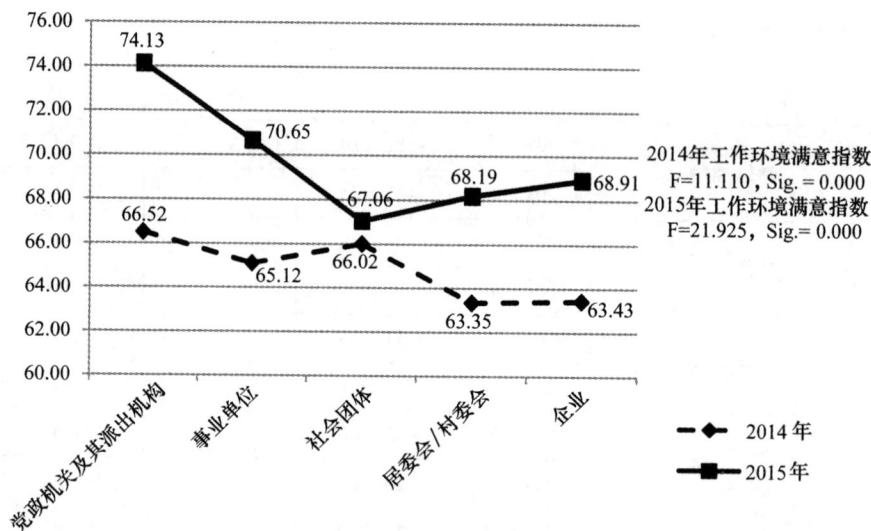

图5—25　工作环境满意指数在单位类型上
差异的历年比较（2014—2015）（分）

第二，对比2014年和2015年工作环境满意指数在单位性
质上的差异变化（图5—26），我们发现，2014年在港澳台资企
业供职的城镇居民对其工作环境满意度显著低于其他单位员工。
而今年，该情况有了明显改观，与此同时，今年工作环境满意
指数的最低点则出现在私有/民营企业中。其次，2014年，国有
企业工作的城镇居民对其工作环境满意度显著高于其他单位员
工，而2015年外资企业员工的工作环境满意度最高、国有企业

员工下降至第三位。

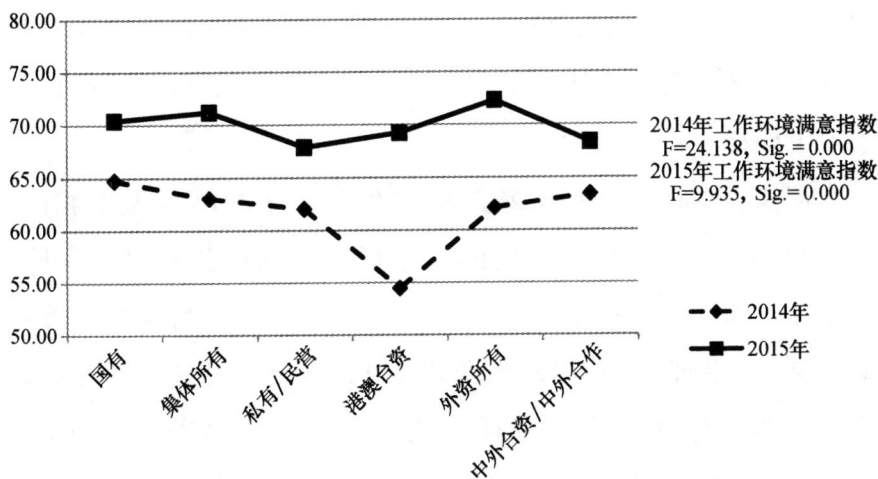

2014年工作环境满意指数
F=24.138, Sig.=0.000
2015年工作环境满意指数
F=9.935, Sig.=0.000

图5—26 工作环境满意指数在单位性质上
差异的历年比较（2014—2015）（分）

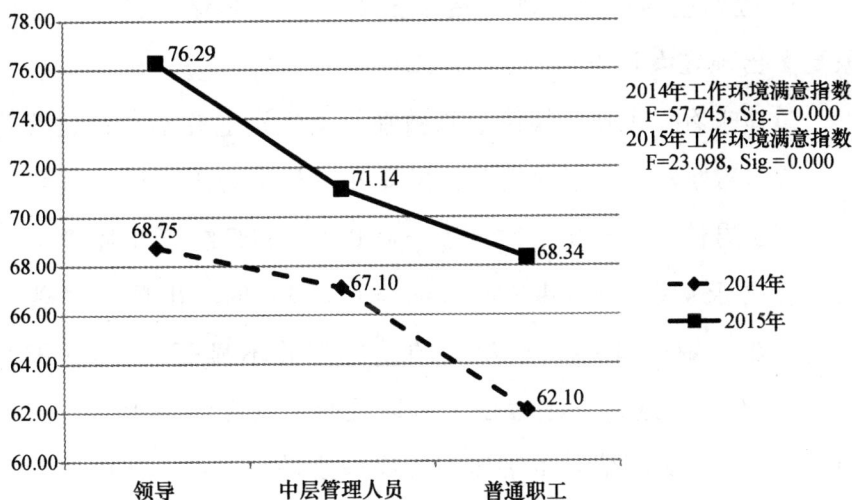

2014年工作环境满意指数
F=57.745, Sig.=0.000
2015年工作环境满意指数
F=23.098, Sig.=0.000

图5—27 工作环境满意指数在工作职位上
差异的历年比较（2014—2015）（分）

第三，对比 2014 年和 2015 年城镇居民的工作环境满意指数在职位上的差异（图5—27），发现整体情况基本相同：城镇居民的工作职位越高，其对工作环境的满意程度越高。这种趋势在其对客观工作环境、组织工作环境和主观工作环境的评价态度上同样存在。

第四，在社会福利保障方面，2015 年与 2014 年基本相同，如表5—12 所示，城镇居民的工作环境满意指数在养老保险、医疗保险和住房公积金三个社会福利保障项目上均存在显著差异。唯一不同的是，2015 年数据表明，城镇居民是否拥有失业保险与其工作环境满意度存在统计意义上的显著关联（F = 20.000，Sig. = 0.000）。

（三）讨论

1. 性别差异：加班现象更多出现在男性群体，工作歧视现象更多出现在女性群体

总体来看，工作环境满意指数在男女性别上并不存在显著差异，具体考察三个因子时发现，男女在评价客观工作环境（女性显著高于男性，F = 10.513，Sig. = 0.001）和组织工作环境（男性显著高于女性，F = 4.777，Sig. = 0.029）时，出现了显著差异，而在主观心理环境指数上的差异却并不显著（F = 0.030，Sig. = 0.864）。这在一定程度上可以反映男女在评价工作中的不同取向。女性更多地看重工作中的物理条件，如：工作场地的面积是否足够大，配套设施是否齐全，自然条件是否舒适，等等。而男性则不同，他们更在乎工作任务本身、组织内部管理环境是否能够体现其自身价值，能否满足其经济需求、个人发展和成就感，等等。

首先，考察客观工作环境的三个题器（工作时间、劳动报酬和工作场所）在性别上的差异发现（见表5—13），男性与女性在工作场所、劳动报酬两个题器上并不存在显著差异，但是，二者在工作时间（F = 10.437，Sig. = 0.001）上却差异显著。依据工作时间的题器"我经常加班工作"上的均值分布可知，男性得分显著低于女性。这表明，加班现象更多地出现在男性群体。分析原因，我们认为，尽管社会发展进程不断加快，但它却不是影响社会分工发生变化的唯一因素，社会文化的稳固与社会发展的变化之间存在的张力有可能落脚到每一个家庭、每一对夫妻，甚至每一个个体。"男主外、女主内"的传统分工模式依然在当今中国家庭中占据主导位置，男性是家庭经济收入的主要来源，这导致男性的工作内驱力更大。与此同时，男性普遍在身体素质、体力精力上优于女性，为男性在职场上承担工作时间更长、劳动强度更大的加班任务提供了诸多条件。

表5—13　　客观工作环境三个题器的性别差异显著性

单位：分、个

		均值（Mean）	样本数（N）	差异显著性
工作场所	男	69.90	1433	F = 2.175，df = 1，
	女	70.95	1396	Sig. = 0.140
劳动报酬	男	67.78	1431	F = 1.592，df = 1，
	女	68.76	1397	Sig. = 0.207
工作时间	男	57.20	1429	F = 10.437，df = 1，
	女	59.74	1387	Sig. = 0.001

　　其次，考察组织工作环境的四个题器（工作自主性、工作歧视、同事支持和领导支持）在性别上的差异时发现（表5—14），男性与女性在工作自主性、同事支持和领导支持三个题器上并不存在显著差异，但是，二者在工作歧视（F = 7.810，Sig. = 0.005）上却差异显著。依据工作歧视的题器"在工作中有时会遇到性别和年龄歧视"上的均值分布可知，男性得分显著高于女性。也就是说，相对于男性而言，女性在工作中更容易遭受到性别和年龄歧视。尽管《中华人民共和国劳动法》明确规定"劳动者享有平等就业和选择职业的权利，劳动者就业不因民族、性别不同而受歧视"，但劳动力市场中心照不宣的"重男轻女"用工选择可能正是企业追求利润最大化的经济理性起作用的必然结果。企业出于对成本与收益的考虑，优先选择素质较高、价格较低的劳动力，而男性在体力、执行力、职业生涯的规划，甚至社会分工方面都占有明显的优势。

表5—14　组织工作环境四个题器的性别差异显著性　　　单位：分、个

		均值（Mean）	样本数（N）	差异显著性
工作自主性	男	62.47	1419	F = 0.392，df = 1，
	女	61.92	1393	Sig. = 0.531
工作歧视	男	67.39	1412	F = 7.810，df = 1，
	女	64.99	1386	Sig. = 0.005
同事支持	男	78.39	1437	F = 1.606，df = 1，
	女	77.69	1403	Sig. = 0.205
领导支持	男	75.34	1435	F = .562，df = 1，
	女	74.82	1385	Sig. = 0.454

2. 年龄差异：城镇居民对工作环境的满意度随年龄的增长呈波动上升趋势

在 2014 年《城镇居民工作环境报告》中，我们发现，随着年龄的增长，城镇居民对工作环境的满意度逐渐上升，但在 31—40 岁这个年龄阶段出现了满意度的最低点。这一现象在 2015 年有所改善，各个年龄阶段的工作环境满意指数差距不大，总体呈波动上升趋势。

具体考察工作环境满意指数的三因子，我们发现城镇居民对客观工作环境的评价（F = 4.086，Sig. = 0.001）和对工作的主观心理环境的评价（F = 3.512，Sig. = 0.004）在年龄这一变量上存在显著差异。深入探究，我们有如下发现。第一，在客观工作环境因子上，不同年龄阶段的城镇居民对劳动报酬（F = 5.173，Sig. = 0.000）和工作场所（F = 4.178，Sig. = 0.001）的评价存在显著差异。这种差异表现在：首先，随着年龄的递增，城镇居民对劳动报酬的满意度缓步提升，但在 51—60 岁这个年龄阶段的城镇居民对其劳动报酬的满意度最低；其次，城镇居民对工作场所的满意度也随着年龄的增加逐渐攀升，退休后返聘工作的群体对此满意度最高（图 5—28）。第二，在主观心理环境因子上，不同年龄阶段的城镇居民的工作自尊（F = 2.733，Sig. = 0.018）、工作安全感（F = 6.457，Sig. = 0.000）、职业期望（F = 3.506，Sig. = 0.004）、组织归属感（F = 2.999，Sig. = 0.011）、工作满意度（F = 4.241，Sig. = 0.001）和组织认同感（F = 2.428，Sig. = 0.033）在年龄上存在显著差异，并且同样都呈现出随年龄增加而波动上升的态势。

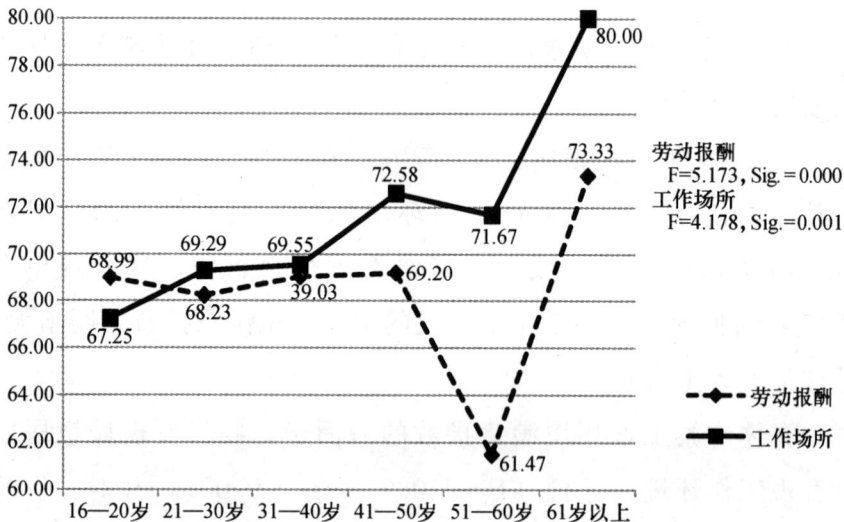

图5—28　劳动报酬和工作场所评价在年龄上的差异性（分）

3. 户口差异："城镇化"进程带动持农业户口的群体与城镇居民在工作环境满意度上已无显著差异，但工作自主性的缺失、年龄与性别歧视却显著出现在城镇居民群体

在 2014 年的调查中，我们发现农民工与城镇居民在工作环境的满意度上存在显著差异（$F = 4.128$，Sig. $= 0.042$）。但是自 2014 年以来，为加快农民市民化进程的户籍改革已基本完成，且从就业、创业、劳动保障、享有基本公共服务和社会融合等几方面对农民工市民化的目标进行了的详细的配套规划，其改革成效在 2015 年的数据中有所显现：持农业户口和非农户口的城镇居民在工作环境满意度上已无显著差异（$F = 0.034$，Sig. $= 0.855$）。

此外，将 2014 年与 2015 年工作环境三因子的数据进行比对，结果显示，2015 年持不同户口的城镇居民对客观工作环境的评价已无显著差异（F = 0.305，Sig. = 0.581），但在对组织工作环境的评价上却存在显著差异（F = 9.400，Sig. = 0.000），农业户口受访者的得分显著高于非农户口受访者，这种偏高的态势主要表现在工作自主性和工作歧视上。我们认为，这一结果可能与目前农民工内部的代际更替有直接关系。本次被访农民工中，年龄为16—30岁的高达51.1%。国务院发布的《中共中央国务院关于加大统筹城乡发展力度　进一步夯实农业农村发展基础的若干意见》（中发〔2010〕1号文件）中，首次使用了"新生代农民工"这个词，特指1980年后出生的新一代年轻的进城务工者。这群年龄在16—30岁的新生代农民工以"三高一低"为特征：受教育程度较高、职业期望值较高、物质和精神享受要求高、工作耐受性低。因此，与父辈不同，他们在工作环境、住宿条件、文化娱乐等方面的要求更多，维权意识也较之父辈大为提高。针对这样一种劳动力市场中的主力人群，从国家政策到企业用工制度都在客观工作条件的改善上做了大量工作。本次调查"持不同户口的城镇居民对客观工作环境的评价已无显著差异"的这一结果足以显示此项工作的成效。然而，我们仍需注意的是：这一特殊群体对工作环境的要求还仅限于工作的物理条件，如工作场所、住宿条件、工资待遇、工作时间等，在更深入的工作心理环境的感受上（如工作自主性、工作公平感等）仍缺乏意识。

4. 收入差异：家庭月收入为2万—3万元的中高收入城镇居民对工作的主观体验较低

根据上述数据分析可知，工作环境满意指数在家庭月收入上呈现出显著的波动上升趋势，且这种趋势在客观工作环境、组织工作环境和主观心理环境三因子上均有显著体现。值得我们注意的是，随着收入逐渐增加，无论是主观心理环境的因子还是工作环境总体满意指数都随之上升，但是均在家庭月收入为20001—30000元这个阶段突然下跌，随后才重新爬升。我们通过本次受访者家庭月收入的频次分析发现，99.4%的城镇居民家庭月收入处于这个区间。相较而言，这个收入阶段的城镇居民属于中高收入人群，为何工作环境满意度这么低呢？

我们考察了主观心理环境的八个题器（职业期望、工作压力、工作自尊、工作安全感、工作效能感、工作满意度、组织认同感和组织归属感），如图5—29所示，家庭月收入处于20001—30000元阶段的城镇居民在工作满意度、组织认同感、组织归属感、职业期望、工作安全感、工作自尊六个题器上都出现了显著的下降拐点。中高收入的城镇居民，他们的工作年限大约都在3年以上，相对而言，他们的工作经验、组织社会化程度、个人—工作的匹配程度都比较高，他们对在工作上发展职业的期望值也更高，也容易将个人的职业发展愿景与工作单位的组织愿景结合起来，但是他们观察组织的角度很难超越个体主观感受，如果工作无法使他们获得满足感和成就感，无法充分发挥他们的创造力，他们很有可能对主观心理环境产生较低的评价，进而影响其总体工作环境满意度。这在上述的社会分层差异上也可见一斑。

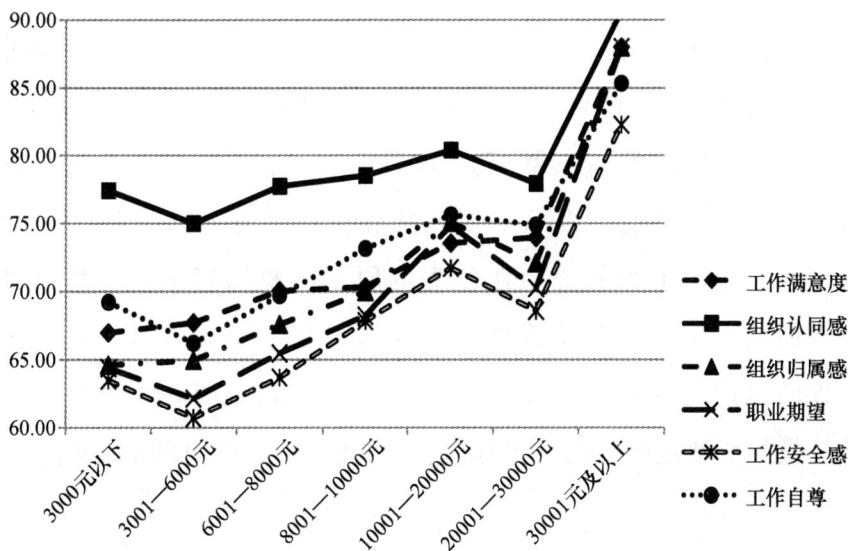

图5—29　主观心理环境六题器在家庭月收入上的差异性（分）

5. 单位性质差异：港澳台资企业工作环境改善，外资企业工作环境满意度最高，私有/民营企业的工作环境仍然不尽如人意

首先，2014年调查数据显示"在港澳台资企业工作的城镇居民对其工作环境满意程度最低"，这一状况在2015年得到有效改善，港澳台资企业的工作环境满意指数已从第六位攀升至第四位。改革开放三十多年来，"长三角"地区吸引了大量的港澳台资企业，从开始时以档次低、规模小的轻纺工业和简单加工业为主，逐步发展到电子信息、机械、化工、汽车零部件、投资咨询、医疗卫生等先进制造业和现代服务业领域。但是，前几年"富士康连跳事件"引发了社会大众对港澳台资企业中员工工作环境的担忧，同时也让港澳台资企业在大陆民众心中的印象跌入谷底。2014—2015年，相关公司为此大力推行企业内部员工改善工作条件的计划，所获成效在2015年的数据分析中可见一斑。

其次，2014 年国有企业的领头地位，在 2015 年被外资企业取代。2015 年数据显示（图 5—30），在外资企业工作的城镇居民对工作环境的满意指数高达 72.31 分，并且这种领先态势同样在客观工作环境、组织工作环境和主观工作环境三因子上表现显著。为了了解外资企业领先的原因，我们对工作环境满意指数的三因子中的各个题器做了深入挖掘。结果发现，在外企工作的城镇居民对其客观工作环境评高，其原因在于外资企业所提供的劳动报酬更高、工作场所更舒适、工作时间相对更合理；

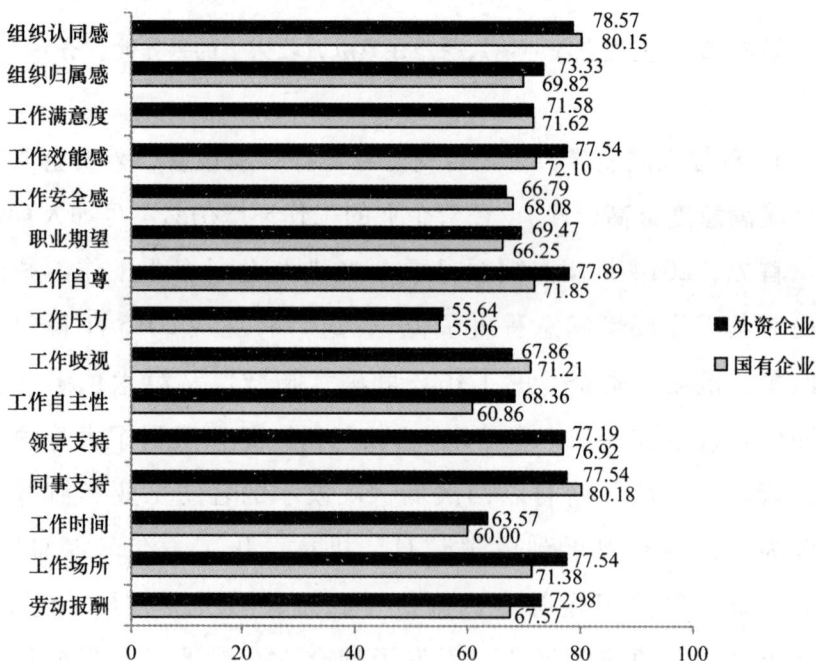

	外资企业	国有企业
组织认同感	78.57	80.15
组织归属感	73.33	69.82
工作满意度	71.58	71.62
工作效能感	77.54	72.10
工作安全感	66.79	68.08
职业期望	69.47	66.25
工作自尊	77.89	71.85
工作压力	55.64	55.06
工作歧视	67.86	71.21
工作自主性	68.36	60.86
领导支持	77.19	76.92
同事支持	77.54	80.18
工作时间	63.57	60.00
工作场所	77.54	71.38
劳动报酬	72.98	67.57

图 5—30　在外资企业和国有企业工作的城镇居民
在所有题器上的均值比较（分）

在组织工作环境方面，外资企业的工作自主性更高、领导支持更大；因而，在外资企业工作的城镇居民工作自尊更强、职业期望更高、组织归属感更大。

最后，2015 年数据表明，在私有/民营企业工作的城镇居民对其工作环境的满意度显著低于其他单位员工。为了了解其中不满的原因，我们深入考察私有/民营企业的相关数据，将工作环境满意指数所有题器的均值进行排序。结果发现（图5—31），各个题器上均值排序后三位的分别是：工作自主性（61.51 分）、工作时间（57.39 分）和工作压力（53.94 分）。由此可见，目前我国私有/民营企业员工的工作条件仍然不容乐观，特别是工作时间长、工作压力大、工作灵活性不够等现象尤为突出。

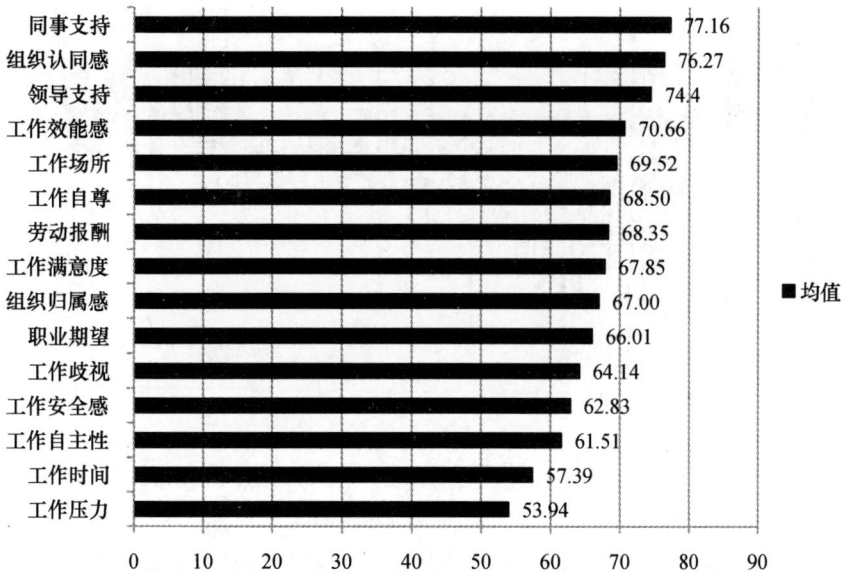

图5—31　在私有/民营企业工作的城镇居民在
所有题器上的均值比较（分）

五　城镇居民工作环境满意指数的影响因素探讨

（一）城镇居民工作环境满意指数与社会满意度的关系

社会满意度的频次分析显示，2015 年城镇居民社会满意度为 27.56—100.00 分（分值越高，社会满意度越高，满分为 100 分），均值为 65.62 分。在本部分中，为了分析城镇居民工作环境满意指数与社会满意度的关联性，我们将两者做了 ANOVA 分析，结果显示（图 5—32），社会满意度越高的城镇居民，其工作环境满意指数也显著较高，二者呈显著正相关。具体分析工作

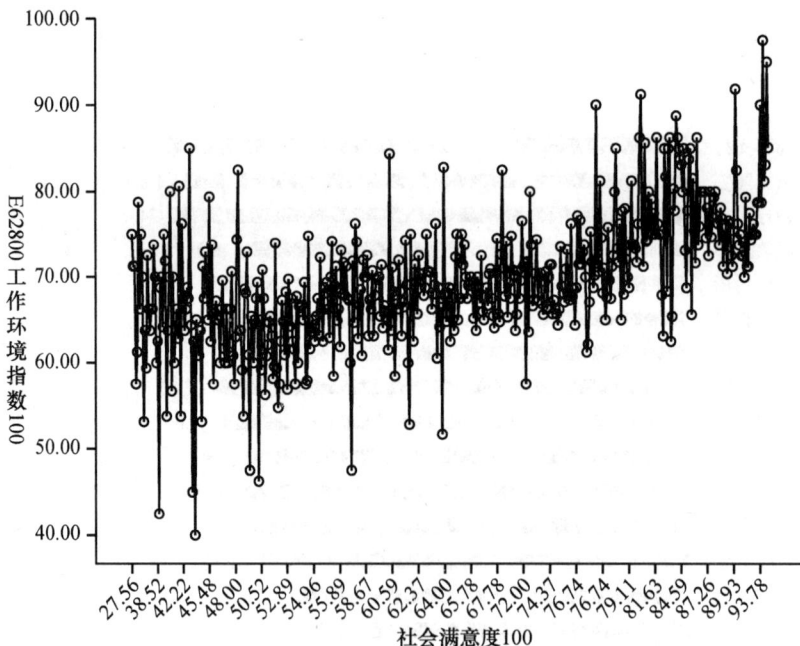

图 5—32　城镇居民的工作环境满意指数与社会满意度的
ANOVA 分析题器上的均值比较（分）

环境满意指数三因子（客观工作环境、组织工作环境和主观工作环境）与社会满意度的三因子（政府工作满意度、社会经济满意度和社会发展满意度），两两因子之间同样也存在不同程度的显著正相关（表5—15）。

表5—15 工作环境满意指数与社会满意度各因子的相关分析

	客观工作环境	组织工作环境	主观心理环境
社会经济满意度	0.213**	0.127**	0.309**
社会发展满意度	0.222**	0.168**	0.364**
政府工作满意度	0.205**	0.186**	0.382**

注：＊＊表示在0.01水平（双侧）上显著相关。

（二）城镇居民工作环境满意指数与生活满意度的关系

对2015年城镇居民生活满意度的频次分析发现，城镇居民生活满意度得分为29.09—100.00分，均值为69.67分（满分为100分）。另外，对工作环境满意指数与生活满意度两个变量进行ANOVA分析发现，2015年城镇居民对个体工作环境的满意程度随其生活满意度的上升而上升，呈显著正相关（F＝35.33，Sig.＝0.000）（图5—33）。这表明，工作不仅是人们生活的重要组成部分，还是人们获得自豪感、成就感的重要途径。无论是普通的员工还是管理人员均认为工作是重要的，通过工作获得的自豪感是一种强有力的力量，并且认为从工作中他们获得了更多的生活满意感[1]。因而，从某种程度上来说，工作环境满意度和生活满意度相关系数大小反映了工作和其他生活方面相关性的强弱，所以，我们有理由相信，工作环境满意指数与生活满意度的显著正相关，正好反映了工作对生活的影响。

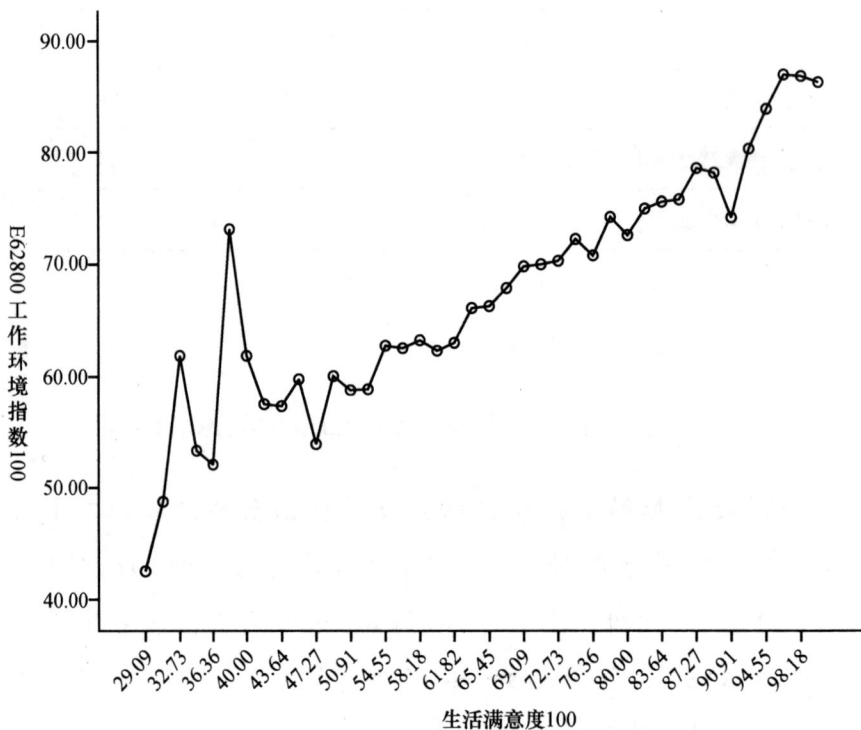

图5—33　城镇居民的工作环境满意指数与
生活满意度的 ANOVA 分析（分）

①　Rice, R. W. , Near, J. P. , & Hunt, R. G. , "The Job Satisfaction/Life Satis-
faction Relationship: A Review of Empirical Research", *Basic and Applied Social Psy-
chology*, 1980, pp. 37 – 64.

（三）城镇居民工作环境满意指数与社会参与的关系

为了考察城镇居民的社会参与与其工作环境满意指数的关联，我们选取本次调查问卷中 C5、C6、C7 共 3 个题器作为社会参与度的评价题器。计分方式例如 C501 题"过去一年中，您是否参加过社区/居委会举办的活动"，回答"没有"计 0 分、回答"有"计 1 分，以此类推。3 个题器上得分之和作为城镇居民社会参与度指数，分值越高，社会参与度越高。

首先，对社会参与度进行频次分析发现，92.5% 的受访城镇居民社会参与指数低于 60.00 分（社会参与度满分为 100.00 分），平均值仅为 20.39 分，社会参与指数呈正偏态分布，即表明城镇居民社会参与度较低。

其次，考察不同社会参与度的城镇居民的工作环境满意指数发现（图 5—34），随着城镇居民在社区参与、社会组织活动参与和选举投票等社会参与力度的不断增多，工作环境满意指数呈现出显著的波动上升趋势。这表明，社会参与有利于城镇居民了解社会宏观环境、中观组织环境，以此作为其评价自己所处工作环境的参考信息，从而不断调整对工作环境的主观认知，进而形成较高的工作环境满意指数。

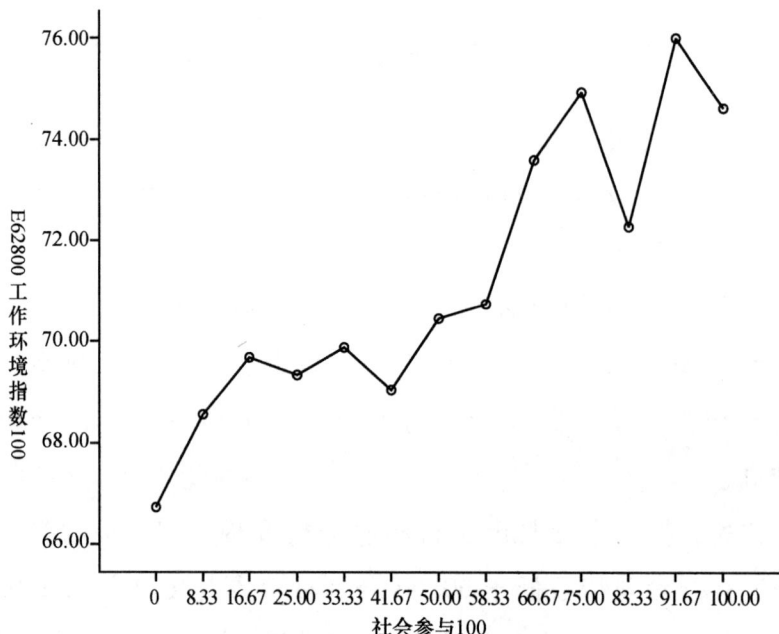

图5—34 城镇居民的工作环境满意指数与
社会参与的 ANOVA 分析（分）

（四）城镇居民工作环境满意指数与社会分层的关系

考察城镇居民工作环境满意指数与其社会分层认知的关系发现（图 5—35），根据对自己所处社会地位层级认知的递增（第一层代表最低，第十层代表最高），城镇居民对其工作环境满意度呈现出倒"U"形。一方面，随着社会地位的递增，城镇居民的工作环境满意指数不断攀升，第六层达到最高值 71.16 分，随后不断下滑至第九层才开始重新上扬。其中，社会地位高达第九层的城镇居民的工作环境满意指数仅为 63.38 分（相对的，处于社会地位最下层的城镇居民的工作环境满意度指数为 62.77 分）。另一方面，这种倒"U"形波动趋势同样出现在经济收入分层中，工作环境满意指数的最高点出现经济收入的第五层，三个较低点分别在经济收入的第十层、第八层和第二层。

这种倒"U"形波动趋势表明，随着一个人对自己在社会中的经济收入、社会地位分层认知越高，其对工作环境的满意度越高；但是，当达到一定分层等级之后，个体的工作环境满意度反而会降低。本次调查就发现，经济收入和社会地位处于中等水平的城镇居民的工作环境满意度最高，而处于低等和高等水平的城镇居民的工作环境满意指数却较低。

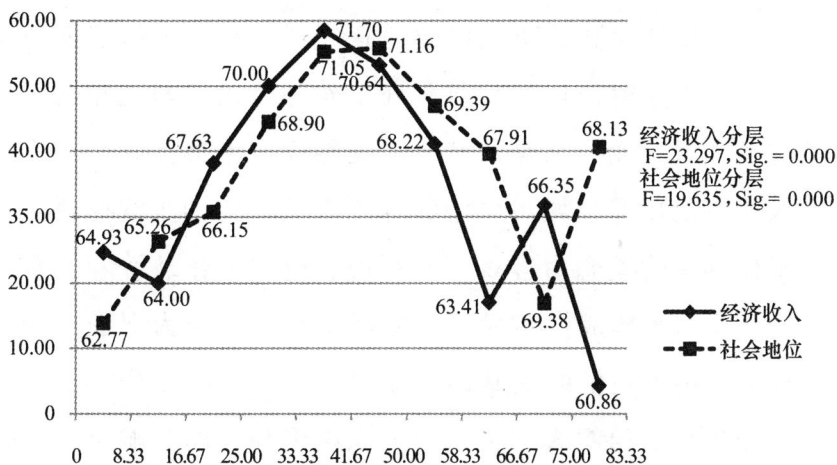

经济收入分层
F=23.297, Sig. = 0.000
社会地位分层
F=19.635, Sig. = 0.000

图5—35　城镇居民的工作环境满意指数与
社会分层的 ANOVA 分析（分）

六　结论

2010 年以来，随着城镇化进程的推进，我国经济进入高速发展轨道，城镇居民的就业状况和生活水平都得到较大提升。但是，例如"富士康跳楼事件""昆山工厂爆炸事件""天津港爆炸事故"等极端社会事件却层出不穷。这不仅让社会大众开始将工作环境作为其求职的一个重要参考点，而且国家政府相关部门也纷纷行动起来，积极推进以社会福利和改善民生为重点的社会建设，不断加强劳动者的劳动报酬、工作福利保障和工伤医疗保险等工作保障，以确保"新常态"经济发展中劳动力市场的稳定性。

在这一时代背景下，本报告将关注点聚焦于2015年度城镇居民所处的工作环境，考察他们对工作环境的主观评价。在此，我们认为工作环境涵盖两个层面的意涵：一是从个体层面与组织中观层面来考察个体对目前所处工作环境以及与之相关的社会条件的主观感受；二是从社会宏观层面，考察良好的工作环境对大众生活质量、城市生活的各个方面产生的主观感受。由此，工作环境的概念由客观工作环境、组织工作环境和主观心理环境三个因子构成：客观工作环境是企业组织为保证工作正常开展而给员工提供的最基础的硬件条件；组织工作环境主要指与工作流程、组织人际关系、组织氛围相关的影响个人工作行为和组织绩效的客观组织条件；主观心理环境是指个体在工作的动态变化过程中所表现出来的心理现象。

综合上述数据分析，以下为2015年城镇居民对工作环境的评价具体情况。

（1）2015年城镇居民的工作环境满意指数为68.91分，满意度同比呈上升趋势。具体分析三因子：首先，客观工作环境的评价为65.74分，这表明城镇居民基本满意单位所提供的硬件工作条件，但其中超时的工作时间仍然凸出，且比2014年更加严重。其次，组织工作环境的评价为70.46分，城镇居民对单位组织所营造的组织氛围和人际关系状况比较满意，工作歧视问题减弱、组织支持上升，但工作自主性却相对下降。最后，对工作的主观心理体验为69.15分，城镇居民对工作环境有着较为积极的主观体验，然而，"工作压力大"仍然是城镇居民对工作最大的抱怨，是影响其对工作环境满意度的负向因子。

（2）男女在工作环境满意指数上无显著差异，但加班问题显著出现于男性群体，工作歧视显著出现于女性群体。上述数据表明，男性工作环境满意指数为68.86分，女性工作环境满意指数为68.97分，尽管在均值上略有不同，但统计分析发现二者并无显著差异。具体考察三因子发现，男女性别差异仅在客观工作环境和组织工作环境的评价上存在显著差异。深入挖掘差异的具体表现，我们发现，男性群体中的加班现象显著高于女性，可谓加班的高发人群；女性群体在职场上更容易遭受性别和年龄的不公正待遇。

（3）年龄在工作环境满意指数上存在显著差异，工作环境满意指数随城镇居民年龄的增长呈波动上升趋势。统计数据表明，不同年龄阶段的城镇居民的工作环境满意指数差距不大，但总体呈现波动上升趋势。此外，在2014年调查中工作环境满意指数在31—40岁出现的最低点已消失。具体考察工作环境满意指数的三因子，我们发现，除组织工作环境因子之外，其余两个因子都在年龄上存在显著差异。具体表现为：在城镇居民对客观工作环境的评价上，51—60岁临近退休的城镇居民对其劳动报酬满意度最低，而退休返聘工作的城镇居民对其工作场所的满意度最高。

（4）农民工与城镇居民在工作环境满意指数上已无显著差异，但工作自主性缺失、年龄和工作歧视问题在城镇居民中仍然严重。随着"城镇化""市民化"进程的深入推进，2015 年城镇居民的工作环境满意度在户口变量上已不存在显著差异。但是深入分析持不同户口的城镇居民在工作环境满意指数三个因子上的差异发现，尽管农民工和城镇居民对其客观工作环境的评价已无显著差异，但是与农民工相比，城镇居民更重视其所处的组织工作环境和对工作的主观心理体验。其中，城镇居民更容易感知来自工作自主度和工作公平度上的问题。

（5）随着个人月收入/家庭月收入的提高，城镇居民工作环境满意指数呈波动上升趋势。收入可以在一定程度上反映城镇居民的职业发展状况和社会经济地位。上述数据分析表明，收入状况越好，城镇居民的工作环境满意指数越高，无论对其客观工作环境、组织环境还是主观体验都较为积极。但是，值得注意的是，收入上升到一定阶段时，个体对工作环境的主观体验将会出现滞后或者倒退现象。在本次调查中，我们就发现家庭月收入在 2 万—3 万元的这批城市高收入居民在职业期望和工作效能感等对工作的主观体验上显著低于其他人。

（6）在国企"领头羊"地位消退的背景中，外资企业员工的工作环境满意度达到最高点，港澳台资企业工作环境得以改善，私有/民营企业的状况却不尽人意。考察不同单位性质中的城镇居民工作环境满意指数发现，港澳投资企业工作环境恶劣的状况得到改善，身处其中的城镇居民的工作环境满意指数上升至 69.23 分。其次，国企员工对其工作环境的满意度相对有所下降，与此同时，外资企业的工作环境状况上升较大，工作环境满意指数升至 72.31 分。最后，2015 年度，私有/民营企业员工的工作环境满意度最低，仅为 67.89 分，其中的不满主要工作时间长、工作压力大和工作自主性不强。

（7）城镇居民的工作环境满意指数与社会满意度、社会参与和生活满意度均呈正相关。考察社会景气几个因子与城镇居民工作环境满意度之间的关系，我们得出如下发现：第一，随着城镇居民对社会经济、社会发展和政府工作等现状评价的上升，其工作环境满意指数呈缓慢的波动上升趋势，社会的宏观经济发展水平、物价、政府办事效率、社会风气等均对城镇居民的工作环境评价有显著影响。第二，2015 年城镇居民的社会参与力度仍然很低，均值仅为 20.39 分，且城镇居民的工作环境满意度还与其参与社区活动、社会组织团体活动和选举投票活动有显著正相关关系。第三，工作与生活密不可分，2015 年城镇居民工作环境满意指数也伴随着其对生活的满意程度的上升而上升。

（8）城镇居民工作环境满意指数与社会分层之间呈倒"U"形关系。以城镇居民对其经济收入水平和社会地位的高低层次认知为标准，调查发现，随着其经济收入和社会地位层次的提高，城镇居民的工作环境满意指数快速上升，至第五或第六层中等水平时达到最高点；之后，随着经济收入和社会地位层次的增加，城镇居民的工作环境满意指数反而下滑。

第六章　城市基本公共服务均等化

2015 年是我国第十二个五年计划的完成之年。"十二五"规划将改善民生、建立健全基本公共服务体系作为国民经济和社会发展的重要内容，并提出了提升基本公共服务水平、实施就业优先战略、合理调整收入分配关系、健全覆盖城乡居民的社会保障体系、完善基本医疗卫生制度、提高住房保障水平和全面做好人口工作等具体任务目标。2012 年，政府出台了《国家基本公共服务体系"十二五"规划》，提出建立符合国情的、可持续的基本公共服务体系，努力提升基本公共服务水平和均等化程度，公共服务的均等化在概念内容、政策思路、绩效评估等方面都取得了很大进展。在这些政策措施的作用下，"十二五"期间，我国基本公共服务取得了巨大发展，为实现社会包容、可持续发展提供了重要保证，也体现出人民参与经济社会发展、分享发展成果。

即将开启的"十三五"规划是 2020 年实现第一个百年奋斗目标、全面建成小康社会收官的五年规划。党的十八大已经指出，全面的小康社会是以人民生活水平全面、普遍提高为重要标志的，基本公共服务所涉及的基础设施、教育、医疗、社会保障等正是人民生活水平提高的切实保证。十八届五中全会通过的《中共中央关于制定国民经济和社会发展第十三个五年规划的建议》进一步提出，"十三五"时期经济社会发展的主要目标和基本理念之一，是"人民生活水平和质量普遍提高。就业比较充分，就业、教育、文化、社保、医疗、住房等公共服务体系更加健全，基本公共服务均等化水平稳步提高"。

自 2012 年开始，中国社会科学院社会发展战略研究院连续四年在全国范围内实施了"社会态度与社会发展状况调查"，以测量中国城镇地区居住的 16 岁及以上人口关于社会发展诸方面问题的主观态度，基本公共服务即为其中的重要领域之一。本报告将在分析总结 2015 年基本公共服务均等化的六大领域的满意度和信心指数以及基本公共服务实施的绩效评价的基础上，结合"十二五""十三五"规划的关注重点，梳理总结 2012—2015 年公众对住房、就业、生态环境等热点领域的评价和预期变化。

一　概念与指标体系

（一）基本公共服务的均等化

基本公共服务是以一定时期经济社会发展水平为基础，在社会共识的基础上，政府为维护经济社会的稳定和发展、保障公民的基本生存和发展权利、实现社会公平与正义而提供的公共产品与服务。从我国当前的情况来看，基本公共服务主要包括公益基础性服务、基本民生性服务、公共事业性服务、公共安全性服务等类别。

基本公共服务均等化不是简单的平均化和无差异化，而是全体公民都能公平可及地获得大致均等的基本公共服务，是对制度性供给不均、财政供给不均和成果享受不均的克服，包括机会均等、标准相同和结果相当三个方面。具体而言，是指一个国家的公民无论居住在哪个地区，无论具体身份、地位如何，能不被歧视、有均等的机会享有基本公共服务，并在保障其基本生存权和发展权的方面效果相当。

(二) 评价指标体系

本次调查对基本公共服务的评价主要是基于公众的主观感受，分析其对基本公共服务六大领域的满意度和信心指数，以及基本公共服务实施的绩效评价，然后再通过比较三个维度在地区之间、城乡之间和群际的差异来考察其均等化程度。

第一，对基本公共服务的满意度是指公众接受政府所提供的公共产品和公共服务，并将其与自身的期望进行比较之后所形成的满意或失望的主观感受。在调查中，要求受访者对各类基本公共服务的满意度进行评价，并将其评价的五个类别（很不满意、较不满意、一般、较满意和很满意）分别赋值20分、40分、60分、80分和100分。

第二，对基本公共服务的信心指数，是指公众基于对当前基本公共服务的主观感受，结合对经济社会形势的判断和对政府相关服务部门的行为预期，对未来可预见的时期内基本公共服务变化趋势的预测。在调查中，首先要求公众对各类基本公共服务未来三年的变化进行预测，即预测该服务是变差、没变还是变好。其次，区分其预测的具体变化方向。具体而言，预测未来三年该服务类别会变好的为积极预期，会变差的为消极预期。认为未来三年不变的，又可结合其对当前该服务类别的满意度进一步区分：对当前该服务类别感到满意（包括很满意和比较满意），预测未来三年没有变化，则对未来的预测仍然是积极的；对当前该服务类别感到不满意（包括很不满意和较不满意），预测未来三年没有变化，则对未来的预测是消极的。对基本公共服务的信心指数根据三种预测的比例，依据下列公式计算得出：

$$信心指数 = \frac{积}{积 + 消} \times 100$$

根据此公式计算得出的信心指数得分的具体含义如下：

信心指数 < 50，表示公众对此项基本公共服务的前景缺乏信心，预计其将变得更差；

信心指数 = 50，表示公众对此项基本公共服务的前景持中立评价，预计其没有变化；

信心指数 > 50，表示公众对此项基本公共服务的前景有信心，预计其将变得更好。

第三，对基本公共服务实施的绩效评价是指公众基于所接受的公共产品和服务，对所在城市政府在公共服务供给的可及性、惠民性、便捷性等实施绩效进行评价，具体包括"贴近需要""得到实惠""服务方便""听取意见""公平公道"和"办事能力"六个方面。具体操作是以李克特五分量表测评受访者对于下列表述的赞同程度："政府的服务贴近我的需要"，"政府的服务让我得到了实惠"，"政府提供的服务很方便"，"政府愿意听取老百姓意见"，"政府处理事情是公道的"，"政府工作人员的能力比较强"。再将评价的五个类别（完全不赞同、比较不赞同、说不清、比较赞同和完全赞同）分别赋值为20分、40

分、60 分、80 分和 100 分。

表 6—1　　　　　　　　基本公共服务的测量

概念	维度	指标
基本公共服务	满意度	对所在城市的基础设施状况的满意程度
		对所在城市的治安状况的满意程度 对所在城市的食品安全状况的满意程度
		对所在城市的社会保障水平的满度程度
		对所在城市的医疗服务水平的满度程度
		对所在城市的教育水平的满度程度
		对所在城市的环境质量的满度程度
	信心指数	未来三年基础设施的变化
		未来三年治安状况的变化
		未来三年食品安全的变化
		未来三年社会保障的变化
		未来三年医疗服务的变化
		未来三年教育水平的变化
		未来三年环境质量的变化
	绩效评价	贴近需要
		得到实惠
		服务方便
		听取意见
		公平公道
		办事能力

接着，本章从三个方面考察上述基本公共服务的三个维度的均等化程度。第一是地域性均等，即上述六项基本公共服务在东部、中部、西部和东北部地区之间是否存在显著差异；第

二是制度性均等，主要考察户籍制度和就业单位性质是否会对不同身份的群体在基本公共服务的使用感受方面造成差异性影响；第三是群际均等，即上述六项基本公共服务在不同的年龄段、社会阶层（根据被访者的经济收入和自我认定的社会地位来划分）之间是否存在显著差异。

在上述框架下，本次调查自 2015 年 6 月开始在全国实施，所拟推论的总体是中国城镇地区居住的 16 岁及以上的人口，共获得有效样本 7967 份，复杂抽样设计的具体操作办法和其他执行细节另文说明。

二　2015 年全国基本公共服务整体满意度和信心指数

（一）全国基本公共服务满意度

相比于 2014 年，公众对 2015 年各类基本公共服务的满意度评分都有所提升。与最近三年的趋势一致，基础设施满意度仍然是最高的，平均得分 71.47 分。公共安全和环境质量的满意度评分保持了连续三年的上升态势，并在 2015 年分别达到了 62.18 分和 66.17 分的最好纪录。而医疗卫生的满意度则延续了 2014 年的较低认可度，平均得分 61.00 分，为六大类基本公共服务中的最低分。另外一点值得注意的是，环境质量的满意度保持了连续三年的上升态势，2015 年时满意度评分达到了 66.17 分（见图 6—1）。

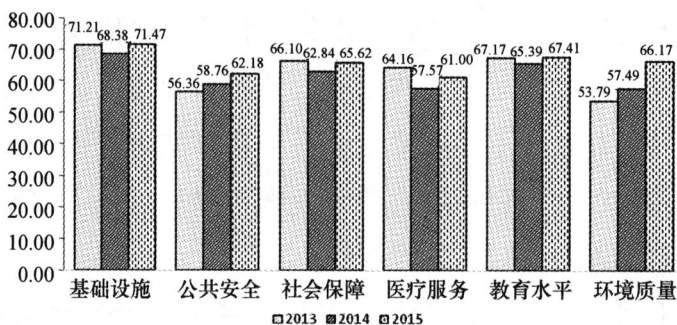

图6—1 2013—2015年公众对各类基本公共服务满意度评分（分）

（二）全国基本公共服务信心指数

在对各类基本公共服务的前景预期方面，受访者对所有服务类别的信心指数都在50分以上，说明公众对各类基本公共服务的前景都较为乐观。与前两年相比，公众对基础设施、社会保障和教育水平的预期较为一致，对公共安全和环境质量的信心不断增强，尤其是对环境质量的信心度提升度最为显著，得分从2013年的58.80分提升至2015年的84.63分。而对医疗卫生的改善预期虽较2014年有所上升，但78.45的得分仍为所有基本公共类别中最低的。认为未来三年医疗卫生的状况存在问题且难以改善的人群占到受访者的19.20%，也是所有类别中消极预期比重最高的（见图6—2）。

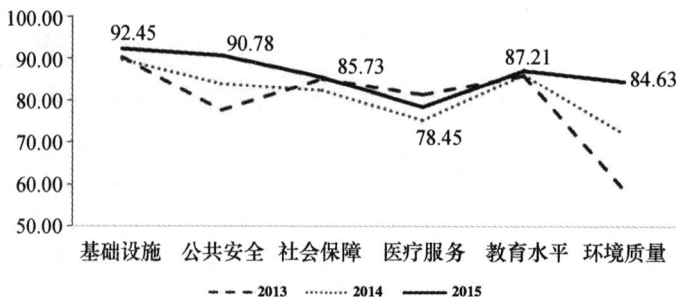

图6—2 2013—2015年公众对各类基本公共服务信心指数（分）

（三）全国基本公共服务绩效评价

2015 年，在实施绩效方面，受访者对政府提供基本公共服务的评价得分都在 60 分以上，但最高得分也不超过 70 分，说明公众还是比较认可政府提供的服务绩效，但满意度仍有待提高。具体而言，"贴近需要"的评分最高，而"听取意见"的评分最低，说明当前政府在公共服务的供给内容上得到了认可，但实施过程中仍需多听取公众意见。同时，相比于 2014 年[①]，公众对公共服务实施绩效的各项评价均有所提升，尤其是在"公平公道"方面，平均得分提高了 2.28 分，说明政府的公共服务实施有所改善并得到了公众的认可（见图 6—3）。

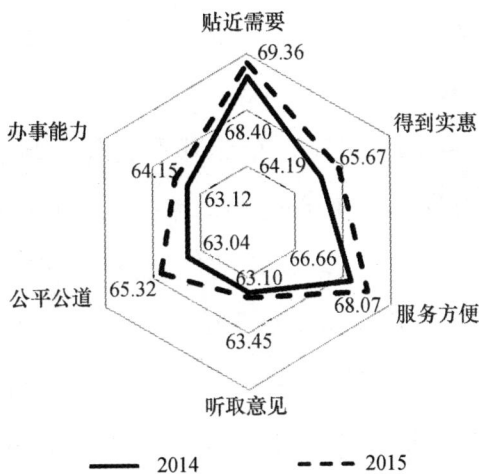

图6—3　2014—2015 年公众对基本公共服务实施绩效评价（分）

----

① 因 2013 年公共服务绩效评价六个方面的具体类别与 2014 年、2015 年有所不同，故不在此进行三年的比较，具体可参见《中国社会发展年度报告（2013）》。

三　2015 年我国城市基本公共服务均等化水平

接下来，我们具体考察不同地区、不同户籍和就业类型、不同收入水平和社会阶层人群对各类公共服务的主观评价和预期，以衡量基本公共服务在地域性、制度性、群际方面的均等化水平。

（一）地域性均等水平

由于各地的自然禀赋、经济社会发展水平、财政投入等差异，基本公共服务的供给在地区间存在不均衡。以各省财政的一般公共服务支出为例，根据《中国统计年鉴（2014）》公布的数据，本次调查中涉及东部、中部、西部和东北部地区各省①2013 年的平均投入水平分别为 498.47 亿元、499.74 亿元、421.90 亿元和 349.15 亿元，东北部与其他区域相比差异显著。即使在普遍较为发达的东部地区，各省之间差异也十分显著，广东省 2013 年的一般公共服务支出达到了 996.45 亿元，而海南省仅有 115.40 亿元，相差近 8 倍。

在客观条件和投入的差异下，各地受访者对于各类基本公共服务的满意度和信心指数也呈现一定差异。从表 6—2 可知，除了环境质量，东部地区受访者对各类基本公共服务的满意度

---

①　按照国家统计局的区域划分标准，本次调查抽样的社区涉及的各区域省份包括：东部——北京、天津、上海、江苏、浙江、广东、山东、海南；中部——河北、山西、安徽、江西、河南、湖北、湖南；西部——广西、重庆、四川、云南、陕西；东北——辽宁、黑龙江、吉林。

均是各个地区中最高的，这与该区域经济社会发展水平较高和财政投入力度大的客观情况保持一致。同时，另外三个区域分别对于不同基本公共服务领域表现出不满。具体而言，中部地区的公共安全和医疗卫生满意度最低，西部地区对基础设施和社会保障的不满程度最高，而东北部地区受访者则对教育水平和环境质量给出了组间最低分。

表6—2　　　　　**分区域基本公共服务满意度平均得分**　　　单位：分

	东部	中部	西部	东北部
基础设施	74.29	69.33	68.87	73.15
公共安全	64.54	58.92	61.73	63.95
社会保障	69.96	64.42	60.75	64.46
医疗卫生	65.29	56.13	62.36	56.26
教育水平	70.71	65.65	66.19	63.42
环境质量	66.13	64.30	69.42	64.25

注："基础设施"项目中，74.29分为组间最高分，68.87为组间最低分。原表格中有阴影和外框两种数字表示方式，阴影表示组间最高值，外框表示组间最低值。

在信心指数方面，东部地区依旧显示出明显的优势，除公共安全外，对其他基本公共服务类别未来三年的发展预测都是所有地区中最乐观的。尤其是对医疗服务的前景预期，东部地区的信心指数达到85.36分，遥遥领先于中部、西部和东北部的74.04分、76.00分和70.03分。除医疗服务外，西部地区的短板主要表现在对社会保障的信心不足，信心指数得分仅为73.01分，与其他三个地区的差距明显。东北部地区除了对医疗服务的改善预期较为悲观外，对未来三年教育水平的前景也不看好，信心指数仅为 79.90 分，为各地区最低（见图 6—4）。

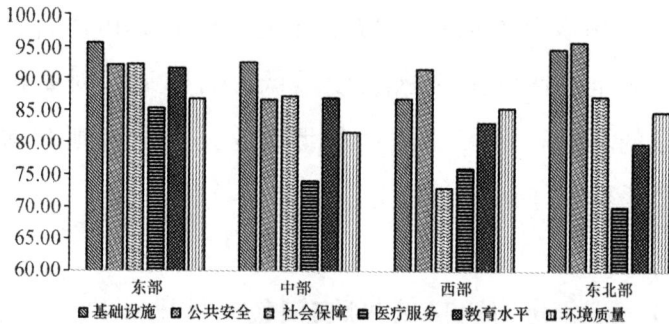

图 6—4　分区域基本公共服务信心指数（分）

对比各地对基本公共服务的实施绩效，东部地区和东北部地区的整体评价都不错，各项平均得分均在 65 分以上。中部受访者主要是对政府的办事能力较为不满，得分仅为 60.72 分。西部地区的受访者则认为政府在听取百姓意见方面仍需加强，得分仅为 57.66 分，为各地区所有类别中最低分（见图 6—5）。

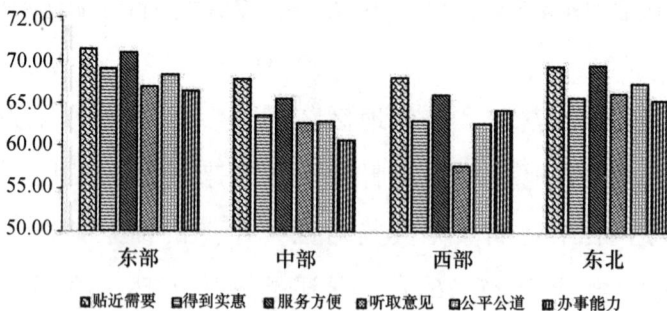

图 6—5　各区域基本公共服务绩效评价（分）

总的来说，2015 年基本公共服务的地域性不均等仍然存在，并且主要体现在基础设施、社会保障和教育水平方面。基于较高的经济社会发展水平和财政投入，东部地区表现出较为明显的优势，该地区受访者在各个类别基本公共服务的满意度、信心指数和实施绩效上都给出了较高的评价和积极的预期。中部地区公众对公共安全和医疗卫生的满意度较低，这一特点与2014年的评分保持一致，说明该地区在这两类公共服务上存在的问题较多，且近期未得到有效改善。西部地区对于基础设施的满意度评分连续三年均为所有地区中的最低，对未来改善程度的预期也最不乐观，且对于社会保障的满意度和信心指数也连续两年走低，说明基础设施建设和社会保障仍然是西部地区未来基本公共服务中的重点内容。同时，西部地区的公共服务在供给方式和过程中，还需加强对公众意见的采纳。东北部地区基础设施等硬件环境良好，但对医疗卫生、教育水平和环境质量的满意度相对较低，尤其是对教育水平的未来预期信心不足。

（二）制度性均等水平

由于制度安排或供给规则的差异，基本公共服务的供给也会存在制度性不均。根据2012年以来的调查数据，这种制度性不均等主要体现在不同户籍类型和不同单位性质的人群之间，前者由于农业与非农业、本地与外地之间的区别而使公众在一些差异型基本公共服务的获取上存在差异，后者则是因为体制内外的差异而使在不同单位中就业的公众在社会保障、医疗、教育等方面显现出一定差异。

本地调查有效问卷中的受访者有30.1%为农业户口，69.9%为非农业户口，87.9%的受访者户口在本市县，12.1%

的受访者户口在外市县。比较不同户籍类型和户籍属地人群对基本公共服务的满意度评价发现，几乎在所有类别基本公共服务的满意度在不同人群之间都存在差异。从表6—3可知，农业户口与非农业户口人群主要对公共安全、基础设施和医疗卫生的满意度评价有差异；本地人与外地人之间则主要对社会保障、基础设施和公共安全的满意度水平不同。并且相比较而言，农业户口和非农户口人群对各项基本公共服务满意度的评分实际差异并不大，在差异最大的公共安全上，得分相差也仅为1.65分。而本地人与外地人之间的满意度相异就更大些，譬如在社会保障方面平均得分相差3.68分。这说明基本公共服务的供给仍然以属地原则为主，户籍所在地决定着公众能否享受到当地城市所提供的相关服务，而且这种属地差异原则在社会保障方面尤为突出。

表6—3　　　　　不同户籍公众对基本公共服务满意度评分　　　　单位：分

	户籍类型			户籍属地		
	农业	非农业	F	本市县	外市县	F
基础设施	70.56	71.88	8.310**	71.78	69.16	16.765**
公共安全	61.07	62.72	13.774**	62.48	60.09	14.588**
社会保障	64.87	65.94	4.946*	66.07	62.39	29.221**
医疗卫生	59.93	61.54	8.041**	61.26	59.43	5.252*
教育水平	67.92	67.24	1.930	67.63	66.03	5.356*
环境质量	65.29	66.56	6.252*	66.50	63.68	15.590**

注：**表示在0.01水平上有显著性差异；*表示在0.05水平上有显著性差异

另有一点值得注意的是，教育水平是不同户籍类型人群之间唯一一项满意度评价无显著差异的基本公共服务，并且虽然在不同户籍属地人群之间存在满意度差异，但实际评分差异不大。教育水平在农业户口与非农业户口人群之间的满意度评价，在 2013 年的调查数据中呈现显著差异，而且 2014 年和 2015 年的数据都没有显著差异，说明近年来各地对于城市常住人口的教育服务均等化改善取得一定进展。

在信心指数方面，从图 6—6 可以看出，基础设施和公共安全的评分曲线在各种户籍类别之间比较平缓，即对这两项基本公共服务的信心指数在不同户籍人群之间没有明显差异。本地非农人群对未来三年教育水平改善前景信心不足，信心指数为 86.53 分；外地非农人群则为社会保障的前景预期较为悲观，信心指数为 83.62 分。在对医疗服务和环境质量的信心指数上，总体表现为非农户口人群比农业户口人群乐观，具体而言又以外地农业户籍人群最为悲观。尤其是外地农业户口人群对于医疗服务的信心指数仅为 76.44 分，为所有类别中最低。

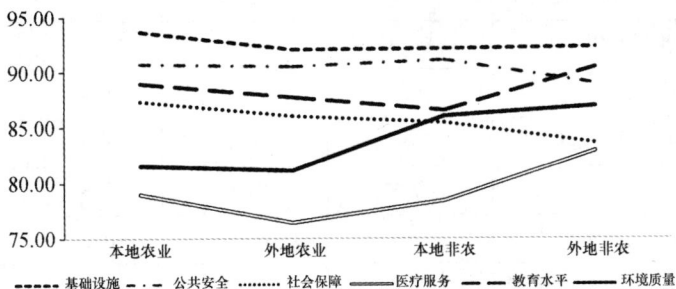

图6—6　分户籍类别基本公共服务信心指数（分）

就业单位类型的不同，也可能会影响到公众基本公共服务的获得。以社会保障为例，调查数据反映出不同单位类型受访者的"三险一金"覆盖率有明显差异。其中，党政机关及派出机构和事业单位的覆盖率最高，基本医疗保险均达到90%以上，住房公积金也达到70%以上。在就业人数最多的单位类型——企业中（受访者中有46.8%在企业工作），"三险一金"的覆盖率分别为：基本养老保险77.7%，基本医疗保险84.0%，失业保险57.6%和住房公积金41.9%。而在就业人数第二多的个体工商户或自营职业者群体中（有29.7%的受访者为此类就业方式），"三险一金"的覆盖率却不太乐观，尤其是失业保险和住房公积金仅有19.5%和12.7%。此外，就业类型为无单位或自由职业者的受访者是"三险一金"覆盖率最低的人群，仅有37.1%的人有基本养老保险，10.8%的人有失业保险（见表6—4）。

表6—4　　　　　　分单位类型三险一金覆盖率　　　　　单位：%

	基本养老保险	基本医疗保险	失业保险	住房公积金
党政机关及派出机构	—	93.0	—	76.7
事业单位	88.3	95.1	71.4	73.6
社会团体	70.3	78.0	31.4	26.3
居委会/村委会	75.0	84.6	38.5	28.8
企业	77.7	84.0	57.6	41.9
无单位或自由职业者	37.1	62.5	10.8	8.6
个体工商户或自营职业者	57.4	74.2	19.5	12.7

注：因党政机关不涉及失业且有退休金，因此此类单位没有统计基本养老保险和失业保险。

从就业单位所有制类型来看，体制内外并未呈现明显差异。相反，国有类型单位的受访者对几乎各项基本公共服务的满意度是各组中最低的，而在外资单位就业的受访者则对公共安全、社会保障、医疗服务都给出了组间最高的满意度评分。教育水平和环境质量的评价曲线较为平缓，说明无论在哪种所有制类型单位就业的人群，对于这两项基本公共服务的满意度评价都比较一致。此外，集体所有制单位的人群对基础设施满意度最高，达74.15分，而在私有或民营部门就业的受访者对于社会保障的满意度评价最低，仅为64.17分。

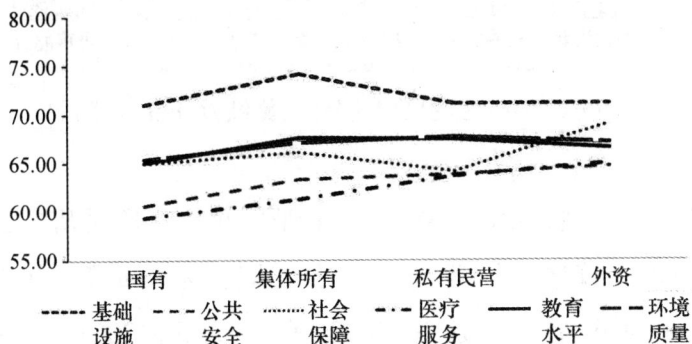

图6—7　分单位所有制类型基本公共服务满意度评分（分）

（三）群际均等水平

基本公共服务的群际均等主要考察不同年龄、不同收入和社会地位（自我认定）的人群对所获取的基本公共服务的主观感受、前景预期和绩效评价是否存在差异。

首先，分年龄段看公众对基本公共服务的实施绩效可以发现，对各方面评价的基本趋势都是随着年龄的增长，评价逐渐提高，56岁及以上的老年组对于实施各项的评价都是组间最高的，尤其是在听取意见、公平公道和办事能力方面，优势更为明显（见图6—8）。考虑到我国老龄化程度的加剧，针对老年人口的公共服务也是未来的发展重点。就目前来看，56 岁及以上老年人群体对基本公共服务在符合老年人群需要、切实提供实惠，以及服务获取便捷度方面，还是比较满意的。

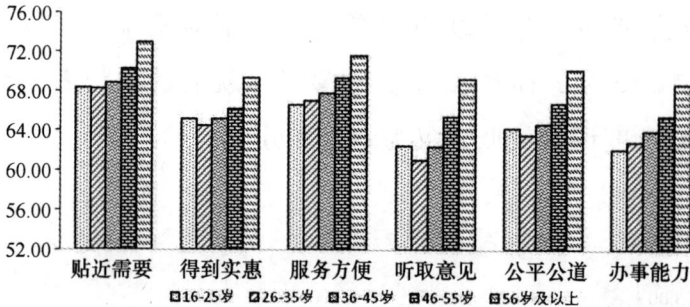

图6—8 分年龄组公共服务实施绩效评价（分）

其次，分月收入水平看不同组别受访者对各项基本公共服务的满意度。按照受访者对自己月收入范围的回答，从低到高可以划分为 6 组，分别为 2000 元及以下，2001—4000 元，4001—6000 元，6001—8000 元，8001—10000 元和 10001 元及以上。比较各收入组别对各类基本公共服务的满意度评价发现，差异主要体现在环境质量、医疗服务和教育水平。其中，环境质量的差异最为明显，2001—4000 元收入组的受访者满意度最高，给出了 67. 85 分；8001—10000 元收入组的受访者满意度最低，仅为 61. 52 分。对医疗服务和教育水平的评价都是月收入在 10001 元及以上的最高收入组的满意度最高，得分分别为 65. 67 分和 72. 30 分。而月收入在 6001—8000 元的中高收入组对教育水平满意度水平最低，得分为 63. 99 分，而月收入在 2000 元及以下的低收入组对医疗服务最为不满，得分仅为 57. 34 分（见图6—9）。

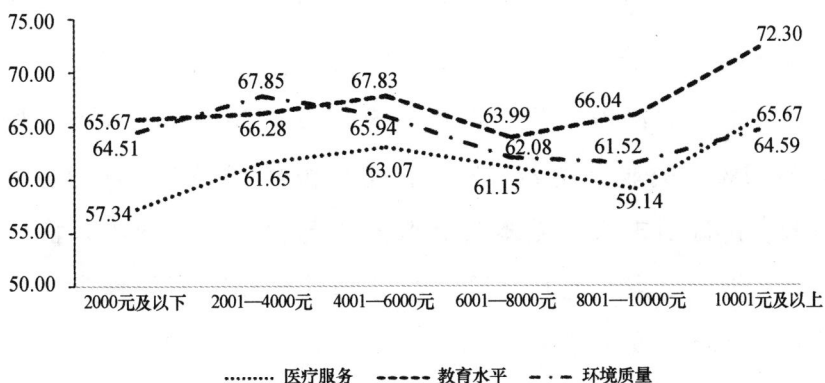

图6—9　分收入水平三项基本公共服务满意度评分（分）

　　不同月收入水平组在对各项基本公共服务的前景预期上，差异主要体现在教育水平和基础设施。月收入在10001元及以上的受访者中，有82.8%的人认为未来三年教育水平会有所改善，认为会变差的只有6.9%，信心指数为92.31分。而在月收入在6001—8000元的人群中，做出积极预测的只有68.8%，而做出消极预测的则达到13.8%，信心指数只有83.29分，与月收入在10001元及以上的受访者相差近10分。在基础设施方面，依然是月收入在10001元及以上的受访者最为乐观，信心指数达到了96.35的高分。而月收入在2001—4000元的中低收入人群最为悲观，信心指数为89.78分。

　　特别关注月收入在2000元及以下的低收入群体，这类人群对医疗服务和社会保障这类关系民生的重要的领域的满意度评分都很低，其中医疗服务57.34分为组间最低，社会保障64.45分也仅高于2001—4000元收入组为组间次低。在对各项服务的前景预期方面，这类人群对医疗服务的预测也是各组间最低的，有 22.8% 的受访者认为未来三年的医疗服务会变差或者当前的问题不会得到改善，信心指数仅为 74.92 分。再进一步考察这个群体的"三险一金"覆盖率，发现月收入在 2000 元及以下的低收入群体的覆盖率分别为基本养老保险 56.8%、基本医疗保险 77.3%、失业保险 24.4%、住房公积金 19.6%，均为各组间最低。这说明未来在基本公共服务均等化方面，低收入群体仍然是发展的重点，尤其是医疗服务和社会保障不均程度较高又关系到社会的安全稳定。

最后，看不同社会阶层的受访者看其对基本公共服务的满意度和信心指数。受访者被要求根据自我认知，对自身的社会地位进行界定，第一层代表最低，第十层代表最高。根据他们的界定，我们将其社会地位从低到高分为五层，其具体占比分别为底层（第一、第二层）17.7%、中下层（第三、第四层）32.4%、中层（第五层）33.2%、中上层（第六、第七层）13.5% 和上层（第八、第九、第十层）3.3%。从图 6—10 可以发现，不同社会阶层的基本公共服务满意度评价主要是在社会保障和医疗服务上呈现明显差异，并且基本趋势都是社会地位越低，对基本公共服务的满意度越低。对于社会保障，底层群体的满意度为 61.60 分，而上层群体达到了 69.56 分。对于医疗服务，底层群体的满意度评分仅为 56.16 分，而上层群体的评分达到了 65.39 分，相差近 10 分。此外，在其他社会地位群体对环境质量满意度维持在 65 分左右的情况下，上层群体也对此项服务表现出较高评价，给出了 73.18 分的高分。

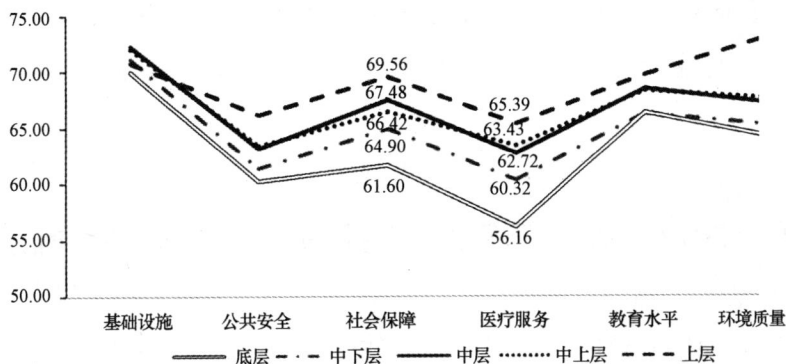

图6—10　分社会地位基本公共服务满意度评分（分）

在对基本公共服务的前景预期方面，不同社会地位群体在社会保障上呈现出较大的组间差异。具体而言，底层群体对未来三年社会保障的改善持较为悲观的预测，15.7%的受访者认为未来的状况为进一步恶化，信心指数为81.46分。而最为乐观的预测出现在中层群体，8.9%的受访者认为未来状况会变差，但同时有75.3%的受访者认为目前的状况会有所改善，信心指数达89.43分。

特别关注自我认定社会地位处于底层的群体，这个群体对于几乎各项基本公共服务的满意度水平都为组间最低（仅在对教育水平的满意度评价方面略微高于中下层群体），并且在社会保障和医疗服务方面差距明显。而对于前景预期，也同样在社会保障和医疗服务方面为各组间最为悲观的。其中，社会保障信心指数为81.46分，相比于信心最高的中层群体低了近8分。医疗服务信心指数为76.39分，略高于上层的76.16分，但两个群体的关注点并不相同，底层群体关心的是服务的可得，而上层群体则关注服务质量的提升。因此可以说，自我认定社会地位处于底层群体的确在社会保障、医疗服务等重要的基本公共服务领域的现实状况和前景预期方面都处于弱势地位。

四　2012—2015 年我国城市基本公共服务热点问题

在上述对 2015 年调查数据所反映出的基本公共服务均等化状况的基础上，下文将进一步结合 2012 年、2013 年、2014 年的调查数据，对住房、就业、生态环境等公众关心的热点问题和关系到我国小康社会建成的重要领域的基本公共服务状况、变化和问题进行梳理。

（一）住房

自 2003 年 8 月《国务院关于促进房地产市场持续健康发展的通知》发布以来，房地产业被作为拉动经济增长的核心支柱产业获得迅速发展。但在改善城市居民住房条件、推动城镇化的同时，房价的迅速走高也带来了普通居民的居住难题。因此，中央政府在积极采取各种楼市调控政策的同时，也大力推进经济适用房、廉租房等保障性住房体系建设，力图通过市场配置和政府保障相结合的方式满足城市家庭的住房需求。

住房是关系民生的重要问题，住房保障是社会保障的重要内容，本调查也以多个题器就公众对于个人及所居住城市的住房状况进行测评，具体内容如表 6—5 所示。

表 6—5　　　　　　　　　住房状况的测量

维度	题器
个人住房现状	您家有多少套房
	您现在居住的这套房的来源是什么
	您对目前的住房状况是否感到满意
	您是否有住房公积金
个人住房预期	未来三年您是否有买房的打算
	您认为未来三年您的住房状况会有什么变化
本地住房现状	您对本市住房价格的现实状况是否感到满意
	您对本市住房保障（棚户区改造、廉租房供给等）的现实状况是否感到满意
	您所在的城市是否有公共租赁住房或廉租房（知晓度）
	您所在城市的公共租赁住房或廉租房使用是否方便（便捷度）
本市住房预期	您认为未来三年本市的住房价格会有什么变化
	您认为未来三年本市的住房保障（棚户区改造、廉租房供给等）会有什么变化

首先，看受访者的个人住房现状及评价。从表 6—6 可以看出，2012—2015 年，没有住房的受访者比例从 9.9% 逐年下降至 7.1%，受访者对个人住房现状的满意度评分也从 60.81 分逐步提高到 65.07 分。这说明政府在解决居民住房问题、实现"十八大"提出的"住者有其屋"方面还是取得了一定成效。在住房数量方面，拥有 1 套住房是绝大多数城市居民的住房状况，其占比四年来均稳定在 80% 以上。拥有 3 套及以上住房的人群比例也呈现逐年小幅上升趋势，这说明住房价格的高企让房屋在居住之外更成为一种让资产保值增值的方式，仍然被不少人作为投资的手段。另外，住房公积金的覆盖率在几年的数据中围绕在 20% 左右波动，并没有体现出覆盖率的持续扩大

态势。

表6—6　　　　　　　　　　个人住房状况及评价

		2012	2013	2014	2015
受访者（%）住房数量	无房	9.9	8.1	7.8	7.1
	1套	80.6	81.2	82.4	80.3
	2套	8.5	9.7	8.5	10.8
	3套及以上	1.0	1.0	1.3	1.7
住房公积金覆盖率（%）		26.2	16.7	23.0	22.7
个人住房现状满意度（分）		60.81	59.05	60.95	65.07
未来三年打算买房的比例（%）		23.5	33.8	27.4	24.7

其次，看受访者对所在城市住房状况和保障的评价。从表6—7可知，公众对住房价格的满意度和信心指数均很低，且住房保障的满意度和信心指数也低于同年度社会保障的总体分数。例如，2015年，社会保障的满意度和信心指数分别为65.62分和85.73分，而住房保障的满意度和信心指数仅为62.30分和79.45分。不过从总体趋势上看，2013—2015年，满意度和信心指数均有小幅度提升。同时，在对所在城市的保障性住房的知晓度和便捷度评价方面，2013—2015年也同样有所上涨。这说明，近年来住房保障的工作还是取得了一定成效，越来越多的公众开始了解相关政策，并认为使用起来便捷度也有所改善。

表6—7　　　　　　　对所在城市住房状况和保障评价

	2012	2013	2014	2015
住房价格满意度（分）	—	—	46.43	52.02
住房价格信心指数（分）	—	—	52.85	61.80
住房保障满意度（分）	—	61.01	61.40	62.30
住房保障信心指数（分）	—	74.61	81.64	79.45
保障性住房（公租房、廉租房）知晓度（%）	—	72.7	74.0	81.3
保障性住房（公租房、廉租房）便捷度（%）	—	28.0	23.3	51.1

注：—表示当年的调查中未统计该项数据。

此外，我们再根据2015年数据，进一步考察无房人群的具体特征。户籍类型和属地分析发现，没有住房的人群主要是外地农业户籍人群，即一般意义上的农民工群体。在外地农业户籍群体中有24.5%的人没有住房，远高于整体7.1%的水平。因此，这个群体主要以租赁的方式解决居住问题，租赁住房的比重占48.5%。这些没有住房的人群，正是政府提供的公共租赁住房或廉租房政策的目标群体。数据显示，在知晓率方面，83.0%的无房人群表示知道所在城市是否提供这两类保障性住房，与总体持平，但农民工群体中知道所在城市保障性住房相关政策的只有79.1%。同时有40.0%的无房受访者表示，这类保障住房在申请、入住等使用方面并不方便，农民工受访者中则有36.6%的人表示保障性住房使用起来不方便，均高于总体31.9%的水平。

（二）就业

就业是民生之本，是人民改善生活的基本前提和基本途径。

中国作为一个人口大国，有众多的劳动力人口，积极促进就业、保障劳动者的就业权利，既是我国基本公共服务的重要内容，也是促进经济持续健康增长的重要工作。尤其在当前经济下行的态势下，就业的压力不断增长，就更需要提高"就业岗位的创造能力、劳动力市场的流动能力、就业岗位的匹配能力"，真正解决我国的就业问题。

本调查中设计了两个维度的题器分别测量了公众对自身就业状况的评价和对政府在就业服务方面的评价，具体内容如表6—8所示。

表6—8　　　　　　　　就业状况的测量

维度	题器
个人 就业状况	您是否有工作
	您是否担心会失业
	您是否有失业保险
城市就业 服务状况	您对所在城市的就业机会是否感到满意？未来三年您觉得会有什么变化
	您对所在城市的继续教育和岗位培训机会是否感到满意？未来三年您觉得会有什么变化
	您对所在城市的是否有免费就业、就业指导和技能培训等服务？使用是否方便

首先看个人的就业状况。在 2012—2015 年的调查数据中，受访者中失业下岗[①]的人数比重除 2013 年稍低（3.7%）外，基

---

　　① 关于工作状态认定包括两个层次："是否有工作"（有非农工作、务农、没有工作）以及"没有工作的话属于哪种情况"（离退休、在校学生、失业下岗、在家持家、其他）。因此，此处"失业下岗"不等同于没有工作。

本维持在5%以下。在有工作的受访者中，有大约1/4的工作并不稳定，担心自己会有失业的可能。但是，对失业人士发挥兜底作用的社会安全网——失业保险，其覆盖率却一直是"三险一金"中最低的。2013年时，有超过七成的受访者表示自己没有失业保险，而在失业下岗人群中更是近九成的人没有失业保险。但积极的一面是，根据受访者的回答，该险种的覆盖率近年来一直保持缓慢的上升趋势，至2015年，在所有受访者中没有失业保险的受访者比重已经降至66.8%，而在失业下岗的受访者中没有失业保险的比重也降至79.6%（见表6—9）。

表6—9　　　　2012—2015年受访者个人就业状况　　　　单位:%

	2012	2013	2014	2015
失业下岗（在所有受访者中）	5.5	3.7	6.1	5.0
担心会失业（在有工作的受访者中）	—	—	24.5	26.4
没有失业保险（在所有受访者中）	—	71.3	69.7	66.8
没有失业保险（在失业下岗受访者中）	—	88.2	87.3	79.6

其次，再看受访者对所在城市的就业机会现状的评价和预期。在对就业机会的现状评价方面，总体趋势上，2012年受访者对所在城市的就业机会满意度评分为59.41分，此后三年略有波动，但基本保持在60分左右。分地区来看，东部地区的就业情况要明显好于其他地区，2012年时满意度58.85分为所有地区中最低的，此之后快速上升，至2015时达到了65.27分，为四个地区中最高。中部地区和西部地区的满意度变化趋势较为类似，2012—2014年变化较为平缓，至2015年略有下降，均为58分左右，明显低于总体平均水平的61.37分。而东北部地

区受访者对所在城市的就业机会满意度则呈现先降后升的特点，2012 年时满意度为四个地区之首，达到 62.21 分，后逐年下降，至 2014 年达到 59.11 分的最低分后，2015 年又升至 61.05 分（见图 6—11）。在对就业机会的信心指数方面，除 2013 年稍低（70.73 分）外，从 2012 年至 2015 年呈现出缓慢的上升趋势，信心指数从 74.41 分上升至 77.16 分。

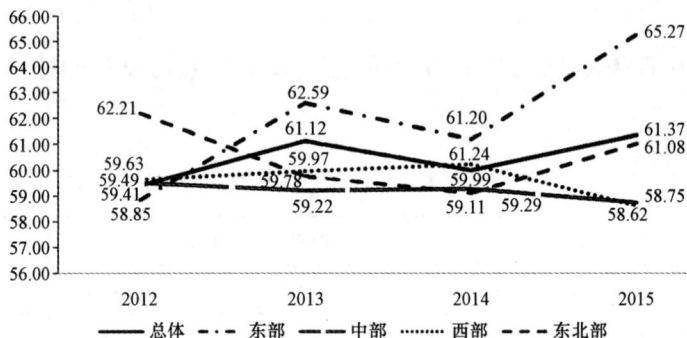

图 6—11　2012—2015 年分地区就业机会满意度评分（分）

　　继续教育和岗位培训是针对已经脱离学校教育、参加工作的人所提供的教育和培训服务，有助于已就业人员进行知识和技能的更新、补充和扩展，培养和开发人力资源的潜能，提高劳动力素质，也是城市就业服务的重要内容。分析 2012—2015 年有工作的受访者对所在城市的继续教育和岗位培训的服务评价发现，相比于 67.42 分的教育水平满意度评分来说，该项服务满意度评分并不高，但趋势上有缓慢提升，从 2012 年的 61.97 分上升到 2015 年的 64.81 分。不过，受访者对于该项服务的预期还是比较乐观的，除 2013 年外，均保持在 80 分以上（见图 6—12）。在调查中，也有不少受访者表达"希望未来变得更好"的心愿,说明公众对于政府在此方面的就业服务还是保持一定期待的。

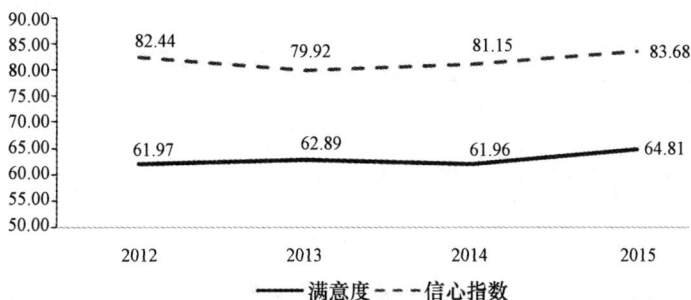

图6—12　有工作人群对继续教育和岗位培训满意度和信心指数（分）

目前,一般每个高校都会设立就业信息指导中心,帮助毕业生获取招聘信息、组织信息交流活动、安排专场招聘会等,以规划职业发展、实现就业。而针对社会公众的就业信息、就业指导和技能培训则主要由各地的人才服务中心提供。在就业存在一定压力的情况下,政府社会保障部门所提供的免费就业信息、就业指导和技能培训服务能够更好地提高就业率以及人才和岗位的匹配度。考察2013—2014年①受访者中失业下岗人群对所在城市提供的免费就业信息、就业指导和技能培训服务的认知情况发现,明确知道所在城市提供该项服务的失业下岗人群大约有四成,2015年时有所增长达到接近五成。而同时表示该项服务使用方便的人群比重则更低,2013年和2014年仅有两成多,2015年时则超过1/3。

---

① 2012年调查数据未统计该指标。

表 6—10　　　　　2013—2015 年失业下岗人群对免费

就业信息等服务的认知　　　　单位：%

年份	2013	2014	2015
知晓度	44.70	35.90	48.90
便捷度	28.10	22.00	36.80

此外，就业信息和就业指导服务在不同地区间的差异也十分明显。以 2015 年数据为例，上海市受访者中有 67.7% 的人表示明确知道当地有提供此类服务，黑龙江省哈尔滨市和绥化市有 19.2% 的受访者知道，而江西省宜春市受访者中知道此类服务的则只有 7.4%。因为本调查的抽样设计，这些数据不足以推论这些城市的整体情况，但参考各地人才服务中心网站的信息内容也可以发现，地区间的差异还是十分显著的。这说明，一方面，推进就业作为人力资源与社会保障部门工作的重要内容，在就业信息、就业指导和技能培训的服务方面，仍有很大的改进空间。另一方面，在强调硬件建设和服务供给的基础上，还要进一步提高政策目标对象对这些服务的认知程度和获取能力，使得服务真正发挥实效。

（三）环境质量

自 2012 年起，本调查就将环境质量列入考察的范围，2013 年之后更是进一步细化为包括空气质量、自来水质量、生态水面质量、城市绿化和生活垃圾处理 5 个方面的具体指标的测量。

整体来看，公众对环境质量的满意度评价一直是各类基本公共服务中最低的，2012—2014 年均在 60 分以下，2015 年略有提升，达到 66.17 分。在分类指标方面，2013 年时，公众对空气质量的评价最低，仅为 51.97 分，但至 2015 年时，公众对于生态水面质量的满意度却是最低的，仅有 59.87 分（见表 6—11）。这也说明了近年来我国水污染问题的严重和治理措施的不力。另外，自来水、城市绿化和生活垃圾处理不同于空气和生态水面受限于原有自然条件、需要整体性治理的特点，这三个项目是地方政府提供的地方性环境治理服务，其服务水平与当地居民的生活和城市面貌密切相关，直接体现地方政府的环境工作投入力度。数据显示，生活垃圾的处理是其中满意度较低的项目，相比于其他项目三年来的增幅较小。2014 年满意度最低时，有 18.1% 的受访者表示较不满意，9.2% 的受访者表示很不满意。

表 6—11　　　　　2012—2015 年公众对环境质量满意度　　　　单位：%

	2012	2013	2014	2015
环境质量	56.89	53.79	57.49	66.17
空气质量	—	51.97	56.39	62.30
生态水面质量	—	54.36	57.78	59.87
自来水质量	—	60.00	62.86	65.52
城市绿化	—	68.45	69.75	73.48
生活垃圾处理	—	62.91	60.23	64.43

在各个具体分类指标中，公众对于空气质量最为关注，下文进一步分析其特点。2012 年年底蔓延我国 25 个省，100 余座大中城市的雾霾天气让人们意识到大气污染问题的严重性，2013 年时受访公众对空气质量的满意度仅为 51.97 分，有

24.7%的受访者表示较不满意，21.1%表示很不满意。为了应对日益严重的空气污染问题，国务院于2013年9月发布了《大气污染防治行动计划》，第十二届全国人大常委会第十六次会议于2015年8月29日经修订通过了《中华人民共和国大气污染防治法》，各地也积极推出大气污染治理的具体实施方案。数据显示，公众对空气质量的满意度也在逐年提升，至2015年时，已达到62.30分。

同时，公众对于空气质量的满意度评价呈现出明显的地域差别。2013年，东部地区的满意度评分显著低于其他三个地区，仅为46.71分，随后迅速上升，2014年为52.92分，至2015年时已达到62.43分，位列四个地区中的第二位。这说明东部地区在经济社会发展达到一定水平之后，已经开始在空气治理方面加大投入并取得了一定成效。西部地区在空气质量方面的满意度三年来均为四个地区中最高，东北部地区保持着满意度的缓慢提升，而中部地区则经历了一个满意度下降又上升的过程，2015年时为四个地区中满意度评分最低的（见图6—13）。

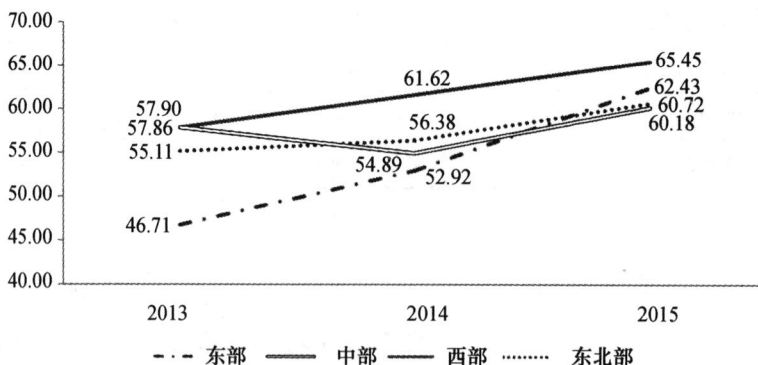

图6—13　2013—2015年分地区空气质量满意度评分（分）

并且，在各地区内部，不同省份、城市之间的差异依然显著。例如，东部地区对空气质量的评价虽然保持了整体上满意度的快速提升，但一些地区并没有明显改善，甚至出现满意度下降。以北京市为例，2013—2015 年对空气质量的满意度分别为 42.65 分、44.79 分和 39.55 分，不但显著低于东部地区的平均水平，而且呈现满意度下降的趋势。同样，重庆市也不同于西部地区满意度持续上升的态势，2013—2015 年，对空气质量满意度评分分别为 65.36 分、63.87 分和 61.72 分，出现了持续下降。

五　研究结论与政策建议

（一）公众对基本公共服务的满意度、信心指数和绩效评价均有所提升

总体来看，公众对 2015 年各类基本公共服务比较满意。与最近三年的趋势一致，基础设施满意度仍然是最高的，平均得分为 71.47 分。而医疗卫生的满意度则延续了 2014 年的较低认可度，平均得分 61.00 分为六大类基本公共服务中的最低分。另外一点值得注意的是，环境质量的满意度保持了连续三年的上升态势，2015 年时满意度评分达到了 66.17 分。

在信心指数方面，公众对公共安全和环境质量的信心提升较为显著。其中，对公共安全的信心指数从 2013 年的 77.74 分上升到 2015 年的 90.78 分；对环境质量的信心指数从 2013 年的 58.80 分上升至 2015 年的 84.63 分。

在实施绩效方面，受访者对政府提供基本公共服务的评价得分都在 60 分以上，但最高得分也不超过 70 分，说明公众还是比较认可政府提供的服务绩效的，但满意度仍有待提高。其中，"贴近需要"的评分最高，为 69.36 分，而"听取意见"的评分最低，为 63.45 分，说明当前政府在公共服务的供给内容上得到了认可，但实施过程中仍需多听取公众意见。

（二）医疗卫生服务的满意度和信心指数较低且不均等现象较为突出

整体上，医疗卫生服务落后于人民群众的需求。2015 年公众对医疗卫生的满意度延续了 2014 年的较低认可度，平均得分 61.00 分为六大类基本公共服务中的最低分。在前景预期方面，公众对医疗卫生的改善预期虽较 2014 年有所上升，但 78.45 分的得分仍为所有基本公共类别中最低的。认为未来三年医疗卫生的状况存在问题且难以改善的人群占到受访者的 19.20%，也是所有类别中消极预期比重最高的。

同时，医疗卫生资源在地区间的布局不合理，不同地区的公众对医疗卫生的满意度和信心指数也出现明显差异。东部地区对医疗卫生的满意度最高，为 65.29 分，中部地区是四个地区中最低的，仅为 56.13 分。在信心指数方面，仍然是东部地区最为乐观，信心指数达到 85.36 分，而信心最低的东北部地区仅为 70.03 分，地区差异十分显著。

并且，在制度性方面，医疗卫生服务的满意度也在农业户口人群与非农业户口人群之间、本地人和外地人之间表现出差异，尤其是外地农业户籍人群对未来三年医疗卫生服务的前景预测最为悲观，信心指数仅为 76.44 分，是各类户籍类型和户籍属地人群对各类别基本公共服务的信心指数中最低的。这说明，针对本地户籍人口设计的医疗卫生服务在快速城市化背景下难以满足大量外来人口尤其是农民工需求。

在群际方面，月收入在 2000 元及以上的低收入群体对医疗服务的满意度最低，57.34 分的满意度评分显著低于其他收入水平人群的评分。在前景预期方面，低收入人群对医疗服务的预测也是各组间最低的，有 22.8% 的受访者认为未来三年的医疗服务会变差或者当前的问题不会得到改善，信心指数仅为74.92 分。

上述数据说明，当前我国城市的医疗卫生服务存在总体满意度较低和均等化程度低的双重问题，并且该项公共服务的满意度和不均等问题在自 2012 年以来的调查数据中均有体现，长期以来未有明显改善。值得注意的是，国务院办公厅于 2015 年3 月 6 日印发了《全国医疗卫生服务体系规划纲要（2015—2020 年）》，对各类医疗机构和人员等资源配置提出了指导性指标，但针对上述问题的解决办法仍待进一步细化落实。

（三）无单位人士、低收入群体和底层人群的社会保障需加强

社会保障服务的制度性不均等和群际差异比较明显。考察不同就业单位类型人群对社会保障的满意度和信心指数发现，体制性差异并不存在，即在国有单位就业的人群并未表现出比在非国有单位就业的人群更高的满意度和更积极的预期。但是受访者所反映出的"三险一金"覆盖率显示出，无单位的自由

职业者和自营职业者人群的社会保险覆盖率显著低于有单位的就业人群。进一步关注月收入在 2000 元以下的低收入人群和自我认定社会地位处于社会底层的人群发现，这类人群对医疗服务和社会保障这类关系民生的重要领域的满意度评分都很低，其中医疗服务 57.34 分为组间最低，社会保障 64.45 分也仅高于 2001—4000 元收入组为组间次低。在对各项服务的前景预期方面，这类人群对医疗服务的预测也是各组间最低的。不同社会阶层的基本公共服务满意度评价也主要是在社会保障和医疗服务上呈现明显差异，并且基本趋势都是社会地位越低，对基本公共服务的满意度越低。而在对基本公共服务的前景预期方面，不同社会地位群体也是在社会保障上呈现出较大的组间差异。

上述数据发现说明，由于目前社会保险的缴费制度大多需要单位共同缴纳或者说只能通过就业单位强制个人缴纳，因此无单位人群参与社会保险得不到保障。而这个群体内部分化严重，月收入从数百元到数万元不等，其中的高收入者自然或许可以通过商业保险等市场途径规避风险，但低收入者就无法被纳入社会安全网中。而低收入者和底层人群恰恰是对社会保障最不满意和预期最为悲观的人群。因此，在进一步推进基本公共服务均等化的工作中，低收入群体和底层群体的医疗服务和社会保障是重点，这关系到人人享有基本社会保障的小康社会目标的实现，也是影响到社会稳定的重点领域。

（四）住房保障满意度提升水平缓慢，保障性住房对外来人员的准入条件需调整

综合四年数据分析发现，个人住房状况有所改善，有住房

的受访者比例逐年上升，对个人住房的满意度也有提高。但是相比于四年中社会保障满意度和信心指数的改善程度，住房保障方面的满意度和信心指数虽然也有提升，但水平缓慢，改善程度有限。

外地农业户籍人群是受访者中无房人群的主体，因此租赁是他们解决居住需求的主要途径。结合其收入分析发现，这类人群的就业方式比较不稳定且收入较低，正是政府提供的公共租赁住房或廉租房的政策目标人群。但农民工群体中知道所在城市保障性住房相关政策的只有79.1%。同时有40.0%的农民工受访者表示公租房、廉租房等保障性住房在申请、入住等方面并不方便。

城市住房商品化改革使得中国住房体系一度过于倚重市场配置而忽略政府保障，十八大报告中确立的"建立市场配置和政府保障相结合的住房制度"，要求更加尊重市场规律，由市场配置商品房资源，也要求更充分发挥政府作用，加强保障性住房的建设和管理，使困难家庭的基本居住需求得到满足。目前各地的保障性住房都开始探索突破户籍限制的执行办法，但是大多仍是要求本地城市户籍家庭或者具有稳定工作一定年限的外来家庭。外来家庭一般需提供暂住证明、缴纳住房公积金证明或参加社会保险证明等材料证明自己的"稳定工作年限"，而这些都是流动性高、"三险一金"覆盖率低的农民工群体难以提供的。因此，在对公租房等保障性住房的运营管理中，需要进一步探索如何在准入条件和办法上做出调整，使最需要得到住房保障的这部分无房群体获得相关的社会保障服务。

（五）失业保险覆盖率有待提高，就业服务的知晓度和便捷度需提高

在基本养老保险、基本医疗保险和失业保险三大类基本社会保险的覆盖率中，失业保险的覆盖率最低，2015 年调查中仅有 28.7% 的人回答自己有该项保险，而在失业下岗的人群中，没有失业保险的受访者比重更大，达到了 79.6%，而这种情况已经是有所改善后的局面。虽然从制度层面来说，失业保险适用的范围已经从最初的国有企业职工扩展到城镇所有企业事业单位及其职工，并且是法律强制实施的，但在实际操作中，覆盖范围仍然有限，需要进一步加强监管，落实实施。

面对严峻的就业形势，除了从消极预防的角度提高失业保险的覆盖率外，更需要通过各种服务措施和手段促进就业的实现。调查数据显示，经济发展较好的东部地区就业机会较多，而中部、西部地区受访者对于所在城市就业机会的满意度评价远低于东部，甚至逐年略有下降。但是，在帮助劳动力人群就业的免费就业信息、就业指导和技能培训服务等方面，受访者中的政策目标人群所表现出的认知程度却未尽如人意。2013 年时，明确知道所在城市提供相关就业服务的失业下岗人群大约有四成，2015 年时有所增长，达到接近五成。而同时表示该项服务使用方便的人群比重则更低，2013—2014 年仅有两成多，2015 年时才超过 1/3。并且此类服务在北京、上海等一线大城市较为丰富完善，省会等二线城市次之，至于一般的三线、四线城市则服务更少、知晓率更低。这当然也和各城市潜在的就业人群规模和需求有关，但整体就业的推进不能仅依靠少数大

城市的吸纳能力，各地人力资源与社会保障部门工作通过加强服务供给、提高服务的知晓度和便捷度，就地解决就业问题，才能真正全面提高就业水平。

（六）环境质量满意度有所改善，部分项目部分地区仍需加强

2012—2014 年，公众对环境质量的满意度评价一直是各类基本公共服务中最低的，满意度评分均在 60 分以下，2015 年略有提升，达到 66.17 分，说明总体上环境质量的工作取得一定进展。但是分类别进一步考察后发现，涉及城市居民生活和城市面貌的项目，如自来水质量、城市绿化、生活垃圾处理等满意度较高，而涉及自然环境的项目，如空气质量、生态水面质量等却未见显著改善。

以空气质量为例进一步考察时发现，地区间差异显著，西部地区满意度一直居于各地区之首，东部地区满意度提升速度快，中部和东北部则未有显著变化。但地区内部差异同样显著，在雾霾问题较为严重的京津冀地区，北京市的空气质量满意度不但未有改善，反而有下降趋势。而处于环境较好的西部地区的重庆市，则随着城市发展和工业化的加速，公众对空气质量的满意度水平连年下降。除空气污染之外，水污染、土壤污染、土地荒漠化、水土流失等问题也普遍存在，并且在一些地区十分严峻。因此，环境治理虽然取得一定成绩，但依旧任重道远。

第七章　政府社会责任

　　外部评价是促进政府履行社会责任的重要手段和有效途径。从政府内部来看，需要一套有效的评价体系来衡量政府社会责任的成效，查缺补漏，持续改进；从外部社会来看，用一套逻辑一致的指标体系对政府社会责任履行状况进行评价，有助于外部利益相关群体更清晰地辨识政府社会责任的发展水平，推动政府提升履行社会责任的绩效。

　　基于上述目的，中国社会科学院社会发展战略研究院根据国内外经典理论和评价体系，结合中国实际，构建了一套覆盖全面、结构一致的政府社会责任发展指数——中国政府社会责任发展指数，从经济发展、社会发展、环境保护和政府治理四个方面来测量公众对政府社会责任发展水平的满意程度和未来预期。从2012年到2015年，连续4年实施大样本社会调查，持续跟踪中国政府社会责任发展进程的阶段性特征，为相关研究和政策制定提供基准性参考。

一　技术路线

（一）概念与模型

政府所享有的公共权力来自于社会的整体赋予，根据权力和责任的对应原则，政府作为一个整体组织就应该对社会赋予的整体权力承担相应责任。亚里士多德认为，政府存在的根本要义在于使国民过上正义和理性的社会公共生活，其宗旨就是为了维持公民抑或社会的"公共福利"。托马斯·阿奎那立足于政府价值，认为政府一切的行动逻辑在于"殚精竭虑地增进公共福利"。[①] 政府的责任体系无疑最终都是在要求政府对公民负责，满足公民的共同需求，过上幸福生活，是人类社会每一个个体的共同追求，因此，在现代社会中，政府应当对人民的幸福生活负有重大责任。[②]

对政府责任具体内容的讨论主要集中于两个维度：一个是政府对外的社会功能和核心使命，即政府作为社会公共管理者，应该提供哪些公共产品和服务。这个方面最具代表性的观点是世界银行《1997 年世界发展报告——变革世界中的政府》，该报告认为政府的核心使命有五项：一是建立法律基础；二是保持非扭曲的政策环境，包括宏观经济的稳定；三是投资于基本的社会服务与基础设施；四是保护承受力差的社会阶层；五是

---

① 转引自陈浩天《政府民生治理：公共权力的合法性运作与演进谱系》，《湖北社会科学》2015 年第 8 期。

② 熊辉：《公民幸福与政府责任——给予社会比较视角的分析》，《天津行政学院学报》2015 年第 3 期。

保护环境。国内学者桑瑜指出，不管社会如何变迁，政府角色如何定位，政府的基本职能就是为社会公众提供公共产品和服务，对于保障国家安全、维护社会公正、提供公共产品和服务以及助弱扶贫等社会责任，政府都义不容辞。①

对政府社会责任研究的另一个重点是政府对内的治理方式和管理水平，即政府作为一个公共组织，对自身的约束和管理，以及政府工作人员的德行。Graver Straling 认为，政府责任的内涵包括以下方面：回应、弹性、胜任能力、正当法律程序、负责与廉洁等。② 国内学者张成福在其《责任政府论》中将政府的责任划分为道德责任、政治责任、行政责任、诉讼责任和侵权赔偿责任。③ 俞可平将政府自身管理的责任定义为"善治"，并认为"善治是公共利益最大化的过程……合法、透明、法治、回应、有效是善治最基本的关键词"。④

综合国内外相关研究成果，本研究提出政府社会责任模型：政府社会责任由发展责任和治理责任两大维度构成，发展责任指的是政府要确保经济增长、社会进步和环境美好，治理责任指的是政府在自身管理上要做到依法、自律、效率、反腐、透明、问责。上述四个方面构成一个以"治理"为核心，"经济""社会""环境"三个构面环绕的"四位一体"模型。

---

① 桑瑜：《论政府与企业的社会责任边界》，《湖南师范大学社会科学学报》2014 年第 4 期。

② Graver Straling, *Managing the Public Sector*, The Dorsey Press, 1986, pp. 115 – 125.

③ 张成福：《责任政府论》，《中国人民大学学报》2000 年第 2 期。

④ 俞可平：《治理与善治》，社会科学文献出版社 2000 年版，第 330 页。

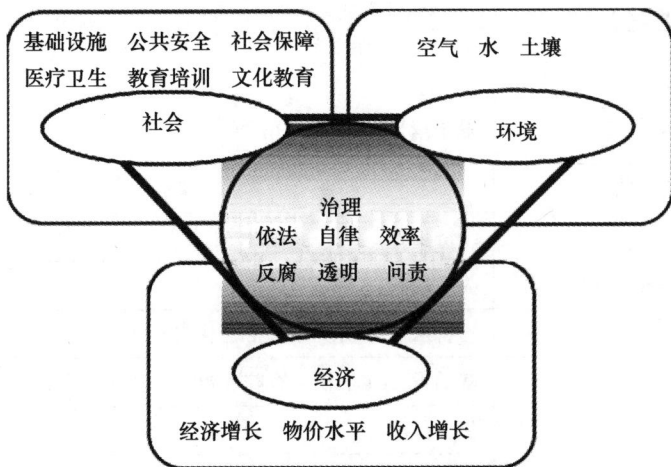

图7—1　政府社会责任的"四位一体"模型

（二）评价指标

为了评价公众对中国政府社会责任现状的满意程度和未来预期，课题组以模型为基础，设置了两级评价指标体系。其中，一级指标体系由经济发展责任、社会发展责任、环境保护责任和政府治理责任4个指标构成。经济发展责任下包含经济增速、收入增长和物价水平3个二级指标，社会发展责任下包含基础设施状况、住房保障、教育水平等10个二级指标；政府环境保护责任下包括空气质量、自来水质量、生态水面质量等5个二级指标；政府治理责任则包含了预防和惩治腐败、依法行政、公务员廉洁自律等6个二级指标（指标具体构成如表7—1所示）。

根据政府社会责任评价指标体系，课题组分别设置了5级量表和3级量表进行调查（满意程度答案采用Likert 5级量表设置：1很满意；2较满意；3一般；4较不满意；5很不满意；未来预期答案采用Likert 3级量表设置：1变好；2没变化；3 变差）。

表 7—1   **政府社会责任评价指标**

一级指标	二级指标
经济发展责任	经济增速
	收入增长
	物价水平（消费品价格、住房价格）
社会发展责任	基础设施（学校、医院、银行、商店、通信等）
	住房保障
	教育水平（入学择校、教学质量等）
	医疗服务水平（医疗水平、看病费用等）
	社会保障水平
	社会治安
	食品安全
	公平公正
	就业机会
	社会风气
环境保护责任	空气质量
	自来水质量
	生态水面质量（湖、河、溪、塘等）
	城市绿化
	生活垃圾处理
政府治理责任	预防和惩治腐败
	依法行政
	公务员廉洁自律
	办事效率
	信息公开透明
	对违规失职的责任追究

（三）指数构建方法

1. 研究路径

在测度了公众对政府社会责任现状的满意度以及对未来 3 年的预期以后，我们选用指标含义清晰、综合解释能力强的传统评价法（加法合成法）来计算公众对政府社会责任的满意指数 K（$K = \dfrac{\sum_{i=1}^{n} \lambda_i W_i}{\sum_{i=1}^{n} W_i}$）和信心指数 J（$J = \dfrac{\sum_{i=1}^{n} \lambda_i W_i}{\sum_{i=1}^{n} W_i}$），其中 K 为公众对政府社会责任的满意指数值，J 为公众对政府社会责任的信心指数值；λ 为单个指标的均值，n 为评价指标的个数；W_i 为各评价指标的权重——由层次分析法生成。具体研究路径如下：

（1）度量转换，将满意指数关键指标的五级量表和信心指数关键指标的三级量表均转换为百分制量表；

（2）用标准差因子（二级指标）赋权法，计算一级指标满意指数和信心指数；

（3）用层次分析法计算出一级指标的权重；

（4）用加权合成法对一级指标综合，得出满意指数和信心指数。

2. 度量转换

在调查问卷中，受访者对政府社会责任现状的感知被设置为 5 级量表，为了较为直观地表现政府责任满意指数，将其转化为百分制度量方法，并设定满意区间（60—100 分）、一般区间（40—60 分）和不满意区间（0—40 分），如表 7—2 所示。

表7—2　　　　　　政府社会责任满意度转换　　　　单位：分

满意度	很满意	较满意	一般	较不满意	很不满意
5级量表	1	2	3	4	5
百分制量表	100	80	60	40	20
对应区间	80—100	60—80	40—60	20—40	0—20

受访者对政府社会责任未来三年的感知被设置为3级量表，亦将采用百分制度量方法，变好、没变化和变差对应依次为100分、67分、33分，对应的区间分别为变好（67—100分）、没变化（33—67分）及变差（0—33分），如表7—3所示。

表7—3　　　　　　政府社会责任信心度转换　　　　单位：分

信　心	变好	没变化	变差
3级量表	1	2	3
百分制量表	100	67	33
对应区间	67—100	33—67	0—33

3. 权重确定

采用层次分析法确定政府社会责任一级评价指标的权重，延续2012年政府社会责任指数构建中一级指标的比较判断矩阵，各个指标相应的权重如表7—4所示。可见对衡量政府社会责任而言，经济发展的重要性＞社会发展的重要性＞环境保护的重要性＞政府治理的重要性，我们采用一致的一级指标权重计算政府社会责任满意指数和信心指数。

表 7—4　　　　　　　　　政府社会责任一级指标权重

责任议题	经济发展	社会发展	环境保护	政府治理
权重	0.32	0.29	0.24	0.15

二　政府社会责任满意度与信心度

以上述理论推演为基础，中国社会科学院社会发展战略研究院于 2015 年 6—10 月实施了"2015 年度中国社会态度和社会发展问卷调查"，最终回收有效问卷 7967 份。

（一）政府社会责任满意度

1. 受访者对经济增速最为满意，对物价水平较不满意但比过去三年满意度显著提升

将经济发展责任细分为经济增长速度、收入增长和物价水平 3 个方面来衡量，受访者满意度调查结果如图 7—2 所示。[①] 可以看出，老百姓对经济增速的满意度最高，接近一半的受访者（占 48.1%）表示满意，仅 13.1% 表示不满意。约 1/3 的受访者对收入增长表示满意。但物价水平满意度相对较低，有 23.1% 的受访者表示满意，多达 46.8% 的受访者表示不满意。

---

① 将"很满意"和"较满意"合并为"满意"进行统计，将"较不满意"和"很不满意"合并为"不满意"进行统计。以下满意度统计均按此处理。

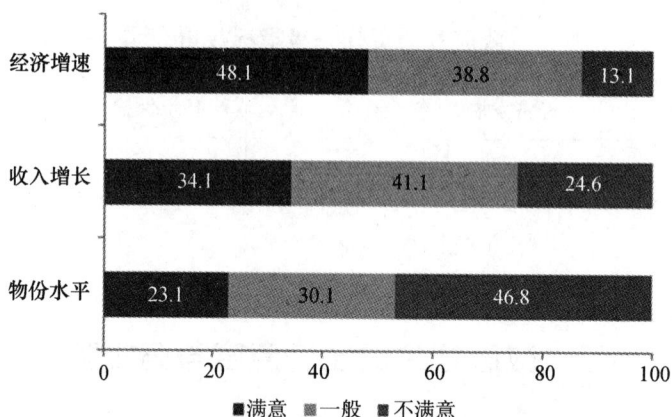

图 7—2　2015 年政府经济发展责任指标满意度分布（％）

物价水平满意度是根据标准差赋权法，由消费品价格满意情况和住房价格满意情况两个题器加权加总算出。消费品价格和住房价格的调查结果如图 7—3 所示。可知受访者对住房价格和消费品价格的满意度均较低，仅有 23.3% 的受访者对消费品价格满意，接近一半的受访者不满意；有 23.0% 的受访者对住房价格满意，高达 47.4% 的受访者不满意。

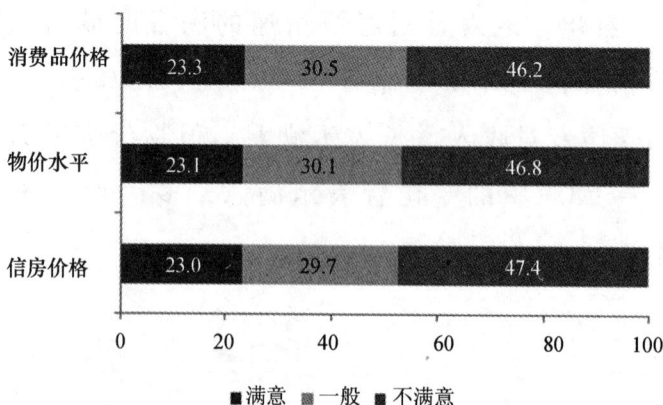

图 7—3　2015 年物价水平满意度分解（％）

将 2015 年政府经济发展责任各项指标的满意情况与 2012
年、2013 年、2014 年进行比较（见图 7—4），2015 年受访者对
经济增速的满意度与 2014 年持平。可见，虽然 2015 年经济下
行压力依然较大，但公众对经济增长的适度放缓表示理解，对
中国经济从高速增长转为中高速增长，经济结构调整升级，增
长动力从要素驱动、投资驱动转向创新驱动的"新常态"予以
了一定的认可，因此并未对经济增速表现出不满意。根据
2012—2015 年月度工业增加值增长率（如图 7—5 所示），可以
直观看出近年来经济增速在低位波动。

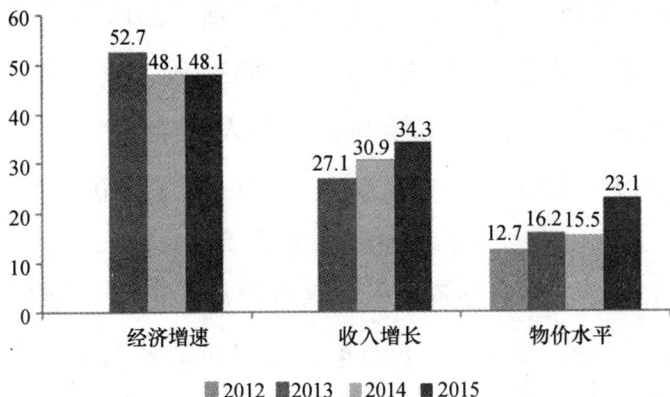

图 7—4　2012—2015 年政府经济发展责任指标满意度对比（%）①

2015 年受访者对收入增长的满意度比 2014 年上升 3.4 个百分
点，呈现出满意度持续上升的趋势，老百姓的收入近两年来并未

---

① 2012 年未调查受访者对经济增速和收入增长的满意情况。

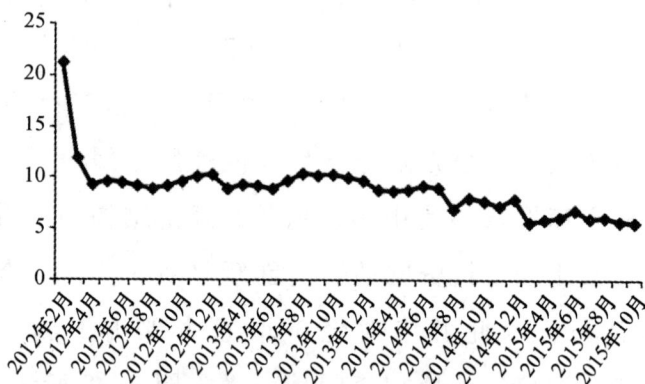

图 7—5　2012—2015 年月度工业增加值增长率（%）

　　受到经济增速放缓的影响。根据相关数据，2014 年全国城镇非私营单位就业人员年平均工资为 56339 元，比 2013 年增长 9.4%；2014 年全国城镇私营单位就业人员年平均工资为 36390 元，比 2013 年增长 11.3%。同时，2014 年，全国共有 19 个地区调整了最低工资标准，平均调整幅度为 14.1%。[①]

　　2015 年受访者对物价水平的满意度显著提升，比 2014 年增长 7.6 个百分点，2014 年下半年以来居民消费品价格指数保持在较低增速（见图 7—6），住房价格增速放缓，部分二线、三线城市甚至出现房价回落，受访者感知到了物价的稳定，满意度大幅提升。

---

　　① 人力资源和社会保障部：《2014 年度人力资源和社会保障事业发展统计公报》，http://www.mohrss.gov.cn/SYrlzyhshbzb/dongtaixinwen/buneiyaowen/201505/t20150528_162040.htm。

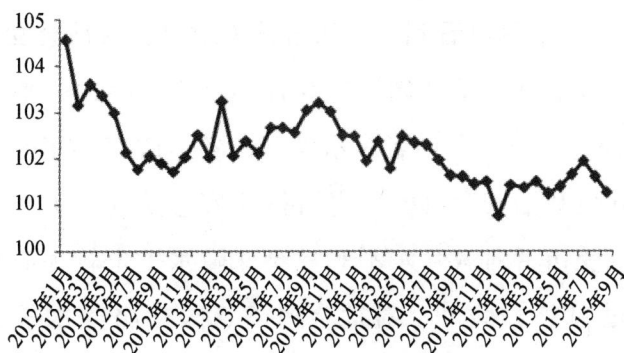

图7—6 2012—2015年月度CPI变化

2. 受访者对基础设施最为满意，对食品安全较不满意，但各项社会发展指标相比2014年均有所提升

将政府社会发展责任细分为基础设施（学校、医院、银行、商店、交通、通信等）、住房保障、教育水平（入学择校、教学质量等）、医疗服务水平（医疗水平、看病费用等）、社会保障水平、治安状况、食品安全、公平公正、就业机会和社会风气10个题器来衡量，满意度调查结果如图7—7所示。

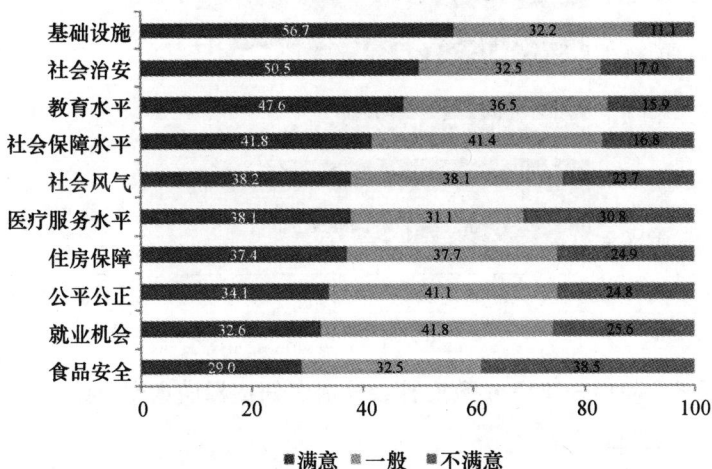

图7—7 2015年政府社会发展责任指标满意度分布（%）

　　从图7—7中可以看到,受访者认为政府各项社会发展责任议题中履行情况最好的是基础设施和社会治安,超过一半(分别占56.7%和50.5%)的受访者表示满意,各地政府多年来始终注重基础设施建设和治安管理,让老百姓切实感受到了工作生活的便利和安全。受访者对教育水平和社会保障水平也较为满意,满意比例均超过40%。此外,对社会风气、医疗服务水平、住房保障、公平公正、就业机会等表示满意的受访者超过30%。但受访者普遍对食品安全的满意度相对较低,38.5%的受访者选择不满意,可见当前的食品安全状况仍然没有满足民众的期望和要求。

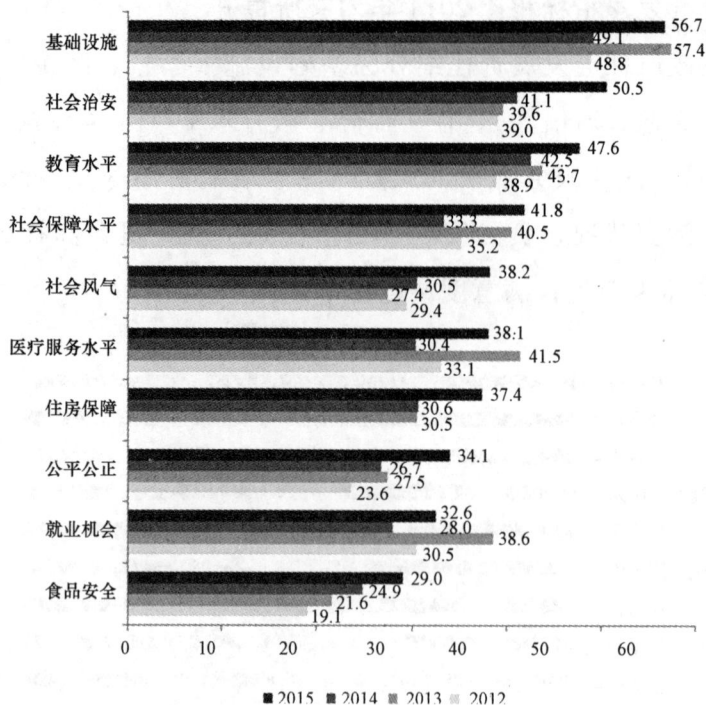

基础设施　56.7　49.1　57.4　48.8
社会治安　50.5　41.1　39.6　39.0
教育水平　47.6　42.5　43.7　38.9
社会保障水平　41.8　33.3　40.5　35.2
社会风气　38.2　30.5　27.4　29.4
医疗服务水平　38.1　30.4　41.5　33.1
住房保障　37.4　30.6　30.5
公平公正　34.1　26.7　27.5　23.6
就业机会　32.6　28.0　38.6　30.5
食品安全　29.0　24.9　21.6　19.1

■ 2015　■ 2014　□ 2013　□ 2012

图7—8　2012—2015年政府社会发展责任指标满意度对比 (%)①

---

　　① 2012年未调查受访者对"住房保障"的满意度,2013年关于住房调查的指标为"公共房屋租赁"。

对比 2012—2015 年政府社会责任各项指标满意度，2015 年受访者对政府社会发展责任各项指标的满意度比 2014 年都有所上升，且大部分指标的满意度提升显著，其中对社会治安、社会保障水平的满意度提升幅度分别高达 9.4 个百分点和 8.5 个百分点（见图 7—8）；而基础设施、医疗服务水平、就业机会等指标的满意度在经历了 2014 年的下跌以后，在 2015 年也实现了大幅增长，可见政府在 2015 年的相关举措取得了一定成效，得到老百姓认可。

比如，住房保障方面，2015 年 4 月财政部、国土资源部、住房城乡建设部、中国人民银行、国家税务总局、银监会联合下发《关于运用政府和社会资本合作模式推进公共租赁住房投资建设和运营管理的通知》，力争通过运用政府和社会资本合作模式，发挥政府与社会资本各自优势，把政府的政策意图、住房保障目标和社会资本的运营效率结合起来，逐步建立"企业建房、居民租房、政府补贴、社会管理"的新型公共租赁住房投资建设和运营管理模式，提高公共租赁住房服务质量和管理效率；6 月，国务院下发《关于进一步做好城镇棚户区和城乡危房改造及配套基础设施建设有关工作的意见》，指出 2015—2017 年，改造包括城市危房、城中村在内的各类棚户区住房 1800 万套（其中 2015 年为 580 万套）、农村危房 1060 万户（其中 2015 年为 432 万户），加大棚改配套基础设施建设力度，使城市基础设施更加完备，布局合理、运行安全、服务便捷。促进就业方面，2015 年 2 月，人力资源和社会保障部下发《关于做好 2015 年全国高校毕业生就业创业工作的通知》，同月国家税务总局、财政部、人力资源和社会保障部、教育部、民政部联合下发《关于支持和促进重点群体创业就业有关税收政策具体实施问题的补充公告》；4月，国务院下发《关于进一步做好新形势下就业创业工作的意见》；6月，国务院办公厅下发《关于支持农民工等人员返乡创业的意见》。食品安全方面，2015年4月，新的《中华人民共和国食品安全法》颁布，它进一步加强了对食品生产经营者的监管和处罚力度。这些政策的出台和实施对解决相关问题起到了有效的作用。

3. 受访者对城市绿化较为满意，对生态水面质量不太满意，2013—2015 年对多项环境指标的满意度均呈上升趋势

将政府环保责任细分为空气质量、自来水质量、生态水面质量（湖、河、溪、塘等）、城市绿化和生活垃圾处理 5 个指标来衡量，满意度调查结果见图 7—9。可以看到，受访者对城市绿化满意度最高（满意度比例为 62.2%），其次是对自来水质量的满意度（满意度比例为 44.5%），约 40% 的受访者对生活垃圾处理和空气质量表示满意，接近 1/3 的受访者对生态水面质量满意。

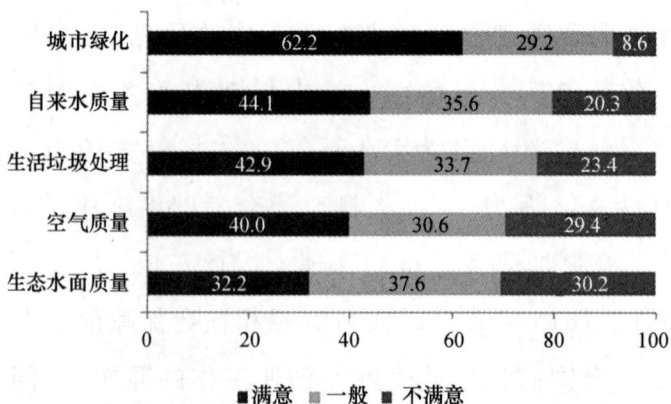

图 7—9　2015 年政府环境保护责任指标满意度分布（%）

将政府环保责任各项指标与 2014 年进行对比（见图 7—10），可以看到，2015 年各环境指标的受访者满意比例比 2014 年均有较大幅度上升，尤其是对空气质量的满意度上升了 11.9 个百分点。从 2014 年年底到 2015 年，在建设"美丽中国"的大背景下，中央政府对环境保护出台了一系列相关政策和法律，进一步加强了对环境保护的要求。比如，2014 年 11 月，十二届全国人大常委会第十二次会议审议《大气污染防治法修订草案》，草案对既有条款进行了大规模的增删、调整和重新建构，强化了企业、政府和公众的责任，补充完善了重点领域污染防治、区域联合防治、总量控制和排污许可等具体制度和措施，加大了对违法行为的处罚力度，并对公众关心的雾霾问题进行了回应。2015 年 1 月，新的《环境保护法》正式实施；7 月，中央全面深化改革领导小组第十四次会议审议通过了《环境保护督察方案（试行）》《生态环境监测网络建设方案》《关于开展领导干部自然资源资产离任审计的试点方案》《党政领导干部生态环境损害责任追究办法（试行）》等环保政策性文件。

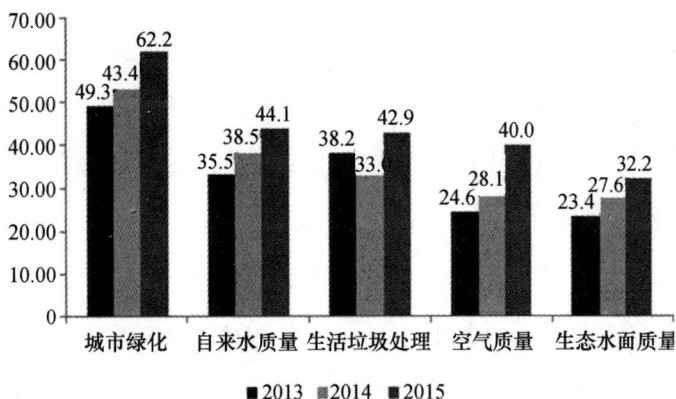

图 7—10　2013—2015 年政府环境保护责任指标满意度对比（%）

4. 受访者对预防和惩治腐败、依法行政较为满意，对公务员廉洁自律较不满意，对各项政府治理责任指标满意度呈上升趋势

将政府治理责任细分为预防和惩治腐败、依法行政、公务员廉洁自律、办事效率、信息公开透明和对违规失职的责任追究六个指标来衡量，满意度调查结果见图7—11。

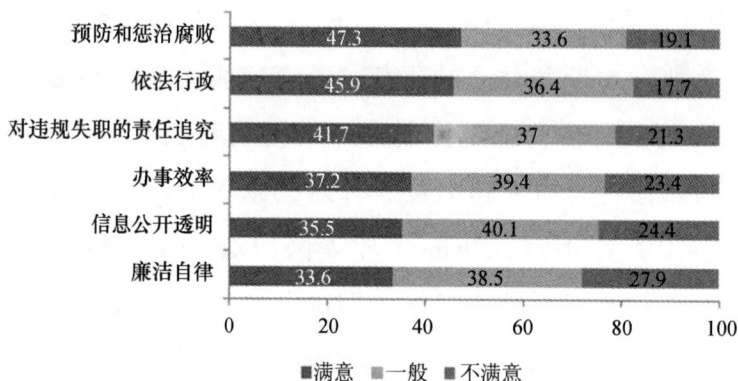

	满意	一般	不满意
预防和惩治腐败	47.3	33.6	19.1
依法行政	45.9	36.4	17.7
对违规失职的责任追究	41.7	37	21.3
办事效率	37.2	39.4	23.4
信息公开透明	35.5	40.1	24.4
廉洁自律	33.6	38.5	27.9

图7—11　2015年政府治理责任指标满意度分布（%）

可以看到，受访者对预防和惩治腐败的满意度最高，47.3%的受访者表示满意，这在很大程度上得益于新一届政府加大反腐力度。十八大以来，党中央把反腐败列入决策重点，从战略上予以高度关注，在党要管党、从严治党上打出"组合拳"，注重顶层整体设计和系统规划反腐败，扎实推进反腐败行动。同时，受访者对依法行政的满意度也较好，表示满意的受访者达到45.9%。2014年10月，党的十八届四中全会审议通过《中共中央关于全面推进依法治国若干重大问题的决定》，提出深入推进依法行政，加快建设法治政府，推进政府责任法定

化，并按照权责法定的原则推动政府职能转变、加快建设服务型政府和法治政府。2015 年是全面依法治国的开局之年，政府工作报告强调："坚持依宪施政，依法行政，把政府工作全面纳入法治轨道……所有行政行为都要于法有据，任何政府部门都不得法外设权。深化行政执法体制改革，严格规范公正文明执法，加快推进综合执法，全面落实行政执法责任制。"

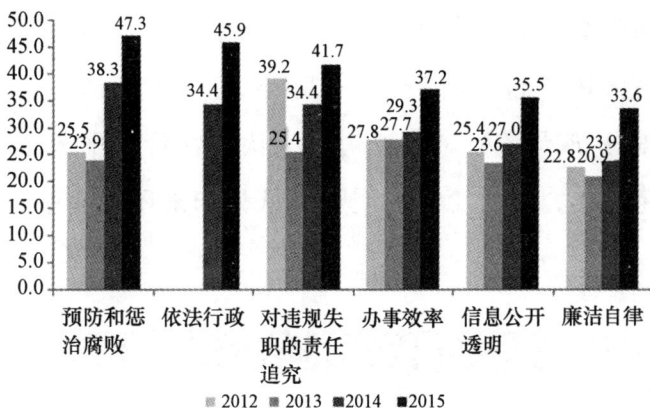

图 7—12　2012—2015 年政府治理责任指标满意度对比（%）①

对比 2012—2015 年政府治理责任各项指标（如图 7—12 所示），可知 2015 年受访者对政府治理责任各项指标的满意度均呈显著上升趋势，其中，对依法行政的满意比例比 2014 年大幅上升了 11.5 个百分点，可见受访者对 2015 年以来中央和地方政府加强法制建设、转变职能、简政放权、创新管理等方面举措的认可。

①　2012—2013 年未调查受访者对"依法行政"的满意度。

（二）政府社会责任信心度

1. 受访者对经济增速最有信心，对物价水平较为缺乏信心；受访者对各项经济责任指标的信心度呈上升趋势

政府经济发展责任 3 个衡量指标的信心度统计情况如图 7—13 所示。虽然中国经济下行压力依然较大，但受访者对未来 3 年的经济增速仍然充满信心，68.3% 的受访者认为在未来 3 年经济增速将会更好，仅有 5.4% 的受访者认为会变差。同时，老百姓对收入增长也信心较足，63.6% 的受访者认为会变好。但受访者对物价水平相对缺乏信心，认为物价水平未来 3 年将变好的不足一半，接近 1/5 的受访者认为未来还会变差。

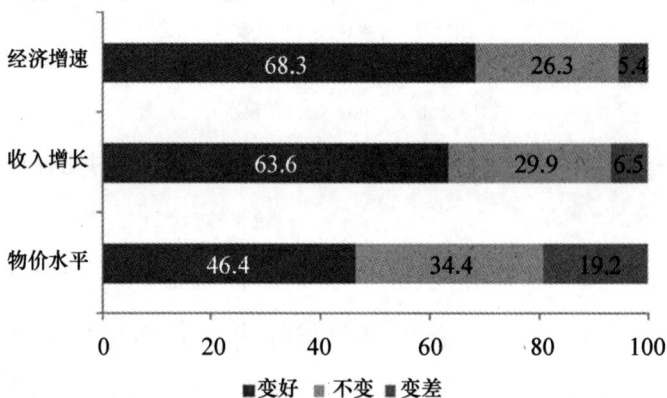

图 7—13　2015 年经济发展责任指标信心度分布（%）

物价水平信心度是根据标准差赋权法，由消费品价格信心度和住房价格信心度加权加总算出，消费品价格和住房价格的信心度如图 7—14 所示。可以看到，受访者对住房价格的信心度略高，认为变好的比例占 46.9%，比认为消费品价格在未来变好的受访

者多出 1 个百分点，可见 2015 年持续的房地产市场降温让许多老百姓相信房价将不会再像过去一样快速上涨甚至还将走低。

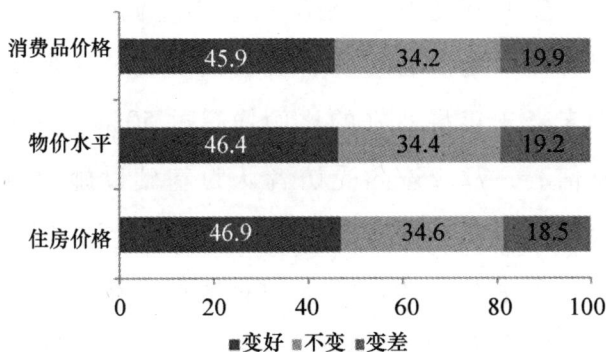

图 7—14 2015 年物价水平信心度分解 （%）

对比 2012—2015 年政府经济责任各项指标的信心度（见图 7—15），可知受访者对经济增速、收入增长、物价水平的信心度均呈上升趋势。虽然受到国内资源环境约束加强、经济增长减速等压力，受访者仍然看好中国经济的发展前景。

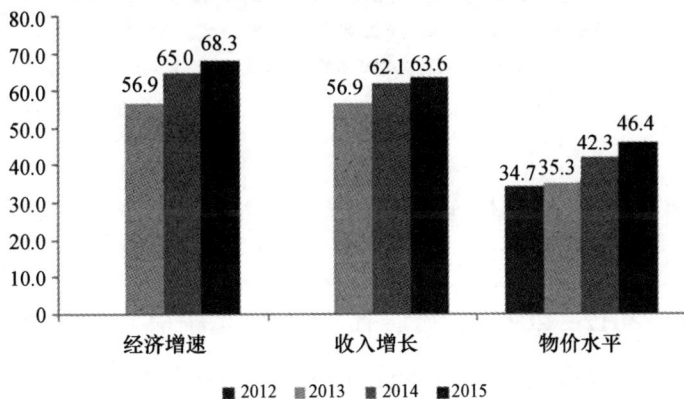

图 7—15 2012—2015 年政府经济责任指标信心度对比 （%）①

---

① 2012 年未调查受访者对经济增速和收入增长的满意度。

2. 受访者对基础设施状况和社会治安最有信心，对政府社会发展责任各项指标的信心度普遍高于过去两年

政府社会发展责任 10 个指标的信心度调查结果如图 7—16 所示。可以看出，受访者对所有社会发展责任议题的信心度都较高，认为未来 3 年将变好的比例均超过 50%。其中，基础设施状况最有信心，72.2% 的受访者认为基础设施建设未来 3 年将变好；对社会治安也充满信心，67.2% 的受访者认为将变好；对食品安全、公平公正的信心度相对偏低，认为未来 3 年将变好的受访者分别占 56.4% 和 56.1%。

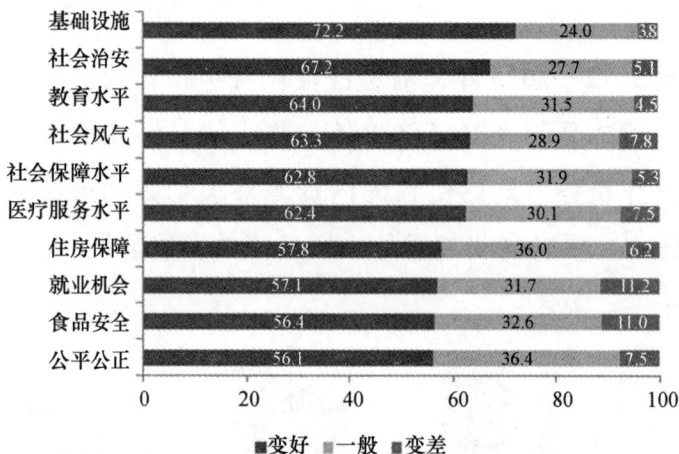

图 7—16　2015 年政府社会发展责任指标信心度分布（%）

对比 2012—2015 年政府社会发展责任信心度（图 7—17）可知，2015 年受访者对基础设施信心度呈上升趋势，对基础设施、社会治安、社会风气、医疗服务水平、住房保障水平、就业机会和食品安全等方面的信心度均显著高于前两年。

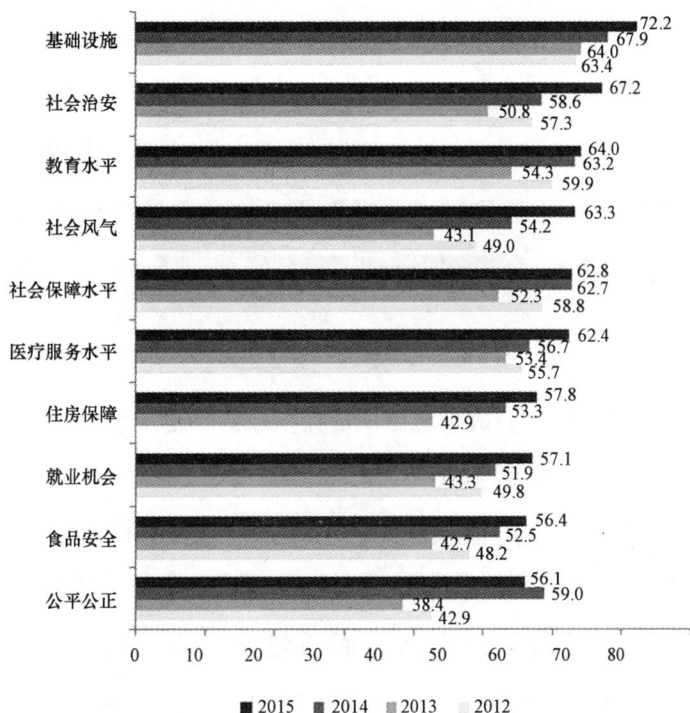

图7—17 2012—2015年政府社会发展责任指标信心度对比（%）①

3. 受访者对城市绿化最有信心，对生态水面信心度相对较低，对各项环境指标的信心度均呈上升趋势

政府环境保护责任的 5 个衡量指标的信心度调查结果如图 7—18 所示。可见受访者对未来 3 年城市绿化充满信心，74.8％ 的受访者认为城市绿化未来将变好，认为生活垃圾处理情况在未来三年会变好的受访者接近七成。但受访者对生态水面质量信心度相对较低，有 53.0％的受访者认为未来 3 年将变好。

---

① 2012 年未调查受访者对"住房保障"的满意度，2013 年关于住房调查的指标为"公共房屋租赁"。

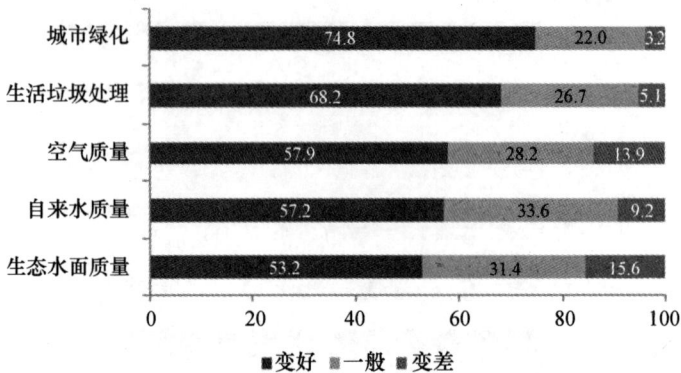

图 7—18　政府环境保护责任指标信心度分布（%）

将政府环保责任各项指标与 2013 年进行对比，从图 7—19 可知，2013—2015 年受访者对城市绿化、生活垃圾处理、自来水质量、空气质量以及生态水面质量的信心度均显著提高，认为未来 3 年将变好的比例均有较大幅度增加，老百姓对政府环保责任充满信心。

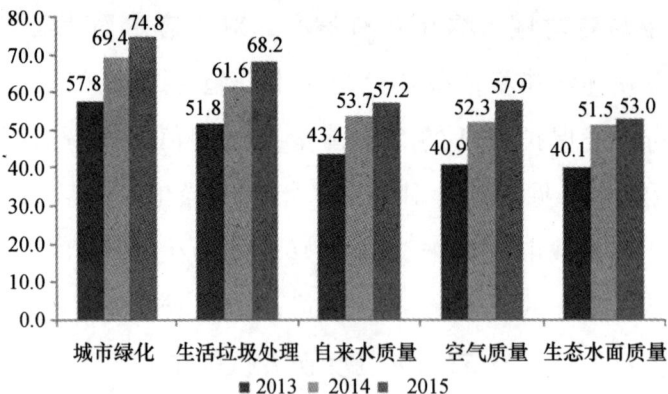

图 7—19　2013—2015 年政府环保责任指标信心度对比（%）

4. 受访者对预防和惩治腐败信心较高，对政府治理责任各项指标的信心度比前两年大幅提升

政府治理责任 6 个指标的信心度调查结果如图 7—20 所示。可知各项政府治理责任议题中，受访者认为未来 3 年将变好的比例最高的是预防和惩治腐败（71.3%）；其次是对违规失职的责任追究和依法行政，认为变好的受访者分别占 65.9% 和 63.5%；而信心相对不足的是信息公开透明（59.9%）和公务员廉洁自律（59.8%）。

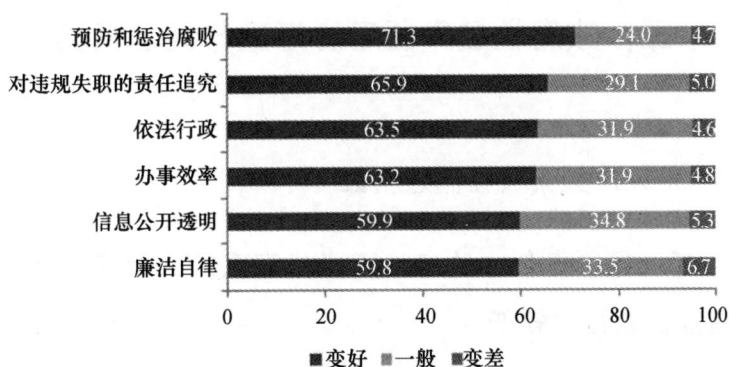

图 7—20　2015 年政府治理责任指标信心比例分布（%）

对比 2012—2015 年政府治理责任各项指标，如图 7—21 所示。可以看到，2015 年各项政府治理责任指标的信心度都高于 2014 年，其中，受访者对预防和惩治腐败、对违规失职的责任追究和依法行政的信心度比 2014 年有较大幅度提升，政府积极作为提高了老百姓对政府治理的信心。

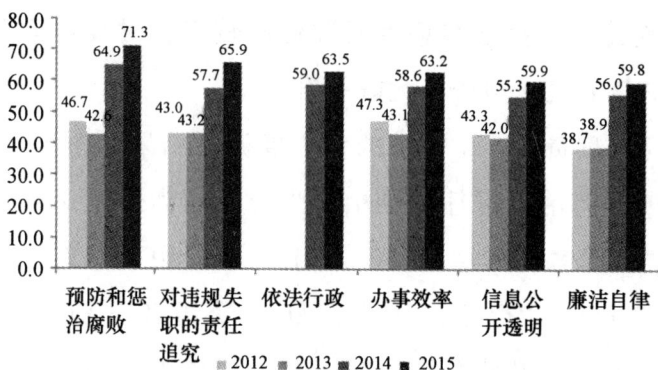

图7—21　2012—2015年政府治理责任指标信心度比较（%）

三　政府社会责任满意指数与信心指数

（一）政府社会责任满意指数

1. 环境保护责任、政府治理责任满意指数较高，经济发展责任满意指数相对较低

采用标准差赋权法对政府经济发展责任、社会发展责任、环境保护责任和治理责任下的二级指标分别进行加权合成后，得到政府经济发展责任满意指数、社会发展责任满意指数、环境保护责任满意指数以及治理责任满意指数，分别为61.23分、64.02分、65.00分和64.60分。可知政府环境保护责任和治理责任满意指数较高，经济发展责任满意指数较低，但四大责任议题得分差距均较小，最高得分与最低得分相差不足4分。经济发展责任满意指数的低水平是受到了物价水平满意度偏低的影响。

对比2013—2015年政府责任满意指数（如图7—22）可知，

2015 年的政府经济责任满意指数、社会发展责任满意指数、环境保护责任满意指数以及治理责任满意指数均高于 2014 年。其中，政府治理责任满意指数上升幅度最大，上升了 4.78 分；其次为环境保护责任满意指数，上升了 3.73 分。

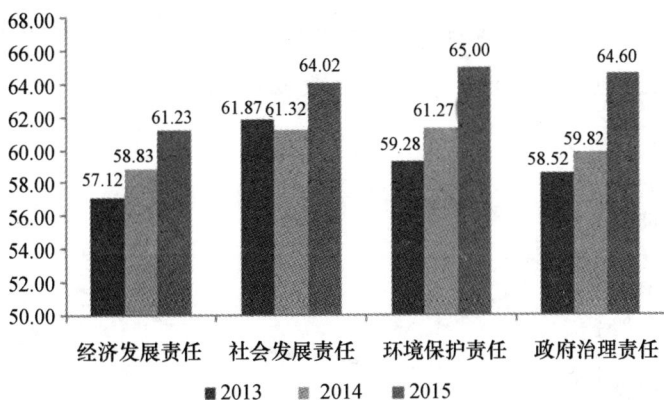

图 7—22　2013—2015 年政府社会责任满意指数对比（分）

2. 政府社会责任满意指数为 64.30 分，受访者对政府社会责任履行情况较为满意

根据层次分析法确定的政府四大责任议题权重，对经济发展责任、社会发展责任、环境保护责任、政府治理责任进行加权合成，得到政府社会责任满意指数的均值为 64.30 分，处于 60—80 分的区间。其中，有 64.0% 的受访者表示满意（60—100 分），仅有 2.4% 的受访者表示不满意（0—40 分），可见受访者对政府社会责任履行情况总体较为满意。

将 2012—2015 年政府责任满意指数进行对比（见图 7—23），可知 2015 年比 2014 年上升了 3.54 分，政府在经济责任、社会责任、环保责任、治理责任方面的努力使老百姓享受了更多实惠。需要说明的是，2012 年的指数计算方法与 2013—2015 年有所不同，2012 年因指标体系初步建立欠完善，直接使用四个一级指标进行加权平均，而从 2013 年开始构建了更加完善的两级评价指标体系，在计算满意指数时首先从二级指标加权得到一级指标的满意指数，再进一步合成总体满意指数。因此，2013 年、2014 年的政府社会责任满意指数低于 2012 年的水平，在很大程度上是受到了计算方面改变的影响。

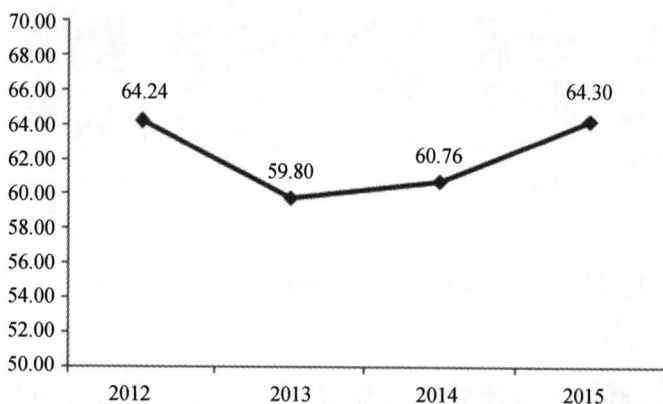

图 7—23　2012—2015 年政府责任满意指数对比（分）

3. 受教育程度高的受访者满意指数较低，农业户口、年龄为 20—30 岁的受访者满意指数偏低，东部地区受访者满意指数高于中西部地区，感知收入阶层和感知社会阶层越高的受访者满意指数越高

政府社会责任满意指数在家庭收入水平、教育程度、年龄、户口、性别等社会特征上具有显著差异。其中，非农户口受访者满意指数为 65.00 分，高于农业户口受访者（62.59 分）；受教育程度高的受访者满意指数较低，大学及以上文化程度的受访者满意指数最低（63.96 分）。在国有单位就职者的满意指数（63.32 分）低于非国有单位就职者（65.57 分）。女性受访者满意指数与男性受访者满意指数不存在显著不同。年龄为 20—30 岁的受访者满意指数（62.95 分）低于其他年龄段受访者（见表 7—5）。

为分析地区变量在政府社会责任满意指数上的均值分布，根据国家统计局对我国东、中、西部地区划分的标准（2003 年发布）进行分类统计，计算结果显示，政府社会责任满意指数在地区变量上存在显著差异：东部地区满意指数得分最高，为66.85 分，中部地区满意指数得分最低，为 61.57 分。

问卷中设计了题器调查受访者对自己的收入和社会地位的判断。"如果整个社会由下到上分为 10 层（第 1 层代表最低，第 10 层代表最高），您认为您的收入属于第____层，您认为您的社会地位属于第____层"。问卷分析发现，填写第"10"层的受访者大多是填写错误导致，故将第 10 层的群体作为 missing值处理，并将 1—3 层对应为"低层"、第 4—6 层对应为"中层"、第 7—9 层对应为"高层"。分组统计显示，政府社会责任满意指数在感知的收入阶层与感知的社会阶层变量上均存在显著差异，认为自己的收入阶层和社会阶层高的受访者，其政府社会责任满意指数较高，分别为 66.01 分和 65.93 分。

表 7—5　　政府社会责任满意指数在各项特征上的均值分布　单位：分

特征		均值	样本数	差异显著性
户口	农业户口	62.59	1603	F = 44.165，df = 1，
	非农业户口	65.00	4037	Sig. = 0.000

续表

特征		均值	样本数	差异显著性
教育程度	小学及以下	67.67	240	F = 6.573，df = 3，Sig. = 0.000
	初中	64.17	1139	
	高中/中专/技校	64.34	2174	
	大学及以上	63.96	2085	
单位属性	国有	63.32	707	F = 15.759，df = 1，Sig. = 0.000
	非国有	65.57	1544	
性别	男	64.22	2687	F = 0.208，df = 1，Sig. = 0.648
	女	64.37	2972	
年龄	16—20 岁	64.24	516	F = 8.035，df = 4，Sig. = 0.000
	20—30 岁	62.95	1573	
	30—40 岁	63.63	1331	
	40—50 岁	64.74	1304	
	50—60 岁	65.85	616	
地区	东部	66.85	2301	F = 108.741，df = 2，Sig. = 0.000
	中部	61.57	1746	
	西部	62.76	1478	
感知的收入阶层	低	61.34	2209	F = 106.266，df = 2，Sig. = 0.000
	中	66.26	2887	
	高	66.01	316	
感知的社会阶层	低	61.32	1716	F = 74.12，df = 2，Sig. = 0.000
	中	65.60	3402	
	高	65.93	408	

（二）政府社会责任信心指数

1. 政府治理责任信心指数最高，经济发展责任信心指数得分较低

采用标准差赋权法对政府经济发展责任、社会发展责任、环境保护责任和政府治理责任下的二级指标进行加权合成后，得到经济发展责任信心指数、社会发展责任信心指数、环境保护责任信心指数以及政府治理责任信心指数，分别为83.11分、84.98分、84.00分和86.39分。可知政府治理责任信心指数最高，经济发展责任信心指数较低。经济发展责任信心指数的低水平在很大程度上是受到了物价水平信心度偏低的影响。

对比2013—2015年政府社会责任各项指标（如图7—24），可知2015年政府经济发展责任信心指数、社会发展责任信心指数、环境保护责任信心指数以及政府治理责任信心指数，较前两年均有较大幅度上升。

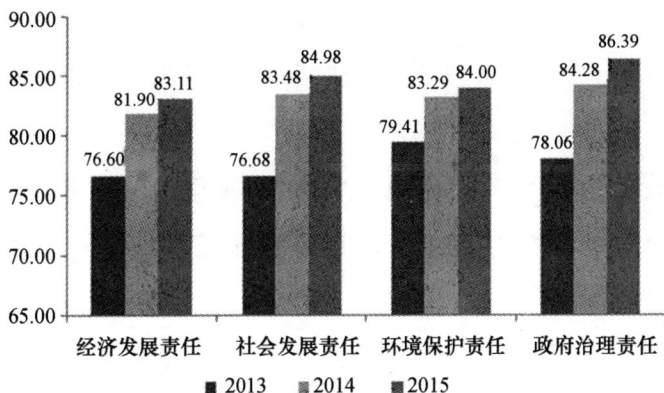

图7—24 2013—2015年政府社会责任信心指数对比（分）

2. 政府社会责任信心指数为 84.54 分，受访者对政府社会责任充满信心

通过标准差因子赋权法，得到政府社会责任信心指数的均值为 84.54 分，处于 67—100 分的区间，其中，93.4% 的受访者认为未来 3 年将变好（67—100 分），没有受访者认为政府社会责任未来 3 年总体将变差（0—33 分），老百姓对政府社会责任充满信心。

与 2014 年进行对比可知，2015 年政府社会责任信心指数上升 1.84 分，受访者对政府社会责任在未来 3 年变好的信心进一步增强（见图 7—25）。

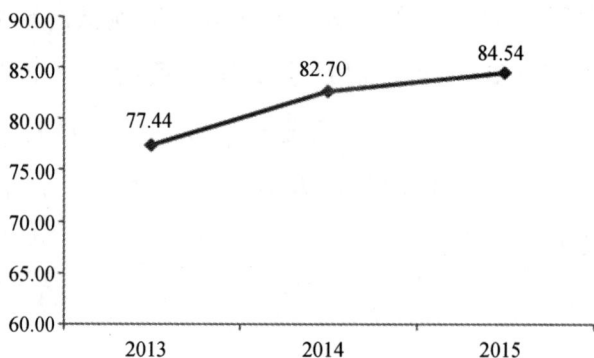

图 7—25　2013—2015 年政府责任信心指数对比（分）①

3. 受教育程度为大学及以上的受访者信心指数较低，年龄越大的受访者信心指数越高，西部地区受访者信心指数低于东部和中部

统计分析显示，政府社会责任信心指数在教育程度、单位

---

① 因 2012 年信心指数计算取值方法与 2013 年、2014 年不同，因此无法进行比较。

属性、性别、年龄、地区、感知的收入阶层、感知的社会阶层等变量上有显著差异，但在农业户口和非农业户口间的差异不显著。从受教育程度来看，学历越高信心指数越低，大学及以上学历受访者信心指数（83.79 分）低于其他学历的受访者。国有企业受访者的信心指数（84.20 分）高于非国有企业（81.88 分）。女性受访者的信心指数（85.12 分）高于男性受访者（83.87 分）。从年龄来看，50—60 岁的年龄最大的受访者信心指数最高（85.69 分），20—30 岁的受访者信心指数最低（83.11 分）。从地区来看，西部地区受访者的信心指数（79.83分）低于东部、中部地区，东部地区的信心指数最高（88.89分）。政府社会责任信心指数在感知的收入阶层与感知的社会阶层变量上均存在显著差异，认为自己的收入阶层和社会阶层为中等的受访者，其政府社会责任信心指数较高，分别为 84.90分和 85.03 分（见表 7—6 所示）。

表 7—6　政府社会责任信心指数在各项特征上的均值分布　单位：分

特征		均值	样本数	差异显著性
户口	农业户口	84.55	1261	F = 0.004，df = 1，
	非农业户口	84.57	3090	Sig. = 0.949
教育程度	小学及以下	87.79	213	F = 11.243，df = 3，
	初中	85.62	910	
	高中/中专/技校	84.24	1679	Sig. = 0.000
	大学及以上	83.79	1546	
单位属性	国有	84.20	507	F = 15.759，df = 1，
	非国有	81.88	1191	Sig. = 0.000

特征		均值	样本数	差异显著性
性别	男	83.87	2037	F = 13.115，df = 1，
	女	85.12	2331	Sig. = 0.000
年龄	16—20 岁	84.35	427	
	20—30 岁	83.11	1209	F = 6.077，df = 4，
	30—40 岁	83.80	979	Sig. = 0.000
	40—50 岁	84.89	993	
	50—60 岁	85.69	471	
地区	东部	88.89	1824	F = 133.692，df = 2，
	中部	84.31	1389	Sig. = 0.000
	西部	79.83	1029	
感知的收入阶层	低	84.06	1758	F = 106.266，df = 2，
	中	84.90	2222	Sig. = 0.000
	高	83.73	215	
感知的社会阶层	低	83.91	1380	F = 10.012，df = 2，
	中	85.03	2601	Sig. = 0.000
	高	82.33	290	

四　政府社会责任指数矩阵

从政府社会责任满意指数和信心指数两个维度，构建政府社会责任指数矩阵。满意指数和信心指数分别划分为 3 个区间，从而矩阵由 9 个区域构成，根据不同区域的预警程度设置不同的颜色，如表 7—7 所示，各区域所代表的含义见表 7—8。可知，绿色区域 1 是最为乐观的区域，蓝色区域 2 和蓝色区域 3 也较为乐观，而红色区域 9 是最为危险的区域，橙色区域 7 和橙色区域 8 也需要引起足够的重视。

表 7—7　　　　　　　　政府社会责任指数矩阵

信心指数＼满意指数	0—40 分	40—60 分	60—100 分
67—100 分	黄色区域 5	蓝色区域 2	绿色区域 1
33—67 分	橙色区域 7	蓝色区域 4	蓝色区域 3
0—33 分	红色区域 9	橙色区域 8	黄色区域 6

表 7—8　　　　　　　　政府社会责任矩阵含义

区域编号	颜色	所代表含义
1	绿色	对政府社会责任现状满意，且对未来 3 年有信心
2	蓝色	对政府社会责任现状满意度一般，但对未来 3 年有信心
3	蓝色	对政府社会责任现状满意，但认为未来 3 年无变化
4	蓝色	对政府社会责任现状满意度一般，并认为未来 3 年无变化
5	黄色	对政府社会责任现状不满意，但对未来 3 年有信心
6	黄色	对政府社会责任现状满意，但认为未来 3 年会变差
7	橙色	对政府社会责任现状不满意，且认为未来 3 年无变化
8	橙色	对政府社会责任现状满意度一般，且认为未来 3 年会变差
9	红色	对政府社会责任现状不满意，且认为未来 3 年会变差

（一）经济发展责任指数矩阵

根据政府经济发展责任满意指数得分 61.23 分和信心指数得分 83.11 分，政府经济发展责任指数位于绿色区域 1（见表 7—9 * 处）。从各区域的分布来看，50.3% 的受访者处于对政府经济发展责任现状满意且对未来 3 年有信心的绿色区域 1，

31.3%的受访者处于现状满意度一般但对未来3年有信心的蓝色区域2，3.7%的受访者处于对政府经济发展责任现状满意但认为未来3年无变化的蓝色区域3，7.6%的受访者处于满意度一般且认为未来3年无变化的蓝色区域4，仅有2.6%的受访者处于橙色区域7，没有受访者处于橙色区域8和红色区域9。

总体来看，92.9%的受访者认为政府经济发展责任状况处在蓝色和绿色的安全区域，仅有2.6%的受访者认为处在危险区域。

表7—9　　　　2015年政府经济发展责任指数矩阵分布　　　单位：%

满意指数 信心指数	0—40分	40—60分	60—100分	小　计
67—100分	4.5	31.3	50.3*	86.1
33—67分	2.6	7.6	3.7	13.9
0—33分	0	0	0	0
小　计	7.1	38.9	54.0	100

（二）社会发展责任指数矩阵

根据政府社会发展责任满意指数得分64.02分和信心指数得分84.98分，政府社会发展责任指数位于图中绿色区域1（见表7—10＊处）。从各区域的分布来看，61.3%的受访者处于对政府社会发展责任现状满意且对未来3年有信心的绿色区域1，26.4%的受访者处于现状满意度一般但对未来3年有信心的蓝色区域2，3.7%的受访者处于对政府社会发展责任现状满意但认为未来3年无变化的蓝色区域3，5.3%的受访者处于满意度一般且认为未来 3 年无变化的蓝色区域 4，没有受访者处于橙色区域 7、橙色区域 8 和红色区域 9。

总体来看，96.7% 的受访者认为政府社会发展责任状况处在安全区域，仅有 1.1% 的受访者认为处在危险区域。

表 7—10　　　　2015 年政府社会发展责任指数矩阵分布　　　　单位：%

满意指数 信心指数	0—40 分	40—60 分	60—100 分	小　计
67—100 分	2.2	26.4	61.3 *	89.9
33—67 分	1.1	5.3	3.7	10.1
0—33 分	0	0	0	0
小　计	3.3	31.7	65.0	100.0

（三）　环境保护责任指数矩阵

根据政府环境保护责任满意指数得分 65.00 分与信心指数得分 84.00 分，政府环境保护责任指数位于图中蓝色区域 1（见表 7—11 * 处）。从各区域的分布来看，59.7% 的受访者处于对政府环境保护责任现状满意且对未来 3 年有信心的绿色区域 1，21.0% 的受访者处于对现状满意度一般但对未来 3 年有信心的蓝色区域 2，8.2% 的受访者处于对政府环境保护责任现状满意但认为未来 3 年无变化的蓝色区域 3，6.8% 的受访者处于满意度一般且认为未来 3 年无变化的蓝色区域 4，有 1.5% 的受访者处于橙色区域 7，没有采访者处于橙色区域 8，仅有 0.2% 的受访者处于红色区域 9。

总体来看，95.7% 的受访者认为政府环境保护责任状况处在安全区域，仅有 1.7% 的受访者认为处在危险区域。

表 7—11　　　　　　政府环境保护责任指数矩阵分布　　　　　单位：%

满意指数 信心指数	0—40 分	40—60 分	60—100 分	小　计
67—100 分	2.6	21.0	59.7*	83.3
33—67 分	1.5	6.8	8.2	16.5
0—33 分	0.2	0.0	0.1	0.3
小　计	4.3	27.8	68.0	100.1

（四）政府治理责任指数矩阵

政府治理责任满意指数得分 64.60 分和信心指数得分 86.39 分，政府治理责任指数位于图中绿色区域 1（见表 7—12 * 处）。从各区域的分布来看，58.9% 的受访者处于对政府社会发展责任现状满意且对未来 3 年有信心的绿色区域 1，26.0% 的受访者处于现状满意度一般但对未来 3 年有信心的蓝色区域 2，4.2% 的受访者处于对政府经济发展责任现状满意但认为未来 3 年无变化的蓝色区域 3，5.3% 的受访者处于满意度一般且认为未来 3 年无变化的蓝色区域 4，有 2.3% 的受访者处于橙色区域 7，没有受访者处于橙色区域 8，有 0.2% 的受访者处于红色区域 9。

总体来看，94.4% 的受访者认为政府治理责任状况处在安全区域，仅有 2.5% 的受访者认为处在危险区域。

表7—12　　　　　　　政府治理责任指数矩阵分布　　　　单位：%

满意指数 信心指数	0—40分	40—60分	60—100分	小　计
67—100分	3.1	26.0	58.9*	88.0
33—67分	2.3	5.3	4.2	11.8
0—33分	0.2	0.0	0.0	0.2
小　计	5.6	31.3	63.1	100

（五）政府社会责任指数矩阵

根据政府社会责任满意指数（64.30分）和信心指数（84.54分）得分，可知政府社会责任总体处于绿色区域1（见表7—13*处）。从各区域的分布来看，66.7%的受访者处于对政府社会责任现状满意且对未来3年有信心的绿色区域1，25.1%的受访者处于现状满意度一般但对未来3年有信心的蓝色区域2，2.4%的受访者处于现状满意且认为未来3年没变化的蓝色区域3，3.9%的受访者处于满意度一般且认为未来3年无变化的蓝色区域4，1.2%的受访者处于对现状不满意但对未来3年有信心的黄色区域5，仅有0.7%的受访者处于橙色区域7，没有受访者处于橙色区域8和红色区域9。

总体来看，98.1%的受访者认为政府社会责任总体状况处在安全区域，仅有0.7%的受访者认为处在危险区域。

表7—13　　　　　　　政府社会责任指数矩阵分布　　　　单位：%

满意指数 信心指数	0—40 分	40—60 分	60—100 分	小　计
67—100 分	1.2	25.1	66.7*	93.0
33—67 分	0.7	3.9	2.4	7.0
0—33 分	0.0	0.0	0.0	0.0
小　计	1.9	29.0	69.1	100

五　主要结论与政策建议

（一）主要结论

（1）受访者对经济增速、基础设施建设、社会治安、城市绿化、预防和惩治腐败、依法行政等方面的政府责任议题满意度较高，对物价水平、食品安全状况、生态水面质量、公务员廉洁自律等的满意度相对较低。

（2）受访者对经济增速、收入增长、基础设施状况、社会治安、城市绿化、生活垃圾处理、预防和惩治腐败等方面的政府责任议题充满信心，对物价水平、食品安全状况、社会公平公正、生态水面质量、政务公开透明等议题相对缺乏信心。

（3）与2014年相比，2015年受访者对政府社会责任的各个方面的满意度和信心度基本都呈现上升的趋势，其中，对物价水平、社会治安、社会保障、基础设施、医疗服务、就业机会、空气质量、城市绿化、预防和惩治腐败、依法行政、公务员廉洁自律等指标的满意度上升幅度较大；对物价水平、社会治安、社会风气、医疗服务、就业机会、城市绿化、生活垃圾处理、空气质量、预防和惩治腐败、责任追究等指标的信心度上升幅度较大。

（4）政府环境保护责任满意指数（65.00分）和治理责任满意指数（64.60分）得分较高，社会发展责任满意指数（64.02分）和经济发展责任满意指数（61.23分）相对较低，但四大责任议题得分差距均较小。2015年政府四大责任议题满意指数均高于2014年，其中治理责任满意指数上升幅度最大（上升4.78分）。

（5）政府治理责任信心指数（86.39分）得分最高，经济发展责任信心指数相对较低（83.11分），社会发展责任信心指数和环境保护责任信心指数分别为84.98分和84.00分。2015年政府四大责任议题的信心指数较前两年均有较大幅度上升。

（6）政府社会责任满意指数为64.30分，比2013年上升3.54分。其中，64.0%受访者表示满意（60—100分），仅有2.4%的受访者不满意（0—40分），老百姓对政府社会责任履行现状总体满意。从不同社会特征的受访者来看，非农户口受访者满意指数（65.00分）高于农业户口受访者（62.59分）；受教育程度高的受访者满意指数较低；年龄为20—30岁间的受访者满意指数（62.95分）低于其他年龄段受访者；在国有单位就职者的满意指数（63.32分）低于非国有单位就职者（65.57分）；东部地区满意指数得分最高（66.85分），中部地区满意指数得分较低（61.57分）；认为自己的收入阶层和社会阶层高的受访者，其政府社会责任满意指数较高。

（7）政府社会责任信心指数为84.54分，比2014年上升1.84分。其中，93.4%受访者认为未来3年将变好（0.67—1分），没有受访者认为将变差（0—0.33分），受访者对政府社会责任充满信心。从不同社会特征的受访者来看，学历越高信心指数越低；女性受访者的信心指数（85.12 分）高于男性受访者（83.87 分）；20—30 岁的受访者信心指数最低（83.11分）；国有企业受访者的信心指数（84.20 分）高于非国有企业（81.88 分）；西部地区受访者的信心指数（79.83 分）低于东部、中部地区；认为自己的收入阶层和社会阶层为中等的受访者，其政府社会责任信心指数较高。

（8）从政府社会责任满意指数和信心指数两个维度构建政府社会责任指数矩阵，并对矩阵的 9 个区域分别设置了绿、蓝、黄、橙、红的预警信号灯。当前政府社会责任总体处于绿色区域，受访者对政府社会责任现状满意，且认为未来 3 年还将改善。具体来说，66.7% 的受访者对政府社会责任现状满意且对未来 3 年有信心，25.1% 的受访者对现状满意度一般但对未来 3年有信心，3.9% 的受访者对现状满意且认为未来 3 年没变化，1.2% 的受访者对现状不满意但对未来有信心。

（二）政策建议

（1）经济发展方面，面对全球形势的复杂变化和国内经济下行压力加大的挑战，老百姓对经济依然充满信心，为发展提供了良好的内部环境。面对挑战和机遇，创新是发展的关键，政府要创新宏观调控的思路和方式，建立健全有利于创新的体制，激发创新活力，加快关键技术的创新突破，释放市场活力，保持物价的稳定和经济的中高速增长，不断提高人民生活水平。党的十八届五中全会也指出，要优化劳动力、资本、土地、技术、管理等要素配置，推动大众创业、万众创新，释放新需求，创造新供给，推动新技术、新产业、新业态蓬勃发展；要发挥科技创新在创新中的引领作用，培育一批战略性产业，加快发展现代服务业；要创新和完善宏观调控方式，在区间调控基础上加大定向调控力度，减少政府对价格形成的干预，全面放开竞争性领域商品和服务价格。

（2）社会发展方面，政府要狠抓老百姓关心且满意度偏低的食品安全问题，进一步健全食品质量监督管理体系，严格执行新的《食品安全法》，切实保障消费者权益；要不断深化教育、医疗、社会保障体制改革，继续提高社会公平公正水平，培育良好社会风气。党的十八届五中全会也指出，要增加公共服务供给，从解决人民最关心最直接最现实的利益问题入手，提高公共服务共建能力和共享水平；促进就业创业，坚持就业优先战略，实施更加积极的就业政策，完善创业扶持政策；建立更加公平更可持续的社会保障制度，实施全民参保计划，全面实施城乡居民大病保险制度；推进健康中国建设，深化医药卫生体制改革，建立覆盖城乡的基本医疗卫生制度和现代医院管理制度，实施食品安全战略。

（3）环境保护方面，政府治理生态、保护环境的举措得到了老百姓一定的认可，但在空气质量、生态水面质量等方面的满意度还偏低。政府要坚持绿色发展，追求经济增长与环境友好的共赢局面，革新和优化环境行政监管体制，强化政府环境问责，严格执行新环保法，推进生态文明法治建设，监督各项环保政策落到实处。党的十八届五中全会也指出，要加快建设资源节约型、环境友好型社会，形成人与自然和谐发展现代化建设新格局，推进美丽中国建设，为全球生态安全做出新贡献；要推动低碳循环发展，建设清洁低碳、安全高效的现代能源体系；全面节约和高效利用资源，树立节约集约循环利用的资源观，推动形成勤俭节约的社会风尚；加大环境治理力度，以提高环境质量为核心，实行最严格的环境保护制度。

（4）政府治理方面，近年来政府在转变职能、增强公信力和执行力、提高办事效率、依法行政、严究责任、加强反腐等方面的努力取得了显著成效。党的十八届五中全会进一步明确，要深化行政管理体制改革，进一步转变政府职能，持续推进简政放权、放管结合、优化服务，提高政府效能；要坚持全面从严治党、依规治党，深入推进党风廉政建设和反腐败斗争，巩固反腐败斗争成果，健全改进作风长效机制，积极营造风清气正的政治生态，形成敢于担当、奋发有为的精神状态。

第八章　社会治理绩效

"维护社会秩序、促进社会和谐、保障人民安居乐业"是十六届四中全会以来党和政府一直强调的社会治理的根本目标。在这数十年的时间里，政府日益重视且不断加大对民生和社会建设的投入，同时，在社会治理的制度与机制上也不断积极探索和创新。党的十八大提出了"党委领导、政府负责、社会协同、公众参与、法治保障"的社会治理体制；十八届三中全会则在此基础上，更进一步提出了要加强"系统治理""依法治理""综合治理"和"源头治理"，这在一定程度上表明中国特色社会主义社会治理体系的主要架构基本建立。

社会治理的成效具有其自身的客观性，比如社会治安状况的改善、人民生活水平的提高、社会关系的和谐等；不过，人们对这种客观效果的主观感知和评价，作为一种社会事实也同样具有其自身的客观性，并且会直接影响到人们对政府的评价以及人们自身的社会行动和态度。以相对剥夺感为例，改革开放以来，经济短缺现象很快结束，人们的物质生活水平获得了极大的改善，但与这种生活改善伴随而来的，却是人们普遍存在一些不满，而其中的一个重要原因，就是人们在对这种社会变迁的主观认知过程中，产生了相对剥夺感，而这种相对剥夺感反过来直接影响人们的社会行动和态度，并容易激发社会矛盾。从主观上去评估人们对社会治理绩效的感知和评价，也就具有非常重要的现实意义。

因此，在我们自 2012 年以来每年度进行一次的全国范围的"社会态度与社会发展状况调查"中，社会治理绩效评估都是一个重要主题，我们也相继于 2012 年、2013 年和 2014 年年底发布了"社会治理绩效评估报告"，从以往三年的调查结果看，被调查对象对我国社会治理绩效的主观评价，呈逐步向好的趋势。2015 年，我们继续对这种主观感知进行评估，以期发现是否有一些新的变化和趋势，并相应地提出可能的政策建议。

一　概念界定与测量

社会治理绩效是指社会治理目标的实现程度，即民生与社会秩序的实际状况，而对社会治理绩效的评估也就是对当前民生和社会秩序的实际状况的评估[1]。

在对社会治理绩效的测量上，我们基本沿用了以往的测量方法，即从三个维度对它进行测量（参见表 8—1）[2]。

其一是宏观的基础秩序，主要包括治安状况、社会公平公正状况、社会风气、社会的是非标准和社会信任等方面，这些构成社会治理的基础性目标；

其二是中观的群体关系，指不同社会群体之间的利益协调，主要包括老板与员工、穷人与富人、城里人与农村人、干部与

---

[1]　李汉林主编：《中国社会发展年度报告（2013）》，中国社会科学出版社 2013 年版，第 193 页。

[2]　同上书，第 193—194 页。

群众、本地人与外地人等社会群体之间的关系；

其三是微观的个人福祉，主要是指民生在个体层面的具体体现，这包括了家庭经济状况、住房状况、家庭关系、人际关系和未来发展等方面。

在具体指标上，与 2014 年度相比，我们做了细微的调整：在对宏观的基础秩序的测量上，剔除了 1 项指标（"现在老百姓的利益可以得到切实保护"），在对微观的个人福祉的测量上，也剔除了 1 项指标（"生活中遇到困难，我总能及时得到帮助"）。这主要是出于简化指标和让每个维度统一都是 5 个指标的考虑。为了进行比较，本次报告以 2015 年度的测量方法为准，对前三年的社会治理绩效评估结果进行了修正。

表 8—1　　　　　　　**社会治理绩效的测量**

概念	维度	指标
社会治理绩效	宏观基础秩序	治安状况
		社会公平公正状况
		社会风气
		社会上是非标准很模糊
		很难找到真正可信赖的朋友
	中观群体关系	老板与员工
		穷人与富人
		城里人与农村人
		干部与群众
		本地人与外地人
	微观个人福祉	家庭经济状况
		住房状况
		家庭关系
		人际关系
		我觉得前途渺茫，对未来没什么信心

在具体测量方式上，我们对每个维度都是采用李克特量表的形式，让被调查者根据自身的实际情况和切身感受，对各个指标的五种量度情况进行选择。在计分方法上，各个李克特量表都是采用直接累加的方法计算其得分，同时为了让得分结果具有直观性，我们将所有李克特量表的得分进行了百分制的转换，具体转换方法是：原本每个指标的赋分是 1 分、2 分、3 分、4 分和 5 分，我们在这基础上各乘以 20 分，即每个指标的赋分成了 20 分、40 分、60 分、80 分和 100 分，在累加后，再除以量表的指标数。

最后需要强调的是，本报告对社会治理绩效的评估，都是在主观层面进行，因此，研究结论反映出来的是被调查者的主观感受和认知。

二　2015 年度社会治理绩效的基本状况

（一）社会治理绩效的总体状况

根据 2015 年度的调查数据，我们统计出了 2015 年度社会治理绩效及各维度的主观评分结果（参见表 8—2 和图 8—1 至图 8—4）：整体上，社会治理绩效的平均得分为 64.24 分，并且基本呈正态分布；在维度上，中观群体关系的得分最低（60.22 分），宏观基础秩序的得分（60.53 分）与之非常接近，而微观个人福祉的得分最高（71.66 分）且明显高于前两个维度，这表明，在被调查者的主观感受中，社会治理的状况是微观层面要明显好于中观和宏观层面，换言之，人们对自身的生活条件、与周围人的社会交往以及对未来个人的发展前景的主观感受，要明显好于他们对宏观的社会环境以及对不同群体之间关系的评价。

表 8—2　　　　2015 年度社会治理绩效及各维度的主观评分

维度	宏观基础秩序	中观群体关系	微观个人福祉	社会治理绩效
平均数（分）	60.53	60.22	71.66	64.24
标准差	11.65	12.15	11.47	8.79
n（个）	7230	7919	7510	6923

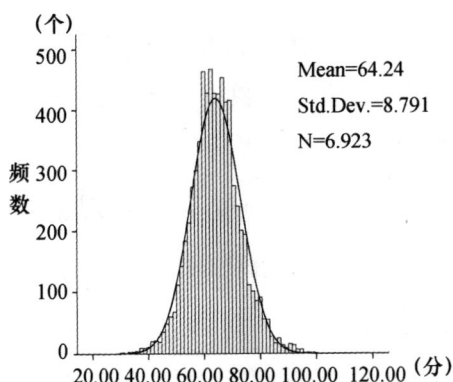

图 8—1　2015 年度社会治理
绩效得分分布

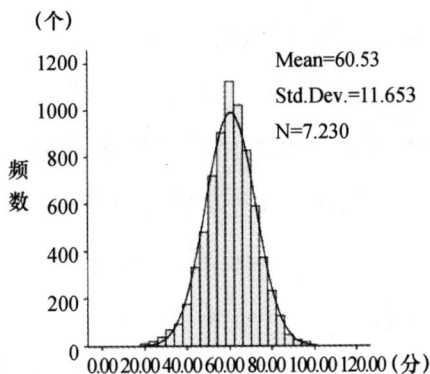

图 8—2　2015 年度宏观基础
秩序得分分布

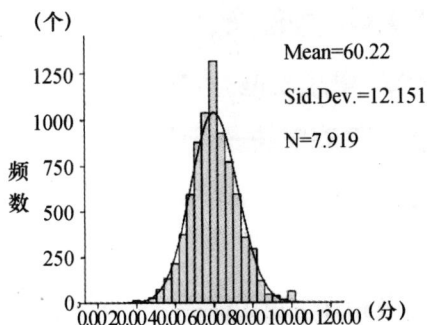

图 8—3　2015 年度中观群体
关系得分分布

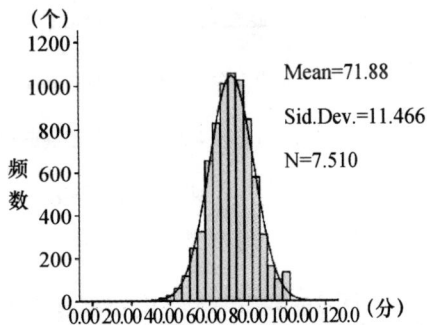

图 8—4　2015 年度微观个人
福祉得分分布

（二）社会治理绩效各维度的具体状况

1. 宏观基础秩序

图8—5显示了我们选取的测量宏观基础秩序的5个指标的统计结果。

有47.3%的被调查者认为"社会上是非标准变得很模糊"，而持相反看法的只有12.7%；有38.4%的被调查者认为"很难找到真正可信赖的朋友"；此外，还有近1/4的被调查者对"社会公平公正状况"和"社会风气"表示很不满意。相比而言，被调查者对"治安状况"的评价最好，感到不满意者只占16.6%，而持相反态度的占到了半数。

根据图8—5的分布结构，我们可以将被调查者对宏观基础秩序的5个指标的主观评价分为三类：评价相对较好的是"治安状况"，评价居中的是"社会风气"和"社会公平公正状况"，评价相对较差的是"找到真正可信赖的朋友"和"社会上是非标准"。

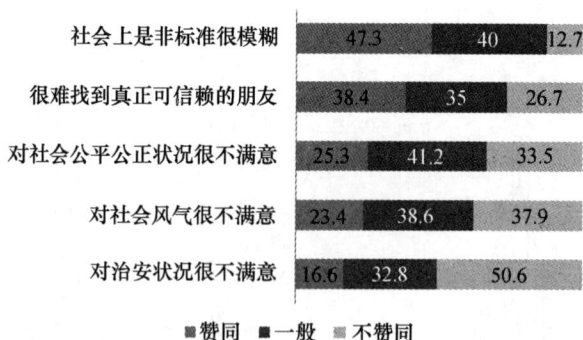

指标	赞同	一般	不赞同
社会上是非标准很模糊	47.3	40	12.7
很难找到真正可信赖的朋友	38.4	35	26.7
对社会公平公正状况很不满意	25.3	41.2	33.5
对社会风气很不满意	23.4	38.6	37.9
对治安状况很不满意	16.6	32.8	50.6

■赞同　■一般　▨不赞同

图8—5　2015年度宏观基础秩序各指标主观评价状况（%）

2. 中观群体关系

我们选取 5 种主要社会群体间的关系，来测量社会治理在中观层面的绩效情况，图8—6 给出了被调查者对这 5 种关系的主观评价结果：

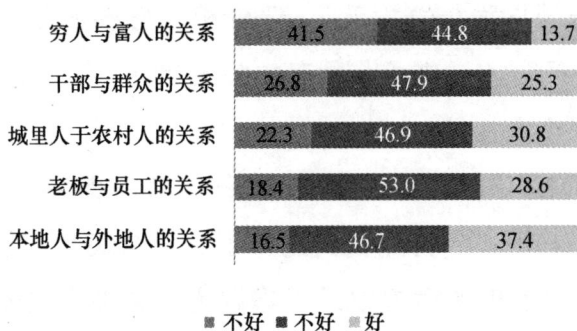

图8—6　2015 年度中观群体关系各指标主观评价状况（％）

在对这 5 种群体关系的评价上，对"本地人与外地人的关系"评价相对较好，只有16.5％的被调查者认为二者关系不好，有37.4％的被调查者持好的看法；对"老板与员工的关系"评价也相对较好，有28.6％的被调查者给出好的评价，而给出差的评价的被调查者所占比例只有18.4％。

对"城里人与农村人的关系"评价居中，被调查者中认为二者关系不好和好的比例分别是22.3％和30.8％。相比而言，对"干部与群众的关系"评价稍差些，不过差评比例并不很高，占26.8％，而也有25.3％的被调查者给出了好评。

评价最差的群体关系是"穷人与富人的关系"，有41.5％的被调查者认为二者关系不好，只有13.7％的被调查者认为二者关系好，这种评价结果与前述四种关系的评价结果相比，明显偏差。

　　根据图8—6的分布结构，我们也可以将被调查者对中观群体关系的 5 个指标的主观评价分为三类：评价明显偏差的是"穷人与富人的关系"，评价居中的是"城里人与农村人的关系"和"干部与群众的关系"，评价相对好些的是"本地人与外地人的关系"和"老板与员工的关系"。

3. 微观个人福祉

　　社会治理在微观层面的根本目标，就是保障和改善民生、确保人民安居乐业。为此我们选择了 5 项与民生密切相关的指标来测量社会治理的微观效果，具体统计结果见图8—7。从图中可以得知，与前两个维度相比，被调查者对各项指标持不满意态度的比例，明显偏低，而且都没有超过 1/5，有的甚至低于 5%；相反，持满意态度的比例则明显偏高，其平均比例超过半数。相对而言，我们可以根据被调查者的主观评价，大体可以将这 5 项指标的得分情况分成两类。

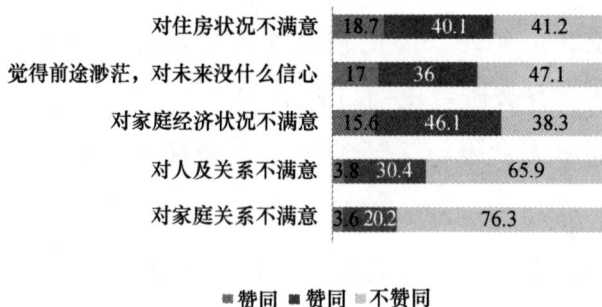

	赞同	赞同	不赞同
对住房状况不满意	18.7	40.1	41.2
觉得前途渺茫，对未来没什么信心	17	36	47.1
对家庭经济状况不满意	15.6	46.1	38.3
对人及关系不满意	3.8	30.4	65.9
对家庭关系不满意	3.6	20.2	76.3

图8—7　2015 年度微观个人福祉各指标主观评价状况（%）

　　其一，评价相对较低类：这主要反映在经济和个人发展方面，其中，评价最低的是住房状况，有 18.7% 的被调查者表示"对住房状况很不满意"，不过，持满意态度的比例并不低，占到了 41.2%；在未来发展方面，有 17.0% 的被调查者表达出了"觉得前途渺茫，对未来没什么信心"的看法，但表示相反态度的比例接近了半数；另外，在对"家庭经济状况"的评价上，持不满意和满意态度的被调查者分别占 15.6% 和 38.3%。

　　其二，评价相对较高类：这主要反映在社会关系方面，大多数被调查者对"家庭关系"和"人际关系"表示满意，分别占 76.3% 和 65.9%，而仅有极少数被调查者感到不满意，分别占 3.6% 和 3.8%。

　　综合以上数据分析，针对 2015 年度社会治理绩效及其各个维度情况，可以得出以下主要结论：

　　（1）基于被调查者的主观评价，以百分制计算，2015 年度社会治理绩效的平均得分为 64.24 分；其三个维度的得分从高到低依次是微观个人福祉（71.66 分）、宏观基础秩序（60.53 分）和中观群体关系（60.22 分）。数据表明，在被调查者看来，社会治理的绩效是微观层面明显好于宏观层面和中观层面，而宏观层面略微好于中观层面。

　　（2）在宏观基础秩序的主观评价上，不少被调查者认为"社会上是非标准很模糊"和"很难找到真正可信赖的朋友"；同时，有近 1/4 被调查者对"社会公平公正状况"和"社会风气"不满意；但在"治安状况"上，则得到了大多数人的认可。

（3）在中观群体关系的主观评价上，评价最差的是"穷人与富人的关系"，有四成多的被调查者认为二者关系不好，这种负面评价的比例要大大高于其他群体关系；评价最好的是"本地人与外地人的关系"；对"老板与员工的关系"的评价也相对较好，其持正面评价的比例要比持负面评价的比例高出10.2个百分点；对"干部与群众的关系"的评价虽然相对差些，但其正面评价和负面评价的比例基本接近，都占1/4左右；对"城里人与农村人的关系"评价居中。

（4）在微观个人福祉的主观评价上，被调查者对个人的经济状况和未来发展等方面的评价相对差些，尤其是"对住房状况不满意"的比例最高，同时也有不少被调查者"觉得前途渺茫，对未来没什么信心"，并且"对家庭经济状况不满意"；不过，绝大多数被调查者对家庭关系和人际关系表示满意，而其不满意比例则非常低。

（三）不同人群对社会治理绩效的主观评价比较

不同类型的社会群体因其社会属性或角度立场的不同，在对社会治理绩效的主观感受和评价上，就有可能存在差异。对于这种主观感受和评价的群体差异的识别，是改善社会治理绩效的一个重要参考因素。我们主要围绕性别、年龄、婚姻状况、政治面貌、教育程度、区域、个人月收入、户籍类型及户籍所在地等人口统计变量，对社会治理绩效进行了分类比较，具体结果见表8—3：

表8—3 不同人群对社会治理绩效的主观评价比较 单位：分、个

特征		均值	样本数	差异显著性
性别	男	63.94	3232	F = 7.119
	女	64.50	3691	Sig. = 0.008　n = 6923
年龄	16—29 岁	63.47	2263	F = 27.621
	30—39 岁	63.81	1611	
	40—49 岁	64.50	1672	Sig. = 0.000
	50—59 岁	64.41	848	n = 6922
	60 岁及以上	67.78	528	
婚姻状况	未婚	63.25	1533	F = 28.515
	已婚	64.61	5117	Sig. = 0.000，n = 6650
政治面貌	共产党员	66.63	568	F = 23.385
	共青团员	63.83	1183	Sig. = 0.000
	群众	64.07	5148	n = 6899
教育程度	小学及以下	65.93	346	
	初中	64.29	1458	F = 3.568
	高中	63.93	1950	
	中专/技校	64.41	719	Sig. = 0.003
	大专	63.92	1307	n = 6899
	本科及以上	64.45	1119	
区域	东部地区	65.80	2542	F = 57.525
	中部地区	62.93	1985	Sig. = 0.000
	西部地区	62.98	1681	
	东北地区	65.27	715	n = 6923
个人月收入	2000 元及以下	63.86	394	
	2001—4000 元	64.32	1975	F = 3.123
	4001—6000 元	64.33	1079	
	6001—8000 元	62.50	270	Sig. = 0.008
	8001—10000 元	63.88	164	n = 3991
	10001 元及以上	65.57	109	

续表

特征		均值	样本数	差异显著性
户籍类型	农业户口	63.61	2044	F = 14.967
	非农业户口	64.51	4858	Sig. = 0.000, n = 6902
户籍所在地	本市县	64.52	6063	F = 53.268
	外市县	62.14	821	Sig. = 0.000, n = 6884

　　表8—3的统计结果表明，在0.01的显著水平上，上述各人口统计变量都会影响到人们对社会治理绩效的主观评价，具体情形如下：在性别上，女性的评价要好于男性；在年龄上，大体上是随着年龄的增长，人们对社会治理绩效的评价也越好；在婚姻状况上，已婚人群的评价要好于未婚人群；在政治面貌上，共产党员的评价要显著好于群众和共青团员；虽然教育程度会影响人们对社会治理绩效的评价，但不同受教育程度的人群之间的差异并不大，小学及以下教育程度的人群对社会治理绩效的评价最高，高中和大专的人群的评价最低；在区域上，东部地区和东北地区的评价要明显高于中部地区和西部地区；在个人月收入上，在大体趋势上，是随着收入的增长，其对社会治理绩效的主观评价也在逐渐升高，不过，在这趋势中，收入处于中间稍偏上的群体（即个人月收入为6001—8000元）对社会治理绩效的评价是显著低于其他群体，这在一定程度上可能反映出了中间阶层的生存压力；最后是户籍方面，非农业户口人群的评价要高于农业户口人群，户口在本市县的人群的评价要高于户口在外市县的人群。

三　社会治理绩效的年度比较

社会治理绩效是我们自 2012 年起每年度进行的全国范围的"社会态度与社会发展状况调查"的主题之一，我们希望通过对每年度调查数据的纵向比较，更清楚地了解社会治理绩效的总体变化及具体维度和指标的变化趋势。这种纵向比较数据，有助于我们更好地发现社会治理绩效在哪些方面获得了改善，又在哪些方面仍存在问题，从而提出更具针对性、建设性和可行性的政策建议。

（一）社会治理绩效及各维度的主观评分变化趋势

图 8—8 给出了 2012—2015 年社会治理绩效主观评分的变化趋势：虽然 2012 年度社会治理绩效的得分要略高于 2013 年和 2014 年，但大体趋势上，社会治理绩效得分在逐步提高，特别是 2015 年的得分，高出 2014 年的得分近 3 分。

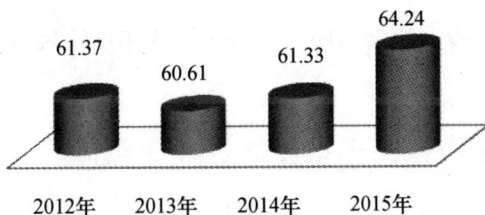

图 8—8　2012—2015 年社会治理绩效主观评分的变化趋势（分）

接下来我们需要考察的是，社会治理绩效的这种改善，在三个维度中是如何得到体现的？图 8—9 给出了社会治理绩效各维度在这四年间的变化情况，从图中可以得知，宏观基础秩序的得分是在稳步提高的，2012—2015 年，提高了 4.14 分，年平均增长 2.41%；中观群体关系的得分虽然也有所提高，但变化非常小，2012—2015 年，只提高了 0.91 分，年平均增长 0.51%；微观个人福祉的得分也呈稳步提高趋势，虽然 2013 年比 2012 年低了 1.48 分，但此后逐步提高，最终 2015 年比 2012 年高出了 4.01 分，年平均增长 2.03%。由此可见，近四年来，被调查者对社会治理绩效的评价在逐步提升，而其中有明显提升的是对宏观基础秩序的评价，其次是对微观个人福祉的评价，而对中观群体关系的评价则改善甚微。

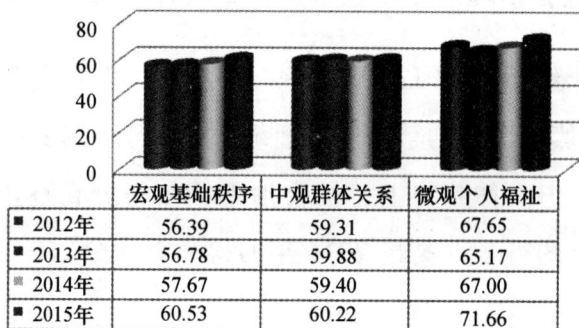

	宏观基础秩序	中观群体关系	微观个人福祉
■ 2012年	56.39	59.31	67.65
■ 2013年	56.78	59.88	65.17
▨ 2014年	57.67	59.40	67.00
■ 2015年	60.53	60.22	71.66

图 8—9　社会治理绩效各维度的年度比较（分）

最后，我们考察三个维度的这种变化，是否使得社会治理绩效的内在结构或秩序发生了细微的变化。从图 8—10 中可以得知：首先，微观个人福祉一直是得分最高的部分，而且明显高出其余两个维度，因此，社会治理绩效在微观层面的主观感受一直是最好的；其次，在 2012—2014 年三年间，社会治理绩效的主观评价一直是微观层面明显好于中观层面，中观层面又略微好于宏观层面，但正如前文指出的，宏观基础秩序的主观评价在这四年中稳步提升，而中观群体关系的主观评价却变化甚微，因此，到 2015 年时，宏观基础秩序的评分略微超过了中观群体关系的评分。

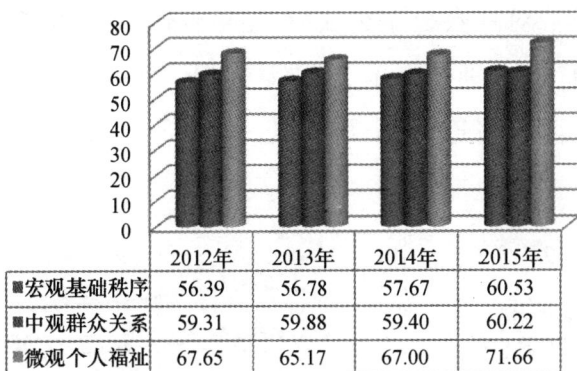

	2012年	2013年	2014年	2015年
宏观基础秩序	56.39	56.78	57.67	60.53
中观群众关系	59.31	59.88	59.40	60.22
微观个人福祉	67.65	65.17	67.00	71.66

图 8—10　社会治理绩效内在结构的年度比较（分）

综合而言，近四年的数据反映出的一个基本趋势，就是被调查者对社会治理绩效的主观评价在逐步提高；其中，对微观个人福祉的评价，一直明显高于其余两个维度，对宏观基础秩序的评价，虽然相对偏低，但在一直稳步提高，并在 2015 年超过了对中观群体关系的评价，而对于中观群体关系的评价，虽有所提高，但幅度较为细微。

（二）宏观基础秩序各指标的主观评价变化趋势

前面指出，在这四年中，被调查者对宏观基础秩序的主观评价是稳步提升的，那么，这种稳步提升在各指标上又是何种表现呢？因此，我们进一步考察了宏观基础秩序的内在结构变化趋势。

首先,我们考察被调查者对 5 项指标持负面评价的比例。从图 8—11 中,我们可以发现近四年负面评价的以下特点和变化趋势:(1)被调查者对宏观基础秩序 5 项指标的负面评价比例,呈明显下降的趋势;(2)这四年间负面评价下降幅度最大的指标,是"对社会公平公正状况很不满意"和"社会上是非标准很模糊",分别下降了 13.4% 和 11.7%;"对治安状况很不满意"也下降了将近 10 个百分点。

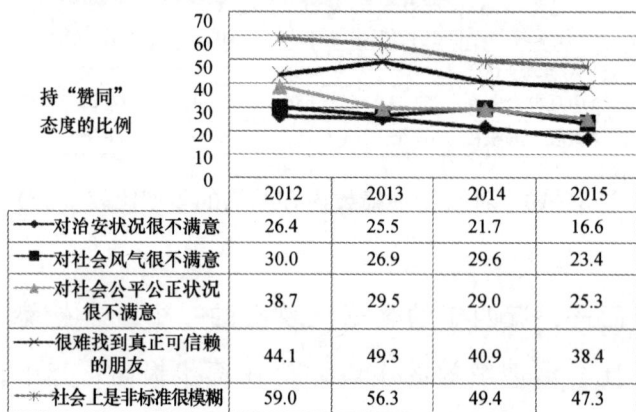

持"赞同"态度的比例	2012	2013	2014	2015
对治安状况很不满意	26.4	25.5	21.7	16.6
对社会风气很不满意	30.0	26.9	29.6	23.4
对社会公平公正状况很不满意	38.7	29.5	29.0	25.3
很难找到真正可信赖的朋友	44.1	49.3	40.9	38.4
社会上是非标准很模糊	59.0	56.3	49.4	47.3

图 8—11 宏观基础秩序各指标的主观评价变化趋势 (1) (%)

按道理,与负面评价比例显著下降相对应的,应该是正面评价的一定提升,图 8—12 给出了被调查者对 5 项指标的正面评价的变化趋势:(1)除了对"治安状况"和"社会公平公正状况"的正面评价比例逐年提升外,其余指标都有所波动,特别是对"治安状况"和"社会公平公正状况"的正面评价比例分别上升了 11.6% 和 9.9%;(2)但整体趋势上,各指标的正面评价比例是在提升的。

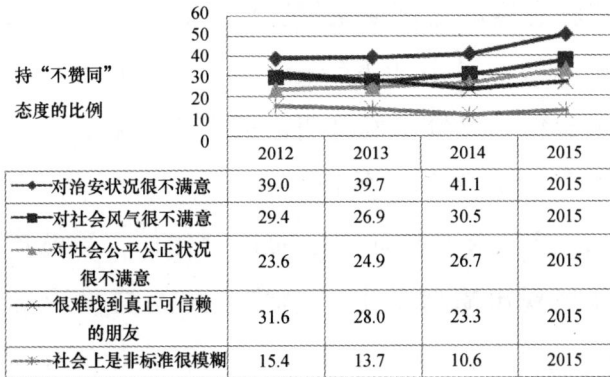

	2012	2013	2014	2015
◆ 对治安状况很不满意	39.0	39.7	41.1	2015
■ 对社会风气很不满意	29.4	26.9	30.5	2015
✳ 对社会公平公正状况很不满意	23.6	24.9	26.7	2015
✕ 很难找到真正可信赖的朋友	31.6	28.0	23.3	2015
✱ 社会上是非标准很模糊	15.4	13.7	10.6	2015

图 8—12 宏观基础秩序各指标的主观评价变化趋势（2）（%）

结合图 8—13，就更能让我们了解其中的具体变化特点：（1）对宏观基础秩序 5 项指标的中性评价比例，有明显的集中趋势，即趋于 30%—40% 的比例区间；（2）原来评价相对较差的指标，即"社会上是非标准很模糊"和"很难找到真正可信赖的朋友"，其中性评价比例在提升；而原来评价相对较好的指标，即"治安状况""社会公平公正状况"和"社会风气"方面，则中性评价比例在下降。

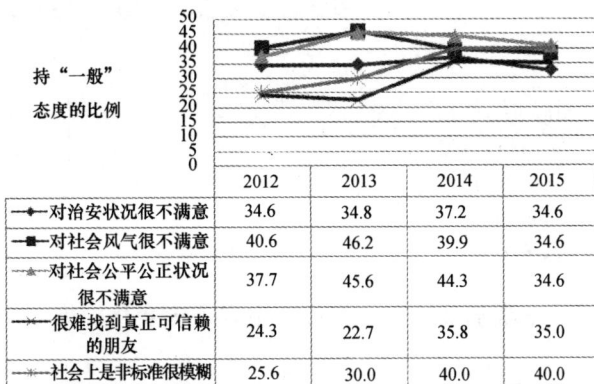

	2012	2013	2014	2015
◆ 对治安状况很不满意	34.6	34.8	37.2	34.6
■ 对社会风气很不满意	40.6	46.2	39.9	34.6
✳ 对社会公平公正状况很不满意	37.7	45.6	44.3	34.6
✕ 很难找到真正可信赖的朋友	24.3	22.7	35.8	35.0
✱ 社会上是非标准很模糊	25.6	30.0	40.0	40.0

图 8—13 宏观基础秩序各指标的主观评价变化趋势（3）（%）

综合三种态度的比例变化情况，我们可以就宏观基础秩序的具体变化趋势，得出如下结论：（1）近四年，宏观基础秩序各项指标的负面评价比例呈明显的下降趋势，其中下降最明显的是"对社会公平公正状况很不满意"和"社会上是非标准很模糊"；（2）对各指标的正面评价比例，虽然中间有所起伏，但大体呈现出略微的上升趋势，尤其是"治安状况"和"社会公平公正状况"的正面评价比例稳步地逐年提升；（3）对各指标的中性评价比例，则存在向30％—40％这一区间靠拢的趋势。

（三）中观群体关系各指标的主观评价变化趋势

前面的分析指出，这四年间被调查者对中观群体关系的评价只有非常微小的改善，那么，这是否意味着，各指标的情况也是如此呢？

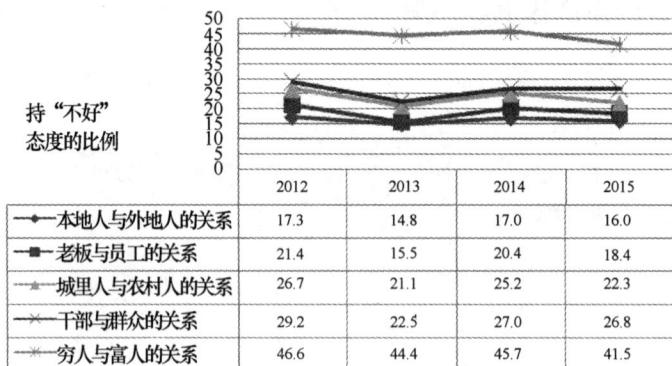

持"不好"态度的比例	2012	2013	2014	2015
◆ 本地人与外地人的关系	17.3	14.8	17.0	16.0
■ 老板与员工的关系	21.4	15.5	20.4	18.4
▲ 城里人与农村人的关系	26.7	21.1	25.2	22.3
✕ 干部与群众的关系	29.2	22.5	27.0	26.8
穷人与富人的关系	46.6	44.4	45.7	41.5

图8—14　中观基础秩序各指标的主观评价变化趋势（1）（％）

图8—14显示了被调查者对5种群体关系持负面评价的比

例变化趋势，从中可以看到：（1）各指标的负面评价比例虽有
起伏，但还是有较微小的下降趋势；（2）其中对"穷人与富人
的关系"的负面评价比例下降最高，下降了5.1%，不过尽管如
此，被调查者对这一关系的负面评价比例始终大大地高于其他
群体关系，后者平均下降约2.8%。

　　图8—15给出了被调查者对5种群体关系持正面评价的比
例变化趋势，从中可以看到：（1）各指标的正面评价比例存在
一定的起伏，但在2015年都有明显提高，因而总体还是有微小
的上升趋势；（2）这四年中，对"干部与群众的关系"的正面
评价比例提高得最多，提高了7.9%；（3）对"穷人与富人的
关系"的正面评价比例变化最小，2015年比2012年只提高
了0.2%。

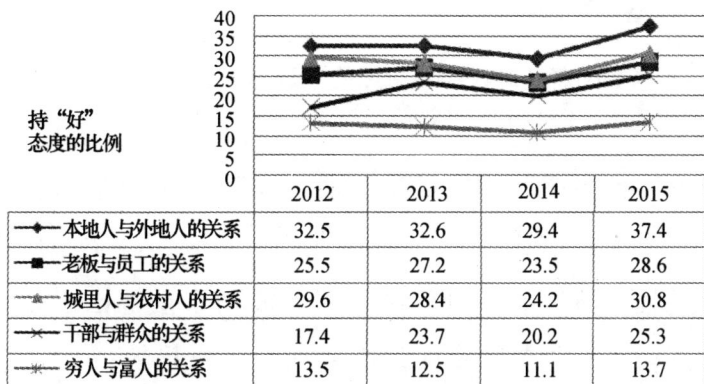

	2012	2013	2014	2015
◆ 本地人与外地人的关系	32.5	32.6	29.4	37.4
■ 老板与员工的关系	25.5	27.2	23.5	28.6
▲ 城里人与农村人的关系	29.6	28.4	24.2	30.8
✕ 干部与群众的关系	17.4	23.7	20.2	25.3
✳ 穷人与富人的关系	13.5	12.5	11.1	13.7

持"好"态度的比例

图8—15　中观基础秩序各指标的主观评价变化趋势（2）（%）

　　由于负面评价比例在轻微下降，而正面评价比例在轻微上
升，所以中性评价比例的波动也必定不会太大，图8—16显示
出了这种轻微变化：（1）各指标的中性评价比例的变动幅度较
小，这四年间的变化平均约3.4%；（2）各指标的中性评价比

例在这四年中表现出了明显的集中趋势，前期中性评价比例高的（如"干部与群众的关系""本地人与外地人的关系"）出现下降趋势，而前期中性评价比例低的（如"穷人与富人的关系""城里人与农村人的关系"）则出现上升趋势，从而各指标的中性评价比例都趋于半数。

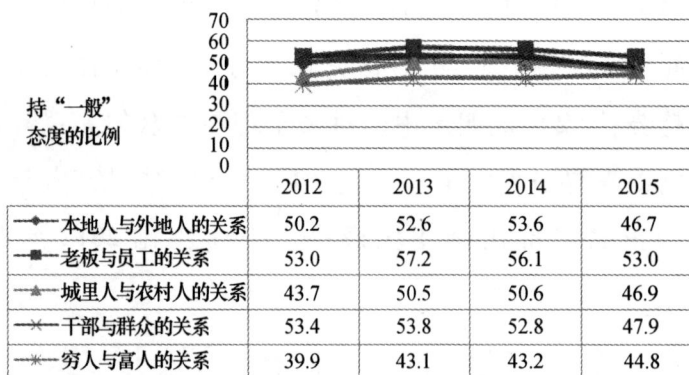

持"一般"态度的比例	2012	2013	2014	2015
本地人与外地人的关系	50.2	52.6	53.6	46.7
老板与员工的关系	53.0	57.2	56.1	53.0
城里人与农村人的关系	43.7	50.5	50.6	46.9
干部与群众的关系	53.4	53.8	52.8	47.9
穷人与富人的关系	39.9	43.1	43.2	44.8

图8—16　中观基础秩序各指标的主观评价变化趋势（3）（%）

综合三种态度的变化趋势，我们可以就中观群体关系的变化趋势得出如下结论：（1）近四年中，中观群体关系的各项指标的变动幅度整体上相对较小，即在波动中呈现出了正面评价比例的细微上升趋势和负面评价的细微下降趋势；（2）相对而言，负面评价比例下降最多的是对"穷人与富人的关系"的评价，而正面评价比例上升最多的是对"干部与群众的关系"的评价；（3）各指标的中性评价比例存在向半数靠拢的趋势。

（四）微观个人福祉各指标的主观评价变化趋势

微观个人福祉一直是三个维度中评价最好的，而且在这四年间也仍然保持着稳步增长，同样，我们也考察一下这种增长在各个指标上的表现情况。

图8—17显示了被调查者对5项指标持负面评价的比例变化趋势：（1）各项指标的负面评价比例都呈现出了较为明显下降趋势；（2）其下降幅度最大的是"觉得前途渺茫，对未来没什么信心"，四年下降了13.2%，另外，"对家庭经济状况不满意"和"对住房状况不满意"的比例也分别下降了7.5%和6.6%；（2）"对家庭关系不满意"和"对人际关系不满意"的比例也有所下降，分别下降3.0%和3.2%；（3）负面评价比例下降幅度较大的前三个指标，可概括为个人的经济和发展指标，它们下降幅度较大与之前比例相对较高有一定关系，因为它们之前负面评价比例都在20%以上，甚至有的指标的负面评价比例曾达到30%以上，不过到2015年，它们的比例都降到了20%以下；（4）而下降幅度较小的后两个指标，可概括为社会支持网指标，它们下降幅度小在一定程度上则与它们的负面评价比例一直较低有关，最高时都未超过10%，而2015年度则降到4%以下了。

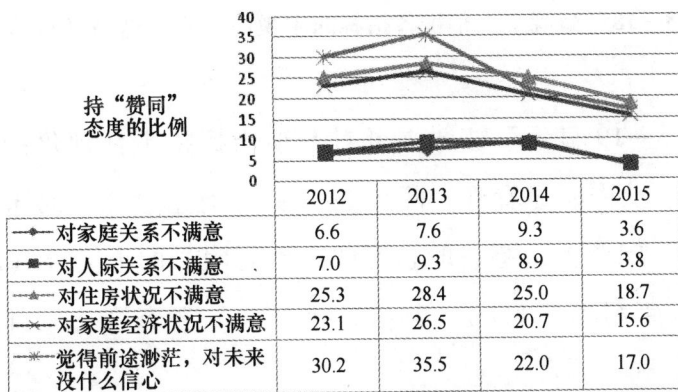

持"赞同"态度的比例	2012	2013	2014	2015
对家庭关系不满意	6.6	7.6	9.3	3.6
对人际关系不满意	7.0	9.3	8.9	3.8
对住房状况不满意	25.3	28.4	25.0	18.7
对家庭经济状况不满意	23.1	26.5	20.7	15.6
觉得前途渺茫，对未来没什么信心	30.2	35.5	22.0	17.0

图8—17　微观个人福祉各指标的主观评价变化趋势（1）（%）

图 8—18 显示了被调查者对 5 项指标持正面评价的比例变化趋势：（1）除了 2013 年度相比 2012 年度都有所下降外，各指标正面评价比例整体上呈逐步上升之势；（2）虽然个人的经济和发展指标的正面评价比例要明显低于个人的社会支持网指标，但它们的正面比例都增长到了 40% 左右，因此，它们增长幅度要明显大于后者，特别是"对家庭经济状况"满意的比例增长了 11.4%。

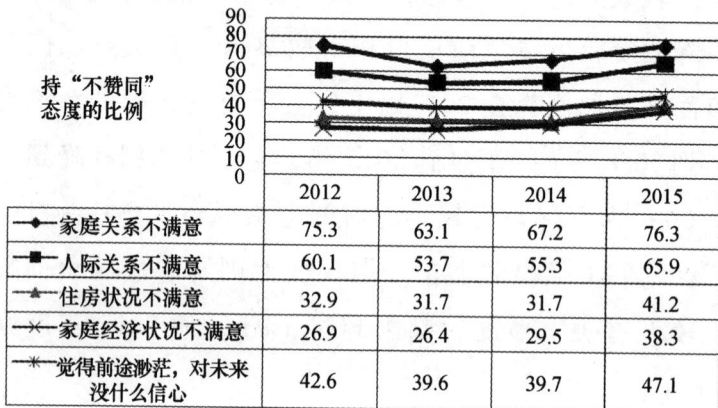

持"不赞同"态度的比例	2012	2013	2014	2015
家庭关系不满意	75.3	63.1	67.2	76.3
人际关系不满意	60.1	53.7	55.3	65.9
住房状况不满意	32.9	31.7	31.7	41.2
家庭经济状况不满意	26.9	26.4	29.5	38.3
觉得前途渺茫，对未来没什么信心	42.6	39.6	39.7	47.1

图 8—18　微观个人福祉各指标的主观评价变化趋势（2）（%）

图 8—19 显示了被调查者对 5 项指标持中性评价的比例变化趋势，从中明显看到，除了在"觉得前途渺茫，对未来没什么信心"问题上，持一般态度的比例有明显的上升外（2015 年比 2012 年高出 8.8%），其余 4 项标的一般态度比例都基本很平稳。

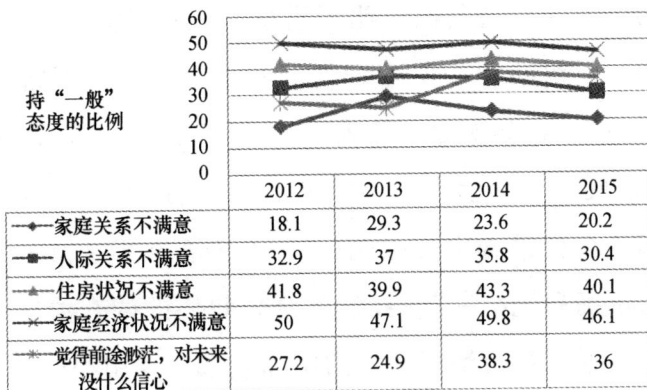

持"一般"态度的比例	2012	2013	2014	2015
家庭关系不满意	18.1	29.3	23.6	20.2
人际关系不满意	32.9	37	35.8	30.4
住房状况不满意	41.8	39.9	43.3	40.1
家庭经济状况不满意	50	47.1	49.8	46.1
觉得前途渺茫，对未来没什么信心	27.2	24.9	38.3	36

图8—19　微观个人福祉各指标的主观评价变化趋势（3）（%）

综合对三种态度分析，我们可以就微观个人福祉的具体变化趋势得出如下结论：（1）各项指标的负面评价比例呈明显的下降趋势，而正面评价比例则有一些上升的趋势，相应的，中性评价的比例则基本维持稳定状况；（2）其中，最明显的变化是被调查者当中"觉得前途渺茫，对未来没什么信心"的比例在四年中下降了13.2%，另外，"对家庭经济状况不满意"和"对住房状况不满意"的比例也都有一定的下降（分别下降了7.5%和6.6%），反过来，对家庭经济状况满意的比例增长了11.4%；（3）被调查者"对家庭关系不满意"和"对人际关系不满意"的比例有所下降，虽然下降幅度不大，但到2015年其比例都低于4%。

四　社会治理绩效的影响因素分析

党的十八大报告明确提出了"党委领导、政府负责、社会协同、公众参与、法治保障"的社会治理体制。而这种治理体制的提出，本身就给我们指明了影响社会治理绩效的最主要因素，或者也是改善社会治理绩效的最主要途径，即自上而下的党政领导（"党委领导、政府负责"）、自下而上的社会参与（"社会协同、公众参与"）和法治保障。这也正是党的十八届三中和四中全会报告中所强调的"坚持党的领导、人民当家做主、依法治国有机统一"。我们将结合我们的调查数据，考察这三种主要因素对社会治理绩效的实际效果或作用程度。

对于这三种主要影响因素的测量，我们采用了三个李克特量表，具体指标情况见表8—4，我们让被调查者对这些指标进行满意度的评价，最后用累加计分的方式获得他们对这三种主要影响因素的主观评分，同样，为了让得分具有直观性，我们对量表得分进行了百分制调整。

表8—4　　　　　社会治理绩效影响因素的测量

变量	指标
自上而下的党政领导	依法行政
	公务员廉洁自律
	预防和惩治腐败
	办事效率
	信息公开透明
	对违规失职的责任追究
自下而上的社会参与	参与所在社区公共事务管理和监督
	参与所在单位民主管理和监督
	参与广泛的社会活动
法治保障	法律对公民人身权利的保护状况
	法律对公民财产权利的保护状况
	法律对公民劳动权益的保护状况

表 8—5 显示了 2015 年度调查对象对这三种影响因素的评分情况：统计结果显示，被调查者对法治保障的评分要高于社会参与，后者又要略高于党政领导。

表 8—5　　　社会治理绩效主要影响因素的主观评分　　　单位：分

影响因素	党政领导	社会参与	法治保障
平均分	64.62	65.54	68.97
标准差	15.40	12.50	14.69
n	6492	5154	7244

考虑到不同影响因素之间可能存在相互影响，从而单独考察某一因素的作用时，可能会出现其他因素的干扰而影响实际作用的大小，所以我们采取多元线性回归的方式，同时将三个因素纳入回归模型中。另外，我们认为，这三个因素或许对社会治理绩效的不同维度具有不同的影响力，所以，我们同时也分别以三个维度为因变量，对它们进行多元回归分析，各种分析的结果见表 8—6。

表 8—6　　　社会治理绩效及各维度的回归分析

维度	社会治理绩效	宏观基础秩序	中观群体关系	微观个人福祉
党政领导	0.343	0.417	0.195	0.143
社会参与	0.134	0.037	0.055	0.212
法治保障	0.253	0.186	0.159	0.225
n	4110	4206	4364	4254
模型解释力度（R^2）	0.378	0.331	0.123	0.221

说明：（1）为了便于比较，表中给出的三个影响因素的回归系数，都是 Beta 系数；（2）这些系数，在 0.01 的显著度水平上，都具有显著性。

表8—6的统计结果表明，首先对社会治理绩效而言，自上而下的党政领导和自下而上的社会参与以及法治保障都具有显著的影响，其中以党政领导的影响力最大（标准回归系数为0.343），其次是法治保障（标准回归系数为0.253），再次是社会参与（标准回归系数为0.134）。

细分三个因素对社会治理绩效各维度的影响，我们发现，这三个因素对各维度都有显著的影响作用，但是它们的作用效果存在较大的差异：（1）首先从社会治理绩效的各个维度来看，对宏观基础秩序而言，党政领导的影响力是最大的，其标准回归系数（0.417）大大高于社会参与和法治保障（二者系数分别是0.037和0.186）；对中观群体关系而言，党政领导和法治保障的作用相差不大（系数分别为0.195和0.159），但都高于社会参与（系数为0.055）；对微观个人福祉而言，则是法治保障和社会参与的作用（系数分别为0.225和0.212）要大于党政领导（系数为0.143）。（2）从三个因素的角度来看，党政领导对各个维度都有较大影响，尤其是对宏观基础秩序影响最大；社会参与则主要影响微观个人福祉，而对其余两个维度影响较小；法治保障对三个维度的影响相对均衡些。

这样，我们也就能理解前面指出的近四年社会治理绩效及各维度的变化原因了：自十八大以来，党和政府坚持依法用权、倡俭治奢，深入推进党风廉政建设和反腐败工作，这有力地加强和改善了党政领导的职能，而如前所述，党政领导对社会治理绩效各维度尤其是宏观基础秩序，具有显著的正面作用，因此我们也看到自2013年以来，社会治理绩效尤其是宏观基础秩序的主观评价在逐年稳步提升；另外，推动和完善依法治国也是近几年党和政府的重要工作，特别是十八届四中全会通过了《中共中央关于全面推进依法治国若干重大问题的决定》，这也必然会有助于改善社会治理绩效。

五　结论与政策建议

（一）结论

1.2015 年度社会治理绩效的基本情况

社会治理绩效是指社会治理目标的实现程度，即民生与社会秩序的实际状况；对社会治理绩效的评估也就是对民生与社会秩序的实际状况的评估，这种评估可以从宏观基础秩序、中观群体关系和微观个人福祉三个层面进行。本报告基于中国社会科学院社会发展战略研究院的"社会态度与社会发展状况调查（2015）"的数据，从被调查者的主观感受和评价入手，对社会治理绩效进行了评估，得出了如下四点基本结论。

（1）2015 年度社会治理绩效的平均得分为 64.24 分；其三个维度的得分从高到低依次是微观个人福祉（71.66 分）、宏观基础秩序（60.53 分）和中观群体关系（60.22 分）。这表明，社会治理绩效在被调查者的主观感知上，是微观层面明显好于宏观层面和中观层面，而宏观层面与中观层面相差不大。

（2）在宏观基础秩序方面，不少被调查者认为"社会上是非标准很模糊"和"很难找到真正可信赖的朋友"（分别占 47.3% 和 38.4%）；另有近 1/4 的被调查者对"社会公平公正状况"和"社会风气"不满意；但大多数人对"治安状况"很满意。

（3）在中观群体关系方面，被调查者评价最差的是"穷人与富人的关系"，其负面评价比例（占41.5%）明显高于其他群体关系；对"干部与群众的关系"的评价虽然相对差些，但其正面评价和负面评价的比例都约1/4；对"城里人与农村人的关系"评价居中；评价相对较好的是"老板与员工的关系"，对其持正面评价的比例要比持负面评价的比例高出10.2个百分点；评价最好的是"本地人与外地人的关系"（有37.4%被调查者认为二者关系好）。

（4）在微观个人福祉方面，被调查者"对住房状况不满意"的比例最高（占18.7%），也有不少被调查者"觉得前途渺茫，对未来没什么信心""对家庭经济状况不满意"（分别占17.0%和15.6%）；但绝大多数被调查者对家庭关系和人际关系表示满意（分别占76.3%和65.9%），而对其不满意比例则非常低。

2. 社会治理绩效的年度比较（2012—2015年）

通过对比2012—2015年各年度的数据，我们发现这四年间被调查者对社会治理绩效及各维度的主观评价具有如下几种趋势。

（1）整体上，被调查者对社会治理绩效的主观评价在逐步提高。其中，对微观个人福祉的评价，一直明显高于其余两个维度；对宏观基础秩序的评价虽然相对偏低，但在一直稳步提高，并在2015年超过了对中观群体关系的评价，而对于中观群体关系的评价，虽有所提高，但幅度较为细微。

（2）宏观基础秩序各项指标的负面评价比例呈明显的下降趋势，其中下降最明显的是"对社会公平公正状况很不满意"

和"社会上是非标准很模糊"（分别下降了 13.4% 和 11.7%）；
而各项指标的正面评价比例，虽然中间有所起伏，但大体呈现
出略微的上升趋势，尤其是"治安状况"和"社会公平公正状
况"的正面评价比例是稳步的逐年提升（分别上升了 11.6%
和 9.9%）。

（3）中观群体关系各项指标的变动幅度相对较小，在波动
中呈现出正面评价比例在细微上升和负面评价比例在细微下降
的趋势；相对而言，负面评价比例下降最多的是对"穷人与富
人的关系"的评价（下降了 5.1%），而正面评价比例上升最多
的是对"干部与群众的关系"的评价（上升了 7.9%）。

（4）微观个人福祉各项指标的负面评价比例呈明显的下降
趋势，而正面评价比例则有些微的上升趋势，相应的，中性评
价的比例则基本维持稳定状况；最明显的变化是被调查者当中
"觉得前途渺茫，对未来没什么信心"的比例在四年中下降了
13.2%，另外，"对家庭经济状况不满意"和"对住房状况不满
意"的比例也都有一定的下降（分别下降 7.5% 和 6.6%），反
过来，对家庭经济状况满意的比例增长了 11.4%；被调查者
"对家庭关系不满意"和"对人际关系不满意"的比例逐年下
降，到 2015 年其比例都低于 4%。

3. 社会治理绩效的影响因素分析

根据党在十八大、十八届三中和四中全会报告中的要求和
指示，我们概括了影响社会治理绩效的三个重要因素或途径，
即自上而下的党政领导和自下而上的社会参与以及法治保障。
基于 2015 年度的数据，我们通过多元线性回归分析，发现这三
个因素对社会治理绩效及各维度的如下几种具体影响情形。

（1）对于社会治理绩效而言，党政领导、社会参与和法治保障都具有显著的影响，其中以党政领导的影响力最大，其次是法治保障，再次是社会参与。

（2）从社会治理绩效的各个维度来看，对于宏观基础秩序而言，党政领导的影响力大大高于社会参与和法治保障；对中观群体关系而言，社会参与的影响大大低于党政领导和法治保障；对微观个人福祉而言，法治保障和社会参与的作用要大于党政领导。

（3）从影响因素的角度看，党政领导对各个维度都有较大影响，尤其是对宏观基础秩序影响最大；社会参与则主要影响微观个人福祉；法治保障对各个维度的影响较为均衡。

（二）政策建议

2015 年度的统计数据以及近四年的趋势比较分析表明，我国社会治理已取得较好的成效，并呈现出稳步提升的趋势。不过，在一些方面还存在要积极面对和解决的问题，基于上述数据分析和比较，我们提出如下政策建议。

第一，在微观层面，政府应加大对民生和社会建设的投入，首先，要着力改善百姓的住房问题，这当中，政府不仅要考虑低收入家庭，更要关注中等收入家庭，让后者能够真正成为健康的、积极的市场消费主体；其次，要着力于建立经济发展和扩大就业的联动机制，创造出更多的就业岗位，并积极推动合理有序的收入分配格局的形成，让百姓能有改善家庭经济状况的制度和保障，从而提振百姓对未来的发展信心；最后，政府应推动百姓的社会参与，让他们能够通过制度化的渠道积极参与社会事务，特别是对与自身生活密切相关的社区和单位活动的参与，让他们在参与中实现自身的利益诉求，并在这过程中发展出理性表达和积极参与的习性。

第二，在中观层面，政府应加大对不同社会群体的利益协调，其中首先是实行有利于缩小收入差距的政策，明显增加低收入劳动者收入，扩大中等收入者比重；其次，要在不同社会群体之间建立起公平的利益表达、协商和综合的集体平台，让不同利益和诉求有平等的表达机会，让政策和制度的制定能更充分地吸收和反映不同社会群体的利益，而要建立这种集体平台，就必须激发社会组织活力，让社会组织充分发挥利益汇聚和代表的作用；最后，需要建立起系统化的、制度化的利益冲突化解渠道，用制度化的方式来吸收和化解利益矛盾，而不是用掩盖或抑制的方式来回避矛盾，这就需要创新矛盾调处和权益保障机制。

第三，在宏观层面，正如前面对影响因素的分析中指出的，党政领导是影响宏观基础秩序的最重要因素，因此，党和政府应提高领导能力和水平，推进国家治理体系和治理能力现代化，这首先就要落实党风廉政建设主体责任和监督责任，强化权力运行制约和监督，巩固反腐败成果，努力实现干部清正、政府清廉、政治清明，为经济社会发展营造良好政治生态；此外，必须加强法治政府建设，依法设定权力、行使权力、制约权力、监督权力，实现政府活动全面纳入法治轨道，增强全社会特别是公职人员遵法学法守法用法观念，在全社会形成良好的法治氛围和法治习惯。

第九章　民众的环境满意度

人类结社而居，成其为社会，是为了拥有更好的生活。因此，可以说社会发展史就是一部人们探寻更好的生活是什么，如何更好地生活，如何使每一个人都更好地生活的历史。人与社会的存在与繁衍是以自然环境为其必要条件的，更好的生活是离不开自然母亲的滋养的。但人类意识到自然环境对人类社会的重要性并严肃认真地对待这种重要性的历史并不长。

长期以来，人类把自然视为征服的对象，通过不断地改造自然，甚至是掠夺式的压榨来满足人类的需求，人类与自然之间关系极度紧张。过度开发所累积的环境问题逐渐爆发。特别是自工业革命以来，随着工业文明发展的累积，工业增长与环境的矛盾日益凸显。工业机器的运转为人类创造出财富和便利的同时，也产生了大量的污染。气候异常、臭氧层损耗、生物多样性减少、荒漠化等环境问题的出现威胁着人类的生活。从20世纪30年代开始环境问题的频发，尤其是"世界八大公害事件"触目惊心的后果，给栖居在世的人类敲响了警钟。人类认识到更好的生活绝不仅仅是经济增长可以带来的，更好的生活也绝不是戕害自然母亲可以达成的。更好的生活是与自然母亲友好相处的生活、协同发展的生活，是顾及自我也顾及我们子孙的生活。因此，为了拥有更好的生活，结社而居的人类需要建立起一个可持续发展的社会、环境友好的社会。1972年联合国召开了人类历史上第一次全球性的人类环境会议，会议提出了"只有一个地球"的口号，发布了《联合国人类环境会议宣言》的报告，呼吁各国政府和人民为维护和改善人类环境，造福全体人民，造福子孙后代而共同努力。[①] 1987年世界环境与发展委员会公布的《我们共同的未来》的报告提出：环境与发展问题涉及世界各国几代人的利益，要有长远规划；人口、资源、环境和发展不可分割，要综合考虑；以及发达国家应与发展中国家广泛合作；等等。首次对"可持续发展"概念做出了科学定义。[②] 1992年联合国环境与发展大会发表《地球宪章》，郑重宣告"促进可持续发展是我们的责任"，提出了人类"可持续发展"的新战略和新观念：人类应与自然和谐一致，可持续地发展并为后代提供良好的生存发展空间；人类应珍惜共有的资源环境，有偿地向大自然索取……人类为此应变革现有的生活和消费方式，与自然重修旧好，建立新的"全球伙伴关系"——人与自然和谐统一，人类之间和平共处。[③]

随着我国工业化和城镇化的推进，我国经济高速发展的同时也付出了极大的代价。大气污染、水污染、土壤污染等环境问题层出不穷，环境性疾病的发生率逐渐上升，环境事件频繁上演。环境问题不仅直接威胁到人们的健康，而且由环境问题

---

① http：//wenku. baidu. com/view/1a7da0ec551810a6f524867f. html.

② 世界环境与发展委员会：《我们共同的未来》，王之佳、柯金良译，吉林人民出版社1997年版。

③ http：//wenku. baidu. com/view/f7f60f1ca76e58fafab00315. html.

引发的社会问题，极大地威胁着社会的稳定。据统计，我国环境群体性事件已经与违法征地拆迁、劳资纠纷一起，成为三大社会群体性事件之一。环境问题不容再忽视。1992 年在中国共产党十四大报告中提出"加强环境保护"意识，中国共产党十七大明确提出"建设生态文明"的战略任务，2012 年党的十八大做出"大力推进生态文明建设"战略决策，2015 年 5 月 5 日，中共中央、国务院印发《关于加快推进生态文明建设的意见》，提出了 2020 年的生态文明建设目标。"到 2020 年，资源节约型和环境友好型社会建设取得重大进展，主体功能区布局基本形成，经济发展质量和效益显著提高，生态文明主流价值观在全社会得到推行，生态文明建设水平与全面建成小康社会目标相适应。"[1] 在 2015 年 10 月 29 日结束的十八届五中全会上，"生态文明建设"被首次写入五年规划，成为"十三五"规划的十个任务目标之一，全会提出：坚持绿色发展，必须坚持节约资源和保护环境的基本国策，坚持可持续发展，坚定走生产发展、生活富裕、生态良好的文明发展道路，加快建设资源节约型、环境友好型社会，形成人与自然和谐发展现代化建设新格局，推进美丽中国建设，为全球生态安全做出新贡献。[2]

诗人海涅说过，每个时代都有它的重大课题，解决了它就把人类社会向前推进一步。[3] 环境问题已然是当代人类社会的重大课题之一，需要我们携手解决。

环境保护不仅是政府责任，更是每一个公民的责任，因此，

① http://politics.people.com.cn/n/2015/0506/c1001 - 26953754.html.

② http://news.china.com/focus/wzqh/11174588/20151026/20626822.html.

③ 葛竟天：《论生态城市建设》，东北财经大学出版社 2009 年版。

了解一个国家民众对环境状况的态度是必要的。

一　环境质量：概念、指标与测量

随着环境问题的凸显，以及人们环境意识的发展，环境质量得到了社会的普遍关注。那么，什么是环境质量？如何评价环境质量的优劣呢？目前，人们通常是以两种方式来测度环境质量：一种是客观方法，另一种是主观方法。客观方法主要是制定相关的环境标准，运用相关的仪器和物理的、化学的手段对环境质量进行检测，比如 PM2.5 的实时检测等。目前学界采用的主观方法主要是考察人们的环境满意度。本次调查我们采用主观的方法来测度环境质量，从可持续角度出发，我们不仅考察人们对环境的满意度还考察人们对未来环境的信心。

从主观角度出发，我们认为环境质量是一个社会民众对环境状况的总体性情绪。所谓总体性情绪是社会总体层面的情绪现象，是个体情绪经过一定机制化合而形成。总体性情绪不同于个体情绪，在较长的时间内具有较强的稳定性，是属于社会心理层面的社会事实。总体性情绪能够反映一个社会的客观现实。环境质量作为一种总体性情绪，它是一种社会事实，它不仅能够反映环境本身的客观现实，还能够反映出一个国家环境治理的水平和环境发展的程度。

遵从可持续发展理念，我们从"环境满意"和"环境信心"两个维度来考察环境质量。环境满意主要是指人们对其当下所处的环境的一种主观感受。它是人们对环境现实状况的感受。环境信心则主要是指人们对环境的未来预期与判断。基于可持续发展的理念，我们认为从主观角度对环境的评价，不能仅仅基于人们对当下所处环境的满意与否，还要着眼于人们对未来环境状况的感受，我们把这种对未来环境的感受，称为环境信心，这种感受基于现实环境状况对未来的预期，可以反映人们对环境发展的可能性的判断。

　　本次调查所指的"环境"主要指室外环境，比如，空气质量就是指的室外空气质量。考虑到目前我国民众对环境的关注具有功利性，基本是围绕与其生活相关的项目进行的，对离生活较远的环境状况知之甚少①，以及环境质量是社会民众对于环境状况的总体性情绪和这次调查对象为城市居民，我们选取了城市居民比较关注的同时也是直观感受比较明显的六个方面的室外环境因素来操作化环境满意和环境信心。这六个方面是：环境质量、空气质量、自来水质量、生态水面质量、城市绿化和垃圾处理。具体而言环境满意的观测变量包括环境质量满意度、空气质量满意度、自来水满意度、生态水面质量满意度、城市绿化满意度；环境信心的测量变量包括环境质量信心指数、空气质量信心指数、自来水信心指数、生态水面质量信心指数、城市绿化信心指数。

　　由此，本次调查设计了包括环境满意和环境信心两个维度12个题器的环境质量问卷，问卷中对环境满意度计分方式采用了 Likert 式 5 点量表，其中"1"表示"很满意"，"5"表示"很不满意"，对环境信心的计分方式采用了 3 点量表，其中"1"表示"变好"，"3"表示变差。

---

　　① 中国环境意识项目办：《2007 年全国公众环境意识调查报告》，《世界环境》2008 年第 2 期。

经过探索性因子分析，本次调查确定以下 12 个题器来进行量表构建，形成正式的问卷。

表 9—1　　　　　　　　　环境质量的测量指标

指数	因子	题器
环境满意度	环境质量	a3a01 您对您所在城市当前的环境质量满意吗
	空气质量	a3a02 您对您所在城市当前的空气质量满意吗
	自来水质量	a3a03 您对您所在城市当前的自来水质量满意吗
	生态水面质量	a3a04 您对您所在城市当前的生态水面质量满意吗
	生活垃圾处理	a3a05 您对您所在城市当生活前的生活垃圾处理满意吗
	城市绿化	a3a06 您对您所在城市当前的城市绿化质量满意吗
环境信心指数	环境质量	a3b01 您认为您所在城市未来的环境质量会变好还是变差
	空气质量	a3b02 您认为您所在城市未来的空气质量会变好还是变差
	自来水质量	a3b03 您认为您所在城市未来的自来水质量会变好还是变差
	生态水面质量	a3b04 您认为您所在城市未来的生态水面质量会变好还是变差
	生活垃圾处理	a3b05 您认为您所在城市未来的生活垃圾处理会变好还是变差
	城市绿化	a3b06 您认为您所在城市未来的城市绿化质量会变好还是变差

经上述环境质量量表进行验证性分析，其结果显示环境质量量表是稳定、可靠的。

表 9—2　　　　　　　　环境质量量表验证性分析结果

Hotelling's T – Squared	F	df1	df2	Sig.
3660.404	332.343	11	7896	0.000

二　2015 年城市居民环境质量的总体分析与讨论

（一）结果分析

2015 年城市居民环境质量指数为 17.60 分（总分为 24，分值越高表示环境质量越高），标准差为 3.605，呈现负偏态（如图 9—1）。其中环境满意度的贡献值为 8.58，环境信心指数的贡献值为 9.03。

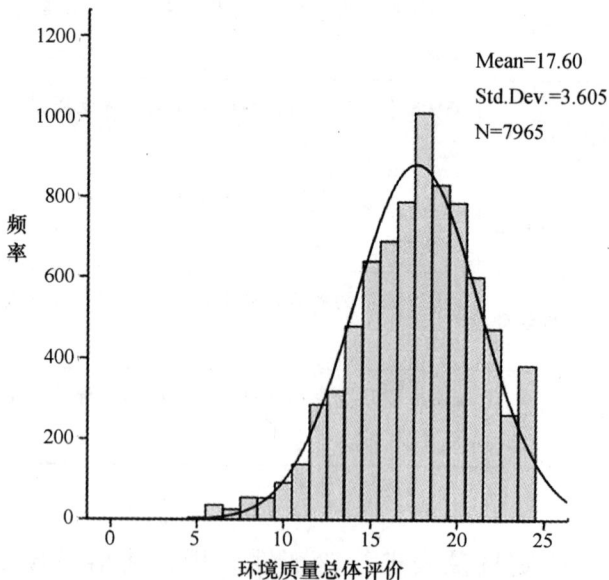

Mean=17.60
Std.Dev.=3.605
N=7965

图 9—1　城市居民环境质量指数频数分布（分）

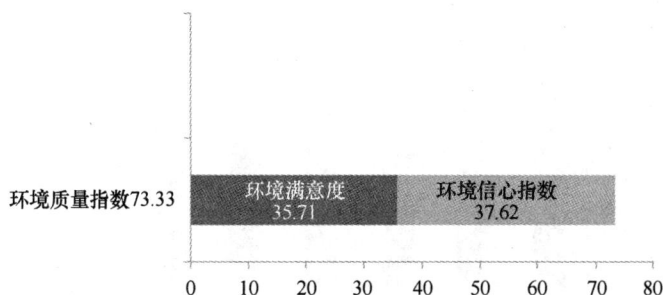

图 9—2　城市居民环境质量指数构成（分）

表 9—3　　　　城市居民环境质量指数及其二维度的

总体情况　　　　　　单位：分

总体情况	环境满意度	环境信心	环境质量
均值（Mean）	71.5	75.25	73.33
标准差（Std. Deviation）	1.936	2.479	3.605
最小值（Minimum）	16.67	0	8.33
最大值（Maximum）	100.00	100.00	100.00
总分（Total）	100.00	100.00	100.00
有效数据（Valid）	7962	7962	7965

在环境满意度中，城市居民对城市绿化的满意度最高（80.5 分），对生态水面质量的满意度最低（62.5 分），其余依次为：环境质量满意度（74 分）、自来水质量满意度（71 分）、生活垃圾处理满意度（71 分）和空气质量满意度（70 分）。

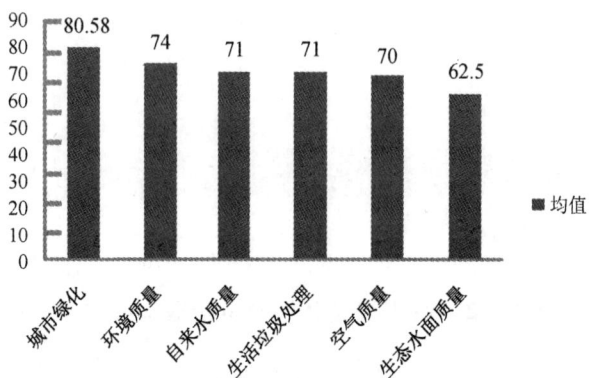

图9—3　城市居民环境质量满意度各指标均值排序（分）

其中，在7957名受访者中，对生态水面质量满意的占31%，不满意的占64%，不知道的占5%（如图9—4所示）。

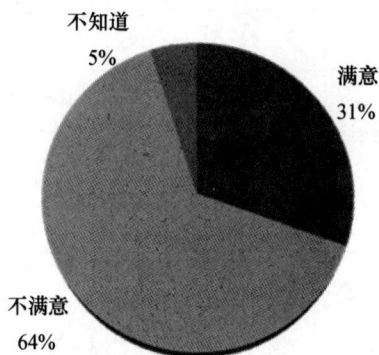

图9—4　城市居民生态水面质量满意比例分布（%）

在7961名受访者中，对空气质量满意的占39%，不满意的占58%，不知道的占3%（如图9—5所示）。

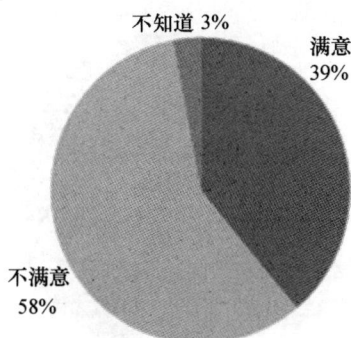

图 9—5 城市居民空气质量满意比例分布（%）

在环境信心中，城市居民对城市绿化的信心最高（83.5分），对生态水面质量的信心最低（68分），其余依次为：生活垃圾处理（78分）、环境质量（77.5分）、空气质量（73.5分）、自来水质量（72.5分）（如图 9—6 所示）。

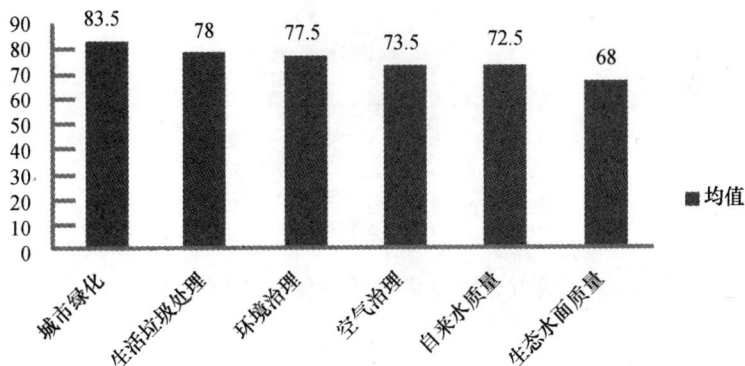

图 9—6 城市居民环境信心指数各指标均值排序（分）

其中，在 7949 名受访者中，认为生态水面质量未来会变好的占 46%，未来会变差的占 43%，说不清的占 11%（如图 9—7 所示）。

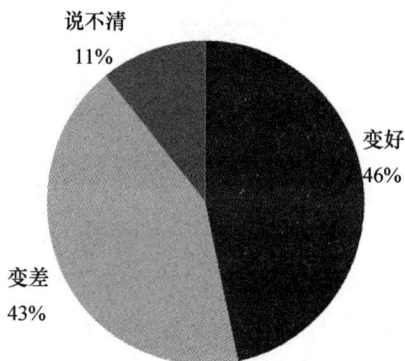

图 9—7　城市居民生态水面质量信心比例分布（%）

在 7956 名受访者中，认为自来水质量未来会变好的占 52%，未来会变差的占 41%，说不清的占 7%（如图 9—8 所示）。

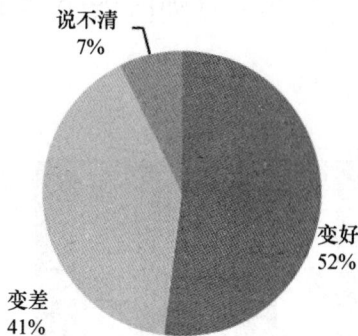

图 9—8　城市居民自来水质量信心比例分布（%）

（二）讨论

1. 城市居民对环境质量的总体评价一般，超过半数以上的城市居民对环境现状不满，但对未来环境的改善充满信心

城市居民环境质量指数为 73.3 分，二阶因子环境满意度和环境信心指数分别为 71.5 分和 75.25 分，可以看出城市居民对环境质量的总体评价一般。考察两个二阶因子环境满意度和环境信心的各构成指标人群所占比例，我们发现在环境质量满意度各构成指标中除了城市绿化这个指标的满意人群占 61.9%，其余指标满意的人群所占比重均未过半，比重从高到低排列依次为，环境质量 48.2%，自来水质量和生活垃圾处理均为43%，空气质量为 39%，对生态水面质量满意的人群所占比重最低，仅为 31%，这说明大部分城市居民对环境的现状不满。在环境信心各构成指标中除了认为生态水面质量未来会变好的人群占 46% 以外，其余各指标认为未来会变好的人群所占比重均过半，其中，认为城市绿化未来会变好的人群所占比重最大，为 71%，其余从高到低依次为：生活垃圾处理为 62.9%，环境质量为 59.8%，空气质量为 53.6%，自来水质量为 52.0%。可以看出大部分城市居民对未来环境的改善充满信心。

　　这与我国客观环境状况整体较差，以及近十年我国环境保护运动的兴起不无关系。一方面，客观环境状况整体较差，使得大部分城市居民对环境现状不满。人们对于环境的主观感受是环境客观状况在人们主观心理层面产生的效应，因此从主观角度测量的环境质量会受到客观环境状况的影响。从环境保护部发布的 2014 年《中国环境状况公报》，我们可以看到我国整体客观环境"形势依然严峻，环境风险仍然很大"。这样的客观现实状况当然会引起民众的不满。另一方面，我国环保运动的兴起，特别是政府在其中的积极作为，又促生了环境改善的希望。例如，在治理水污染方面，开始施行"最严格的水资源管理制度"；开始实施《重点流域水污染防治规划（2011—2015年）》《全国地下水污染防治规划（2011—2020 年）》以及《良好湖泊生态环境保护规划（2011—2020 年）》等一系列"水"专项工作。治理空气污染方面，开始实施《重点区域大气污染防治"十二五"规划》《大气污染防治行动计划》以及《京津冀及周边地区落实大气污染防治行动计划实施细则》《京津冀及周边地区重污染天气监测预警方案（试行）》，逐步实施《环境空气质量标准》（GB 3095—2012），发布相关钢铁行业和采矿业污染物排放标准，印发《关于加强机动车污染防治工作，推进大气 PM2.5 治理进程的指导意见》等。上述相关措施的施行，让民众看到了环境改善的希望。

2. 城市居民生态水面质量、空气质量的评价是拉低环境质量总体评价的主要因素

无论是指数分析还是比例分析，生态水面质量与空气质量都分获环境各指标排名的倒数第一、第二位。生态水面质量满意度为 62.5 分，生态水面质量信心指数为 68 分，均低于均值，满意的人群所占比重为 30.5%，对此充满信心的人群所占比重为 46.6%；空气质量满意度为 70 分，空气质量信心指数为 73.5分，均低于均值，满意的人群所占比重为 39%，对此充满信心的人群的比重为 53.6%。

这既反映了我国客观环境污染的现状，也反映了我国民众环境方面优先需求。大气、水、土壤的污染是我国三大环境污染。水污染是从新中国成立以来一直困扰着我国政府的一项主要污染。淡水环境质量近年来虽然有所改善，但淡水环境的整体质量依然较差，2014 年《中国环境状况公报》显示全国 423条主要河流、62 座重点湖泊（水库）的 968 个国控地表水监测断面（点位）中，Ⅰ、Ⅱ、Ⅲ、Ⅳ、Ⅴ、劣Ⅴ类水质断面分别占 3.4%、30.4%、29.3%、20.9%、6.8%、9.2%。在 4896 个地下水监测点位中，水质优良级的监测点比例为 10.8%，良好级的监测点比例为 25.9%，较好级的监测点比例为 1.8%，较差级的监测点比例为 45.4%，极差级的监测点比例为 16.1%。[①]

虽然我国很早就在监测大气污染，但直到近几年雾霾的出现，大气污染才走入大多数普通民众的视野。雾霾的持续增加，涉及面越来越大、影响也越来越严重，治霾呼声越来越大。虽然我国政府采取多种措施治理雾霾，但所谓"病来如山倒，病去如抽丝"，空气质量依然不容乐观。2014 年《中国环境状况公报》显示全国开展空气质量新标准监测的 161 个城市中，仅有 16 个城市空气质量年均值达标，145 个城市空气质量超标。相关研究表明，我国目前普通大众对环境的关注具有一定的功利性，基本上是围绕与其生活相关的项目进行的，对离生活较远的环境状况知之甚少，因此大气污染、水环境污染、生活垃圾处理是城市居民优先关注的环境问题。作为重点关注对象的空气质量与水环境质量的客观状况又比较差，民众对其的评价就相对会低一些。

三　2013—2015 年城市居民环境质量的比较分析

（一）2013—2015 年环境质量趋势分析

如图 9—9 所示，2013—2015 年环境质量指数及其两个维度

---

① 中华人民共和国环境保护部：2014 年《中国环境状况公报》。

环境满意度指数和环境信心指数均呈增长趋势。2013 年环境质量指数为 66.13 分，2014 年环境质量指数为 69.50 分，2015 年环境质量指数为 73.33 分；2013 年环境满意度为 65.00 分，2014 年环境满意度为 67.58 分，2015 年环境满意度为 75.00 分；2013 年环境信心指数为 67.25 分，2014 年环境信心指数为 72.50 分，2015 年环境信心指数为 75.25 分。

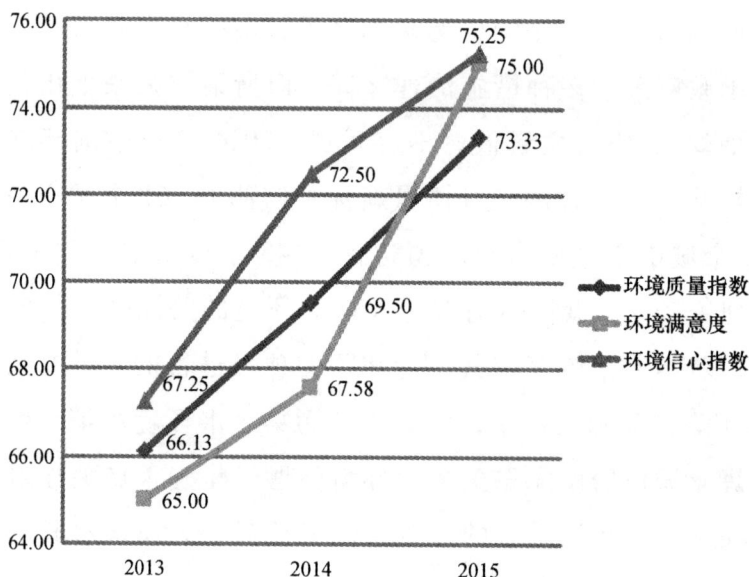

图9—9 2013—2015 年城市居民环境质量指数
及其两个维度的均值的总体趋势（分）

以 2013 年为基期，2014 年、2015 年的环境质量指数分别增长 5.10、10.89 个百分点；2014 年、2015 年环境满意度分别增长 3.97、15.38 个百分点；2014 年、2015 年环境信心指数分别增长 7.81、11.90 个百分点。

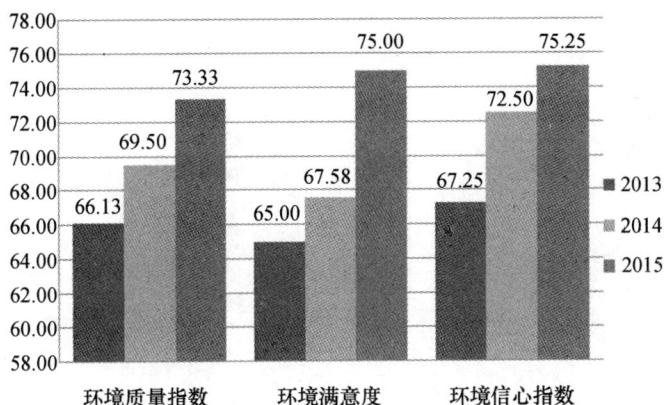

图9—10　城市居民环境质量指数及其两个维度的均值增长状况（分）

从环比来看，2014 年、2015 年环境质量指数分别比上一年增长 5.10、5.51 个百分点；2014 年、2015 年环境满意度分别比上一年增长 3.97、10.98 个百分点；2014 年、2015 年环境信心指数分别比上一年增长 7.81、3.79 个百分点。

其中，环境满意度，以 2013 年为基期来看，2014 年增长最多的是自来水质量满意度（4.58%），增长最少的是生活垃圾处理满意度（－2.94%）；2015 年增长最多的是空气质量满意度（13.82%），增长最少的是生态水面质量满意度（5.93%）。从环比来看，2015 年增长最多的是空气质量满意度（10.24%），增长最少的是生态水面质量满意度（2.46%）。

环境信心指数，以 2013 年为基期来看，2014 年增长最多的是生态水面质量信心（9.68%），增长最少的是城市绿化信心（5.23%）；2015 年增长最多的是空气质量信心（14.83%），增长最少的是城市绿化（9.15%）。从环比来看，2015 年增长最多的是空气质量信心（5%），增长最少的是生态水面质量（0）。

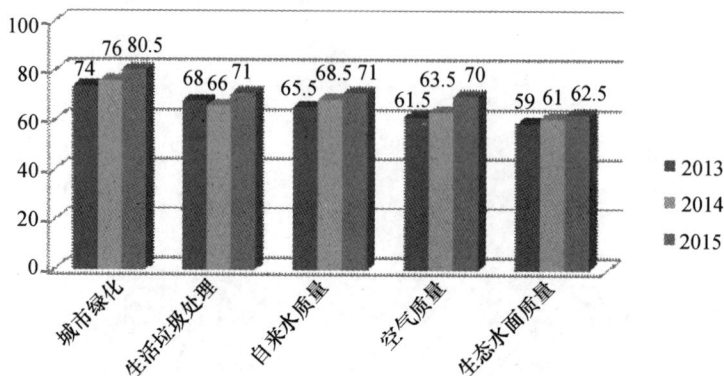

图9—11 2013—2015年城市居民环境满意度各指标增长状况（分）

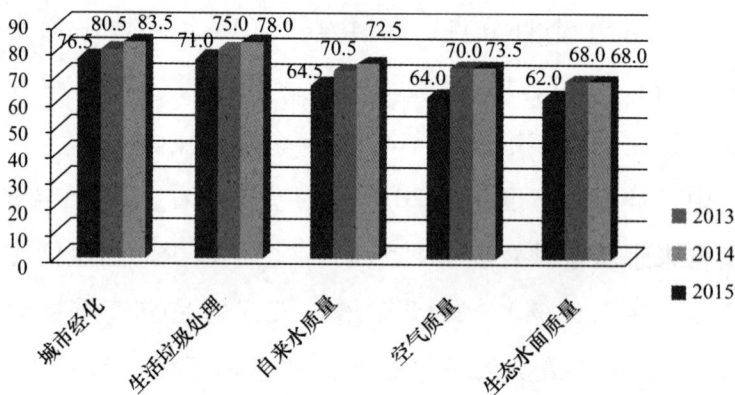

图9—12 2013—2014年城市居民环境信心指数各指标增长状况（分）

2013—2015年各年环境满意度排序可以看到，三年来对城市绿化的满意度指数排位均是第一，空气质量与生态水面质量满意度指数则分别排为最后两位。

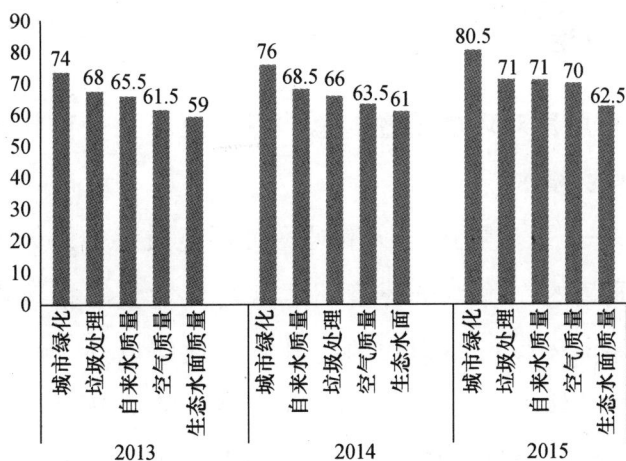

图 9—13　2013—2015 年各年城市居民环境质量满意度各指标排序（分）

从 2013—2015 年各年环境信心指数排序可以看到，三年来城市居民对城市绿化的信心指数排位均是第一，对生态水面质量未来变好的信心则排在最末位。

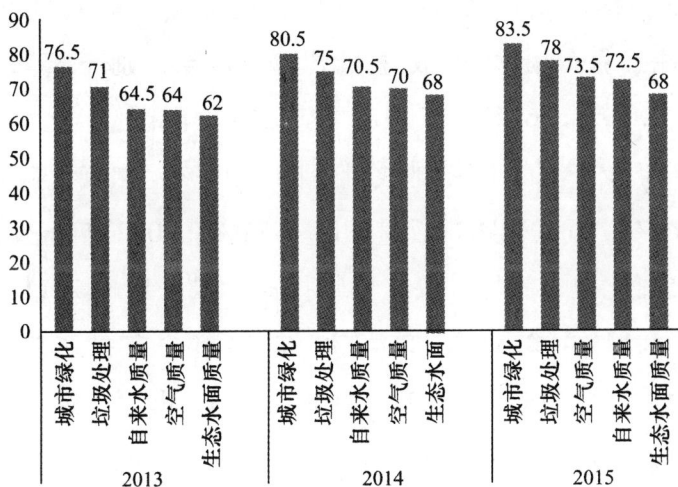

图 9—14　2013—2015 年各年城市居民环境质量

信心指数各指标排序（分）

（二）讨论

1. 城市居民对环境质量的总体评价逐年上升而且上升的速度每年均有所增加

从图 9—9 可以看出，城市居民对环境质量的总体评价以及构成环境质量的二阶因子环境满意度与环境信心指数逐年呈上升趋势，除了环境信心指数的上升有所放缓以外，城市居民对环境质量的总体评价以及环境满意度每年的上升速度都比上一年有所增加，环境质量指数 2014 年比上一年增长 5.10%，2015 年比上一年增长 5.51%，环境满意度指数 2014 年比上一年增长 3.98%，2015 年比上一年增长 10.98%。这反映了我国环境质量的持续改善。

从客观上来看，虽然我国环境形势依然严峻，也不排除一些城市环境状况有所恶化，但环境整体状况却逐渐在改善。就我国污染物排放总量来看，2014 年，全国化学需氧量、氨氮、二氧化硫、氮氧化物排放总量比 2013 年分别下降 2.47%、2.90%、3.40%、6.70%；2013 年与 2012 年相比，化学需氧量排放量下降 2.93%、氨氮排放量下降 3.12%、二氧化硫排放量下降 3.48%、氮氧化物排放量下降 4.72%；2012 年全国化学需氧量、二氧化硫、氨氮、氮氧化物排放总量分别比 2011 年减少 3.05%、4.52%、2.62%、2.77%。2014 年，首批实施新环境空气质量标准监测的 74 个城市细颗粒物（PM2.5）年均浓度为 64 微克/立方米，同比下降 11.1%。[①]

---

① 中华人民共和国环境保护部：2012 年、2013 年、2014 年《中国环境状况公报》。

2. 环境满意度指数三年排名后两位的均是生态水面质量和空气质量，排名第一的均是城市绿化

考察三年来城市居民环境满意度各指标的排序情况，我们发现三年环境满意指数各指标的排序相当稳定，从高到低均呈现以下的排列顺序：城市绿化、垃圾处理、自来水质量、环境质量、空气质量、生态水面质量。相较于其他，城市居民对城市绿化的满意度最高；对生态水面质量的满意度最低，其次是空气质量。这反映了我国城市绿化状况的逐步改善和大气、生态水面质量的严峻状况。

我国在推动城市化进程中，国家法律、法规，把绿化建设列为各级政府的职责，规定其为各行各业以及公民的义务，在城乡建设中把绿化列为必须同步进行的建设项目之一。这使得我国城市绿化得到了较大改善。在 20 世纪后 20 年间，我国城市绿地面积：1998 年、1999 年、2000 年，分别比上一年提高了 9.14、9.58、8.95 个百分点，接近于当时的国民经济的增长幅度。近几年来，城市绿地面积持续增长，2011 年、2012 年、2013 年，分别比上一年提高了 5.08、5.56、2.5 个百分点，人均公园绿地面积提高了 5.54、3.89、3.09 个百分点，2006—2013 年的 8 年间，城市绿地面积增加了 83.71%，人均公园绿地面积增长了 52.89%。[①]

正如上文所说，空气、水、土壤的污染是我国主要的三大污染。空气与水的污染，不仅影响人们的健康，而且影响社会稳定。2013 年 10 月 17 日，世界卫生组织下设的国际癌症研究

---

① 中华人民共和国统计局：2006 年、2010 年、2011 年、2012 年、2013 年《中国城市建设统计年鉴》。

机构发布报告，确认被污染的空气为"一类致癌物"，称：PM2.5 与癌症发病率的升高有明确关系。中国社会科学院、中国气象局联合发布《气候变化绿皮书：应对气候变化报告(2013)》称，雾霾引发"酸雨、光化学烟雾现象"，导致死亡率提高，"慢性病加剧"，"呼吸系统及心脏系统疾病恶化，改变肺功能及结构，影响生殖能力，改变人体的免疫结构"。[①] 2012年末发表于权威医学杂志《柳叶刀》上的《2010 年全球疾病负担评估》称，室外空气污染成为中国第四大致死危险因子。这份历时五年，由 50 个国家近 500 名科学家共同参与，通过对包括吸烟、饮食、饮酒、室内及室外空气污染在内的多项健康风险因子进行分析而完成的研究显示：2010 年，在中国有 120 万人因室外空气颗粒物污染（主要指 PM2.5）导致过早死亡。其中，由室外空气颗粒物污染导致的脑血管疾病死亡人数为604519 人，慢性阻塞性肺疾病为 196202 人，缺血性心脏病为283331 人，下呼吸道感染 10469 人，气管、支气管和肺癌139369 人。[②] 对淮河流域地区消化道肿瘤死亡变化分析研究显示：污染最严重、持续时间最长的淮河流域地区是消化道肿瘤死亡上升幅度最高的地区，其上升幅度是全国相应肿瘤死亡平均上升幅度的 3—10 倍。[③] 近年来，空气与水污染突发性事件不断，由空气与水污染导致的环境群体性事件频繁发生，极大地影响了社会稳定。2010 年，全国共接报并妥善处置突发环境事

---

① 刘鉴强主编：《环境绿皮书：中国环境发展报告（2014）》，社会科学文献出版社 2014 年版，第 6 页。

② 同上书，第 132—133 页。

③ 同上书，第 88 页。

件 156 起，其中水污染事件 65 起，大气污染事件 66 起，土壤污染事件 4 起。2012 年，全国共发生 542 起突发环境事件，环境保护部直接调度处理了 33 起突发环境事件，33 起事件中有 30 起为水污染，1 起为大气污染。2013 年，全国共发生突发环境事件 712 起，其中涉及水污染和大气污染的突发环境事件分别占 45.2% 和 30.1%。2014 年，全国共发生突发环境事件 471 起，其中重大事件 3 起，3 起重大事件分别为广东省茂名市茂南区公馆镇部分师生吸入受污染空气致身体不适事件，湖北省汉江武汉段氨氮超标事件，湖北省恩施自治州建始县磺厂坪矿业有限公司致重庆市巫山县千丈岩水库污染事件。[①]

四　2015 年城市居民的环境质量差异分析

（一）人口统计学变量差异分析

1. 性别、年龄、民族、户籍类型

（1）男性空气质量满意度高于女性，且具有显著性

从整体来看，男性环境质量指数以及构成环境质量指数的两个维度——环境满意度与环境信心指数均高于女性，但其差异均不具有统计学意义。

分指标来看，不同性别在环境满意的各指标上均有差异，但仅有空气质量满意度在性别上的差异具有统计学意义（F 值为 17.035，Sig. 值为 0.000）。空气质量满意度，男性得分为 71 分，高于女性得分 69 分。环境信心的各指标在性别上具有差

① 中华人民共和国环境保护部：2011 年、2012 年、2013 年、2014 年《中国环境状况公报》。

异，但都不具有显著性。

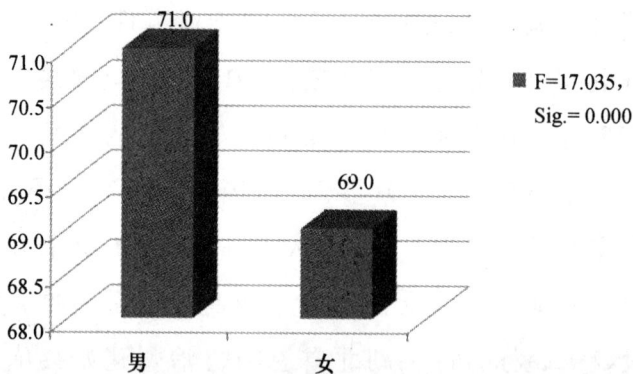

图9—15 城市居民空气质量满意度在性别上的均值分布（分）

（2）环境质量指数以及其两个维度——环境满意度与环境信心指数在年龄上呈上升趋势

为了考察环境质量的年龄差异，我们按照职业生命周期把年龄分为5组：16—22岁、23—35岁、36—50岁、50—65岁、66岁以上。

从总体来看，不同年龄群体，无论在环境质量指数（$F = 22.325$，$Sig. = 0.000$），还是环境质量满意度（$F = 32.493$，$Sig. = 0.000$）与环境质量信心指数（$F = 7.363$，$Sig. = 0.000$）上的差异都具有统计学意义。

从总体趋势来看，随着年龄的增大，环境质量指数与环境质量满意度，环境质量信心指数逐渐上升。66岁以上受访者环境质量指数得分最高（79.58分），16—22岁受访者环境质量指数得分评价最低（71.7分）。

从环境质量满意度和环境信心的各指标来看，除了对生活垃圾未来的预期这一指标上的年龄差异不显著以外，其他指标在年龄上的差异均具有显著性。

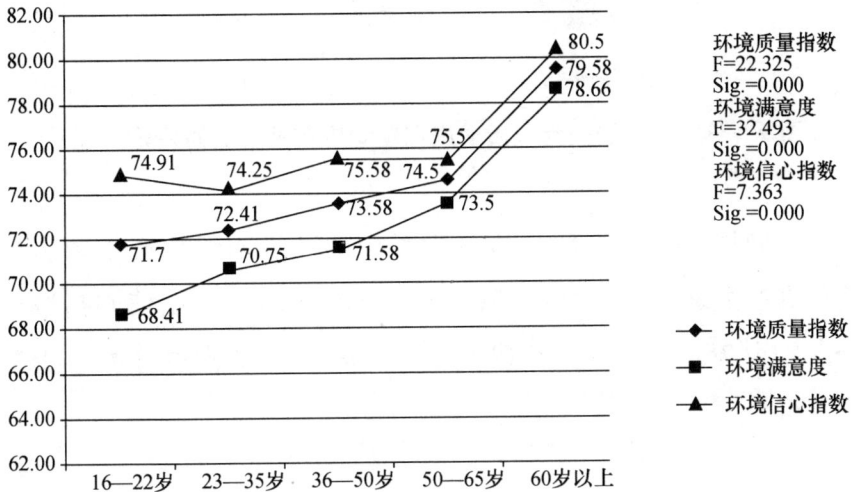

图 9—16　城市居民环境质量指数及其两个维度的

均值在年龄上的差异（分）

（3）少数民族对空气质量的满意度和环境整体信心高于汉族

不同民族的群体，在环境质量指数上的得分有差异，但其差异（F =0.753，Sig. =0.386）没有统计学意义。

不同民族群体在环境质量指数的两个维度之一——环境质量满意度上的差异也不显著（F =2.765，Sig. =0.096），但在空气质量满意度这一指标上的差异具有显著性（F = 17.472，Sig. =0.000）。在空气质量满意度上，少数民族得分（76 分）高于汉族（69.5 分）。

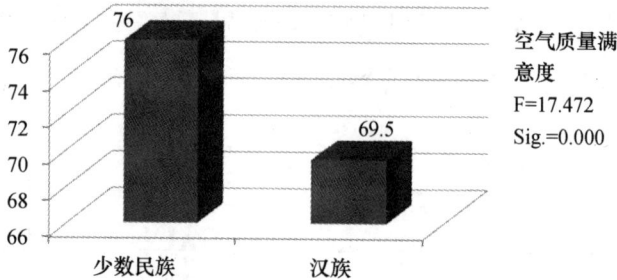

空气质量满意度
F=17.472
Sig.=0.000

图 9—17　城市居民空气质量满意度均值在民族上的差异（分）

不同民族群体在环境质量指数中的环境质量信心指数上的差异具有显著性（ F ＝6.798，Sig. ＝0.009）。环境信心指数得分汉族为75.41分，少数民族为72.08分，汉族得分高于少数民族得分。

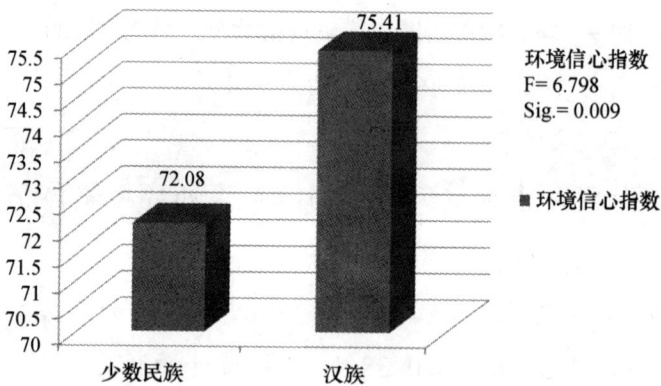

环境信心指数
F= 6.798
Sig.= 0.009

■ 环境信心指数

图 9—18　城市居民环境质量信心指数均值在民族上的差异（分）

（4）非农业户口的城市居民对环境质量指数的得分高于农业户口的城市居民，户籍在本市的城市居民对环境质量指数的得分高于户籍在外县市的城市居民

从户籍类型来考察，不同类型户籍群体在环境质量指数上

的差异显著（F = 14.106，Sig. = 0.000）。非农业户口人群（73.79 分）对环境质量的总体评价明显高于农业户口（72.38 分）。考察环境质量的两个维度——环境质量满意度和环境质量信心指数，不同户籍类型的群体在环境质量满意度上的差异具有显著性（F = 34.130，Sig. = 0.000），在环境质量信心指数上的差异则不具有显著性（F = 0.752，Sig. = 0.386）。非农业户籍人群（72.16 分）对环境质量的总体满意度高于农业户口人群（69.83 分）。从两个维度各构成指标来看，构成环境质量满意度的各指标在户籍类型上均具有显著差异，且非农户口人群的各因子满意度均高于农业户口。构成环境质量信心的各指标，仅有空气质量信心上的差异具有显著性，且非农户口人群对未来空气质量变好的信心高于农业户口。

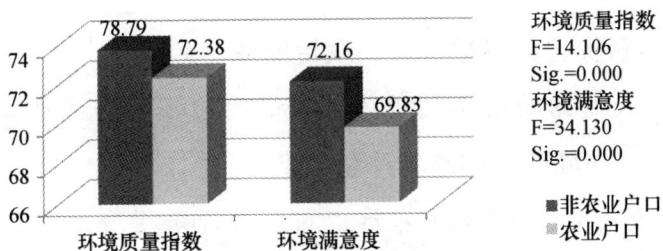

图 9—19　城市居民环境质量指数与环境满意度的均值在户籍类型上的差异（分）

户籍所在地不同，其在环境质量指数上的得分也有所不同，且这种差异具有显著性（F = 28.229，Sig. = 0.000）。户籍在本县市的人群（73.67 分）环境质量指数的得分高于户籍在外县市的人群（70.92 分）。户籍所在地不同的人群，在环境质量的两个维度——环境质量满意度和环境质量信心指数也具有显著差异，前者 F = 44.398，Sig. = 0.000，后者 F = 6.828，Sig. = 0.009。户籍在本县市的人群的环境质量满意度与环境质量信心指数也高于户籍在外县市的人群。

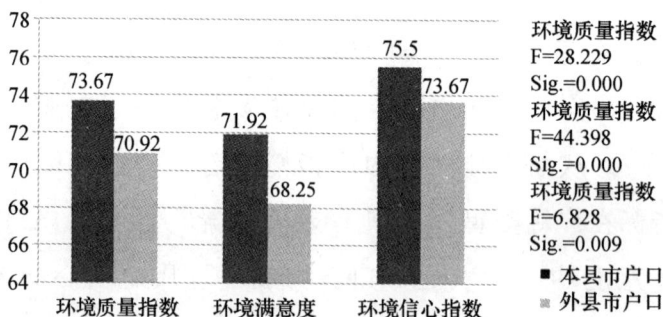

图9—20　城市居民环境质量指数及其两个维度的
均值在户籍所在地上的差异（分）

2. 婚姻状况、宗教信仰、政治面貌

（1）丧偶的城市居民对环境质量的总体评价最高，同居的城市居民对环境质量的总体评价最低

不同婚姻状况群体环境质量的总体评价得分从高到低排列依次为：丧偶、已婚、未婚单身、其他、离婚、同居。不同婚姻状况的群体，在环境质量总体满意度与环境质量总体信心的各构成要素上均具有差异，且其差异具有统计学意义。不同婚姻状况群体环境满意度从高到低排列依次为：已婚、丧偶、未婚单身、离婚、同居、其他。不同婚姻状况群体环境质量总体信心从高到低排列依次为：其他、已婚、丧偶、未婚单身、离婚、同居。

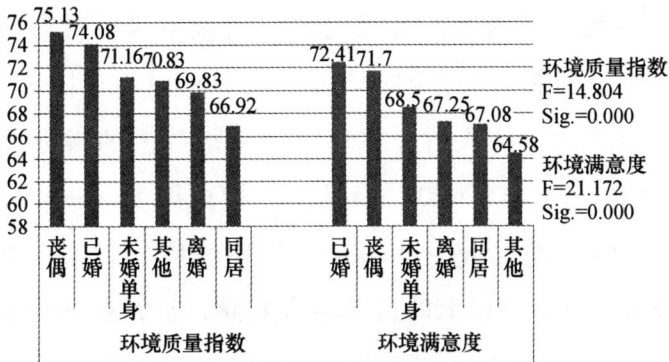

图9—21　城市居民环境质量指数与环境满意度均值在婚姻状况上的差异(分)

（2）没有宗教信仰的城市居民对环境质量的评价高于有宗教信仰的城市居民

宗教信仰不同的群体，在环境质量指数（F = 10.445，Sig. = 0.001）与环境质量满意度（F = 15.132，Sig. = 0.000）上的差异具有统计学意义，在环境质量总体信心（F = 3.000，Sig. = 0.083）上的差异不具有统计学意义。在环境质量总体评价与环境质量总体满意度上的得分，没有宗教信仰的群体高于有宗教信仰的群体。

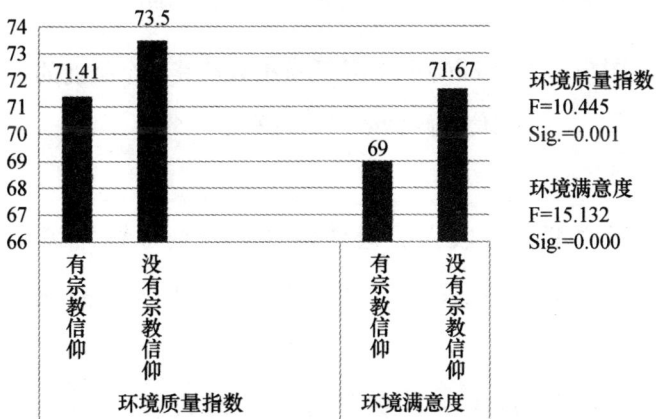

图9—22　城市居民环境质量指数与环境满意度均值在宗教信仰上的差异(分)

（3）政治面貌为共产党员与群众的城市居民对环境质量的评价高于政治面貌为共青团员与民主党派的城市居民

不同政治面貌的人群，在环境质量指数上的得分总体评价（F = 13.940，Sig. = 0.000）及其两个构成维度——环境质量满意度（F = 14.265，Sig. = 0.000）与环境质量信心指数（F = 7.157，Sig. = 0.000）上的得分均有差异，且其差异均显著。各政治面貌的人群，在环境质量总体评价与环境质量总体满意度上的得分从高到低排列依次为：共产党员、群众、共青团员、民主党派；在环境质量总体信心上的得分从高到低排列依次为：共产党员、群众、共青团员、民主党派。

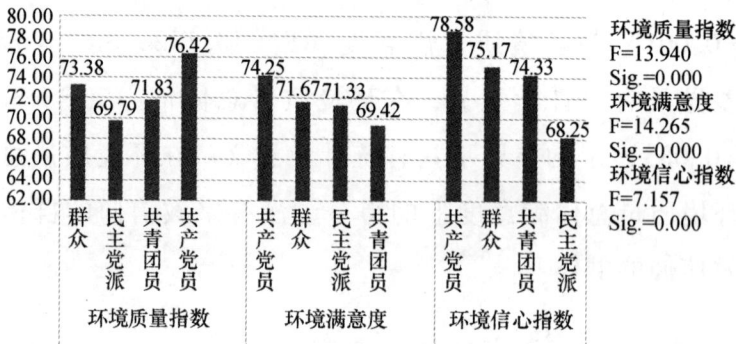

图 9—23　城市居民环境质量指数及其两个维度的均值在政治面貌上的差异（分）

3. 教育程度、月收入、居住条件、社会地位层级

（1）环境质量指数得分随着学历程度的升高呈波动下降趋势

不同教育程度的群体，在环境质量指数（F = 3.371，Sig. = 0.001），环境质量满意度（F = 4.898，Sig. = 0.000）与环境质量

信心指数（F = 2. 129，Sig. = 0.030）上的差异均具有显著性。就环境质量指数得分而言，随着学历的升高，其总体趋势是降低，没有受过任何教育的人群环境质量总体评价得分最高，研究生及以上学历的人群环境质量总体评价得分最低，其中高中学历人群到研究生及以上学历人群之间群体对环境质量总体评价的得分有明显的波动，中专与技校和大学本科这两个学历层次群体环境质量总体评价的得分相较于相应的前一学历层次的人群得分有明显的回升。就环境质量满意度得分而言，其总体趋势是随着学历层次的升高，得分随之降低，其间的波动不明显。其中，没有受过任何教育的人群环境质量总体满意度得分最高，研究生及以上学历的人群环境质量总体满意度得分最低。就环境质量信心指数得分而言，波动明显，其总体趋势也呈现下降，其中，没有受过任何教育的人群环境质量总体信心得分最高，研究生及以上学历的人群环境质量总体信心得分最低。

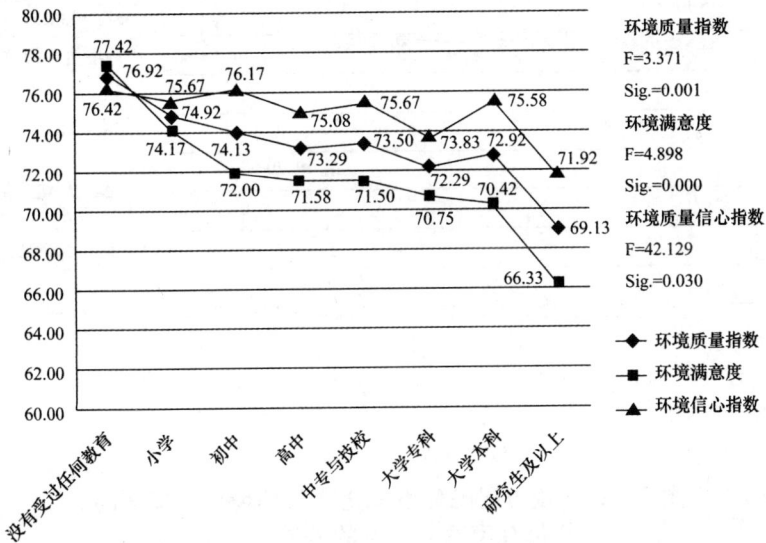

图9—24 城市居民环境质量指数及其两个维度的均值在教育程度上的差异（分）

（2）环境质量满意度在家庭月收入上的差异具有显著性，环境质量指数和环境满意度在个人月收入上的差异具有显著性

为了考察环境质量评价在家庭月收入上的差异，我们将家庭月收入分为六个组：2000 元及以下、2001—4000 元、4001—6000 元、6001—8000 元、8001—10000 元、10000 元以上。

家庭月收入不同的群体，在环境质量指数上的差异不具有显著性（F = 1.126，Sig. = 0.344），但在环境满意度（F = 10.17，Sig. = 0.000）与环境信心指数（F = 2.713，Sig. = 0.018）上的差异具有显著性。家庭月收入为 2001—8000 元收入水平的受访者的环境满意度随着收入的增加而上升，8001 元开始下降，10000 元以上又有所回升，8001—10000 元的受访者的环境满意度最低，10000 元以上的环境满意度最高。

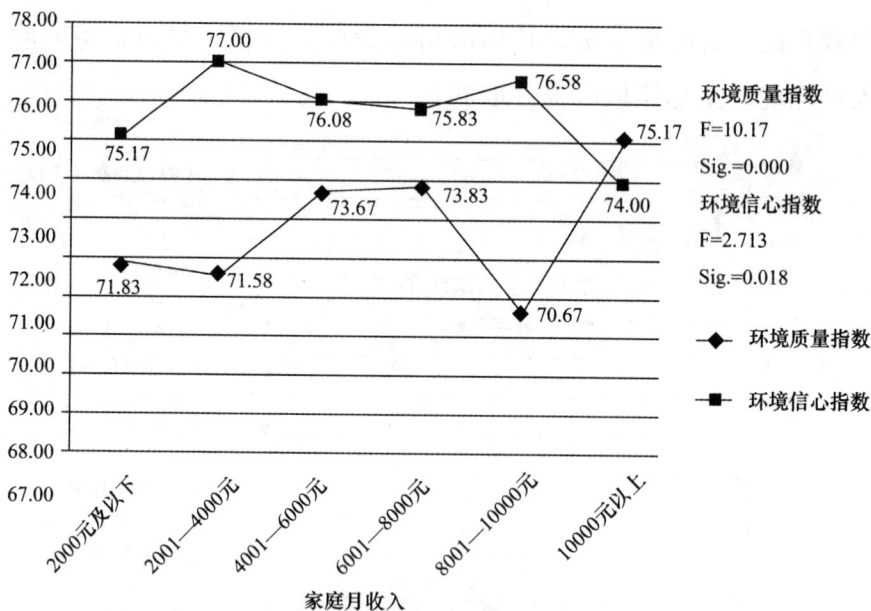

图 9—25　城市居民环境满意度与环境信心指数的
均值在家庭收入上的差异（分）

个人月收入不同，在环境质量指数的得分上也有所不同，且这种差异具有显著性，F = 5.053，Sig. = 0.000。个人月收入2001—4000元，环境质量指数随着收入的增加而上升，4001—10000元随着收入的增加而下降，10000元以上有所回升，8001—10000元的受访者得分最低。

就环境质量的两个维度来看，个人收入不同的群体在环境质量满意度上的差异具有显著性（F = 12.78，Sig. = 0.000），在环境质量信心上的差异不具有显著性（F = 1.317，Sig. = 0.254）。个人月收入为2001—8000元；环境满意度随着收入的增加而下降，10001元以上有所回升，8001—10000元的受访者对环境的满意度最低。

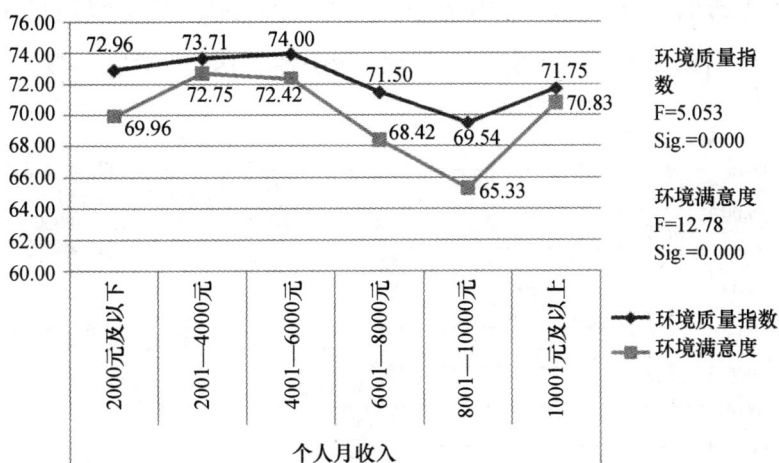

图9—26　城市居民环境质量指数与环境满意度均值在个人月收入上的差异（分）

（3）居住在棚户区的居民对环境质量的评价最低，居住在农转居社区的居民对环境质量的评价最高

从图9—27可以看出，环境质量指数在受访者居住的社区

类型上具有显著差异（F = 14.916，Sig. = 0.000），环境质量指数的两个构成维度环境满意度和环境信心指数在受访者居住的社区类型上也具有显著差异（F = 21.482，Sig. = 0.000；F = 14.693，Sig. = 0.000）。

受访者环境质量指数得分从高到低排序为：农转居社区、其他、未经改造的老旧城区（街坊型社区）、单位社区、普通商品房/经济适用房小区、高档商品房/高级住宅区/别墅区、棚户区。

受访者环境满意度得分从高到低排序为：农转居社区、未经改造的老旧城区（街坊型社区）、高档商品房/高级住宅区/别墅区、单位社区、其他、普通商品房/经济适用房小区、棚户区。

受访者环境信心指数得分从高到低排序为：农转居社区、其他、普通商品房/经济适用房小区、单位社区、未经改造的老旧城区（街坊型社区）、高档商品房/高级住宅区/别墅区、棚户区。

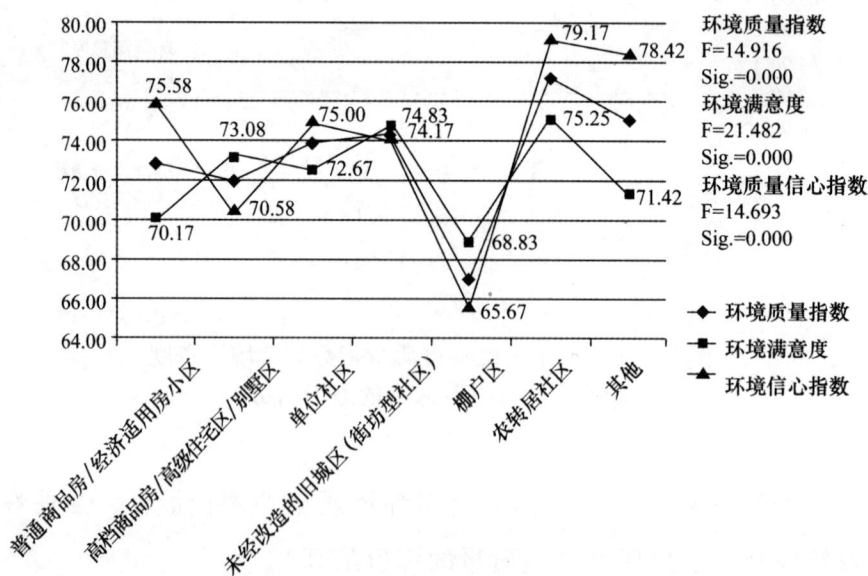

图9—27　城市居民环境质量指数及其两个维度的均值在社区类型上的差异（分）

（4）城市居民对环境质量的总体评价在社会地位层级上具有显著差异

受访者自评所处的社会地位层级（第1级为最低层级，第10级为最高层级）的不同，在对环境质量指数上的差异具有显著性（F = 5.823，Sig. = 0.000）。随着层级的递升，环境质量指数呈波动上升趋势，社会地位层级为第9级的在对环境质量总体评价上的得分最高，第1级的得分最低。随着社会地位层级的上升，环境质量指数得分第1层开始上升，到第2层下降，第3—6呈上升趋势，第6层以后有所下降，第7层以后开始上升，上升到第9层时环境质量指数达到最高，第10层又有所下降。

受访者自评所处的社会地位层级的差异在环境质量满意度上有所显现，且差异显著。随着社会地位层级的上升，环境质量满意度上的得分第1—6层级呈现上升趋势，第6层以后有所下降，第7层以后开始上升，上升到第9层时环境质量指数达到最高，第10层又有所下降。环境质量满意度上得分最高的为第9层，最低的为第1层。受访者自评所处社会地位层级的差异在环境质量总体信心上也有所显现，但差异不显著。

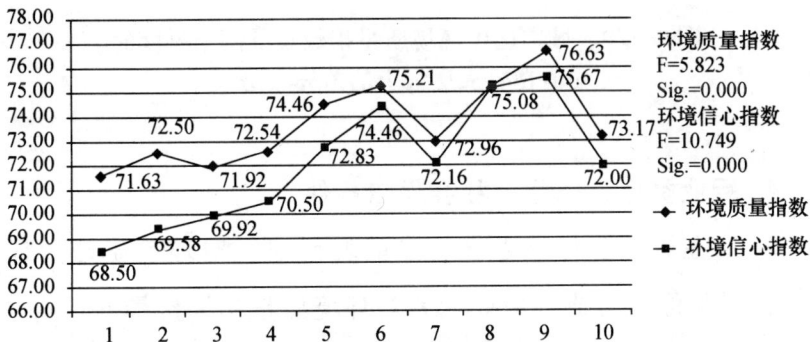

图9—28　城市居民环境质量指数与环境满意度的
均值在社会层级上的差异（分）

　　个体感知的收入层级（第1级为最低层级，第10级为最高层级）来看，其对环境质量总体评价是有差异的，且差异（F = 6.131，Sig. = 0.000）显著。环境质量指数随着个体感知的收入层级的变动呈现波动状态，没有明显的趋势，最高的为第9层，最低的为第3层。

　　个体感知的收入层级的差异在环境质量总体满意度和环境质量信心上也有所显现，且差异具有统计学意义。但两者随个体感知的收入层级所发生的变动无趋势，环境质量总体满意度最高的为第9层，最低的为第3层，环境质量总体信心上得分最高的为第6层，最低的为第10层。

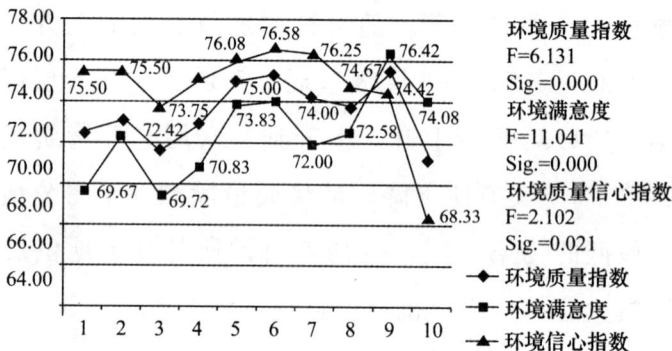

图9—29　城市居民环境质量指数及其两个维度的
均值在收入层级上的差异（分）

4. 行业类型、职位、社会保障条件

　　（1）在居委会与村委会工作的城市居民对环境质量的评价最高，无单位人群或自由职业者对环境质量的评价最低

　　从总体上来看，不同行业的城市居民对环境质量指数上的差异具有显著性（F = 6.254，Sig. = 0.000）。环境质量指数得

分最高的是在居委会与村委会工作的群体，得分最低的是无单位人群或者自由职业者。

从环境质量构成的两个维度来看，不同行业的人群在环境质量满意度与环境质量信心指数上的差异均具有显著性，前者 F = 10.301，Sig. = 0.000，后者 F = 5.205，Sig. = 0.000。环境质量满意度与环境质量信心指数得分最高的均是在居委会与村委会工作的群体，得分最低的是无单位人群或者自由职业者。

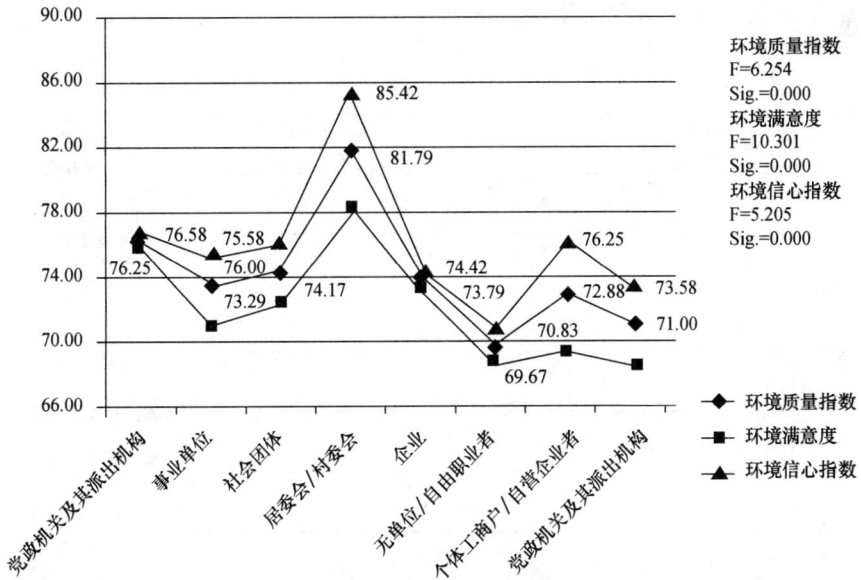

图 9—30　城市居民环境质量指数及其两个维度的均值在行业类型上的差异（分）

（2）职务在司局级及以上的受访者比无行政级别的受访者对环境质量的总体评价低

城市居民在单位中职务的行政级别的差异，环境质量指数上的差异具有统计学意义（F = 3.54，Sig. = 0.003）。环境质量指数得分跟随行政级的变动并无明显的趋势，得分最高的是无行政级别的，得分最低的是其他，其余从高到低依次排序为：处级（含副处）、科级（含副科）、科员及科员以下、司局级及以上。

个体职务行政级别的不同，在二阶因子环境质量满意度与环境质量信心上也有所差异，但仅在环境质量满意度上的差异（F =7.637，Sig. =0.000）具有统计学意义。环境质量总体满意度得分随着行政级别的升高基本呈现递增趋势，最高得分为司局级及以上，最低得分为其他。

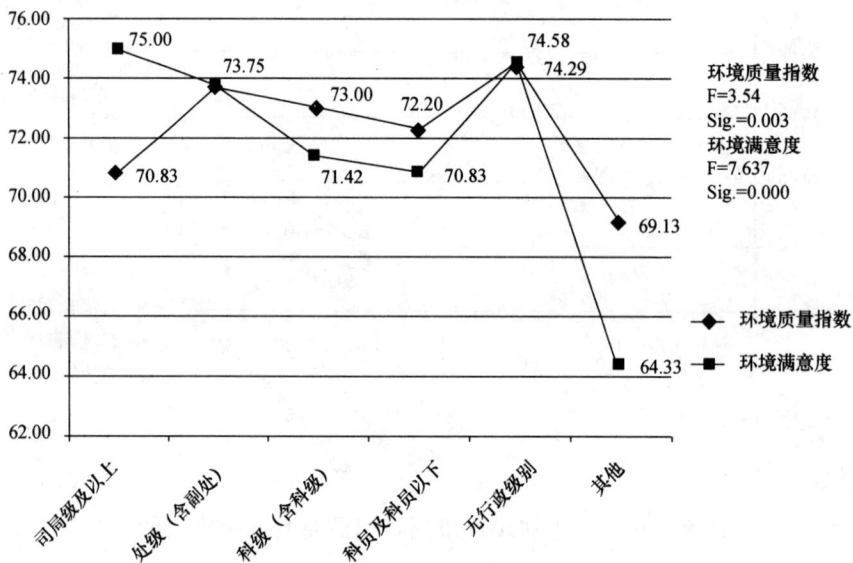

图9—31 城市居民环境质量指数与环境满意度的
均值在职务上的差异（分）

（二）讨论

1. 性别差异：女性对空气质量的敏感度高于男性

在环境满意度的各构成指标中，只有空气质量的满意度在性别上的差异具有统计学意义。女性对空气质量满意度得分低于男性，这说明女性对空气质量的感受比男性差，其对空气质量的敏感度高于男性。这一差异可能的原因在于，我国目前家庭中以"男主外，女主内"为主导的家庭分工模式和环境性疾病的增多。随着我国现代化的进程，我国家庭内部的社会分工虽然有所变化，但大多数家庭依然秉承"男主外，女主内"的家庭社会分工观念，维持着"男主外，女主内"的家庭分工模式。根据2010年进行的第三期中国妇女社会地位调查，高达58%的被访者至今认同"男人应以社会为主，女人应以家庭为主"，在40岁以下的被访父亲中，最近一年从不或很少照料孩子生活的占到70%，从不或很少辅导孩子功课的为47%。[①]72.7%的已婚者认为，与丈夫相比，妻子承担的家务劳动更多；女性承担家庭中"大部分"和"全部"做饭、洗碗、洗衣服、做卫生、照料孩子生活等家务的比例均高于72.0%，而男性均低于16.0%。女性承担"辅导孩子功课"和"照料老人"主要责任的占45.2%和39.7%，分别比男性高28.2和22.9个百分点。[②] 因此，在我国女性仍然承担着绝大部分的家庭照料事务。在孩子的养育上，特别是低龄儿童的养育中男性基本处于缺位状态。"中国家庭＝缺失的父亲＋焦虑的母亲＋失控的孩子"，正是这一现象的生动写照。而近年来环境性疾病的增加，尤其是空气污染导致的呼吸道疾病的增加，无疑使作为易患病的孩子和老人照料者的女性更多地关注空气质量，对空气质量的变

---

① 第三期中国妇女社会地位调查课题组：《第三期中国妇女社会地位调查主要数据报告》，《妇女研究论丛》2011年第6期。

② 同上。

化敏感于男性。正如前文所述，空气污染导致的疾病不断增加，儿童与老人患病率最高。据世界银行和我国国家环保总局2007年进行的一项研究表明，我国每年有65万—70万儿童由于空气污染而夭折。在我国空气污染最严重的城市，孩子每天呼吸被污染的空气，等于抽了两包烟。[①] 其实，日本环保运动的兴起，作为家庭主妇的女性是一支重要的力量，其关注环境的初衷就在于对家庭的关爱。

2. 年龄差异：16—22 岁的城市居民对环境质量的评价最低，66 岁以上对环境质量的评价最高

以职业生命周期对年龄进行分组，我们发现年龄组最小的16—22 岁对环境质量的评价最低，越大年龄组的受访者对环境质量的评价越高，66 岁以上年龄组的受访者对环境质量的评价最高。

这与不同年代人在获取环境知识、信息的能力与机会上的差异是有一定关联的。从大环境来看，我国环境运动起步比较晚，环境教育与环境宣传也就是近十年的事情，而且涉及面较狭窄，因此中老年受访者在早期生命历程中获取环境方面的知识和信息的机会相对青年人就比较少，同时，多数中老年人特别是老年人运用现代媒体的能力比较弱，因此其获取环境知识与信息的广度和深度相对于青年人比较欠缺。因此，中老年人在环境现状的知晓程度以及环境知识知晓程度方面相对于青年人比较低。同时，整个社会关于人与自然关系的观念随着社会的发展是在不断变化的，受整个社会人与自然观念的影响，不同时代的人，其有关人与自然的观念会有所不同。从整个社会

---

① 易明：《一江黑水：中国未来的环境挑战》，姜智芹译，江苏人民出版社2011 年版，第83—84 页。

关于人与自然关系的演变来看，接受人与自然和谐共生的观念的青年人群比较多。这些差异导致相较于中老年人，青年人对环境现状的了解程度更高，对环境的期望值也更高，因此其对环境质量的评价相对于中老年更低。

3. 户籍类型差异：农业户口的受访者与户口在外县市的受访者对环境质量的总体评价低于其他

本次调查发现在城市中的农业户口的受访者与户口在外县市的受访者对环境质量的总体评价低于户口为非农户口以及户口在本县市的受访者。

在城市中的农业户口人员基本上是农民工，他们对环境质量评价低可能的原因：一是绝大多数的农民工的客观工作环境与居住环境相对较差。农民工整体文化素质较低，以初中及以下学历为主，其所在行业多为建筑业、制造业和一般服务性行业，他们往往面临高温、噪声、粉尘、有机气体或液体污染，以及高空、机械伤害等较差的客观工作环境。同时，由于绝大多农民工收入水平比较低，流动性高，多数农民工居住在单位提供的工棚或宿舍和自己租赁的房屋中，很少自购或自建房屋，绝大多数的工棚和宿舍不仅居住拥挤、室内通风和卫生状况差，而且噪声大、扬尘严重、健康设施少。从居住的地域来看，农民工主要集中居住在城郊接合部、边缘街区和建制镇。这些地域往往是城市公共卫生环境建设中被忽略的灰色地带，存在绿化覆盖率低、卫生差、治安差、公共卫生设施缺乏、环境卫生管理和监督不到位等问题。恶劣的工作环境、居住条件以及居住环境对农民工对环境质量的评价带来负面的影响。二是近年来农村环境的退化成为农民离乡背井的又一重要因素。农业的特点决定了农民是"靠天吃饭"的，其对自然的依赖性相对比较大。2013年12月30日，国务院新闻办公室就第二次全国土地调查举行发布会，公开数据显示：中国人均耕地1.5亩，较第一次土地调查时有所下降。而其中约有5000万亩地受到中度、重度污染，大多不宜耕种。[①] 比如宁夏回族自治区，自1983年以来，已有37万名农民从他们沙化的村庄迁移到城市和黄河流域开辟的灌溉区。到2027年，会有15万从宁夏的邻省甘肃迁居到这里。北京城外的一些农民由于土地荒漠化问题，也不得不向外迁移，尽管规模要小一点。中国和西方的分析家认为，20世纪90年代，因环境退化而重新安置的农民有2000万—3000万，到2015年至少还要安置农民3000万—4000万。沙化问题已经影响到4亿人的生活和工作，仅以中国西南部为例，如果土壤侵蚀继续以目前的速度发展，35年的时间内将有近1亿人会失去家园。[②] 这些因为环境污染而出走的人群，称为"环境移民"，经历过农村环境退化到城市求生存的"环境移民"，历历在目的农村恶劣环境势必降低其对环境质量的评价。

在本地居住的外县市人群对环境质量的评价较低，有较多的影响因素，但值得我们关注的是与此相关的我国环境治理过程中的环境污染转移。我国现阶段人口流动的最大特点是从经济低洼地流向经济高地，通常是从经济相对落后的县市流向经济相对发达的县市。经济发达的县市遵从"先发展，后治理"

---

① 刘鉴强主编：《环境绿皮书：中国环境发展报告（2014）》，社会科学文献出版社2014年版，第7页。

② 易明：《一江黑水：中国未来的环境挑战》，姜智芹译，江苏人民出版社2011年版，第80—81页。

的发展道路，在经济发展后，开始关注环境的发展，积极地推进发展后的环境污染治理，其中一项措施便是把污染型产业的转移到经济相对落后的周边城市，成立所谓的"化学工业园区"等。而经济发展相对落后的周边城市，为了发展经济，多数当地政府对此欣然接受，甚至还有积极争取一些污染型企业落户本县市的，因为这些企业都是大型的工业企业，是纳税大户，能快速拉动当地经济。通常这些污染型产业移出的县市基本是一个省市的省会等中心城市，而移入县市是其周边的卫星城市，中心城市污染向卫星城市转移，中心城市客观环境提升了，卫星城市客观环境却恶化。在环境恶化的卫星城市居住的一些经济条件较好的居民，通常会移居到中心城市，或者在中心城市与卫星城市之间穿梭。目前，我国相当一部分县域或市域之间的人口流动，就是因环境污染而从卫星城市向中心城市的流动。这些见识过卫星城市的环境污染的"环境移民"对环境质量的整体评价就相对较低了。除了省市内的卫星城市向中心城市的"环境移民"，我国省际与国际之间的"环境移民"，也初具规模，2014年11月中国与全球化智库和社会科学文献出版社出版的《国际人才蓝皮书：中国国际移民报告（2014）》蓝皮书研究发现，从过去一年多来看，国内的环境问题加剧也成为精英和富裕阶层移民的重要原因，他们对于国内空气、饮用水以及食品卫生安全等问题比较担忧。报告援引《新财富》2013年的调查，认为环境、医疗水平等因素成为中国人移民的第二大原因，近70%的人认为这是导致他们移民的重要原因。[1]

---

① 王辉耀主编：《国际人才蓝皮书：中国国际移民报告（2014）》，社会科学文献出版社2014年版。

4. 教育程度差异：教育程度在硕士以上城市居民对环境质量的评价最低

从本次调查的数据来看，教育程度越高的受访者对环境质量的评价越低，硕士以上的人群的环境质量指数最低。这反映了不同教育程度的人群在环境意识上的差异。教育程度越高，获取环境知识与信息的机会越多，能力与主动性越强，因此其环境意识也越高。高环境意识意味着对环境的高关注与高期望，面对客观环境较差的状况，具有较高意识的硕士以上人群对环境质量的评价势必较低。

5. 收入差异：收入为 8001—10000 元的受访者对环境质量的评价最低

从家庭月收入来看，2000—8000 元收入水平的受访者的环境满意度随着收入的增加而上升，8001 元开始下降，10000 元以上又有所回升，8001—10000 元的受访者的环境满意度最低。从个人月收入来看，2000—4000 元的受访者对环境质量的总体评价随着收入的增加而上升，4001—10000 元随着收入的增加而下降，10000 元以上有所回升，8001—10000 元的受访者对环境质量的总体评价最低，2000—8000 元的受访者，环境满意度随着收入的增加而下降，10000 元以上有所回升，8001—10000 元的受访者对环境的满意度最低。

这反映了不同收入群体生活需求与所面临的紧迫性生活问题以及改善自身生活环境能力的差异。当人们的收入水平较低的时候生活的紧迫性问题是温饱，关注的是生活各方面数量的多少，当收入增强，温饱问题解决，其对生活的需求就更多样化，也更关注生活的质量。因此，当收入水平提高，人们的环境意识也会提高。相关研究也表明，收入水平越高，环境意识越强。[①] 高收入人群的环境意识的增强，一方面，使得高收入人群对环境的敏感度较高，另一方面，使得高收入人群对环境的期望值较高。因此，面对同样的客观环境，收入较高的人群对其评价会较低。同时，对于高收入人群来讲，改变环境意愿也更强烈。在整体环境无法短期改善的情况下，高收入人群会思考改变家庭生活的小环境，比如，环境移民等，正如上文提到的环境原因已经是我国精英阶层与富裕阶层移民的重要原因之一。收入为8001—10000元的人群有强烈改变自己生活环境的意愿，但与收入更高的人群相比，他们改善自己生活小环境的能力又相对比较小，因此在环境问题上收入为8001—10000元的人群比其他收入群体更加的焦虑，这无疑对收入为8000元到10000元的人群对环境质量的评价产生了负面影响。

6. 居住类型差异：农转居社区居民对环境质量的评价高于高档社区的居民

在考察环境质量评价在居住类型上的差异时，我们发现并不是客观居住条件越好的城市居民，对环境质量的评价越高，出现了居住条件差的社区居民对环境质量指数得分高于居住条件好的社区居民，例如农转居社区、未经改造的老旧城区（街坊型社区）的受访者对环境指数的得分就高于高档商品房/高级住宅区/别墅区的受访者。

首先，农转居社区的居民多数是城市发展过程中的失地农民，他们的环境意识相对薄弱，对环境的关注程度，以及对环

---

① 洪大用：《中国城市居民的环境意识》，《江苏社会科学》2005年第1期。

境的期望值都比较低。其次，从农村社区转化成居民社区，基础设施、公共卫生条件以及生活的便利性都有所改善，因此，农转居居民对环境质量的评价相对比较高。最后，近几年，一些城市的政府部门，通过政府购买的方式引进社工介入农转居社区，进行环境宣传与教育，组织开展环境保护活动，农转居居民积极参与环境保护活动，这也促进了农转居社区居民对环境评价的提升。而高档商品房/高级住宅区/别墅区的受访者是收入相对较高的人群，其环境意识比较强，对环境的关注程度与对环境的期望值均比较高，虽然居民条件相对较好，但既与其他社区的人在同一城市，其面对的外部自然条件差异不大，比如，空气状况、生态水面质量等，因此高档商品房/高级住宅区/别墅区的受访者对环境质量的评价比较低。

五 2015 年城市居民环境质量的影响因素探讨

（一）城市居民环境质量与政府信任的关系

为了考察居民环境质量与政府信任的关系，我们选取本次调查问卷中 A6 中的对中央政府、省市级政府和县区级政府的信任三个题作为政府信任的题器，计分方式为"信任"计 2 分，"不信任"计 1 分，3 题器得分相加构成政府信任指数，信任指数越大表明城市居民对政府的信任度越高。

从频数来看，城市居民政府信任指数平均为 85.71 分，说明城市居民对政府的信任程度较高。80%受访者信任中央政府，70%的受访者信任省市级政府，60%的受访者信任县区级政府。

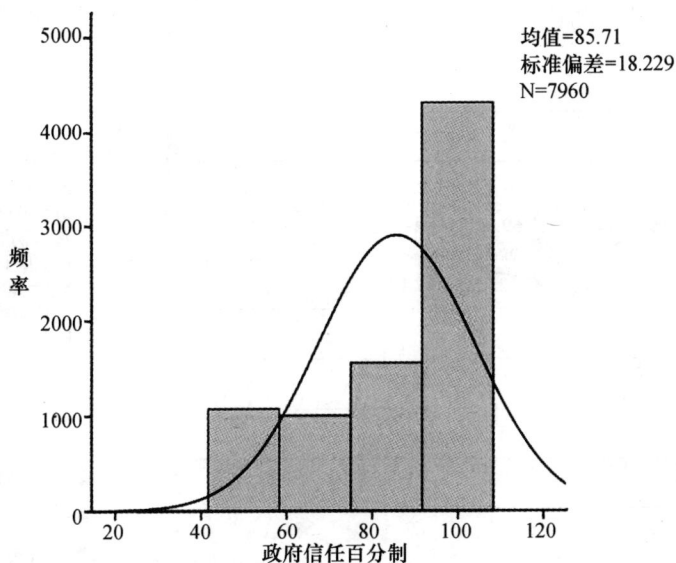

图 9—32 城市居民政府信任频率分布（分）

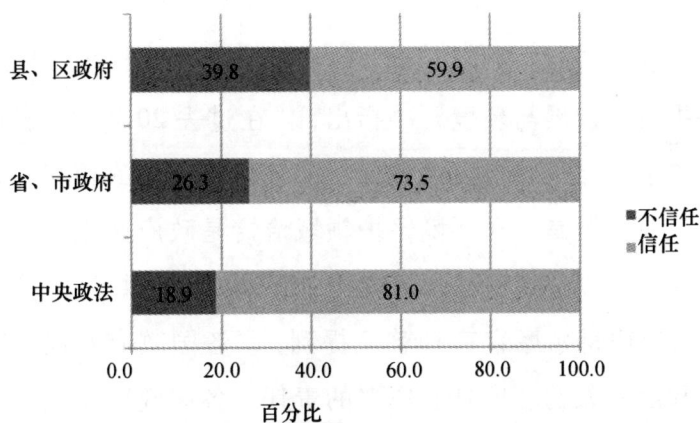

图 9—33 城市居民对各级政府信任的百分比分布（%）

从图 9—34 可知，环境质量指数随着政府信任指数的上升呈波动上升趋势，这说明对政府越信任对环境质量的评价就越高。进一步考察环境质量指数的二个构成维度，同样存在这种趋势。

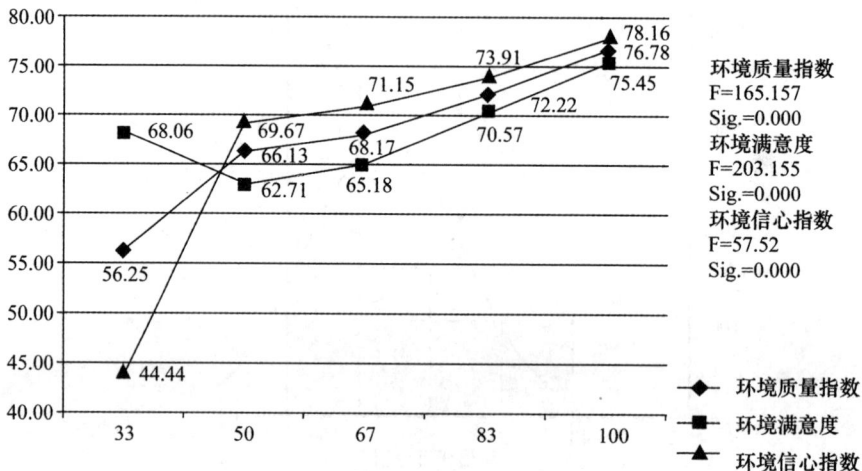

图9—34　城市居民环境质量指数及其两个维度的
均值在政府信任上的分布（分）

　　政府在环境保护中负有重要的责任。世界银行在《1992年世界发展报告：发展与环境》中指出，"在过去20年中，各国人民已经懂得了在促进经济发展方面，应该更多地依靠市场，而较少地依赖政府。但是，在环境保护领域恰恰是政府必须发挥中心作用的领域，私人市场几乎不能为制止污染提供什么鼓励性措施"①。《斯德哥尔摩宣言》曾经提到："各国政府对保护和改善现代人和后代人的环境具有庄严的责任。各国政府应加强现有环境管理机构的能力和作用。"②民众对政府越信任，越相信政府有意愿也有能力改善环境状况，对环境质量的主观评价就越高。

----

　　①　世界银行：《1992年世界发展报告：发展与环境》，中国财政经济出版社1992年版。

　　②　http://wenku.baidu.com/view/1a7da0ec551810a6f524867f.html.

(二) 城市居民环境质量与社会参与的关系

为了考察城市居民环境质量与社会参与之间的关系，我们选取本次调查问卷中的 C7、C8、C9、C10 题作为社会参与的题器，其中 C7、C8、C9 构成社会参与度评价的题器，C10 为社会参与满意度的题器。C7、C8、C9 的计分方式为，回答"否"计 1 分，回答"是"计 2 分；3 题 C10 为五度计分法，"很满意"为 5 分，"很不满意"为 1 分。

1. 城市居民环境质量与社会参与度的关系

从频数分布来看，有近 60% 受访者社会参与度指数在 50 分，表明城市居民社会参与度一般。

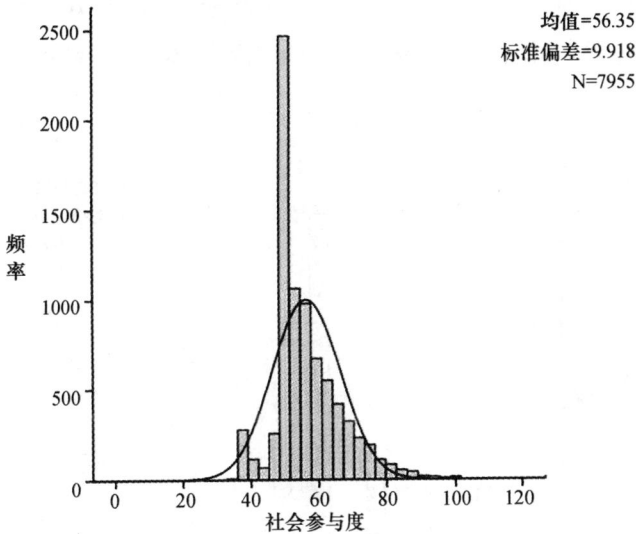

图 9—35　城市居民社会参与度频率分布 (分)

从图 9—36 可见，环境质量指数及其两个维度随着社会参与度呈波动上升趋势。

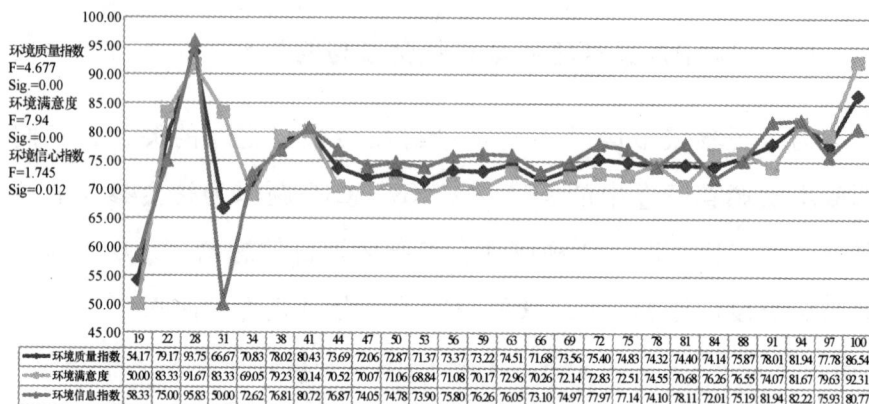

环境质量指数
F=4.677
Sig.=0.00
环境满意度
F=7.94
Sig.=0.00
环境信心指数
F=1.745
Sig.=0.012

	19	22	28	31	34	38	41	44	47	50	53	56	59	63	66	69	72	75	78	81	84	88	91	94	97	100
环境质量指数	54.17	79.17	93.75	66.67	70.83	78.02	80.43	73.69	72.06	72.87	71.37	73.37	73.22	74.51	71.68	73.56	75.40	74.83	74.32	74.40	74.14	75.87	78.01	81.94	77.78	86.54
环境满意度	50.00	83.33	91.67	83.33	69.05	79.23	80.14	70.52	70.07	71.06	68.84	71.08	70.17	72.96	70.26	72.14	72.83	72.51	74.55	70.68	76.26	76.55	74.07	81.67	79.63	92.31
环境信息指数	58.33	75.00	95.83	50.00	72.62	76.81	80.72	76.87	74.05	74.78	73.90	75.80	76.26	76.05	73.10	74.97	77.97	77.14	74.10	78.11	72.01	75.19	81.94	82.22	75.93	80.77

图9—36　城市居民环境质量指数及其两个维度的均值
在城市居民社会参与度上的分布（分）

2. 城市居民环境质量与社会参与满意度的关系

从频数来看，58%的受访者社会参与满意度在 50 分以上，社会参与满意度指数呈正偏态分布，说明城市居民社会参与满意度尚可。

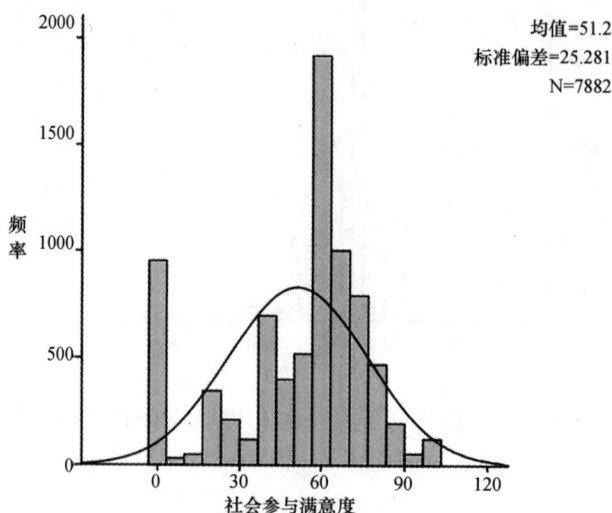

均值=51.2
标准偏差=25.281
N=7882

图9—37　城市居民社会参与满意度的频数分布（分）

从图 9—38 可以看出城市居民环境质量指数随社会参与满意度的升高呈波动上升趋势，这说明城市居民社会参与满意度越高，城市居民对环境质量的总体评价越高。考察环境质量的两个二阶因子，也具有同样的趋势。

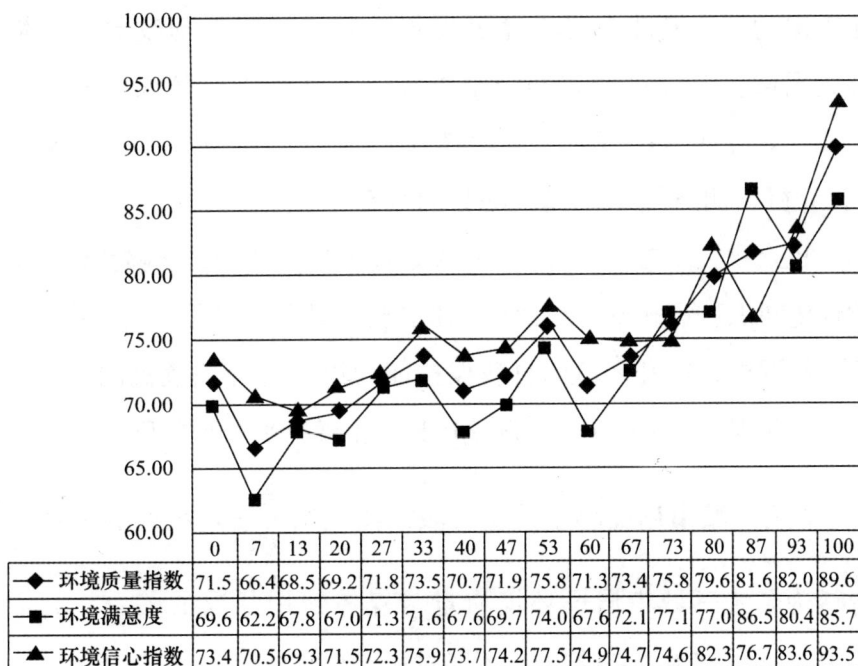

	0	7	13	20	27	33	40	47	53	60	67	73	80	87	93	100
◆ 环境质量指数	71.5	66.4	68.5	69.2	71.8	73.5	70.7	71.9	75.8	71.3	73.4	75.8	79.6	81.6	82.0	89.6
■ 环境满意度	69.6	62.2	67.8	67.0	71.3	71.6	67.6	69.7	74.0	67.6	72.1	77.1	77.0	86.5	80.4	85.7
▲ 环境信心指数	73.4	70.5	69.3	71.5	72.3	75.9	73.7	74.2	77.5	74.9	74.7	74.6	82.3	76.7	83.6	93.5

图 9—38　城市居民环境质量指数及其两个维度的均值在其社会参与满意度上的分布

公众参与在环境保护中发挥着重大作用。每个人都可以享受健康的环境，同时每个人也有责任参与环境改善与保护。公众参与是环境保护的必然趋势，为国际社会和各国所重视。许多国际文件，如《人类环境宣言》《发展权宣言》《世界自然宪章》《环境与发展宣言》《21 世纪议程》等都为公众参与提出了国际法依据。不仅如此，公众参与作为实现可持续发展的重要条件之一，也已成为世界各国的共识。各国都通过立法对公众参与环境保护作了具体而明确的规定。环境问题作为自然给予人类的最严重考验，已受到中国政府的日益重视，成为重要的公共决策议题。公众参与作为解决环境问题的一项有效举措，在中国的环保实践中得以蓬勃发展，并逐步延伸到政府的环境决策领域，对决策过程和结果施加了一定影响。例如，雾霾进入我国普通大众的视野，政府给予极大的关注源于民间发起的"我为祖国测空气"的拯救呼吸的行动。

民众积极参与社会活动，特别是环境保护活动，能够获得更多的环境知识、了解环境方面的法律法规、提高环境意识，有效地表达利益诉求，提升环境的自我保护能力以及对环境危机的应对能力，这些因素无疑使民众对环境质量的主观感受有所提升。

（三）城市居民环境质量与城市居民媒体使用状况的关系

为了考察城市居民环境质量与媒体使用状况的关系，我们抽取本次问卷调查中的 C11 作为城市居民媒体使用的题器，并从两个维度媒体使用频率和媒体信任度来考察城市居民媒体使用状况。媒体使用频率采用三度量表，每题 3 分为最高分，1 分为最低分，分数越高代表媒体使用的频率越高，媒体信任度采用两度量表，"信任"计 2 分，"不信任"计 1 分，分数越高表示对政府越信任。媒体使用状况指数共 30 分，媒体使用频率共 18 分，媒体信任指数共 12 分。

由图 9—39 可见，城市居民环境质量指数以及环境质量的二阶因子环境满意度和环境信心指数在随着城市居民媒体使用状况指数的升高而呈波动上升的趋势。

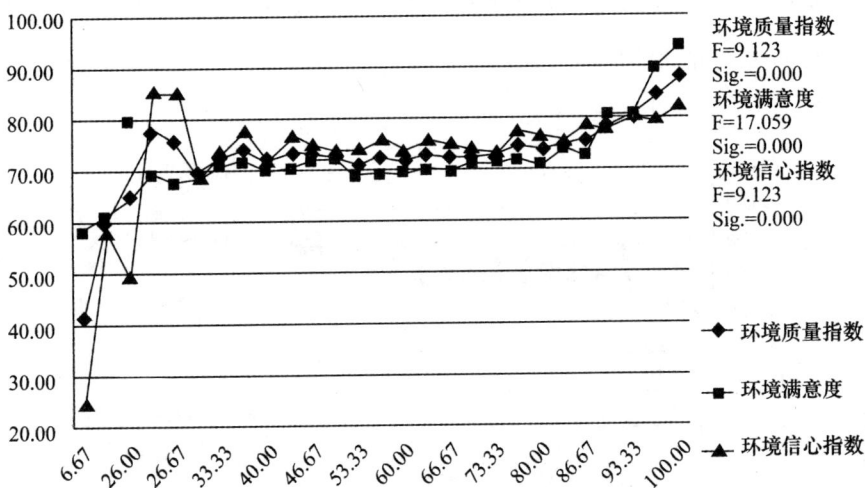

图9—39 城市居民环境质量指数及其两个维度的均值在其媒体使用状况上的分布

　　进一步考察媒体使用状况的两个维度媒体使用频率和媒体信任度。从频数来看，受访者使用频数最高的媒体是电视，最低的媒体是广播，其余从高到低为手机短信/微信，门户网站、报刊、博客/微博，65.8%的受访者经常以看电视的方式来获取信息，55.28%的受访者经常通过手机短信/微信来获取信息，70%的受访者基本不听广播，58.2%的受访者基本不以博客/微博的方式来获取信息。

　　受访者对电视的信任指数为1.67，是所调查的媒体中得分最高的，其余依次为报刊、门户网站、手机短信/微信、广播、博客/微博，66.6%的受访者对电视持信任态度，46.9%的受访者对报刊持信任态度，74.1%的受访者不信任博客/微博，66.6%的受访者不信任广播，62%的受访者不信任手机短信/微信。

　　城市居民环境质量指数以及环境质量的二阶因子环境满意度和环境信心指数在随着城市居民媒体使用频率指数的升高而呈波动上升的趋势。

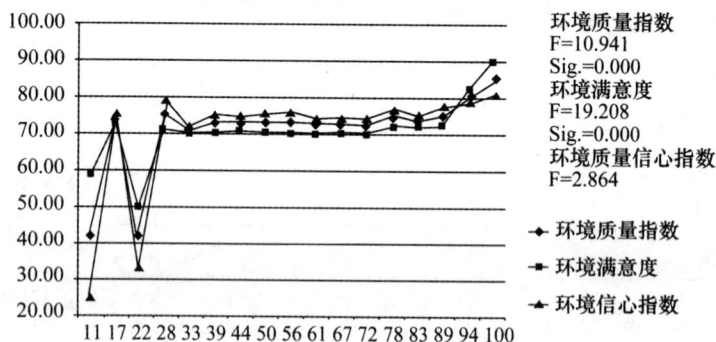

图9—40　城市居民环境质量指数及其两个维度的均值在其媒体使用频率上的分布

　　城市居民环境质量指数以及环境质量的二阶因子环境满意度和环境信心指数在随城市居民媒体信任指数的升高而呈波动上升的趋势。

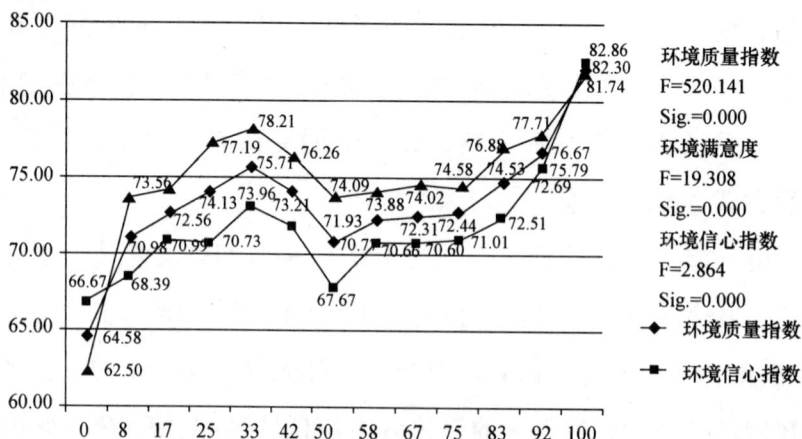

图9—41　城市居民环境质量指数及其两个维度的均值在其媒体信任度上的分布

媒体在环境保护中发挥着重要的作用。大众媒体作为社会的"社会雷达"和"社会守望者"，及时向社会传递信息并对正在发生的或者潜在的危险向社会发出警告，这有助于人们了解环境的现实状况，降低由环境的"无知之幕"所带来的焦虑，促使公众提高自我保护的意识和能力，避免或减轻环境危机所带来的危害。就如，雾霾走入公众视野，大众媒体发挥了重要的作用。可吸入颗粒物 PM2.5 跟眼前雾霾的关系，是经由《纽约客》驻京记者对美国使馆所做的针对 PM2.5 的检测的传播，才为多数白领知道。通过《南方周末》的《我为祖国测空气》一文，以及后续各类媒体纷纷加入对雾霾的报道中，PM2.5 才进入普通大众的视野，雾霾才成为普通大众日常生活的焦点。同时，大众媒体作为"公共讨论"的平台，民众通过大众媒体表达对环境状况的意见、发表对环境状况的评论、阐述利益诉求，起到在各利益群体之间的沟通作用，以及对民众情绪的疏解作用。这些都会对城市居民对环境质量的主观评价产生积极的效应。

六　结论与思考

本次调查的目的是了解城市居民对目前我国环境状况的主观感受。从主观角度出发，我们认为环境质量是一个社会民众对于环境状况的总体性情绪。遵从可持续发展理念，我们从"环境满意"和"环境信心"两个维度来考察环境质量。环境满意主要是指人们对其当下所处的环境的一种主观感受。它是人们对环境现实状况的感受。环境信心则主要是指人们对环境的未来预期与判断。基于人们关注环境的功利性以及测量对象为主观感受，我们选取了城市居民比较关注的同时也是直观感觉明显的室外环境的六个方面来操作环境满意和环境信心。这六个方面是：环境质量、空气质量、自来水质量、生态水面质量、城市绿化和生活垃圾处理。具体而言环境满意的观测变量包括环境质量满意度、空气质量满意度、自来水满意度、生态水面质量满意度、城市绿化满意度及生活垃圾处理满意度；环境信心的测量变量包括环境质量信心指数、空气质量信心指数、自来水信心指数、生态水面质量信心指数、城市绿化信心指数及生活垃圾处理信心指数。

（一）2015 年度城市居民环境质量基本状况

2015 年城市居民环境质量指数为 73.33，环境满意度指数为 71.5，环境信心指数的贡献值为 75.25。

环境质量满意度指数从高到低依次为：城市绿化（80.5）、环境质量满意度（74）、自来水质量满意度（71）、生活垃圾处理满意度（71）、空气质量满意度（70）和生态水面质量（62.5）。满意人群占总调查人群的比重从高到低依次为：城市绿化（61.9%）、环境质量（48.2%）、自来水质量（43%）、生活垃圾处理（43%）、空气质量（40%）、生态水面质量（30.5%）

在环境信心指数从高到低依次为：城市绿化（83.5）、生活垃圾处理（78）、环境质量（77.5）、空气质量（73.5）、自来水质量（72.5），对生态水面质量的信心最低（68）。相信未来环境会变好的人群占总调查人数的比重从高到低为：城市绿化

（71.1%）、生活垃圾处理（62.9%）、环境质量（59.8%）、空气质量（53.6%）、自来水质量（52%）、生态水面质量（46.6%）。

（二）城市居民环境质量年度比较（2013—2015 年）

比较 2013—2015 年的数据可见，2013—2015 年环境质量指数及其两个维度环境满意度指数和环境信心指数均呈增长趋势。2013 年环境质量指数为 66.12，2014 年环境质量指数为 69.5，2015 年环境质量指数为 73；2013 年环境满意度为 65，2014 年环境满意度为 66.58，2015 年环境满意度为 71.5；2013 年环境信心指数为 67.25，2014 年环境信心指数为 72.5，2015 年环境信心指数为 75.25。

2014 年、2015 年环境质量指数分别比上一年增长 5.10%、5.51%；2014 年、2015 年环境质量满意度分别比上一年增长 3.98%、10.98%；2014 年、2015 年环境信心指数分别比上一年增长 7.81%、3.79%。

与 2013 年相比，2014 年环境质量满意度指数增长最多的是自来水质量满意度（4.58%），增长最少的是生活垃圾处理满意度（-2.94%）；与 2014 年相比，2015 年环境质量满意度指数增长最多的是环境质量满意度（14.73%），增长最少的是生态水面质量满意度（2.46%）。

与 2013 年相比，2014 年环境信心指数增长最多的是生态水面质量信心（9.68%），增长最少的是城市绿化信心（5.23%）；与 2014 年相比，2015 年环境质量信心指数增长最多的是环境质量信心（7.64%），增长最少的是城市绿化（0）。

（三）城市居民环境质量人口统计变量差异

城市居民对环境质量的评价在诸多因素上都具有显著差异。这些因素包括性别、年龄、民族、户籍类型、婚姻状况、宗教信仰、政治面貌、教育程度、月收入、居住条件、社会地位层级、行业类型、职位、社会保障条件。

本次调查发现，女性对空气质量满意度的得分低于男性；年龄越大环境质量指数得分越高；非农业户口的城市居民环境质量指数的得分高于农业户口的城市居民；本县市户口的城市居民环境质量指数的得分高于外县市户口的城市居民；没有宗教信仰的城市居民环境质量指数得分高于有宗教信仰的城市居民；中国共产党党员与群众环境质量指数得分高于共青团员和民主人士；教育程度越高环境质量指数的得分越低；月收入为8001—10000元的城市居民环境质量指数得分最低；居民在棚户区的城市居民环境质量指数得分最低，其次为居住在高档住房/别墅区的城市居民，环境质量指数得分最高的是农转居社区的居民。

（四）城市居民环境质量影响因素

本次调查发现，城市居民对政府的信任、参与社会活动的频率与效果、使用媒体的频率以及对媒体的信任度会影响城市居民环境质量指数的得分。

城市居民对政府的信任对城市居民环境质量指数的得分产生正面效应。城市居民对政府越信任其环境质量指数的得分越高。

城市居民参与社会活动的频率与效果对其环境质量指数的得分产生积极影响。城市居民参与社会活动的频率越高,对参与社会活动的满意度越高其环境质量指数的得分也越高。

城市居民使用媒体的频率以及对媒体的信任度对其环境质量指数的得分产生积极效应。城市居民对使用媒体的频率越高,对媒体越信任其环境质量指数的得分越高。

(五)促进城市居民环境质量指数提升的建议

1. 加大对环境性疾病的多学科联合研究,预防和控制环境性疾病,保障人们的环境与健康权

中国有句俗话:健康是福。然而健康不仅仅是福,更是人们的一项基本权利。本次调查城市居民对环境质量的评价一般,其重要的因素在于当前我国环境污染的累积效应已经显现,环境性疾病发病率不断攀升,直接威胁到人们的基本生存。降低环境性疾病的发生率,最根本的是环境的持续改善,但针对具体的环境性疾病的预防和控制,我们还需要做好以下两方面的重要工作:一是融合多学科资源,推进跨学科合作,加大对环境性疾病的研究,特别是社会、环境与健康之间的关系研究。环境性疾病表面上是身体的问题,环境性疾病的预防、控制以及治疗属于医学研究的课题,但从深层次来看,环境性疾病是人与自然矛盾冲突的结果,是工业化发展道路和以此为基础建立的不恰当的经济、政治、文化和技术模式与制度的产物。因此,持续改善环境、降低环境性疾病的发病率,保证民众的健康需要充分认识健康、环境与社会经济、政治、文化等的相互关系以及相互作用的机理。这不是仅凭医学就能解决的问题,

需要融合医学、社会学、环境科学等多学科资源，协同作战。目前我国关于环境与健康以及环境性疾病的研究主要集中在医学与环境科学领域，未来我们要加强环境与健康以及环境性疾病的社会学研究。二是推进旨在保障民众环境与健康权的行动与制度建设。从环境性疾病的角度来看，健康是源于良好的环境质量，因此，人们健康权得以实现的保障是有一定的环境权。公民对具有环境知情权、积极参与环境决策，能够针对环境性疾病做出更好的防护措施，公民对污染环境行为的检举控告权、要求污染者承担侵权责任的权利能够更好地保障自己受环境损害的权益。切实保障公民的健康与环境权，需要各方在制度层面与行动层面有所作为，尤其是政府与相关的企业，例如，企业和地方政府对于公众知情权的忽视，一方面使污染所涉及省市难以在第一时间采取有效应对措施，另一方面，也引起民众难以第一时间做到自我防护，影响民众健康，同时信息的隐瞒也使民众产生恐慌，滋生不恰当行为，增加了社会不稳定因素。

2. 理顺政府、民众与媒体在环境保护方面的关系

政府信任、公众社会参与和大众媒体会对城市居民对环境质量的主观评价产生正面效应。城市居民越信任政府、公众社会参与的频率与满意度越高、使用大众媒体越频繁和对其越信任对环境质量的评价越高。政府、公众与大众媒体是环保运动中的"三驾马车"，从世界范围来看，环保运动都是由公众中的精英人士发起，经过大众媒体而得以推进和波及普通大众，进而引起政府的关注。但无论是公众参与还是媒体的参与都离不开政府相关制度的供给，比如，从法律上要保障公民的参与权、环境权与健康权，从行动上要做到信息公开，等等。由此可见，

政府在环境保护过程中处于更基础的位置，发挥着更基础的作用。因此，在环境保护的过程中，我们需要明确政府、公众与媒体各自的角色、权利与义务，防止政府过多地介入产生的对公众参与的挤出效应。

3. 促进环境正义与公平，预防大规模的环境移民，加强环境正义与环境移民的研究工作

环境质量在户籍上的差异，农业户口的城市居民对环境质量的评价低于非农业户口的城市居民，非本县市户口的城市居民对环境质量的评价低于外县市户口的城市居民。这一部分原因在于农村与外县市居民因为环境因素迁入城市的人口数量在增加，也就是环境移民的增加。国内城市间和城市与农村间的环境移民的出现及其增长趋势，反映了我国在环境方面有失公允，城市环境状况好于农村，中心城市的环境状况好于卫星城市，环境污染有从城市向农村转移、从中心城市向卫星城市转移的趋势。环境不公平，不仅侵害了环境弱势群体的环境权和健康权，还有可能引发民众的怨恨情绪，滋生环境群体性事件，威胁社会的稳定。当一个地区环境恶劣，有条件的人群会选择环境移民。环境移民现象在国际上较普遍，在我国还是一个比较新的现象，大规模的环境移民会造成输入城市的压力，也会使输出城市面临人才的流失。因此，有必要在未来促进环境正义与公平，预防大规模的环境移民，加强环境正义与环境移民的研究工作。

第十章　社区生活与社区参与

一　调查方法及数据来源

社区建设是当前我国社会建设中的重要领域。社区居民的参与是社区发展中最重要的环节，也是社区取得长远发展的依靠力量和长久动力。通过对社区居民参与的研究，我们能了解当前社区居民参与的现状并探究其影响因素，解决我国当前社区建设中遇到的问题，进而为居民参与提供宽松的环境和便利的条件，促进社区发展。

本次调查采用定量问卷调查方式，通过入户面访和拦截访问的方式对部分城市商品房小区业主及其家庭成员或长期居住的租户进行访问调查。问卷涉及甄别部分、社区生活品质、社区邻里关系、社区文化认同、社区参与治理、居住状况以及背景信息七大模块，共计84道题。本次调研并未采用严格的概率抽样方式，因此所得到的数据不能用于推断总体，但本调研结果对于了解当前我国商品房小区社区参与水平及社区治理现状具有一定的参考价值。

本次调研涵盖六座城市，包括北京、上海、广州、深圳四个一线城市和成都、苏州两个二线城市。根据调研目的和需要，在每个城市选取 2—4 个中高端小区作为调研对象。小区选取标准为：（1）小区位于同一城市同类型区位板块；（2）小区物业为全国知名或地方性名牌物业；（3）小区入住率达 70% 以上。共挑选 20 个小区作为调研对象。按照调研计划，每个小区将完成 55 个有效样本。为了保证样本的随机性和代表性，在定量问卷调查执行过程中，严格按照随机入户或拦截的方法抽选被访者，并通过甄别问卷确保样本有效性。与此同时，通过设置配额条件以保证抽样的代表性，具体条件为性别比不低于 45：55，年龄比例为 18—29 岁不超过 10%，30—39 岁不超过 30%—40%，40—49 岁不超过 20%—30%，50—70 岁以上比例不超过 25%。

本次调研共计完成 1100 个有效样本。其中，业主、租户比例分别为 81.3% 和 18.7%，业主与租户比为 4.3：1。各城市样本执行数量具体情况见表 10—1，各城市年龄配额执行情况具体见表 10—2，性别配额执行情况具体见表 10—3。

表 10—1   各城市执行样本数量合计

城市类型	城市名称	样本数量（个）	比例（%）	总计（%）
一线城市	北京	110	10.0	60.0
	上海	220	20.0	
	广州	165	15.0	
	深圳	165	15.0	
二线城市	成都	220	20.0	40.0
	苏州	220	20.0	

表 10—2　　　　　**各城市年龄配额执行数量合计**　　　单位：个、%

城市	年龄	18—29 岁	30—39 岁	40—49 岁	50—70 岁
北京	总计	6	46	35	23
	比例	5.5	41.8	31.8	20.9
成都	总计	22	97	52	49
	比例	10.0	44.1	23.6	22.3
广州	总计	10	71	54	30
	比例	6.1	43.0	32.7	18.2
上海	总计	11	97	72	40
	比例	5.0	44.1	32.7	18.2
深圳	总计	10	70	46	39
	比例	6.1	42.4	27.9	23.6
苏州	总计	16	86	78	40
	比例	7.3	39.1	35.5	18.2
总计	总计	75	467	337	221
	比例	6.8	42.5	30.6	20.1

表 10—3　　　　　**各城市性别配额执行数量合计**　　　单位：个、%

城市	年龄	男	女
北京	总计	54	56
	比例	49.1	50.9
成都	总计	96	124
	比例	43.6	56.4
广州	总计	73	92
	比例	44.2	55.8
上海	总计	109	111
	比例	49.5	50.5

续表

城市	年龄	男	女
深圳	总计	69	96
	比例	41.8	58.2
苏州	总计	98	122
	比例	44.5	55.5
总计	总计	499	601
	比例	45.4	54.6

二　样本特征描述

（一）人口学基本特征

1. 性别、年龄

样本男女比例分别为 45.4% 和 54.6%，男女性别比为 1：1.2；年龄段主要为 30—39 岁，平均年龄为 42.2 岁，见图 10—1。

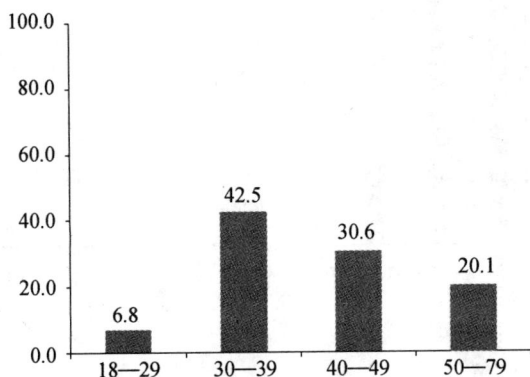

图 10—1　样本年龄分布（N=1100）（%、岁）

2. 婚姻、家庭

样本中已婚比例为91.2%，三口之家是主要的家庭结构类型，比例为46.8%，见图10—2。大多与配偶、子女居住在一起，比例分别为81.9%和74.6%，属于典型的核心家庭，见图10—3。

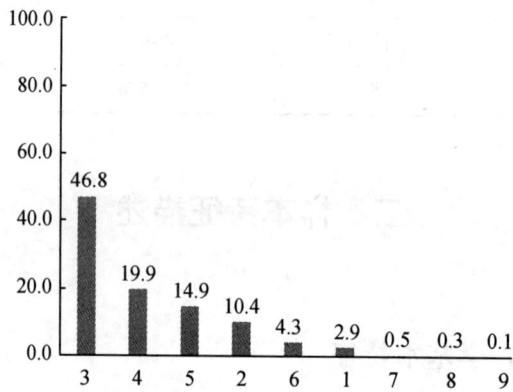

图10—2　样本家庭人口数量分布（N=1100）（%、人）

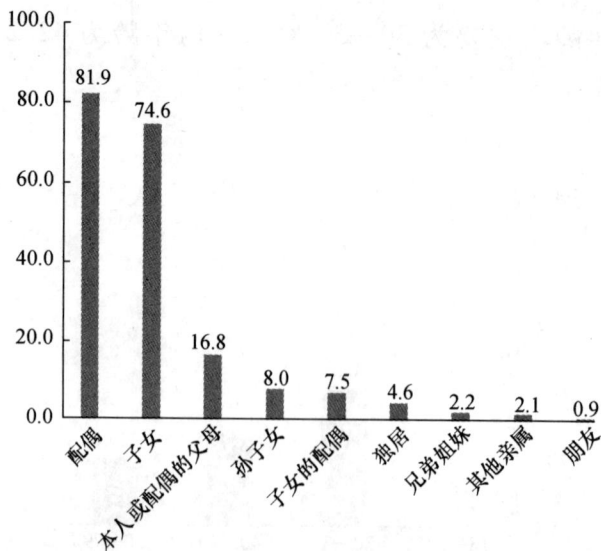

图10—3　样本居住对象分布（N=1100）（%）

3. 文化水平

样本文化水平比较高，拥有大学本科学历者所占比例为 32.6%，研究生及以上学历的人数也有 5.6%，见图 10—4。此外，有 5.8% 的样本有过海外留学、居住或工作的经历。

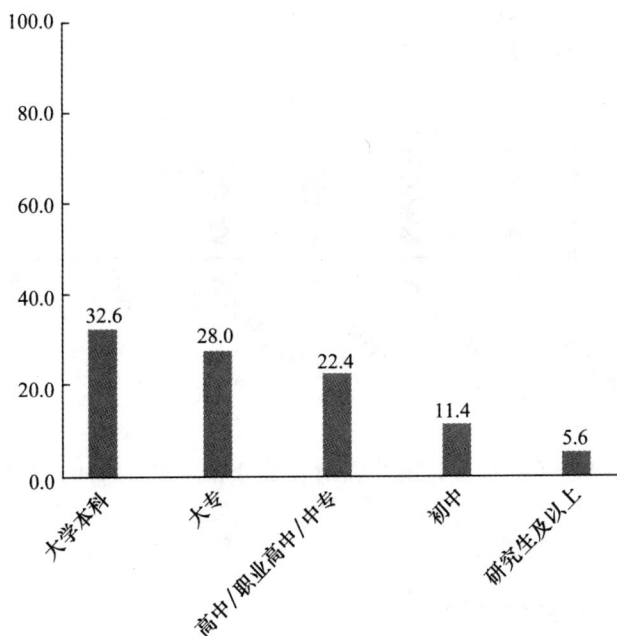

图 10—4　样本学历分布（N = 1100）（%）

4. 户籍、居住地

样本多为非农户口，比例为 58.0%，目前户籍所在地主要是居住地所在街道/乡镇，比例为 43.0%，见图 10—5。

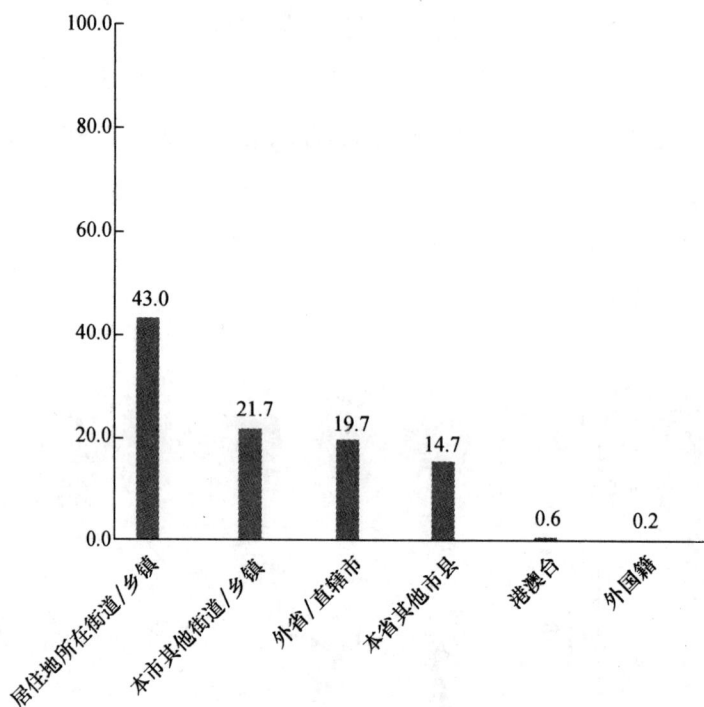

图10—5　样本目前户籍所在地分布（N=1100）（%）

（二）社会经济特征

1. 职业

样本目前职业状态多为全职，比例为69.7%，职业类型主要为单位职员/办事人员、专业技术人员，比例分别为23.2%和21.5%；职位等级以中层管理人员居多，比例为23.7%。具体分布见图10—6至图10—8。

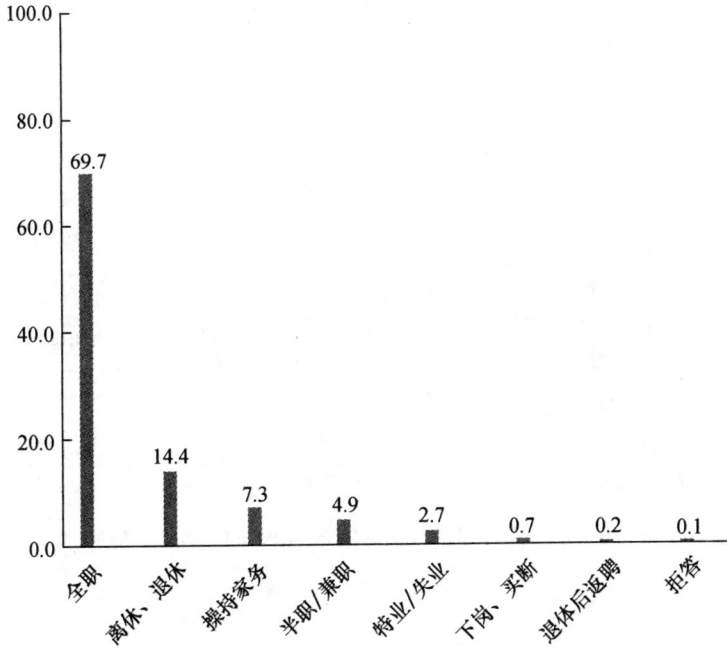

图10—6　样本目前职业状态分布（N=1100）（%）

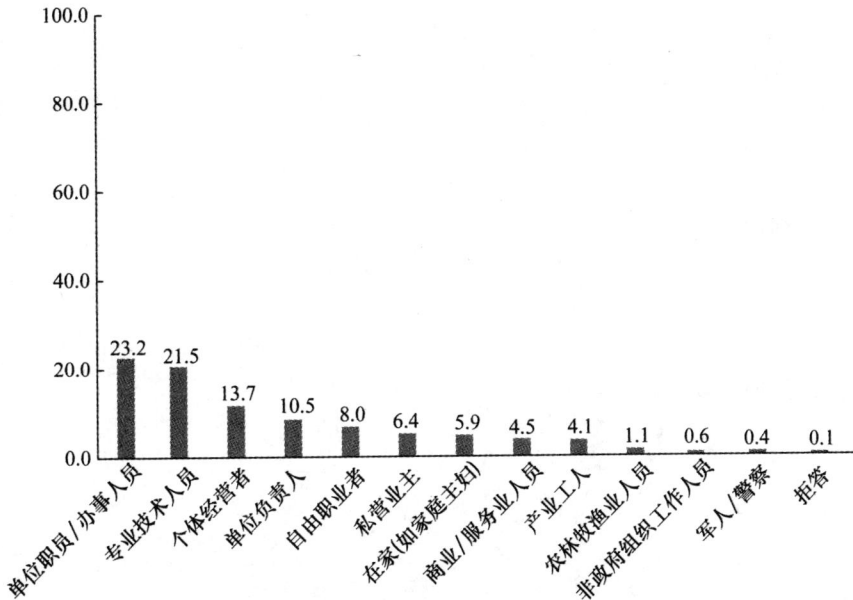

图10—7　样本职业类型分布（N=1100）（%）

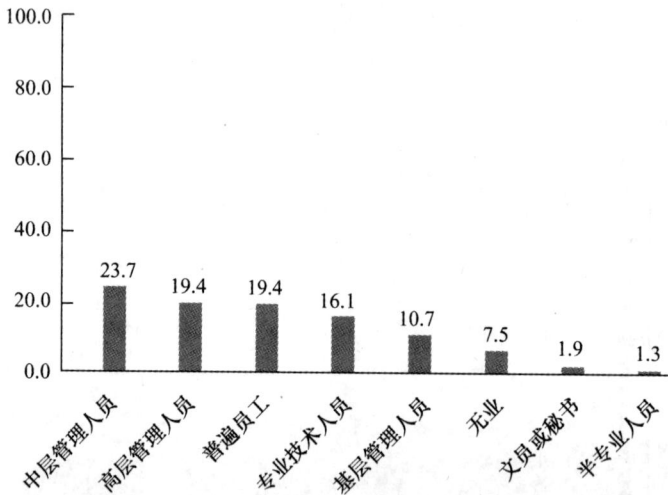

图 10—8　样本职位等级分布（N = 1100）（%）

2. 收入

样本家庭月收入多为 1 万—2 万元，具体分布见图 10—9。

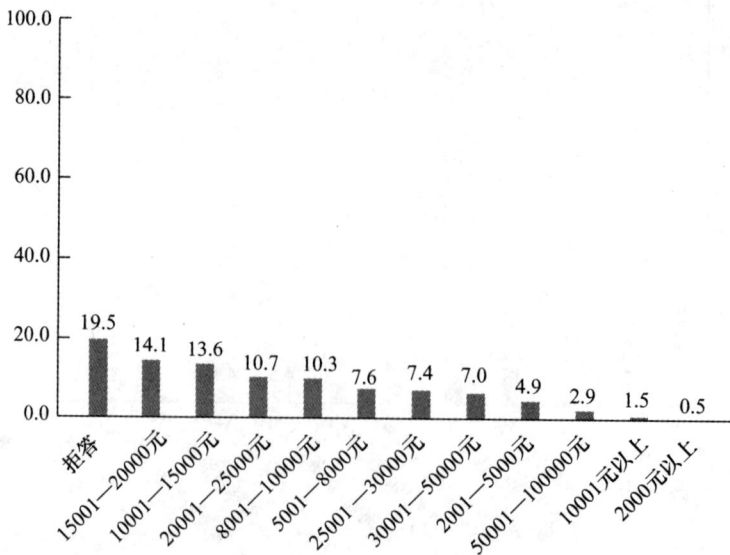

图 10—9　样本家庭月收入分布（N = 1100）（%）

3. 社会地位

在本次调查中，多数被访者认为自己的经济、政治地位和社会阶层处于中层水平，其中对自己的政治地位评价相对较低，有 14.7% 的被访者认为自己政治地位为下层，见图 10—10。

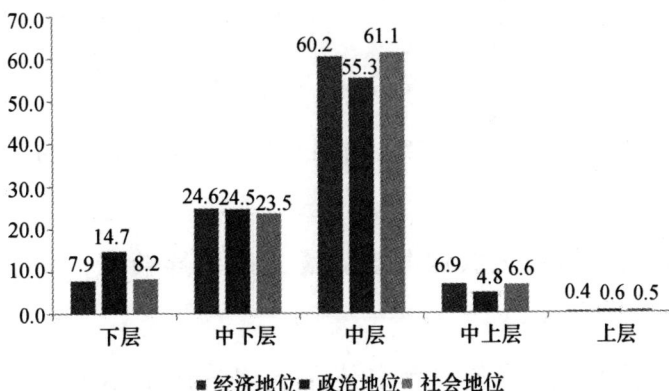

图 10—10　样本社会地位自评分布 （N = 1100） （%）

三　主要发现

（一） 社区公共服务

1. 公共服务设施满意度比较

（1） 一线城市公共服务设施满意度较二线城市更高

一线、二线城市之间，一线城市在公共服务设施总体，以及教育设施、小区周边环境和治安两项具体指标上的满意度得分均高于二线城市，但在医疗卫生设施和服务方面一线城市则略低于二线城市，交通设施方面的满意度得分相等，见图 10—11。

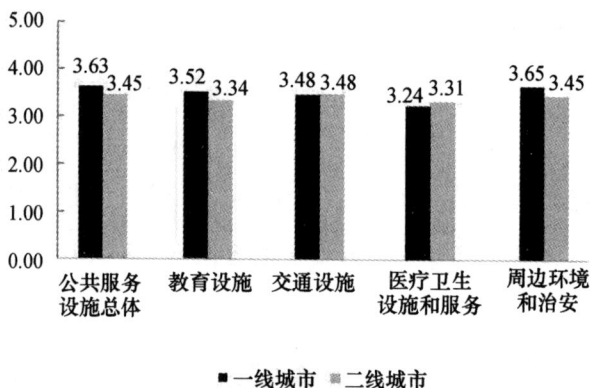

图10—11　一线、二线城市社区公共服务满意度（分）

（2）对各城市公共服务设施满意度差异较大，北京、上海较高

各城市在公共服务设施总体及各项具体指标上的满意度得分存在较大差异。一线城市中，北京和上海的公共服务设施总体满意度得分均较高，分别为3.79分和3.76分。各指标具体方面，北京在小区交通设施、医疗卫生设施和服务、周边环境和治安状况方面的得分也均相对最高，分别为3.89分、3.52分、4.05分；小区公共服务设施总体满意度也高于平均值，但其小区教育设施满意度略低于平均值。上海在公共服务设施总体满意度和小区教育设施方面的得分均为相对最高，分别为3.79分和3.69分，其他各项具体指标也均高于平均值。同为一线城市的广州、深圳在相应指标上的得分则相对较低。广州在小区医疗卫生设施和服务满意度方面的得分最低，仅为2.85分，其他各项内容的得分也均只接近于平均值。深圳除了在教育设施满意度上的得分等于平均值外，其他各项均低于平均值，且在小区公共服务设施总体满意度、交通设施两项指标上均最

低，分别为 3.40 分和 3.15 分。

二线城市中，成都的总体表现较好，其在交通设施和医疗卫生设施和服务方面的满意度得分均高于平均值，但其他几项指标内容则低于平均值。苏州除医疗卫生设施和服务方面的满意度高于平均值外，其他均低于平均值，且在教育和小区周边环境和治安状况方面满意度得分均为相对最低。各城市公共设施满意度得分具体见图 10—12 至图 10—16。

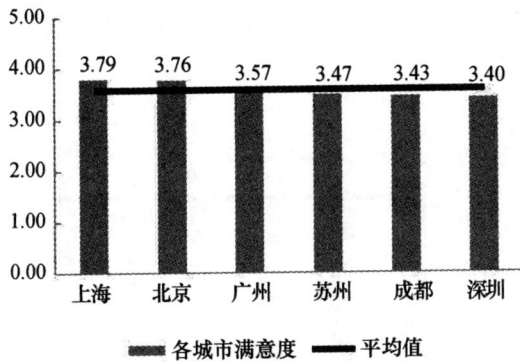

图 10—12　各城市小区公共服务设施总体满意度（分）

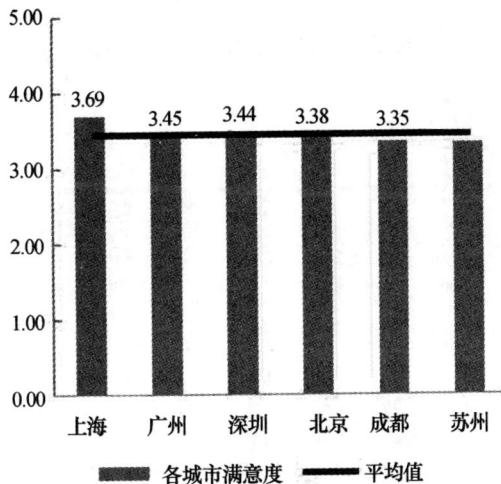

图 10—13　各城市小区教育设施满意度（分）

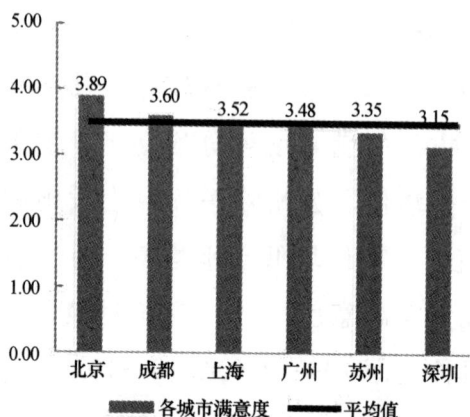

图10—14　各城市小区交通设施满意度（分）

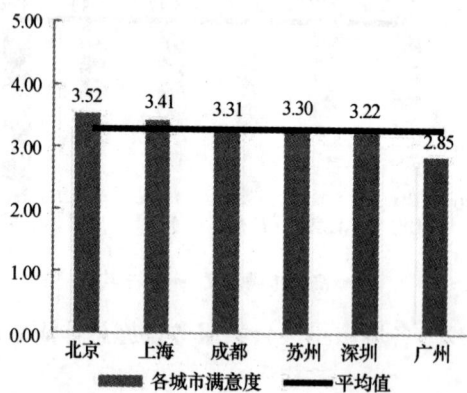

图10—15　各城市小区医疗卫生设施和服务满意度（分）

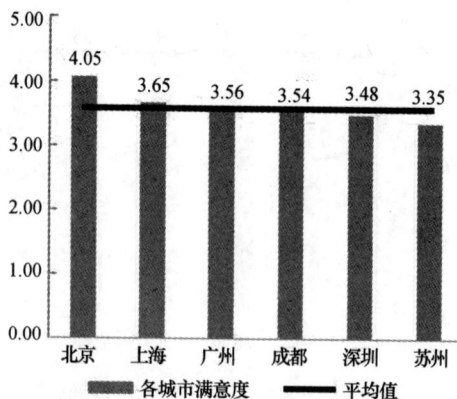

图10—16　各城市小区周边环境和治安满意度（分）

2. 公共服务满意度比较

（1）青年群体公共服务满意度较高，中年群体较低

不同年龄层方面，青年群体（18—29岁）对公共服务设施总体、教育设施、医疗卫生设施、周边环境和治安方面的满意度评价均为相对最高；中年群体（40—49岁）对各项公共服务的满意度评价则均为相对最低；老年群体（50—70岁）对交通设施的满意度评价则相对最高，见图10—17至图10—21。一线城市中不同年龄层对公共服务的满意度评价与总体基本一致，二线城市中老年群体（50—70岁）对周边环境和治安的评价为相对最高。

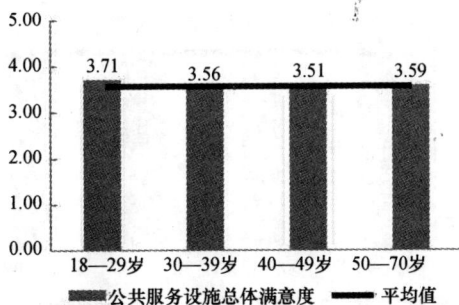

图 10—17 各年龄段对公共服务设施总体满意度（分）

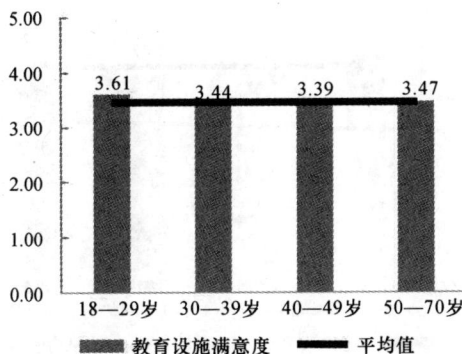

图 10—18 各年龄段对教育设施满意度（分）

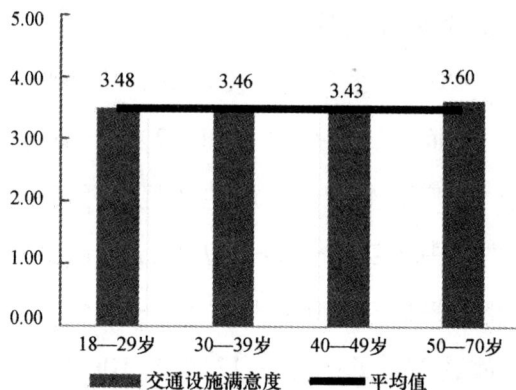

图 10—19　各年龄段对交通设施满意度（分）

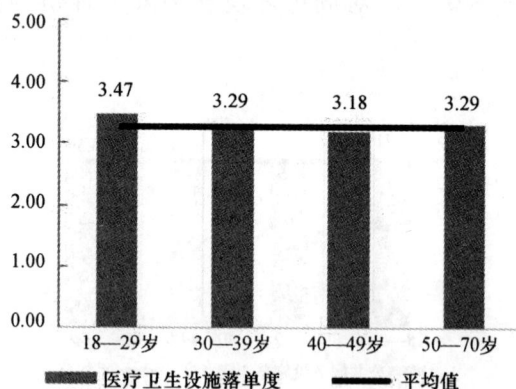

图 10—20　各年龄段对医疗卫生设施满意度（分）

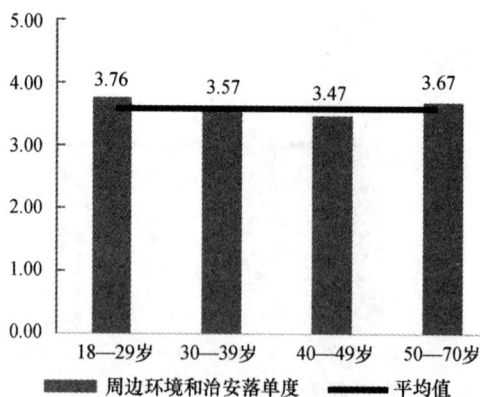

图 10—21　各年龄段对周边环境和治安满意度（分）

（2）青年群体物业服务满意度较高，老年较低

不同年龄层方面，总体中，青年群体（18—29 岁）对物业服务的满意度比较高，其在总体、一线城市中均为相对最高；老年群体对物业服务的满意度则比较低，其在总体、一线城市中均最低。值得注意的是，二线城市中 30—39 岁群体的物业满意度最低，而老年群体（50—70 岁）的满意度最高。不同年龄层对物业服务满意度具体见表10—4。

表10—4　　　　　不同年龄层对物业服务满意度　　　单位：分

年龄	总体	一线城市	二线城市
18—29 岁	3.77	4.03	3.53
30—39 岁	3.70	3.83	3.50
40—49 岁	3.73	3.84	3.56
50—70 岁	3.68	3.76	3.57

（二）社区邻里关系

1. 邻里关系和睦度比较

（1）一线城市社区居民邻里和睦度较高

邻里关系的和睦度是反映社区居民间邻里关系的一个重要指标。数据显示，一线城市居民的邻里和睦度高于二线城市，见图10—22 和图10—23。各城市之间，北京地区居民的邻里关系和睦度得分最高，为 4.23 分；苏州最低，为 3.65 分，广州作为一线城市也略低于平均值，见图10—23。

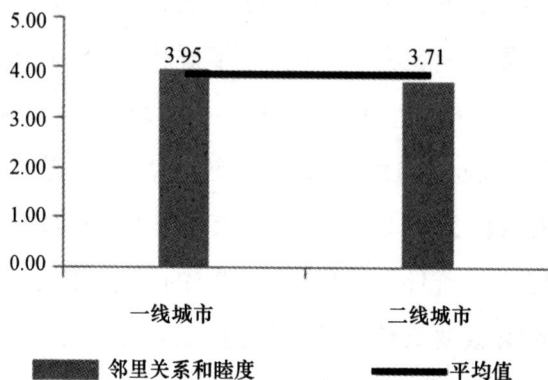

图10—22　一线、二线城市邻里关系和睦度（分）

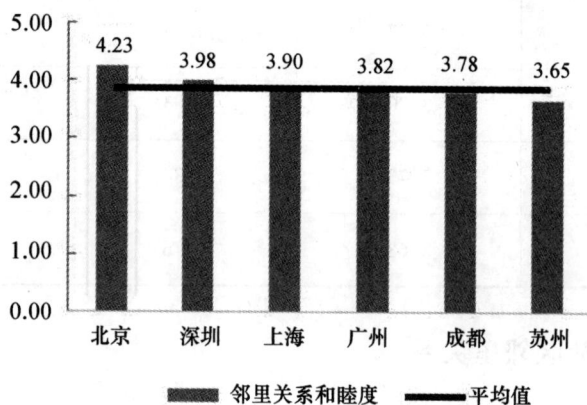

图10—23　各城市邻里关系和睦度（分）

（2）不同年龄层社区居民邻里和睦度差异不大

不同年龄层社区居民邻里关系和睦度差异不大，总体上老年群体（50—70 岁）相对较高，30—39 岁和 40—49 岁群体相对较低，见表10—5。

表 10—5　　　　　　不同年龄层社区居民邻里和睦度　　　　单位：分

年龄	总体	一线城市	二线城市
18—29 岁	3.96	4.16	3.76
30—39 岁	3.80	3.93	3.60
40—49 岁	3.81	3.89	3.68
50—70 岁	4.01	4.05	3.96

2. 社区居民间交往比较

（1）一线城市居民间交往比较密切

社区居民之间的交往情况也是反映社区邻里关系的一个重要维度。数据显示，一线城市中三项指标内容均高于二线城市，见图 10—24 和图 10—25。

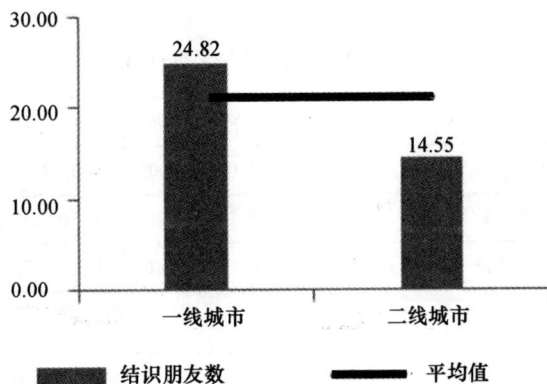

图 10—24　一线、二线城市小区结识朋友数（人）

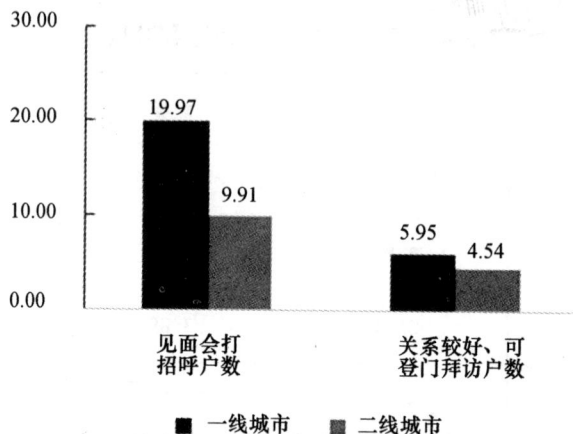

图10—25 一线、二线城市居民交往户数（户）

各城市之间，北京在入住以来结识朋友人数和见面会打招呼户数两项指标上均为相对最高，分别为27.00人和25.15户，但在关系较好、可登门拜访的户数上则低于平均值，仅为4.83户。深圳在关系较好、可登门拜访户数方面相对最高。苏州在各项指标上则均为相对最低，见表10—6。

表10—6 各城市社区居民交往情况

指标内容	平均值	北京	上海	广州	深圳	苏州	成都
入住以来结识朋友人数（人）	21.07	27.00	25.05	24.49	23.16	9.15	23.55
见面会打招呼户数（户）	16.20	25.15	14.43	14.30	29.81	5.18	17.85
关系较好、可登门拜访户数（户）	5.40	4.83	5.10	6.57	7.23	3.11	6.25

（2）老年群体居民间交往密切，青年群体较少

不同年龄层群体在社区交往方面差异较大，老年群体（50—70岁）间交往相对最密切，青年群体（18—29岁）间相对最少。总体中，老年群体（50—70岁）在入住以来结识朋友

人数、见面会打招呼户数和可登门拜访户数方面均为最高，分别为 27.52 人、30.80 户和 7.29 户，青年群体（18—29 岁）则均为最低，见表 10—7。一线城市与二线城市中不同年龄层居民间交往情况也均与总体中的情况基本一致，见表 10—7 和表 10—8。

表 10—7　　　　　　总体中不同年龄层居民交往情况

内容	18—29 岁	30—39 岁	40—49 岁	50—70 岁
结识朋友人数（人）	13.11	19.92	20.43	27.52
见面会打招呼户数（户）	8.58	12.60	14.07	30.80
可登门拜访户数（户）	3.43	5.11	5.04	7.29

表 10—8　　一线、二线城市中不同年龄层居民间交往情况

内容	一线城市				二线城市			
	18—29 岁	30—39 岁	40—49 岁	50—70 岁	18—29 岁	30—39 岁	40—49 岁	50—70 岁
结识朋友人数（人）	13.70	24.50	24.82	29.15	12.34	11.73	12.42	24.76
见面会打招呼户数（户）	9.89	15.16	17.93	37.91	6.86	8.12	7.69	18.92
可登门拜访户数（户）	3.75	5.79	5.87	7.07	3.09	4.04	3.66	7.63

3. 结识社区新朋友途径比较

（1）日常交往是结识社区内新朋友的最主要途径

在社区内结识新朋友的途径方面，日常（偶然的）互动交往是最主要的途径，一线城市中有 87.6% 的被访者表示是通过

这一途径结识社区中的新朋友的；其次是业主自发组织的社区活动，比例为15.5%。二线城市中的居民更多通过日常互动和网络在社区内结识新朋友，日常（偶然的）互动交往比例达93.6%，其在业主维权活动中结识新朋友的比例为7.0%，也较一线城市高。一线城市中通过业主自发组织的社区活动和开发商或物业公司组织的社区活动两种途径来结识新朋友的比例则相对较高，见图10—26。

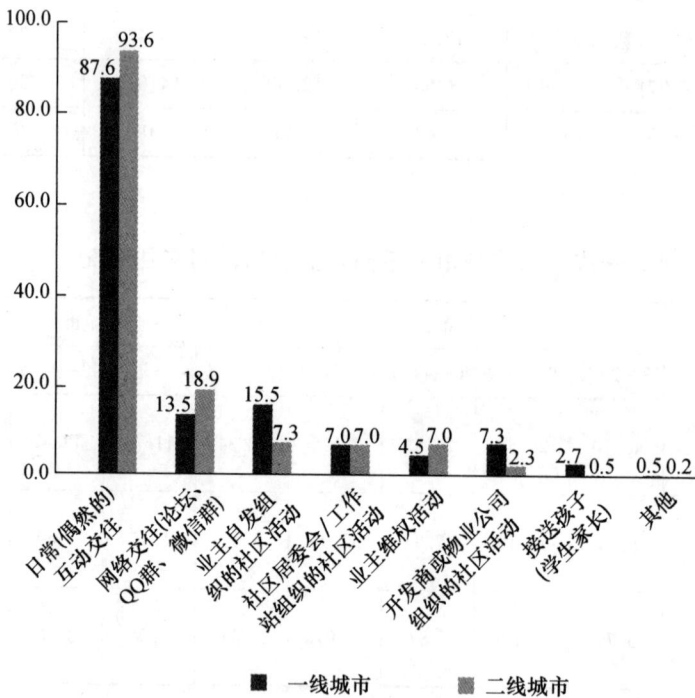

图10—26　一线、二线城市社区内结识新朋友的
主要途径分布（N = 1100）（%）

（2）中、老年群体更倾向通过日常交往和社区活动来结识新朋友

　　总体中，不同年龄层在社区内结识新朋友的途径方面存在一定差异，中年、老年群体（40—49岁、50—70岁）主要通过日常互动交往、参与社区活动来结识新朋友，30—39岁群体和青年群体（18—29岁）则更多通过网络途径来结识新朋友。一线城市和二线城市中不同年龄层在获取途径方面与总体中基本一致。

表10—9　不同年龄层社区内结识新朋友途径比例　　　　单位：%

内容	18—29岁	30—39岁	40—49岁	50—70岁
日常（偶然的）互动交往	86.7	87.8	92.3	92.3
业主维权活动	4.0	6.2	5.9	4.1
业主自发组织的社区活动	6.7	9.9	14.8	14.9
社区居委会/工作站组织的社区活动	6.7	6.6	5.3	10.4
开发商/物业公司组织的社区活动	1.3	3.9	7.1	6.8
网络交往（论坛、QQ群、微信等）	16.0	22.7	12.5	5.4
接送孩子（学生家长）	0.0	3.0	0.9	1.4

4. 社区居民相互帮助比较

（1）一线城市社区居民更经常互相帮助

　　在社区居民互相帮助方面，除接受或给予他人建议和意见外，一线城市的社区居民在其他指标上的"经常"比例均比二线城市高。这说明一线城市居民之间更经常互相帮助。这一点在有关社区居民间互相帮助的正向内容描述中也得到进一步论证。一线城市居民对"我可以顺利从邻居家借到需要的东西"等三项关于社区居民间互相帮助的正向描述内容的赞同度均高于二线城市。

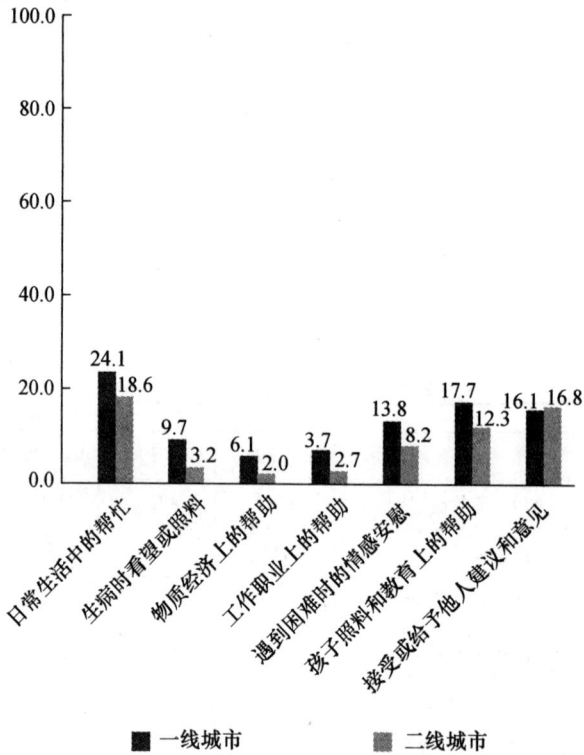

图10—27　一线、二线城市社区居民互相
帮助各指标"经常"比例（%）

（2）老年群体更经常互相帮助

总体中，不同年龄层在互相帮助方面存在一定差异，老年
群体（50—70岁）在"日常生活的帮忙""生病时看望或照料"
"遇到困难时的情感安慰""孩子照料和教育上的帮助"四项指
标上"经常"比例均最高，见表10—10。这说明50—70岁居民
之间更经常互相帮助。这一点在有关社区居民间互相帮助的正
向内容描述中也得到进一步论证。50—70岁居民对"我可以顺
利从邻居家借到需要的东西"等三项关于社区居民间互相帮助

的正向描述内容的赞同度相对较高，见表10—11。而40—49岁群体更倾向于在物质经济上与提供建议和意见两方面相互帮助，在"日常生活的帮忙"指标上则最低。30—39岁群体更倾向于在工作职业上相互帮助。值得注意的是，二线城市的青年群体（18—29岁）在"日常生活的帮忙"指标上"经常"比例显著高于一线城市。

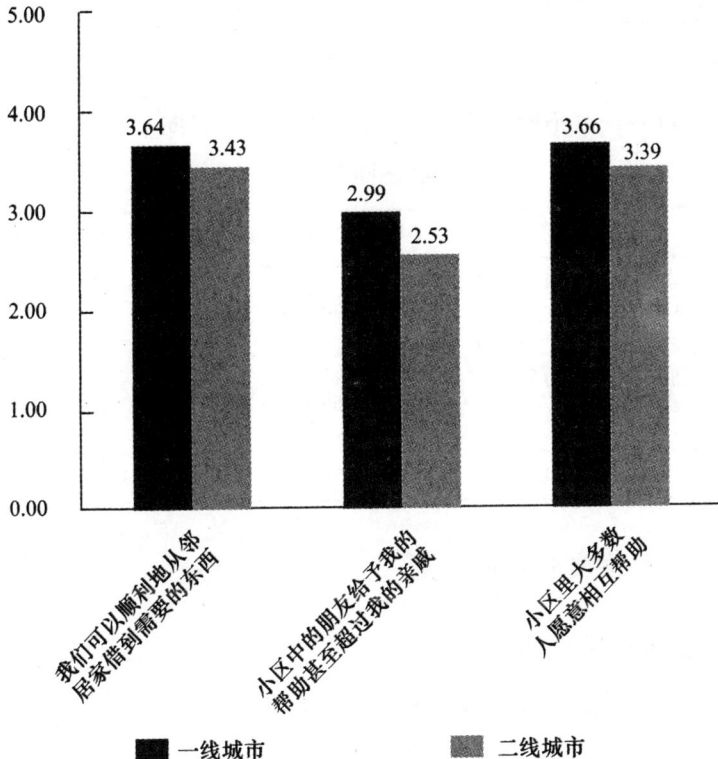

图10—28　一线、二线城市社区居民互相帮助正向描述同意度（%）

表10—10　　　　不同年龄层社区居民互相帮助各指标

"经常"比例　　　　　单位：%

内容	18—29 岁	30—39 岁	40—49 岁	50—70 岁
日常生活的帮忙	21.3	23.8	17.5	24.9
生病时看望或照料	6.7	6.9	5.3	10.4
物质经济上的帮助	2.7	4.3	5.0	4.5
工作职业上的帮助	5.3	5.8	5.6	4.5
遇到困难时的情感安慰	10.7	10.1	11.6	14.9
孩子照料和教育上的帮助	13.3	16.3	13.4	18.1
接受或给予他人建议和意见	14.7	15.6	17.5	16.7

表10—11　　　　不同年龄层社区居民互相帮助正向

描述同意度　　　　　单位：分

内容	18—29 岁	30—39 岁	40—49 岁	50—70 岁
我可以顺利地从邻居家借到需要的东西	3.53	3.57	3.51	3.63
小区中的朋友给予我的帮助甚至超过我的亲戚	2.65	2.79	2.85	2.84
小区里大多数人愿意相互帮助	3.53	3.57	3.50	3.61

（三）社区文化认同

1. 社区文化认同比较

（1）一线城市居民社区认同感较高

在"本小区很有人情味"等四项有关社区文化认同正向内容描述上，一线城市也均高于二线城市的相应项目得分。在"小区业主只顾自己，不遵守共同规范（管理规约）"等两项有关社区文化认同负面内容描述上，一线城市高于二线城市。

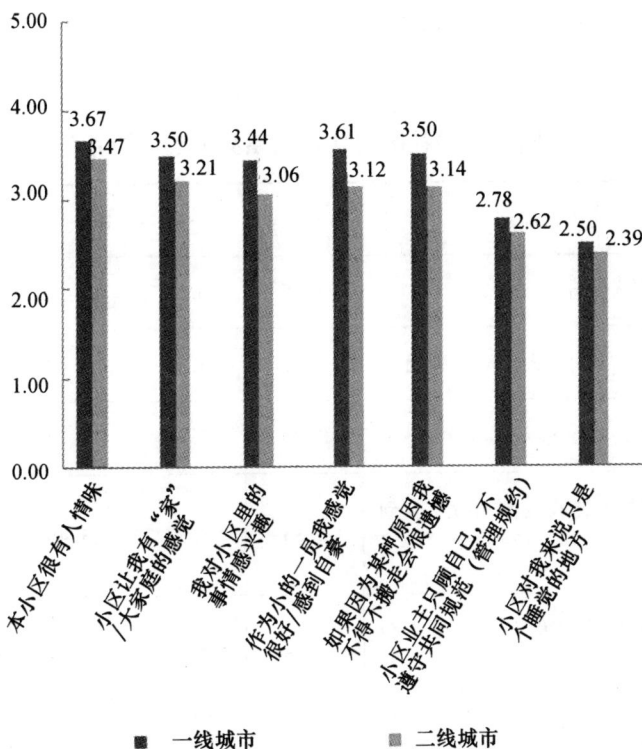

图10—29　一线、二线城市居民社区文化认同系列描述同意度（分）

（2）老年群体的社区文化认同较高，青年群体较低

在"本小区很有人情味"等四项有关社区文化认同正向内容描述上，老年群体（50—70岁）的同意度均为最高，而青年群体（18—29岁）则最低。在"小区对我来说只是个睡觉的地方"等两项负面描述上老年群体（50—70岁）的同意度相对较低，青年群体（18—29岁）对"小区对我来说只是个睡觉的地方"的同意度则相对最高，中年群体（30—39岁、40—49岁）对"小区业主只顾自己，不遵守共同规范（管理规约）"的同意度相对较高。可以看出，老年群体的社区文化认同感较高，

而青年群体相对较低。一线城市与二线城市中不同年龄层社区文化认同情况与总体中也基本一致。

表 10—12　　不同年龄层社区文化认同系列描述同意度　　单位：分

内容	18—29 岁	30—39 岁	40—49 岁	50—70 岁
本小区很有人情味	3.45	3.58	3.55	3.71
小区让我有"家"/大家庭的感觉	3.25	3.34	3.42	3.47
我对小区里的事情感兴趣	3.20	3.25	3.27	3.43
作为小区的一员我感觉很好/感到自豪	3.33	3.33	3.40	3.62
如果因为某种原因我不得不搬走会很遗憾	3.36	3.33	3.33	3.45
小区业主只顾自己，不遵守共同规范（管理规约）	2.69	2.72	2.76	2.66
小区对我来说只是个睡觉的地方	2.52	2.45	2.46	2.46

2. 社区信任度比较

（1）一线城市居民对社区组织信任度较高

社区文化认同还表现在居民对社区内各类组织的信任程度。数据显示，在对社区居委会等各社区组织的信任度方面，一线城市中居民对各类社区组织的信任度得分也均高于二线城市，见图 10—30。

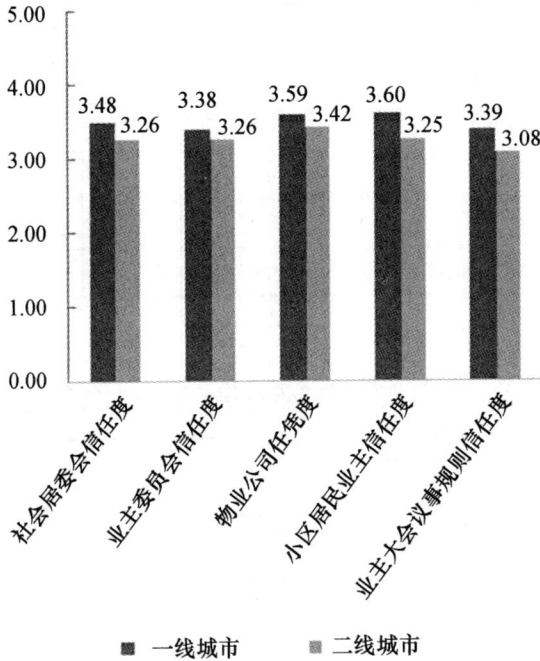

图10—30　一线、二线城市社区组织信任度（分）

（2）老年群体社区组织信任度较高，青年群体更信任议事规则

不同年龄层对社区内相关组织的信任度存在一定差异，总体来看，老年群体（50—70岁）对社区居委会、物业公司和小区居民/业主的信任度较高，而青年群体（18—29岁）对业主大会议事规则的信任度则相对较高。二线城市与总体中的情况基本一致，但一线城市中青年群体（18—29岁）对业主委员会、小区居民/业主的信任度也相对较高，见表10—13和表10—14。

表10—13　　　　　总体中不同年龄层社区组织信任度　　　　　单位：分

内容	18—29 岁	30—39 岁	40—49 岁	50—70 岁
社区居委会信任度	3.25	3.37	3.38	3.53
业主委员会信任度	3.37	3.37	3.26	3.37
物业公司信任度	3.49	3.48	3.51	3.65
小区居民/业主信任度	3.47	3.47	3.41	3.51
业主大会议事规则信任度	3.43	3.28	3.19	3.30

表10—14　　一线、二线城市不同年龄层社区组织信任度　　　单位：分

内容	一线城市				二线城市			
	18—29 岁	30—39 岁	40—49 岁	50—70 岁	18—29 岁	30—39 岁	40—49 岁	50—70 岁
社区居委会信任度	3.30	3.47	3.47	3.59	3.21	3.20	3.24	3.44
业主委员会信任度	3.46	3.44	3.29	3.39	3.29	3.25	3.22	3.33
物业公司信任度	3.59	3.56	3.58	3.67	3.39	3.36	3.39	3.61
小区居民/业主信任度	3.65	3.64	3.55	3.58	3.29	3.21	3.18	3.42
业主大会议事规则信任度	3.49	3.41	3.33	3.41	3.37	3.07	2.96	3.13

（四）社区参与治理

1. 社区志愿活动参与比较

（1）一线城市居民公益性志愿活动参与较活跃，传统捐赠是主要内容

在公益性志愿活动参与方面，一线城市与二线城市相比，

"偶尔"参加的比例较高,从未参加的比例较低。各城市之间,上海地区居民"经常"参与的比例最高,为7.7%,而成都地区居民"从未"参加的比例最高,为71.4%,见表10—15。

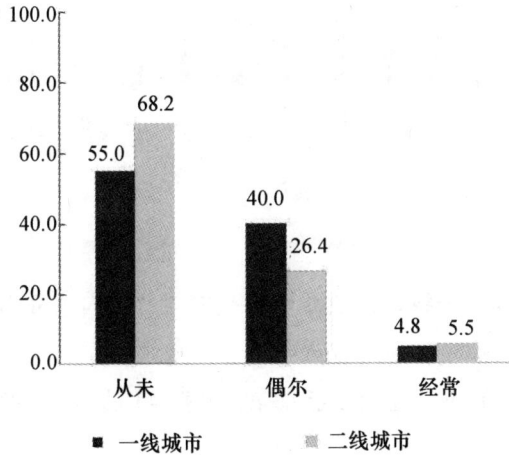

图10—31 一线、二线城市参加公益性志愿活动频率分布(%)

表10—15 各城市社区居民参加公益性志愿活动频率分布 单位:%

内容	北京	广州	成都	上海	苏州	深圳
经常	4.5	2.4	5.0	7.7	5.9	3.6
偶尔	37.3	48.5	23.6	39.5	29.1	34.5
从未	58.2	49.1	71.4	52.7	65.0	61.8

在具体的活动内容上,传统的捐款捐物是居民参与最多的公益性志愿活动,总体上比例为71.4%,其次是维护环境卫生,比例为35.7%。一线城市在维护环境卫生、参与维权方面的比例也较二线城市高,但在捐款捐物、义务劳动等方面则较低(见图10—32)。

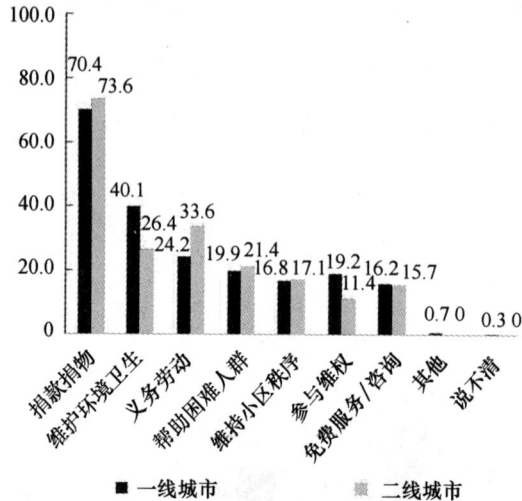

图10—32　一线、二线城市公益参与具体内容分布（%）

（2）老年群体公益性志愿活动参与活跃，青年群体参与较少

总体中，不同年龄层在公益性志愿活动参与方面存在差异，老年群体（50—70岁）参与比例较高，经常参与的比例为8.6%，青年群体（18—29岁）则较低，经常参与比例仅为2.7%，偶尔参与的比例也最低，从未参与比例最高。一线城市与二线城市中不同年龄层公益性志愿活动参与比例分布与总体中基本一致，但值得注意的是一线城市中青年群体（18—29岁）参与的比例为零，见表10—16和表10—17。

表10—16　总体中不同年龄层公益参与具体比例（N=1100）单位：%

内容	18—29岁	30—39岁	40—49岁	50—70岁
从未	68.0	59.5	61.4	57.5
偶尔	29.3	37.5	32.3	33.9
经常	2.7	3.0	6.2	8.6

表 10—17　　一线、二线城市中不同年龄层公益参与比例

单位：%

内容	一线城市（N = 660）				二线城市（N = 440）			
	18—29 岁	30—39 岁	40—49 岁	50—70 岁	18—29 岁	30—39 岁	40—49 岁	50—70 岁
从未	75.7	51.8	56.0	54.5	60.5	71.6	70.0	61.8
偶尔	24.3	45.8	36.7	37.9	34.2	24.6	25.4	28.1
经常	0.0	2.5	7.2	7.6	5.3	3.8	4.6	10.1

2. 社区活动参与情况比较

（1）社区活动或团体丰富，但居民参与度较低

各小区自组织的社区活动或团体比较丰富，总体中，排在前三位的分别是公益类活动（54.7%）、文娱类活动（54.5%）和业主联谊类活动（48.0%）。具体来看，一线城市均高于二线城市，见表 10—18。

尽管如此，社区居民"经常"参加社区活动或团体的比例并不算高，排在前三位的活动或团体比例分别是公益类活动、兴趣爱好团体和文娱类活动，其"经常"参加比例分别为6.2%、5.0%、4.7%。社区居民在市区和本小区参加的协会、社团、俱乐部等各种社区组织或团体的数量也比较少，均只有 1 个百分点左右。

表 10—18　　　　　　　　社区活动或团体拥有比例　　　　　　单位：%

内容	总计 （N＝1100）	一线城市 （N＝660）	二线城市 （N＝440）
公益活动（志愿活动、环保、募捐、义卖、义务劳动等）	54.7	59.4	47.7
文体、娱乐活动（讲座、表演、晚会、运动会等）	54.5	58.8	48.2
业主/居民联谊活动（邻居节、会餐、结伴游等）	48.0	51.4	43.0
兴趣爱好团体（摄影、亲子、书画、歌唱、舞蹈、集邮、读书、养宠物、车友会等）	45.3	50.0	38.2
权益或联合组织（维权小组、老年协会、妇女协会等）	30.0	35.9	21.1
业主之间合作性的集体消费行为（如团购、拼车等）	29.5	35.0	21.1
辅助小区管理的专门职能小组（如负责小区设备养护监管、法律事务咨询、财务监督、工程招标等）	19.9	23.5	14.5

（2）老年群体参与兴趣类活动最积极，30—39 岁群体参与度最低

总体来看，不同年龄层"经常"参与社区活动的比例存在一定差异，见表 10—19。老年群体（50—70 岁）"经常"参与"公益活动""文体、娱乐活动""业主/居民联谊活动""兴趣爱好团体"四项活动的比例最高。18—29 岁群体参与"权益或联合组织""业主之间合作性集体消费行为""辅助小区管理的专门职能小组"三项活动最积极。除"兴趣爱好团体"和"业

主之间合作性的集体消费行为"外，30—39 岁群体对其他各项
活动的"经常"参与比例最低。

表 10—19　不同年龄层"经常"参与社区活动比例　　　单位：%

内容	18—29 岁	30—39 岁	40—49 岁	50—70 岁
公益活动（志愿活动、环保、募捐、义卖、义务劳动等）	6.7	4.7	5.3	10.4
文体、娱乐活动（讲座、表演、晚会、运动会等）	4.0	3.6	4.2	8.1
业主/居民联谊活动（邻居节、会餐、结伴游等）	5.3	3.6	3.9	5.4
兴趣爱好团体（摄影、亲子、书画、歌唱、舞蹈、集邮、读书、养宠物、车友会等）	4.0	4.7	4.2	7.2
权益或联合组织（维权小组、老年协会、妇女协会等）	4.0	1.1	3.0	2.3
业主之间合作性的集体消费行为（如团购、拼车等）	4.0	2.8	2.7	3.6
辅助小区管理的专门职能小组（如负责小区设备养护监管、法律事务咨询、财务监督、工程招标等）	4.0	0.6	2.1	2.3

3. 遇到问题，第一时间找物业

在小区生活受到干扰或侵害时，大部分居民选择第一时间
向物业公司反映，总体比例为 76.7%，其次是找居委会，总体
比例为 14.6%。一线城市选择第一时间向物业公司反映的比例
也高于二线城市，见表 10—20。

从不同城市来看，各城市也更倾向于第一时间向物业公司反映。其中，深圳居民第一时间向物业公司反映的比例最高，高达93.3%。上海居民第一时间向物业公司反映的比例最低，只有59.5%，而上海居民第一时间向居委会反映的比例最高，比例达30.9%，见表10—21。

表10—20　　　　　　　遇到问题第一时间反映对象　　　　　单位：%

内容	总计（N=1100）	一线城市（N=660）	二线城市（N=440）
物业公司	76.7	78.5	74.1
居委会	14.6	13.5	16.4
业主委员会	2.6	2.6	2.7
政府相关部门	2.6	2.7	2.5
网络曝光	1.5	0.9	2.3
新闻媒体	1.0	0.6	1.6
其他	0.4	0.5	0.2
其他社区组织	0.1	0.0	0.2

表10—21　　　　不同城市遇到问题第一时间反映对象　　　　单位：%

内容	北京（N=110）	广州（N=165）	成都（N=220）	上海（N=220）	苏州（N=220）	深圳（N=165）
物业公司	82.7	86.1	71.8	59.5	76.4	93.3
居委会	6.4	7.3	10.9	30.9	21.8	1.2
业主委员会	2.7	2.4	4.1	2.7	1.4	2.4
政府相关部门	5.5	3.6	5.0	1.8	0.0	1.2
网络曝光	0.9	0.0	3.2	0.9	0.0	0.6
新闻媒体	0.0	0.6	4.5	2.3	0.0	0.0
其他	1.8	0.0	0.0	0.5	0.5	0.0
其他社区组织	0.0	0.0	0.5	0.0	0.0	0.0

从不同年龄层来看，总体中，青年群体（18—29 岁）遇到问题相对更喜欢向物业公司反映，而老年群体更喜欢向社区居委会反映，30—39 岁群体通过"新闻媒体"和"网络曝光"两种方式反映问题的比例比其他群体更高，见表 10—22。一线城市与二线城市与总体中情况基本一致。

表 10—22　不同年龄层遇到问题第一时间反映对象比较

（N = 1100）　　　　　　单位：%

内容	18—29 岁	30—39 岁	40—49 岁	50—70 岁
物业公司	85.3	75.4	77.2	76.0
居委会	12.0	13.9	15.1	16.3
业主委员会	1.3	2.6	2.1	4.1
政府相关部门	1.3	3.0	2.7	2.3
新闻媒体	0.0	1.7	0.9	0.0
网络曝光	0.0	2.8	0.6	0.5
其他社区组织	0.0	0.0	0.0	0.5
其他	0.0	0.2	0.9	0.0

4. 社区自治组织参与和认可比较

（1）社区自治组织群众参与度低，一线城市更认可业主委员会

业主委员会和社区居委会是我国基层社区自治的两个核心组织。数据显示，有 58.9% 的被访者表示本小区成立了业主委员会，57.4% 的被访者表示成立了社区居委会。

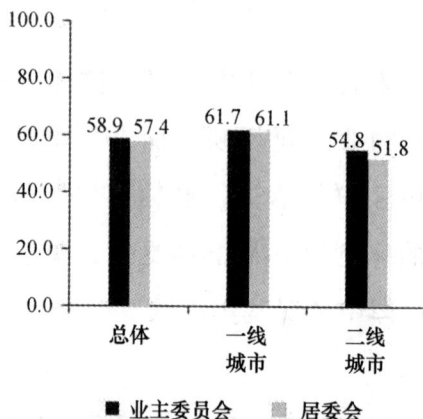

图10—33　业主委员会/居委会成立比例（%）

具体来看，一线城市比例（61.7%）的业主委员会成立比例也显著高于二线城市（54.8%），见图10—33。各城市间，上海、北京的成立比例较高，分别为80.9%、74.5%；而广州作为一线城市，则比例最低，只有40.6%，见表10—23。

另外，一线城市的居委会成立比例（61.1%）也显著高于二线城市（51.8%）。各城市间，上海的成立比例最高，比例达94.5%；而成都的比例最低，只有34.1%，见表10—23。

表10—23　各城市业主委员会/居委会成立情况　　　　单位：%

内容	北京	广州	成都	上海	苏州	深圳
业主委员会	74.5	40.6	45.9	80.9	63.6	48.5
居委会	56.4	40.0	34.1	94.5	69.5	40.6

在群众基础方面，业主委员会较社区居委会弱。在总体和不同小区类型、城市类型中，社区居民认识业主委员会成员的

比例均低于社区居委会。其中，二线城市也均高于一线城市，见图10—34。

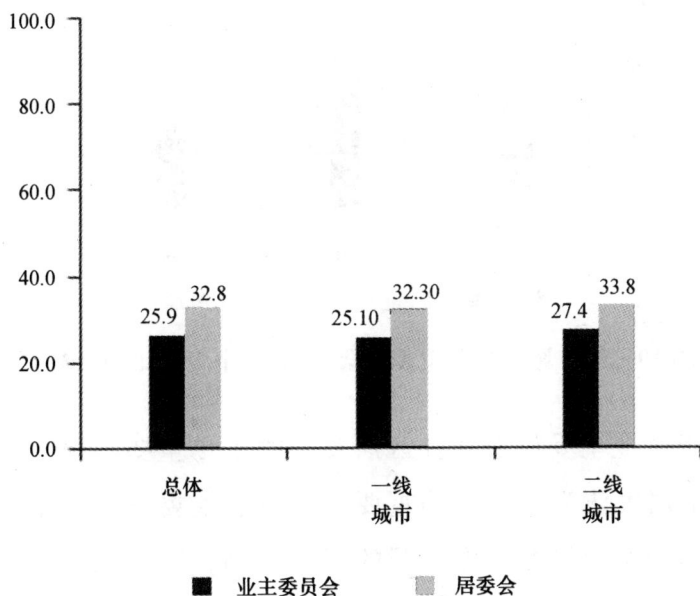

图10—34　认识业主委员会/居委会成员比例（%）

　　社区自治组织内部治理方面，社区居民的参与度较低。有94.4%的居民表示没有在社区自治组织中担任任何职务，也仅有27.3%的被访者参加过社区居委会的选举。尽管如此，居民还是希望能有机会参与社区自治组织内部治理，有69.7%的被访者表示愿意参与业主委员会的成立或换届选举投票，30.4%的被访者表示愿意在业主委员会中工作，有27.5%的被访者表示愿意在社区居委会中工作，见图10—35。居民不愿意参与业务为与会或社区居委会工作的主要原因是"工作太忙，没时间投入"。

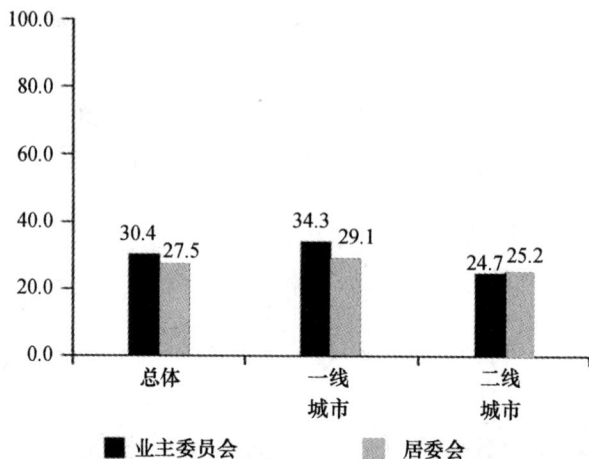

图 10—35　愿意在业主委员会/居委会中工作比例（%）

对于"业主委员会和社区居委会哪个更重要？"这一问题，42.4%的居民认为二者同等重要；认为业主委员会更重要的居民比例高于认为居委会更重要的居民比例，区分一线城市的比例（25.9%）也显著高于二线城市（9.8%）。因此，一线城市的居民对业主委员会的认可度更高。

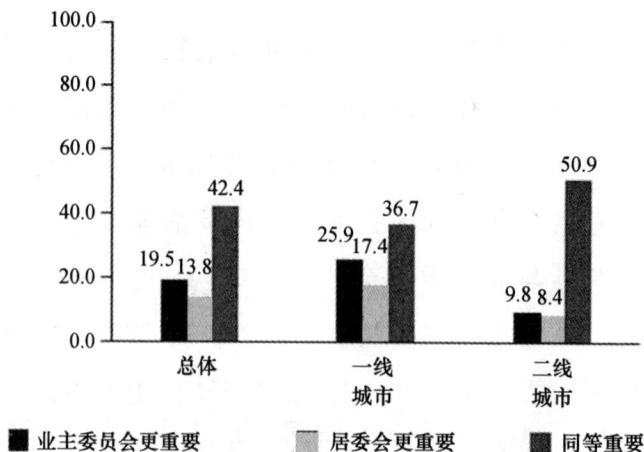

图 10—36　业主委员会/居委会重要性比例（%）

（2）老年群体更熟知社区自治组织，但青年群体参与组织工作意愿较强

总体来看，老年群体（50—79 岁）认识社区业主委员会和居委会成员的比例相对更高，社区组织的老年群众基础较好，见表 10—24；但青年群体（18—29 岁）愿意在社区自治组织中工作的比例更高，见表 10—25，从实际担任职务来看，青年群体（18—29 岁）在业主委员会中担任职务的比例也相对较高，见表 10—26。

表 10—24　不同年龄层认识不同社区自治组织成员情况比例　单位：%

内容	业主委员会				社区居委会			
	18—29岁	30—39岁	40—49岁	50—70岁	18—29岁	30—39岁	40—49岁	50—70岁
总体（N=1100）	22.9	24.6	24.5	31.6	20.6	27.1	35.0	43.6
一线城市（N=660）	5.6	26.0	23.5	29.8	16.7	28.3	34.8	39.3
二线城市（N=440）	41.2	22.4	26.5	34.7	25.0	25.0	35.2	51.0

表 10—25　不同年龄层愿意在不同社区自治组织工作比例　单位：%

内容	业主委员会				社区居委会			
	18—29岁	30—39岁	40—49岁	50—70岁	18—29岁	30—39岁	40—49岁	50—70岁
总体（N=1100）	45.7	27.3	31.6	31.1	30.7	23.8	30.6	29.9
一线城市（N=660）	65.0	28.7	38.8	34.2	29.7	25.4	32.4	31.8
二线城市（N=440）	30.8	25.2	20.8	27.0	31.6	21.3	27.7	27.0

表 10—26　不同年龄层在各社区自治组织担任职务情况　　单位：%

内容	18—29 岁	30—39 岁	40—49 岁	50—70 岁
没有担任过任何小区内职务	91.4	94.9	95.1	93.2
业委会成员	5.7	1.1	2.5	0.8
社区党组织成员	2.9	0.0	0.5	2.3
业委会主任	0.0	0.4	0.5	0.8
业主监事会成员	0.0	0.4	0.0	0.0
业主大会/业委会筹备组成员	0.0	0.4	0.0	0.0
居委会成员	0.0	0.7	0.0	0.8
居民代表	0.0	1.8	1.0	1.5
居委会选举委员会成员	0.0	0.7	1.0	0.0

四　结论与建议

近年来我国社区自治进一步深化，社区参与和社区自治面迅速拓宽，社区建设进一步发展，在社区参与的组织化和制度化方面都取得了飞速的发展。在民政部深入推进社区、社会组织、专业社会工作的"三社联动"努力下，深化社会组织管理制度改革、促进基层社会治理创新，形成了一大批社区义工和社区志愿者组织，培育促进了社区中介组织的建设。各地实践表明，当前我国城市居民参与社区建设的领域越来越多，居民参与正呈现良好的发展态势。尽管如此，由于我国社区建设的时间不长，城市化进程非常迅猛，在社区建设的实践过程中不可避免地存在很多问题。根据相关调查研究的结果，我国当前社区发展和建设普遍存在着社区居民参与不足的问题，主要体现为：第一，居民总体参与率不高，发展不平衡，社区参与的主体以老年人、妇女为主，而青壮年参与较少。第二，社区参与的程度不深，参与的形式不够丰富，目标层次较低。居民大多数情况下只是由基层政府动员而被动式参与，或者只参与社区具体事务，尤其是文化娱乐等兴趣类活动，而很少真正参与社区公共事务的决策和管理。

绝大多数研究认为，中产阶层不单是一支稳定社会的中坚力量，更是一个在政治上敢于表达自己观点的阶层，他们会利用有效的制度途径，进而影响决策层做出有利于他们的政策决定。社区参与是让社区居民作为社区管理的主体，参与到社区各种事务的行为，如何把握好中间阶层的特点，促进中间阶层对社区参与的兴趣和利益关注，激发他们对社区参与的意识和动力是社区参与和社区建设的重要内容。

本章通过调查数据表明，随着城镇化进程的如火如荼，新时期的社区建设也取得了巨大成就。社区参与和社区自治面迅速拓宽，社区建设进一步发展，在社区参与的组织化和制度化方面都取得了飞速的发展。基于本次调研，我们针对我国当前社区参与归纳出以下几点现状及政策建议。

1. 社区参与的地区差异明显

社区参与水平受地区经济发展水平制约严重，发达地区相较于欠发达地区在推进社区参与方面大踏步前进。从城市层级上看，总的来说一线城市在社区制度建设上起步较早、条件较好，无论是对公共服务设施、物业服务满意度，还是对社区认同、社区参与来说，一线城市均高于二线城市。

2. 老年群体是目前社区活动和社区参与的主体

调查显示，老年群体居民间日常互动更为密切，群体内部更加经常互相帮助。不仅如此，在社区制度化参与方面，老年群体参与程度也高于其他年龄人群，他们更加熟悉社区自治组织，同时也更加信任社区组织。

3. 应当发挥物业服务公司在社区治理中的作用

物业服务公司不仅仅是一个独立的市场化法人单位，相反，在当前社区实践中，物业服务能够发挥催化剂的作用。调查数据显示，对于社区的矛盾及可能发生的侵害公共利益的事情，人们首先寻求物业的帮助。因此，从某种程度上说，物业服务公司是社区生活的信息中心，能够第一时间获得社区的民情民意。在社区多方利益主体博弈的情况下，应当发挥物业的专业服务职能，与居委会、业主委员会协同构建社区自治的平台。

第十一章　社会包容状况

一　序言：概念和测量工具

（一）概念

发展"必须是遵循社会规律的包容性发展"（2014 年 7 月 29 日中共中央政治局会议提出）已经成为举国上下共识，一种"提高发展平衡性、包容性、可持续性"（2015 年《中国共产党第十八届中央委员会第五次全体会议公报》）的政策理念和战略正在全面实施，以应对经济社会转型过程中出现的社会排斥。从国际机构的使用范式及中外学者的论述中可以发现，包容性有不同的政策寓意，如包容性社会发展计划和包容性增长、包容性发展等概念。[①]

亚洲开发银行最早在 1999 年实施的一个减贫战略中提出"包容性社会发展"计划。该计划包含可持续经济增长、包容性社会发展和良治，涵盖了经济、社会、政治三个维度。作为一种社会政策规划，"包容性社会发展"其实是一个独立的"有效

---

① 参见葛道顺《包容性社会发展：从理念到政策》，《社会发展研究》2014 年第 3 期。

社会发展计划"（effective social development programs），旨在帮助弱势群体从经济增长提供的机会扩张中受益，具体措施包括：人力资本发展，如发展基础教育、冲突地区学校的重建、高等教育入学者的技能发展，以及其他教育领域发展计划；健康服务，通过项目发展以及健康照顾服务传递方式的改革致力于贫困者和弱势群体的健康改善；基础设施服务，制定政策、制度并建造必要的基础设施有效地为贫困人群提供基本公共服务，如改善贫困地区的城市供水及排水工程；另外，包容性社会发展特别关注性别发展、社会保护、原住民和非自愿移民发展，以及参与式发展等。①

　　"包容性增长"（inclusive growth）这一概念由亚洲开发银行2007年在其年度报告中首次提出，倡导"有效的包容性增长战略需集中于能创造出生产性就业岗位的高增长、能确保机遇平等的社会包容性以及能减少风险，并能给最弱势群体带来缓冲的社会安全网"。按照最初倡导者的界定，人们憧憬的愿景是："包容性增长使得人人都能参与到经济增长的进程当中，同时又保证每个人都能平等享有经济增长带来的福利"。② 但笔者认为，包容性增长旨在谋求工作机会的平等和充分就业制度来减少资本密集型生产带来的财富集中对劳动力造成的冲击，但是这种愿望在资本主宰的增长模式下只能是一厢情愿的表达。

　　"包容性发展"（Inclusive Development）不同于"包容性增

---

① Asia Development Bank 2005, ADB Annual Report 2004（http://www.adb.org/documents/adb – annual – report – 2004）.

② Asia Development Bank 2008, The ADB Annual Report 2007（http://www.adb.org/documents/adb – annual – report – 2007）.

长"的关键在于中心词是"发展"而不是"增长"。"增长"一般指经济增长和收入（income）增加，可以用人均收入（GDP per capita）变动精确衡量；而"发展"则寓意丰富，不仅指经济规模和结构的变化、人口优化和聚集，除了人均收入，还需要通过教育、医疗等社会指标来反映。"发展"的实质是福祉（well being）扩大，包容性发展反映的是福祉在全社会生产过程公正分配的一种状况①。

计划、增长和发展范式的效果是改变了社会进程中的社会包容（social inclusion）状况。社会包容的含义远胜于世界银行的定义。世界银行将社会包容定义为改进弱势身份人群的能力、机会和尊严，以及参与社会的进程。② 社会包容在生活世界中被描述为每个人都生活在尊严中，他们感觉受到了重视，与别人的差异受到尊重，基本需求得到满足。它的对立面是社会排斥。社会排斥（social exclusion）是弱势群体被排除在经济、社会、政治和文化体系之外的过程，使得人们难以融入社区。③ 在社会排斥概念最早提出者法国政府官员勒内·勒努瓦（René Lenoir）看来，在一个封闭的民族族群社区中，"被排斥"的群体包括：残疾人、单身父母、吸毒者、越轨者和老人，这些人被排斥在经济和社会参与之外，需要国家通过社会保险的方式给予帮助。

---

① Ravi Kanbur, Ganesh Rauniyar, "Conceptualising Inclusive Development: With Applications to Rural Infrastructure and Development Assistance", *Journal of the Asia Pacific Economy*, Vol. 15, No. 4, 2010.

② World Bank, *Inclusion Matters: The Foundation for Shared Prosperity*, Washington, D. C.: World Bank, 2013.

③ Cappo D., "Social Inclusion Initiative: Social Inclusion, Participation and Empowerment", Interaction the Australian Magazine on Intellectual Disability, Address to Australian Council of Social Services National Congress 28 - 29 November, 2002, Hobart.

也就是说这些群体应对未保险的风险的能力是脆弱的，经济增长不能解决他们的贫困问题。[①] 如果抛弃这些脆弱群体意味着个人与外界日常联系的"社会纽带的断裂"（rupture in social bonds）。[②] 社会排斥概念被广泛应用于描述族群之间以及抗拒人群之间的割裂。

在社会政策层面，社会包容作为社会排斥的反制，在性质上是一种平权行动（affirmative action），旨在改变导致社会排斥的环境、制度和习性。

排斥性增长的两个不良后果是"劳动力市场严重分割"和"多数人无力参与政治和决策"。[③] 所以，需要倡导以公正包容性（fair inclusivity）为核心的发展，即包容性发展，包括以下几个方面：首先，确保公民权利和政治参与权利的实施，因为民主是真正的基础价值（阿玛蒂亚·森所言），它同时能够保证发展过程必需的透明和责任；其次，施行覆盖全民（机会公平）的残疾人福利、妇女儿童福利和老年福利（应对自然的、物质的不平等）；最后，施行覆盖全民的公共服务，如教育、健康和住房。[④]

---

① Paugam, S., La société francaise et ses pauvres (*French Society and Its Poor*), Paris: PUF, 1993.

② Silver, H., "Social Exclusion and Social Solidarity: Three Paradigms", *International Labor Review*, 133, 1994, pp. 531 – 578.

③ Kothari. R., *Growing Amnesia: An Essay on Poverty and the Human Consciousness*, New Delhi, Viking/Penguin Books, 1993. Rodriguez, O., "Heterogeneidad estructural y empleo", *in Revista de la CEPAL*, Número extraordinario, CEPAL 50 Anos, October, 1998.

④ Ignacy Sachs 2004, "Inclusive Development Strategy in an Era of Globalization", ILO Working Papers from International Labour Organization (http: //www. ilo. org/public/libdoc/ilo/2004/104B09_ 260_ engl. pdf) .

（二）测量工具

中国社会科学院社会发展战略研究院于 2012 年开始对我国社会转型和发展过程中的社会包容状况进行测量，数据来源于"中国社会态度和社会发展问卷调查（2012）"。测量在项目分析和因子分析的基础上构建了探索性研究的社会包容量表，包括政府服务、社会保护、交换自主、社区参与、机会公平五个方面因素，即 5 个子量表。2012 年测量结果显示，我国城市 2012 年总体社会包容分值达到 65.6 分。在社会包容的 5 方面构成中，社会保护指数最高，达到 89.1 分，提供社会安全网的理念得到广泛认可；社区参与指数和政府服务指数分别达到了 65.4 分和 64.8 分，得到了城市居民的基本认可；但在机会公平与交易自由方面，现实状况尚不能有效满足广大公民的基本愿望，指数分值分别只有 58.1 分和 50.6 分。

2013 年量表基于同样的概念和方法构建，包含 5 个分量表（因子）共 15 个题器，该 5 个因子的总变异解释率达到 62.85%。各分量表的一致性系数（Cronbach α）值如下：权利保护为 0.824，交换自主为 0.621，社区参与为 0.509，公共服务为 0.626，社会安全网为 0.811；总量表的 Cronbach α 值为 0.763。总量表和每个分量表的信度都达到了可接受的水平。其中，社区参与量表的 α 值低于 0.6，是总量表中的相对短板，表明量表题器结构需要进一步完善。

2014 年量表修改了社区参与量表的题器。根据我国专家、学者关于社会参与的主导表述，社区参与设置了社区公共事务参与、单位民主管理参与、社会活动参与三个层次的题器。

2014 年量表由 5 个分量表组成，包含的题器分别为：“权利保护”分量表，包含“法律对家庭财产的保护状况”“法律对个人劳动分配权利的保护”“法律对公民权利的保护状况”；“交换自主”分量表，包含“工作状况”“社会地位”“发展机会”；“社区参与”分量表，包含“参与所在社区公共事务管理和监督”“参与所在单位民主管理和监督”“参与广泛的社会活动”；“公共服务”分量表，包含“教育水平”“医疗服务”“基础设施状况”；“社会安全网”分量表，包含“对残疾人的社会救助”“对孤寡老人、孤儿的社会保护”“对贫困群体的社会救助”。

2015 年的测量沿用了 2014 年修订的量表。调查在全国 23 个省市自治区执行，全国样本规模与结构请参阅年度报告附录一。

二 测量结果

利用 SPSS 软件对 2015 年度“中国社会态度和社会发展”问卷调查数据库进行分析，得出我国城市居民关于社会包容状况主观判断的结果。

（一）社会包容的总体水平和一般状况

1. 2015 年我国城市社会包容指数为 66.6，与 2014 年的 64.6、2013 年的 65.0（调整后）、2012 年的 65.3 相比有所上升。4 年来，社会包容指数总体上保持稳定攀升态势

图 11—1 显示，2015 年度评价的有效样本数量为 7966，缺

失值为 1。评价结果呈正态分布，其均值为 2.6712，中值为
2.6667，众数为 2.60，标准差为 0.56655，偏度为 -0.081，偏
度标准误为 0.027，峰度为 0.746，峰度标准误为 0.055，25 百
分位值为 2.333、50 百分位值为 2.6667、75 百分位值
为 3.0000。

城市居民对 2015 年社会包容的评价总体呈正态分布，均值
为 2.67，对应百分制分值为 66.6，相比 2012 年以来的数值，4
年呈现小幅攀升的态势。

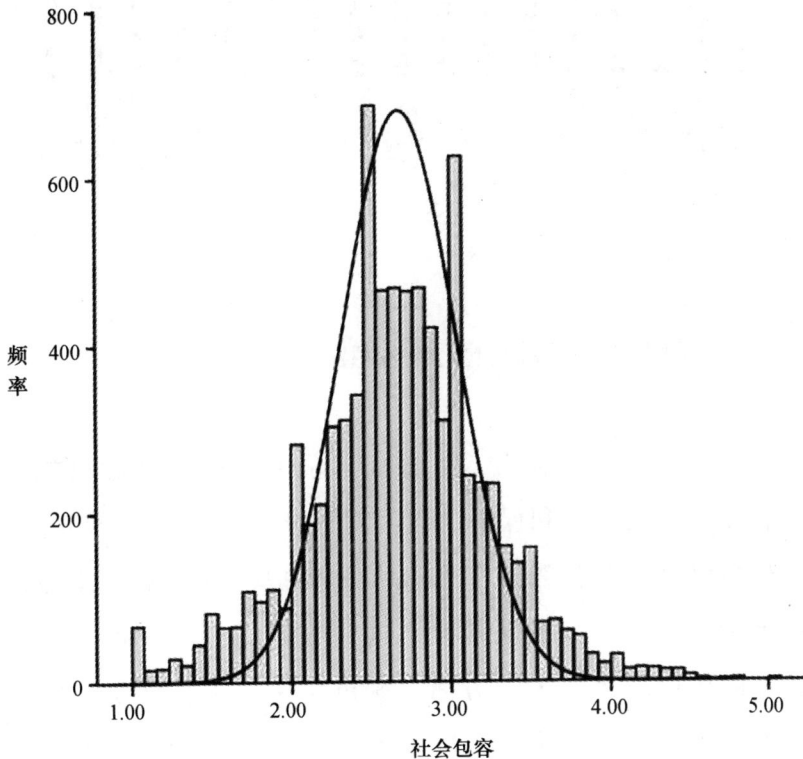

图 11—1　社会包容指数值的正态分布（分）

2. 城市居民对不同题器的评价结果参差不一，其中，对基础设施的评价最高，达到 71.4 分，而对医疗服务的评价最低，只有 61 分

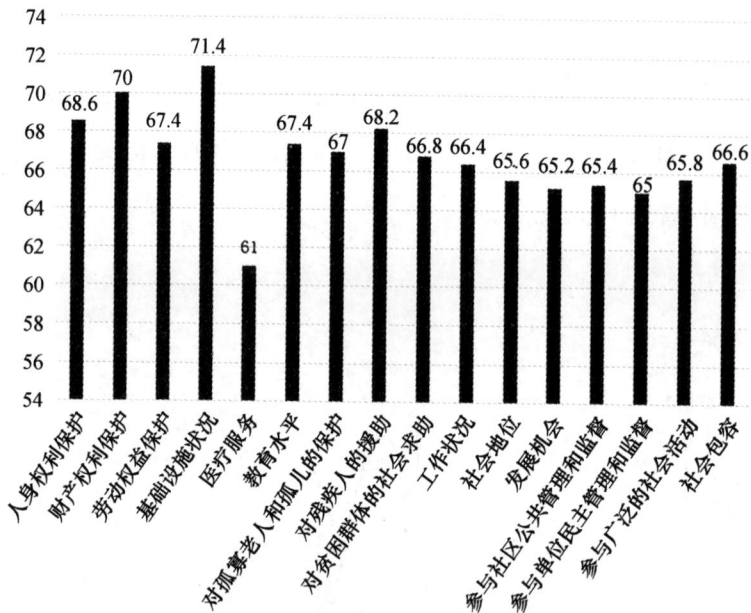

图 11—2　社会包容度各题器测量分值（分）

从图 11—2 可以看出，一方面，城市居民对基础设施、财产权利保护，人身权利保护，以及对残疾人的援助、教育服务、劳动权益保护，对孤寡老人和孤儿的保护，对贫困群体的社会救助等满意度较高，也就是说，这些方面的工作对社会包容状况的正面作用较大。另一方面，城市居民对工作状况、社会地位、发展机会、医疗服务，以及参与社区公共管理和监督、参与单位民主管理和监督、参与广泛的社会活动等指标的评价不高，低于城市居民的总体评价水平，对社会包容状况的正面作

用较小。

需要特别指出的是，医疗服务依然是影响社会包容的最薄弱环节，61分的评价得分和2014年的57.6分相比虽然有所提升，但低于2013年的63.8分。也就是说，近几年的医疗服务没有为促进社会包容做出更大贡献，长此以往，将可能成为社会排斥的重要根源。

3. 城市居民对社会包容状况的评价显示出更加明显的群体性特点，与前几年相比存在结构性变化，从一个侧面反映出近年来我国经济社会发展给不同社会群体带来的差异化社会影响逐渐固化

首先回顾一下2014年相关数据分析结果，性别、年龄、学历、民族、信教与否、户口落地、婚姻状况、技术级别等因素对社会包容状况均无显著性影响；而政治面貌、户口性质、单位分类、单位所有制、行政级别和管理层级则对社会包容状况存在显著影响。2015年社会包容评价的群体性有所变化，性别、行政级别、管理层级对社会包容评价无显著影响，而年龄、学历、信教与否、政治面貌、户口性质、户口落地、婚姻状况、单位类别、单位所有制性质、技术级别等对社会包容评价存在显著影响。

在年龄分组方面，首先是26—35岁人群，对社会包容的评价显著最低，或者说经济社会发展给该年龄组人群带来的经济和社会压力最大；其次是16—25岁人群，对社会包容的评价为66.0分；再次是36—45岁人群，对社会包容的评价为64.6分；然后是46岁以上人群，对社会包容的评价较高，普遍在66.8分以上，高于总体评价分值，这可能与该人群目前处于经济、社会活动中心有关；最后是 16—45 岁群体，相对处于社会包容的外围。

　　在学历分组方面，具有大专及以上学历者处于相对中心位置，对社会包容评价的得分显著较高，为 67.0 分，超出总体评价 0.4 分；而只具有中学/中专/技校学历者，对社会包容的评价较低，只有 64.6，低于总体评价 2.0 分，反映出低学历者在社会包容结构中的边缘位置。本案中小学及以下学历者对社会包容评价的得分最高，达到 68.6 分。笔者认为是一个例外，可能是本研究样本量较小导致误差较大。

　　在信教与不信教群体分类中，不信教群体占绝大多数，他们对社会包容的评价得分为 66.6 分，代表了总体评价的水平。但是必须看到，在该题器 7938 有效回答中，信教群体样本为 596 分，占 7.5%，他们对社会包容的评价只有 65.2 分，低于不信教群体评价 1.4 分，其中固然存在信教群体数量较少带来的较大评价误差，但也从一定程度上反映出信教群体对经济社会发展评价的异质之处。

　　在政治面貌属性中，中共党员的社会包容评价达到 68.6 分，显著高出一般群众 2.0 分；与 2014 年不同的是，2015 年共青团员群体对社会包容的评价低于总体评价得分，与青少年群体评价得分较低很是一致。

　　在户口因素影响方面，非农户口群体评价得分达到 67.2 分，显著高出农业户口人群 1.6 分。非农户口群体样本量为 2389，占该题器有效回答样本 7937 的 30.1%，对社会包容的平均评价得分为 65.6 分，低于总体得分 1.0 分。另外，在户口落地属性中，生活在户口本地的居民对社会包容评价显著高于户口在外市县的群体。在全部 7916 有效回答样本中，流入没有本市县户口人群为 961 人，占 12.1%，他们对社会包容的评价只有 64.8 分，低于总体 1.8 分。

在婚姻状况影响方面，有效分析群体是单身者和已婚者，相比而言，单身者的社会包容评价为 65.4，低于总体水平 1.2 分，更是低于已婚者（67.0 分）1.6 分。二者差距反映出单身者面临着一定的经济和社会排斥，当然其中很大部分影响是与年龄特征的共同效应，因为单身者绝大多数为青少年。

表 11—1　　社会包容在不同人群特征上的分值　　　单位：分、个

	类别	均值	分值	样本数	差异显著性
性别	男	2.67	66.6	3660	$F = 0.3541$，$df = 1$，
	女	2.67	66.6	4306	Sig. = 0.552
年龄组	16—25 岁	2.70	66.0	1684	
	26—35 岁	2.68	64.6	2038	$F = 25.707$，$df = 4$
	36—45 岁	2.71	66.4	1843	Sig. = 0.000
	46—55 岁	2.66	66.8	1402	
	56 岁及以上	2.50	70.0	998	
学历分组	小学及以下	2.57	68.6	464	$F = 8.661$，$df = 2$
	中学/中专/技校	2.68	64.6	4785	Sig. = 0.000
	大专及以上	2.65	67.0	2693	
民族	汉族	2.67	66.6	7678	$F = 1.403$，$df = 1$
	少数民族	2.71	65.8	275	Sig. = 0.236
信教与否	信教	2.74	65.2	596	$F = 10.965$，$df = 1$
	不信教	2.67	66.6	7342	Sig. = 0.001

	类别	均值	分值	样本数	差异显著性
政治面貌	共产党员	2.57	68.6	655	F = 7.772，df = 3 Sig. = 0.000
	共青团员	2.70	66.0	1338	
	民主党派	2.61	67.8	16	
	群众	2.67	66.6	5942	
户口性质	农业户口	2.72	65.6	2389	F = 35.757，df = 1 Sig. = 0.000
	非农业户口	2.64	67.2	5548	
户口落地	本市县	2.65	67.0	6955	F = 28.092，df = 1 Sig. = 0.000
	外市县	2.76	64.8	961	
婚姻状况	单身	2.73	65.4	1718	F = 11.480，df = 5 Sig. = 0.000
	同居	2.79	64.2	81	
	已婚	2.65	67.0	5895	
	离婚	2.88	62.4	113	
	丧偶	2.50	70.0	110	
单位分类	党政机关	2.53	69.4	43	F = 9.026，df = 7 Sig. = 0.000
	事业单位	2.66	66.8	531	
	社会团体	2.79	64.2	118	
	企业	2.64	67.2	2104	
	居委会/村委会	2.27	74.6	52	
	无单位/自由职业者	2.81	63.8	233	
	个体工商户/ 自营职业者	2.70	66.0	1335	
	其他	2.66	66.8	75	

	类别	均值	分值	样本数	差异显著性
单位所有制	国有	2.67	66.6	685	F = 2.991，df = 6 Sig. = 0.006
	集体所有	2.55	69.0	229	
	私有/民营	2.64	67.2	1704	
	港澳台资	2.43	71.4	15	
	外资所有	2.59	68.2	57	
	中外合资/中外合作	2.51	67.0	133	
	其他	2.65	69.8	21	
行政级别	省部级	2.73	65.4	82	F = 1.868，df = 5 Sig. = 0.097
	司局地级	2.68	66.4	82	
	处县级	2.60	68.0	176	
	科级	2.67	66.6	131	
	股级	2.74	65.2	115	
	无行政级别	2.63	67.4	2246	
技术级别	高级	2.67	66.6	83	F = 3.202，df = 3 Sig. = 0.022
	中级	2.70	66.0	479	
	初级	2.64	67.2	325	
	无技术职称	2.62	67.6	1937	
管理层级	领导	2.73	65.4	43	F = 1.019，df = 3 Sig. = 0.383
	中层管理人员	2.64	67.2	421	
	普通职工	2.63	67.4	2336	

总体上看，政治身份、户口性质等仍然是影响公民进行社会包容状况评价的二元分割因素。

（二）社会包容各项分量表测量结果

1. 总体来看，2015 年城市居民对社会包容在权利保护等 5 个分量表方面表现的评价与 2014 年、2013 年大致相同，雷达分布图保持整体相似的格局

2015 年的测量结果表明，社会包容的 5 个分量表中，权利保护指数依然最高，达到 68.6 分，比 2014 年增加了 3.2 分。其余 4 个分量表指数分相比 2014 年都有所增加，其中交换自主的指数值由 62.2 分增加到 2015 年的 65.7 分，社区参与的指数值由 63.6 分增加到 2015 年度的 65.4 分，公共服务的指数值由 63.8 分增加到 2015 年的 66.6 分，社会安全网的指数值由 65.0 分增加到 2015 年的 67.3 分。5 个分量表指数值构成的雷达图与 2014 年及 2013 年保持了结构的相似性，反映出测量具有相当的信度和稳定性，参见图 11—3。

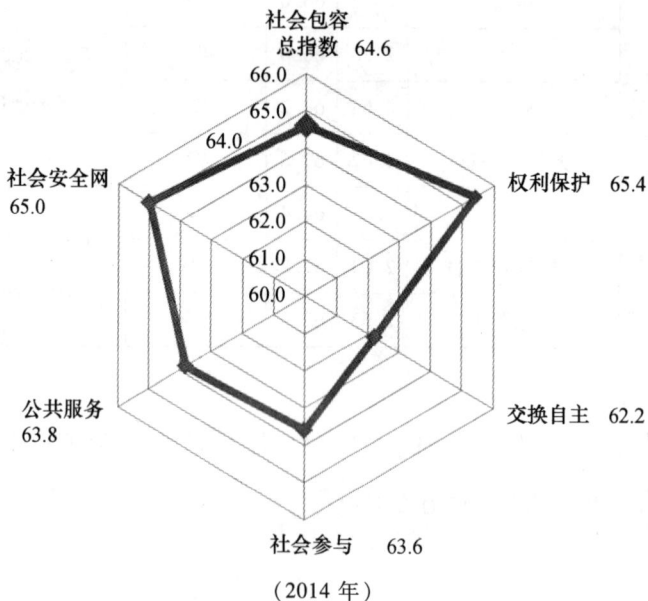

（2014 年）

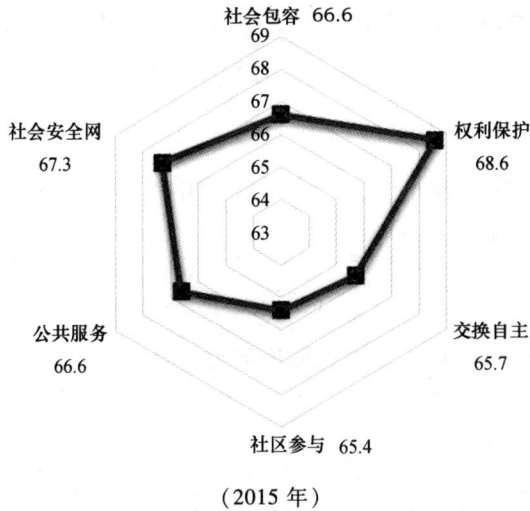

（2015 年）

图 11—3　社会包容各子量表值分布（分）

2. 交换自主与社会参与的指数值继续增加，反映出市场和社会对公民的赋权在扩大；2015 年城市居民对二者的评价指数分别为 65.7 分和 65.4 分，低于社会包容总指数值（66.6 分），反映出市场制度和社会制度仍然存在对公众的排斥因素

"交换自主"代表着城市居民在市场经济体制中的谈判和交易能力，是发展机会、工作状况、社会地位的综合表现。一方面，"交换自主"量表 2012 年指数值为 50.6 分，2013 年为 60.4 分，2014 年为 62.2 分，2015 年达到 65.7 分，呈逐年增长趋势，反映出市场体制改革逐步显现出成效，增加了市场包容水平，赋予了公民市场参与能力；另一方面，"交换自主"指数得分连续 4 年低于社会包容总体指数值，成为影响社会包容水平的短板。从 2015 年测量结果看，三个题器的评价得分都不是很高，其中，发展机会得分为 65.2 分，社会地位得分 65.6 分，工作状况得分 66.4 分，为发展机会为 61.6 分，工作状况为

62.6分，社会地位为 62.8 分，但比上一年分别提高了 2 分、1.8 分和 1.8 分，"社会参与"代表着公民参与社会事务的水平，连续 4 年测量的指数值都处于较低水平，实际上反映的是社会体制的变革还没有完全到位，影响了公民参与社会决策和行动的意愿与能力，参见表 11—2。

表 11—2　　　　　　　问卷题器总体均值及量表分值　　　　　单位：分

题器	问卷均值	标准差	频数	量表分值	分量表	量表分值	总量表	量表分值
法律对公民人身权利保护状况	2.57	0.858	7578	68.6	权利保护	68.6	社会包容	66.6
法律对公民财产权利的保护	2.50	0.918	7565	70.0				
法律对公民劳动权益的保护	2.63	0.951	7646	67.4				
基础设施状况	2.43	0.925	7892	71.4	公共服务	66.6		
教育水平	2.63	0.995	7803	67.4				
医疗服务	2.95	1.154	7893	61.0				
对孤寡老人、孤儿的社会保护	2.65	1.029	7565	67.0	社会安全网	67.3		
对残疾人的社会救助	2.59	0.992	7355	68.2				
对贫困群体的社会救助	2.66	1.018	7486	66.8				
工作状况	2.68	0.928	6103	66.4	交换自主	65.7		
社会地位	2.72	0.912	7701	65.6				
发展机会	2.74	0.929	7480	65.2				
参与社区公共事务管理和监督	2.73	0.774	6455	65.4	社会参与	65.4		
参与单位民主管理和监督	2.75	0.774	5441	65.0				
参与广泛的社会活动	2.71	0.767	6601	65.8				

注：（1）转换公式：题器分值 =（6 - 题器均值）×20，即均值 1 分、2 分、3 分、4 分、5 分别赋予分值为 100 分、80 分、60 分、40 分、20 分；（2）分量表分值 = 所含题器分值的算术平均值，总量表分值 = 分量表分值的算术平均值。

3. 我国社会包容状况在各地区的表现出现逆转，2015 年东部地区的社会包容状况有很大改观，达到 70.2 分，中部、西部以及东北地区的社会包容状况低于总体水平

前几年的情况是，东部、中部、西部的社会包容度逐级走高，与经济发展的梯度相背而行。如 2014 年，东部地区、中部地区、西部地区和东北地区①关于社会包容的评价得分分别为 64.0 分、64.4 分、64.8 分和 66.4 分，F 检验在 0.01 的水平上具有显著性差异。但是，2015 年的情况出现逆转，东部地区的社会包容评价水平蹿升，达到 70.2 分，但中部、西部和东北地区的社会包容评价水平分别为 63.8 分、65.0 分和 65.4 分，和 2014 年相比涨跌互现。

表 11—3　　　　东、中、西部及东北地区分量表指数值

单位：分、个

区　域		社会包容	公共服务	社会安全网	权利保护	交换自主	社会参与
东部地区	分　值	70.2	70.0	71.0	71.0	70.2	69.2
	样本量	2959	2955	2876	2906	2914	2541
	标准差	0.632	0.833	0.917	0.785	0.82	0.698

---

① 国家统计局根据党中央、国务院关于中西部地区发展有关意见以及十六大报告精神将我国的经济区域划分为东部、中部、西部和东北四大地区，东部包括：北京、天津、河北、上海、江苏、浙江、福建、山东、广东和海南。中部包括：山西、安徽、江西、河南、湖北和湖南。西部包括：内蒙古、广西、重庆、四川、贵州、云南、西藏、陕西、甘肃、青海、宁夏和新疆。东北包括：辽宁、吉林和黑龙江。本章将辽宁列入东部地区，黑龙江列入西部地区。参见国家统计局《东西中部和东北地区划分方法》，2011 年 6 月 13 日，国家统计局网站（http://www.stats.gov.cn/tjzs/t20110613_402731597.htm），2012 年 9 月 16 日访问。

续表

区　域		社会包容	公共服务	社会安全网	权利保护	交换自主	社会参与
中部地区	分　值	63.8	63.6	63.8	66.0	63.2	62.8
	样本量	2320	2320	2269	2290	2297	2091
	标准差	0.546	0.772	0.87	0.782	0.726	0.687
西部地区	分　值	65.0	65.8	65.4	67.6	62.6	64.0
	样本量	1853	1850	1829	1830	1852	1618
	标准差	0.446	0.728	0.822	0.630	0.737	0.552
东北地区	分　值	65.4	64.2	67.2	69.2	63.8	63.0
	样本量	834	834	815	825	823	679
	标准差	0.436	0.765	0.730	0.610	0.651	0.552
差异显著性		$F = 168.419$, $df = 4$, Sig. $= 0.000$	$F = 82.215$, $df = 3$, Sig. $= 0.000$	$F = 79.852$, $df = 3$, Sig. $= 0.000$	$F = 54.878$, $df = 3$, Sig. $= 0.000$	$F = 138.822$, $df = 3$, Sig. $= 0.000$	$F = 109.165$, $df = 3$, Sig. $= 0.000$

为什么东部地区的社会包容状况出现很大改善？改革开放以来，东部地区由于经济活动的影响更为深刻，经济体制转轨较快和社会体制变革相对滞后形成矛盾冲突，在一定程度上转化为对居民权利保护、交易自主能力和社区参与的减损。普通公众、一般劳动者越来越陷于弱势地位。所以，社会包容水平并不一定随着经济的发展而上升。但是，随着近年来社会建设的加强、市场化推进以及服务型政府的打造，公民各项权利的保护得到加强，交易自主能力得到提升。如经济的繁荣增强了财政力量，促进了公共服务生产和社会安全网建构的扩大，给公众和脆弱人群带来了福祉的增长。转变发展理念，强化经济

社会发展过程中的参与、自主、福祉，发展的包容性也就同步提高。

中部、西部以及东北地区社会包容的总体评价变化不一，西部有 0.2 分的小幅上升，中部和东北分别有 0.6 分和 1.0 分的幅度下降。一方面，在前几年的测量中，中部、西部因为经济活动对社会体制转型的压力不及东部，公民在权利保护、交换自主和社区参与等方面受损的主观判断没有东部居民强烈，表现在相关题器上的得分反而比东部居民的评价更好。2015 年的评价结果与前三年度的调查相比虽有波动，但实质变化不大。另一方面，广大的中部、西部以及东北地区需要一场全面而深刻的经济社会变革，才能推动社会包容的大步迈进。

三 结论、讨论和政策建议

2015 年采用了与 2014 年完全相同的量表对我国社会包容状况进行了测量。社会包容量表包含"权利保护""交换自主""社会参与""公共服务""社会安全网"5 个分量表。其中 4 个分量表题器与自 2012 年首测以来保持了相同。所不同的是，2014 年对"社区参与"分量表题器进行了调整，并恢复 2012 年的"社会参与"名称，相应也对前两年分量表指数值进行了调整。目前的量表结构趋于完整，并突出了司法保护对社会包容性发展的重要作用。

（一）测量结果

1. 2014 年城市总体社会包容指数为 66.6 分，与 2014 年、2013 年、2012 年相比有较大上升，总体保持增长态势

城市居民对 2014 年社会包容的评价总体呈正态分布，其均值为 2.67，对应百分制分值为 66.6 分。

2. 我国社会包容指数存在显著的社会影响因素，反映出了近年来我国不少社会属性对社会发展所产生的影响

2015 年的测量显示，性别、行政级别、管理层级对社会包容评价无显著影响，而年龄、学历、信教与否、政治面貌、户口性质、户口落地、婚姻状况、单位类别、单位所有制性质、技术级别等对社会包容评价存在显著影响。和前几年测量不同的是，行政级别、管理层级等行政性因素对社会包容评价的显著性消失，而年龄、学历、技术级别的影响上升，政治面貌、户口性质和属地、单位类别和所有制性质等显著性影响依旧。这样的测量结果表明，以前社会包容围绕着权力、身份、资源分布的特征有所松动，市场因素和社会因素的影响上升，但仍然存在体制、机制改革的巨大需求。

3. 2015 年城市居民对社会包容在权利保护等 5 个分量表方面评价结果的雷达图结构与前几年大致相同，反映出测量结构上的稳定性

其中，权利保护指数值最高，达到 68.6 分；社会安全网的指数值排在第二，为 67.3 分；公共服务指数值为 66.6 分，与总体社会包容指数值相当；交换自主和社会参与的得分较低，分别只有 65.7 分和 65.4 分，较前几年均有较大增长，但低于社会包容总体分值，仍然是社会包容指数结构中得分较低的短板。"交换自主"和"社会参与"代表着城市居民在我国社会主义市场经济体制中的谈判和交易能力、参与社会决策及社会行动的能力，应当加强政策关怀。

4. 2015 年我国社会包容的地区差异变化显著，其中，东部地区的社会包容指数大幅上升，是推高总体社会包容指数的主要因素

在前 3 年的测量中，东部地区、中部地区、西部地区的社会包容指数是逐步走高的，与经济发展的梯度相背而行。2015年测量结果表明，东部地区的社会包容状况大幅改观，可能与东部地区加强社会治理的绩效开始显现有关。实际上，从经济基础和上层建筑的关系出发，社会包容与一定经济构成相适应，尽管它并不一定由经济条件所决定。也就是说，任何经济发展水平都可能为社会包容提供相应的动力，有什么样的经济基础就可能有什么样的社会包容模式。

（二）我国社会包容需要解决的主要问题及短板因素

1. 我国总体社会包容水平有待继续提高

尽管 2015 年东部地区的社会包容水平大幅上升并带动了总体包容状况的改善，但百分制下的 66.6 分的指数值也就刚刚超出了及格水平。实际上，我国经济社会发展的质量远不及发达国家，无论是公共服务体制，还是社会安全网，都处于初步建成阶段，权益保护的完备性有待于法治国家的全面建成，交易自主的真正实现有待于社会主义市场体系全面建成，社会参与的高度实现有待社会体制改革到位。因此，有理由期待到 2020

年全面建成小康社会后，我国的社会包容水平能够全面、大幅提高。

2. 政治面貌、户口性质和落地、婚姻状况、单位类别、单位所有制性质成为不正当的影响社会包容评价的二元分割因素

在理想状态下，政治面貌、户口性质、婚姻状况、单位特性等不应成为影响社会包容形成的消极因素。但是，在现有的经济社会发展阶段，党员群体、城市户口、国有单位公民认为社会更加包容，相反，普通群众、农业户口人群、非垄断单位员工等认为社会包容状况相对较差。这些典型体制性因素的影响没有根本改变。当前的经济社会环境中，还存在过多的二元分割因素，将广大公民推入不同水平的社会包容状态之中。

3. 影响我国社会包容的短板因素

在分量表层次看，"交换自主""社会参与"两个指数值显著低于社会包容总体评价，成为影响社会包容状况的短板因素，说明我国市场和社会机制存在阻碍个体自主参与市场和社会行动的因素，通过构成指标分析，可以发现，这些障碍来自于工作状况的差别、发展机会的稀缺，以及参与机构决策的受排斥。仍然需要大力推进改革，释放个体和社会的力量。

在单个指标层面，医疗服务的评价得分只有 61.0 分，成为公共服务中的薄弱环节和社会包容构成的短板。需要指出的是，医疗服务的社会评价甚至低于 2013 年的 63.8 分。也就是说，近几年的医疗服务在公民的评价中徘徊不前，且越来越滞后于其他指标的发展。

（三）促进我国社会包容的政策思路

2015 年 10 月，中共中央十八届五中全会吹响了全面建成小

康社会决胜阶段的号角。到 2020 年全面建成小康社会，不仅是中国人民的奋斗目标，更是我国建成包容性发展机制的难得机遇。

众所周知，改革开放以后，我国在 20 世纪七八十年代的大部分时间里，实现了包容性的经济增长，即各类社会群体的大多数成员都从经济增长中大致公正地获得了各自利益。但 90 年代以后，我国的经济和社会发展很快呈现出此长彼短的断裂，并退化演变成为排斥性和封闭性的增长模式，贫富差距迅速拉大，社会矛盾和群体性事件逐渐增多，出现偏离"共同富裕"局面的风险。2006 年 12 月，党的十六届四中全会提出建设社会主义和谐社会的目标，有效遏制了社会断裂和排斥的进一步蔓延。此后，为了促进社会可持续、和谐发展，全国上下付出了越来越大的努力。

小康社会绝不是东部发达、西部落后的社会；也不是城市在文明的一头，农村在蛮荒的另一头的社会；更不是社会各阶层相互排斥、不能相互促进的社会。在经济增长的同时，建立包容性社会发展的机制对我国全面建成小康社会至关重要。十八届三中全会通过的《中共中央关于全面深化改革若干重大问题的决定》提出的关于完善市场体系、转变政府职能、城乡一体化、民主政治、法治中国等一系列国家治理、社会治理的举措，都有利于开放、民主、平等的包容性社会发展制度的形成。

一般认为，包容性社会发展的主要机制包括广泛覆盖的公共服务体系、平等竞争的市场体系、公正无私的司法体系、持续激励的社会参与、存之于民的人力资本等。十八届五中全会从各个方面以更大的力度增强了我国经济社会发展的包容性。十八大以来，我国各项社会事业和公共服务迅速发展，教育、医疗、卫生、文化以及公共交通等基础设施快速发展，以社会保障、社会工作、社会组织为核心的社会保护体系基本建成。今后五年是全面建成小康社会的攻坚阶段，五中全会提出要采取决然措施，全面增强和发展公共服务，包括社会保护，实现全国人民共同富裕的福祉目标。一是建立更加公平可持续的社会保障制度，包括划转部分国有资本充实社保基金，增强社会保障体系能力；落实全民参保计划，实现职工基础养老金全国统筹；以及全面实施城乡居民大病保险制度；等等。二是消除区域性整体贫困，推动共同富裕。在 2020 年国内生产总值和城乡居民人均收入比 2010 年翻一番的基础上，我国现行标准下农村贫困人口实现脱贫，贫困县全部摘帽。如果这两大攻坚战圆满完成，我国的公共服务体系将不会挂万漏一，不但能够给全国人民提供全面的社会保护，更能为改善全社会生活质量提供坚实保证。

　　健全市场体制是解决"交换自主"短板的根本举措，通过减少政府对价格形成的干预，全面放开竞争性领域商品和服务价格，消除部分国有企业最后垄断，打破市场进入壁垒，为每个市场主体平等赋权。2015 年 10 月，《中共中央国务院关于推进价格机制改革的若干意见》提出，国家将"推进水、石油、天然气、电力、交通运输等领域价格改革，放开竞争性环节价格，充分发挥市场决定价格作用"，主要目标是：到 2017 年，"竞争性领域和环节价格基本放开"；到 2020 年，"市场决定价格机制基本完善，科学、规范、透明的价格监管制度和反垄断执法体系基本建立，价格调控机制基本健全"。更为重要的是，在反对不正当垄断之际，我国必须把发展基点放在创新上，形成促进创新的体制架构，优化劳动力、资本、土地、技术、管理等要素配置，推动大众创业、万众创新。这些举措将有力提高广大公民的市场参与热情，并将极大提高每个公民在市场上的交换自主能力。

维护司法公正、坚持依法治国的根本方针，真正给每个公民和创业者提供全面公正的保护，是提高社会包容水平的法的保障。司法公正实质强调的是在法律面前人人平等，每个公民的权利和义务都能得到有效保障。这将有效激发广大公民权责集合的主人翁意识。当然，坚持依法治国不是僵化行事，而应坚持深化改革，以改革促进依法治国。法治将成为我国经济社会包容性发展强有力的黏合剂。

人人拥有人力资本是创业、创新的社会基础。增强公民的交换自主能力，不仅依赖政治和市场的赋权以及法律保证，更在于为每个公民建构足够的人力资本。因此，改革教育体制，提高教育质量、推动义务教育均衡发展意义深远。普及高中阶段教育、完善职业教育体系、帮助困难家庭学生完成学业，不仅是教育领域的大政方针，更是促进社会包容的有效举措。这些决策和制度安排应该强化实施，否则到2020年基本实现教育现代化、进入人力资源强国行列就难以全面实现。人力资本将在个体层面提高人们的可行能力和社会参与水平，从而有利于增强每个公民的交换自主能力。

社会包容性发展已经成为当今世界各国发展的重要主题，联合国、亚洲基础设施投资银行，以及世界银行等国际机构都在倡导经济和社会发展的包容性，让发展成果惠及所有人群。我国正处于社会转型期，强调共享发展，增强社会包容性，对促进全面建成小康社会意义重大。

第十二章 国际比较:中国的 社会发展阶段

中国经济社会发展处在什么样的阶段,中国在世界发展格局中处于什么样的位置,这是社会发展研究和政策设计需要认真对待的一个重要问题。为此,在中国社会科学院社会发展战略研究院提出的"四位一体"的社会发展理念指导下,课题组尝试构建逻辑一致、可行可比的社会发展评价的综合指标体系,并以量化的综合指数为依据,展示中国目前社会发展的阶段、在世界格局中的位置及变化趋势,以期为中国社会未来发展提供宏观指导和政策建议。

一 发展指数回顾

用一个综合的指数(index)或指标(indicator)来反映一个国家的经济社会发展状况,是政策性研究的一个重要研究内容和组成部分。长期以来,人们都把人均国内生产总值或国民生产总值(GDP/GNP)作为衡量国家发展的一个关键指标,但该指标把人们的注意力完全引向经济增长,损害了发展的其他方面,比如教育、健康和社会福利等。有鉴于此,一些国际组织和研究机构纷纷提出了新的指标,用来修正或替代人均国内生产总值。1979 年,莫里斯(M. D. Morris)提出了"物质生活质量指数"(Physical Quality of Life Index,PQLI),该指数由三个维度组成,即 1 岁时的预期寿命、婴儿死亡率和成人识字率,最终的指标由这三个维度的加权平均数(权重各占 1/3)计算得出。[①] 1982 年,拉提·兰姆(Rati Ram)运用主成分分析调整了各分项指标所占的权重,对物质生活质量指数进行了重新计算。[②] 此外,还有一些学者从生活质量的角度提出了很多指标,用来测量国家的发展水平。[③]

联合国开发计划署(UNDP)在 1990 年的年度发展报告中,首次提出了"人类发展指数"(Human Development Index,简称HDI)。该指数的设计者是巴基斯坦经济学家马赫布卜·乌尔·哈克(MahbubulHaq),他提出该指数的目的是"把发展经济学的注意力从国民收入账户上转移到以人为核心的政策上"。人类发展指数(HDI)以诺贝尔经济学奖得主阿玛蒂亚·森的相关研究作为理论基础,认为单独的经济增长不足以衡量社会发展,强调人和人的能力是评价一个国家发展的最终标准。作为一个概括性综合指标,人类发展指数由三个维度构成:较长的寿命

① Morris, David Morris, *Measuring the Condition of the World's Poor: The Physical Quality of Life Index*, New York: Pergamon Press, 1979.

② Rati Ram, "Composite Indices of Physical of Life, Basic Needs Fulfillment and Income: A Principal Component Representation", *Journal of Development Economics*, 11, 1982.

③ Liu, B. C., *Quality of Life Indicator in U. S. Metropolitan Areas: A Statistical Analysis*, New York: Praeger, 1976. Selen, J., "Multidimensional descriptions of social indicators", *Social Indicators Research*, 17 (4), 1985. Johnston, D. F., "Toward a Comprehensive Quality – of – Life Index", *Social Indicators Research*, 20 (4), 1988.

和健康、有知识，以及体面的生活标准。人类发展指数对这三个维度上的指标进行标准化处理，然后计算其几何平均值。自1993年之后，人类发展指数取代人均国内生产总值，成为联合国衡量各国发展的主要指标。到目前为止，这种综合性的指标已经取代了以往单一的人均国内生产总值，成为世界范围内应用最广泛、影响最大的衡量和比较国家或地区社会发展的指数。人类发展指数从人的能力和人类福利提升的角度来评价发展，将社会发展的核心聚焦在以人为本的理念上，它的提出是对传统社会发展理论的一次重大改进。人类发展指数根据阈值把全部国家分为四个类别，即低度发展国家（＜0.550），中度发展国家（0.550—0.699），高度发展国家（0.700—0.799），以及极高度发展国家（≥0.800）。作为一个简单的综合测量，人类发展指数成功地把政治家、学术界和公众的注意力从经济转移到了人类福利上，使人们认识到不仅需要从经济发展角度来评价发展，而且还需要从人类福利提升角度来评价发展。此外，人类发展指数还可以被用来质疑国家的政策选择，两个具有相同人均国内生产总值的国家，可能会得到不同的人类发展结果。这种对比可以刺激政府政策的权衡。

但是，人类发展指数自提出之后，就受到很多批评。比如它以"西方发展模式"为标准，没有包括任何生态方面的考虑，缺乏对技术发展的考虑，仅聚焦于国家表现和等级，没有从全球视角来看待发展，以及在基础统计上存在测量错误等。就主要方面来说，人类发展指数存在两大问题。第一，人类发展指数并没有完全将持续协调的经济发展与平等普惠的人类发展有效结合起来，也没有涉及如何维持和扩展人类社会发展水平的基本机制，例如，如何培育积极向上、理性平和、开放包容的社会心态，如何最大限度地实现社会整合、保证社会团结，使人类社会在经济上实现长足收益的同时社会发展也能不断进步，等等。第二，从指数的构成来看，由于综合性强、编制简单，人类发展指数在享有诸多优点的同时，也受到许多限制。由于早期世界各国的统计数据不太完整，数据口径也存在一些问题，人类发展指数仅有三项指数、四个具体指标。这就使其能够考虑的社会发展角度有限，这样进行综合测量时，会导致结果偏差较大。经济学家亨德里克·沃尔夫等人认为，人类发展指数存在三个数据错误来源，即数据更新方面的错误、公式更新方面的错误，以及在分类国家发展状态时所用阀值上的错误。他们认为，在该指数比较的所有国家中，数据错误的上述三个来源分别造成了11%、21%和34%的分类错误。他们认为，联合国不应该再继续根据人类发展指数的得分把国家分类成发展等级。[①]

除了以上介绍的衡量国家经济社会发展的指标之外，国际上还存在其他认可度较高的指标体系，如世界银行"对全球经济体的收入分组"、世界银行"21世纪的国家财富测量"、联合国可持续发展委员会（UNCSD）的"可持续发展指标体系"和联合国"新千年发展目标指标（MDG）"等。限于篇幅，我们不再对这些指标进行介绍。

---

　　① Hendrik Wolff, Howard Chong and Maximilian Auffhammer, "Classification, Detection and Consequences of Data Error: Evidence from the Human Development Index", *The Economic Journal*, 121, 2011.

二　"四位一体"的社会发展理念

社会发展最初被直接等同于经济发展,这种观念是各个国家在追求现代化过程中自然产生的一种理念。随着现代化进程的深入,它暴露出许多问题,部分国家落入为发展而发展的"发展主义"的陷阱,一些后发国家陷入依附和尾随的困境。人们对这种社会发展理论的反思促进了新的发展理念的产生。20世纪后半叶以来,全球的发展观经历了一系列的转变过程。早期的发展理念是以经济增长为主,"先增长后分配"。发展中国家在只要是"经济的"就是"合理的"观念指导下,单一追求经济发展,致使社会经济发展出现资源浪费、环境污染、生态破坏、贫富差距拉大和产业结构畸形等情况,经济社会"有增长而无发展"。在这种观念指导下,平民教育、劳动保护、社会福利和社会公平等与人民的利益息息相关的社会进步因素都被当作经济增长的代价牺牲掉。随着社会的发展,现代发展观经历了最初单一的增长到近年来的"全面协调可持续"发展的根本转变。与上述社会发展理念相对应,评价一个国家的社会发展水平的标准也逐渐由单一指标到复合指标的转变,从经济指标为主扩大到包括社会公平、社会包容等指标。

鉴于此,中国社会科学院社会发展战略研究院在《中国社会发展年度报告(2012)》中提出了"四位一体"的社会发展概念框架,即社会发展是由相辅相成的四个环节和机制——人民福祉、社会公平、社会包容和社会可持续——构成的一个综合系统。

（1）人民福祉（Well－being）。人民福祉是社会发展的根本目标。习近平总书记指出："我们的人民热爱生活，期盼有更好的教育、更稳定的工作、更满意的收入、更可靠的社会保障、更高水平的医疗卫生服务、更舒适的居住条件、更优美的环境，期盼孩子们能成长得更好、工作得更好、生活得更好。人民对美好生活的向往，就是我们的奋斗目标。"福祉包含了四个方面的属性：获得幸福和满足的必要物质条件的提供、获得情感满足所必需的社会归属、自我成长和自我实现所需要的平等机会保障以及对稳定协调之社会发展的预期。社会发展应致力于实现和提高人民福祉，贯彻"发展为了人民、发展成果由人民共享"的理念。

（2）社会公平（Justice）。公平是社会发展的基本要求。公平正义是衡量一个国家或社会文明发展的标准，是人类文明的标志之一。历史经验表明，国家的经济发展并不一定伴随着人民普遍的物质充裕，反而可能增大收入差距。社会公平是对社会成员基本权利的必要保证，它以扩大权利平等和机会平等为宗旨，并在法律、制度和习俗上充分建立维护人民权益的基本机制。从实质公平的角度出发，要确保社会成员的基本权利得到尊重和维护，确保社会分配按照劳动贡献、公共服务和社会保护等多重方式运行；从程序公平或机会公平的角度出发，要为全社会提供正当的法律和司法体系、制度框架和广泛的参与途径。

（3）社会包容（Inclusiveness）。包容是社会发展的主要机制。社会包容是指平等对待不同地域、不同民族和不同文化的差异性，让所有人民都可以有条件和渠道参与发展过程，公平合理地共同享有发展成果的分配。社会包容有三个方面的含义:一是建立一种具有社会整合功能的机制来提高社会管理水平,实现充分就业、社会保障和公共资源共享的目标;二是优化公共资源的有效配给渠道,协调和平衡贫富关系、干群关系、劳资关系、民族关系,减少社会矛盾和社会冲突;三是尊重不同文化、族群和宗教的差异,建设一个多元共生的和谐社会体系。

(4)社会可持续(Sustainability)。可持续是社会发展的前提条件。社会可持续发展是指社会发展中既要充分考虑自然资源和自然环境的承受能力,也要充分考虑社会条件和社会资源的承受能力,为社会的绿色发展和长远发展布局。社会可持续发展包含三个方面的含义:一是不仅要关注发展的合理需求,同时更要关注限制发展需求的诸多因素;二是要保持资源在代内和代际间分配的合理性;三是所有发展主体要建立共同的认识和共同的责任,采取联合行动,共同面对当下和未来的发展问题。

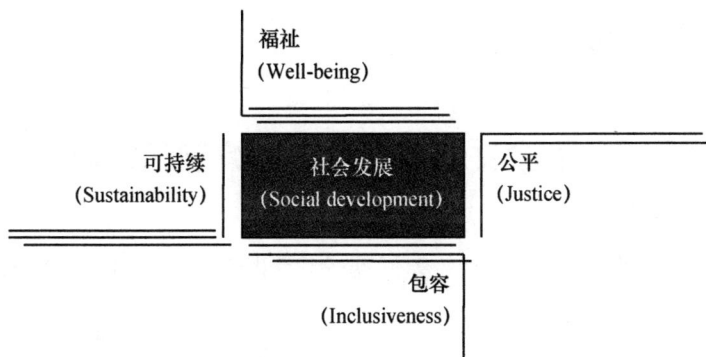

图12—1　"四位一体"的社会发展框架①

---

①　李汉林主编:《中国社会发展年度报告(2012)》,第一章《社会发展的理念和评估》,中国社会科学出版社2012年版,第16页。

"四位一体"的社会发展概念框架从人民福祉、社会公平、包容、可持续发展四个维度系统地涵盖了社会发展的根本目标、基本要求、实现机制和前提条件，这为引导和评价社会的长久、健康、和谐发展提供了一个很好的分析路径。中国社会科学院社会发展战略研究院发布的《中国社会发展年度报告（2013）》① 以"四位一体"的社会发展理念为指导，首次构建了评价社会发展的综合指标体系。2013 年的报告使用该指标体系初步计算了 32 个国家和经济体的社会发展综合指数，并重点展示了中国当前的社会发展水平在世界中所处的位置及其变化趋势，取得了较好的效果。《中国社会发展年度报告（2014）》② 进一步扩大样本国家容量，计算了全世界 149 个国家和区域经济体的社会发展综合指数，分析了各国和经济体的社会发展阶段。《中国社会发展年度报告（2015）》是连续第三年发表该项指数的计算结果，我们将在最新数据的基础上，分析和比较各国和地区社会发展状况及其变化趋势，以期为中国社会未来发展提供政策建议。

三　社会发展综合指数的编制和计算

本书沿用了《中国社会发展年度报告（2013）》中构建的社会发展综合指数体系，该综合指数为划分世界各国的发展阶

---

① 李汉林主编：《中国社会发展年度报告（2013）》，中国社会科学出版社 2013 年版。

② 李汉林主编：《中国社会发展年度报告（2014）》，中国社会科学出版社 2014 年版。

段提供了一套量化的、可比较的、具有可操作性的基础标准。社会发展综合指数具有反映功能、评价功能、预测功能和引领功能。综合指数能够通过相关的社会统计指标切实反映各国的整体发展水平、所处的阶段和历史变化趋势；能够通过指数值及其结构的差异，对不同国家存在的问题进行识别和评价；能够通过相关的社会统计指标趋势变化预测未来一定时间段内社会的发展状况；还能够通过比较为未来国家的发展政策的调整指明发展方向。

社会发展指数编制时遵循系统性、科学性、可比性、简洁性和可信性的原则。系统性指的是综合指数要能够系统反映社会发展的四个维度，指标体系中各单项指标之间应具有很强的逻辑关系，但又相互独立、避免交叉。科学性指的是指标体系的设计必须建立在科学的基础上，指标的定义、内涵要明确，计算方法要简便，力求全面客观地反映和描述被评价对象的状况。可比性指的是各国数据指标统计口径的可比性以及最终的综合指数的可比性。综合指数既要满足国家横向上的可比性，也要满足纵向上（时间上）的可比性。简洁性指的是各单项指标的选取要足够简洁，尽可能选取较少的、有代表性的指标，减少指标之间信息的重叠。可信性指的是指标的数据来源充分可信，在选择指标时兼顾数据的可得性和可信性。

（一）指标选取

社会发展综合指数所选取的指标必须与社会发展密切相关且具有标志性，要能够全面简洁地反映一国国民的福祉和社会发展的公平、包容和可持续发展情况。社会发展综合指标体系由两级指标，共 8 个子指标构成。各指标的含义如表 12—1 所示。

表 12—1　　　社会发展综合指数指标体系

一级指标		二级指标		
		名称		含义
d_1	福祉	d_{11}	人均国民生产总值	按购买力平价衡量的人均 GDP（2011 年变价国际元）
		d_{12}	人均消费额	人均居民最终消费支出（2005 年不变价美元）
d_2	公平	d_{21}	基尼系数	家庭收入的基尼系数
d_3	包容	d_{31}	失业率	总失业人数占劳动力总数的比例
		d_{32}	公共支出比	政府的补贴和其他拨款占其支出的比例
d_4	可持续	d_{41}	人均受教育年限	25 岁及以上人口的人均受教育年限
		d_{42}	教育公共开支比	教育公共开支占国内生产总值比例
		d_{43}	单位能耗产值	GDP 单位能源使用量（购买力平价美元/千克石油当量）

　　社会发展中的福祉包括客观和主观两方面内容。客观内容指人们所保有的物质基础和生活条件、合理的消费结构和消费水平；主观内容指个人的幸福感。社会发展综合指标选择按购买力平价（PPP）衡量的人均 GDP 和居民人均消费来衡量一国国民所享受到的福祉。（1）按世界银行的定义，按购买力平价（PPP）计算的 GDP 是指用购买力平价汇率换算为国际元的国内生产总值。国际元的购买力与美元在美国的购买力相当。以购买者价格计算的 GDP 是一个经济体内所有居民生产者创造的增加值的总和加上任何产品税并减去不包括在产品价值中的补贴。计算时未扣除资产折旧或自然资源损耗和退化。数据以 2011 年

不变价国际元计。（2）人均消费额是指人均居民最终消费支出（人均私人消费），采用以 2005 年不变价衡量的私人消费和世界银行的人口估计值进行计算。居民最终消费支出是指居民购买的所有货物和服务（包括耐用品，例如汽车、洗衣机、家用电脑等）的市场价值，不包括购买住房的支出；但包括业主自住房屋的估算租金，也包括为取得许可证和执照向政府支付的费用。数据以 2005 年不变价美元计。

社会发展的公平程度一般采用基尼系数来加以衡量。由于各国统计口径不一致，国与国之间的基尼系数可能具有很大的不可比性，所以，应当使用基于同一种方法计算的同一来源的相关数据。本章主要使用世界收入不平等标准化数据库（The Standardized World Income Inequality Database，简称 SWIID）中给出的世界各国基尼系数的面板数据。该数据库给出了四种不同收入口径计算出的基尼系数数据，本章使用其中按照家庭可支配收入数据计算出的基尼系数。虽然世界收入不平等标准化数据库（SWIID）尽可能使用各个国家不同时期最广泛的样本数据来计算基尼系数数据，但是在可比性上还是存在着一些问题，为此该数据库模拟了 100 种情况下基尼系数，本章在将其纳入综合指标体系时，对这 100 种基尼系数数据进行了简单算术加权平均。

以社会包容为核心的发展理念，要求国家建立健全社会整合机制和社会管理体制，从而实现社会整体的良性运行与和谐共生。本章使用失业率和公共支出比来衡量一个社会的包容程度。（1）失业率指的是总失业人数占劳动力总数的比例，失业人数是指目前没有工作但可以参加工作且正在寻求工作的劳动力的数量。需要注意的是各国对劳动力和失业人数的定义有所不同。（2）公共支出比指的是补贴、捐赠和其他社会福利占政府财政支出的比例。补贴、捐赠和其他社会福利包括所有转移至私营和公共企业经常账户的无报酬且无须偿还的拨款；提供给外国政府、国际组织和其他政府单位的捐赠；以及现金或实物形式的社会保障、社会援助福利和用人单位社会福利。

可持续发展的理念，要求将人的可持续发展、社会的可持续发展与自然资源的合理有效利用结合起来，从教育、科技、环境、社会安全等多重角度出发，形成一套综合治理机制。本书使用人均受教育年限、公共教育开支比和单位能耗产值来衡量可持续发展水平。（1）由于世界银行数据库中的人均受教育年限数据缺失较多，本书使用经联合国开发计划署整理、计算后的人均受教育年限。（2）教育公共开支比为教育公共开支占国内生产总值的比例，其中教育公共开支由教育方面的公共经常性支出和资本支出构成，包括政府在教育机构（公立和私立）、教育管理以及私人实体（学生/家庭和其他私人实体）补贴方面的支出。（3）单位能耗产值以 GDP 单位能源使用量（购买力平价美元/千克石油当量）来表示，GDP 单位能源消耗是指平均每千克石油当量的能源消耗所产生的按购买力平价计算的 GDP。

（二）数据来源

社会发展综合指数所使用的大部分指标，如人均国民生产总值、人均消费额、失业率、公共支出比、教育公共开支比和单位能耗产值的数据均来自世界银行的《世界发展指数

WDI——2015 数据库》①。此数据库包含了自 20 世纪中期直至 2015 年的 100 多个国家和地区的数据,共覆盖 11 大主题、50 多个子题、1000 多项具体指标。当然,这个数据库并不完美。一是数据缺失问题,其中发达国家的数据相对比较完整,而发展中国家的数据缺失较多;二是不少指标是近一二十年间才开始采集,之前不存在可供比较数据。这些问题影响了本研究的指标选择。但对于目前选出的指标,数据是相对完整的,总体上具有较强的可比性和可信性。

由弗雷德里克·索尔特(Frederick Solt)建立的世界收入不平等标准化数据库(SWIID)②是本书中所用基尼系数的主要来源数据库。它从所有可能收集到的关于不平等的数据库中估计出国家之间可比的基尼系数,这些数据库包括联合国世界发展经济学研究院(UNU – WIDER)数据库、世界银行的贫困计算网络数据库(PovcalNet)、拉丁美洲社会经济数据库、布兰科·米兰诺维奇(Branko Milanovic)的世界收入分配数据库、国际劳工组织(ILO)的家庭收入和支出统计以及许多国家统计局公开的数据等。最新的世界收入不平等标准化数据库(SWIID 5.0)包含了 174 个国家从 1960 年到 2013 年的基尼系数的估计值,是目前可获得的进行国别之间基尼系数对比的最好的综合数据库③。另外,本书部分群组的基尼系数来自于 Branko

---

① http://datacatalog.worldbank.org/.

② http://myweb.uiowa.edu/fsolt/swiid/swiid.html.

③ Solt F., "Standardizing the World Income Inequality Database", *Social Science Quarterly*, 90 (2), 2009, pp. 231 – 242.

(2005)[1]，部分则由作者自己计算得出。

最后，人均受教育年限来自于联合国开发计划署（UNDP）的数据库[2]，数据是对25周岁及以上人口按接受教育的程度转化而来。

（三）指数构建

本研究采用综合指数法来建立最终的指标，具体包括五个步骤，即对缺失数据的弥补、逆向指标的处理、指标无量纲化方法、指标权重的选取方法和指数合成方法五步。

1. 数据缺失弥补

本书最终选取的部分指标数据存在着缺失。为了尽可能多地利用数据，本书使用了近邻估计法、插值法和类比等方法对数据进行弥补。对于部分国家在整个时间序列上完全缺失的指标，采用世界平均水平进行弥补。弥补后的数据对指数的数值不会造成太大的影响，也不会对综合指数的变动趋势造成太大的影响。

2. 逆向指标处理

构建综合评价指标体系要求对逆向指标进行正向化处理。正向化处理的方法有取倒数、取相反数、极大值法等。社会发展综合指数的8个指标中存在两个逆向指标：失业率和基尼系数，本书对这两个指标使用极大值法进行正向化处理，即用100分别减去这两个指标的值，得到两个正向且取值为正的指标。

---

① Milanovic B. , *Worlds Apart*: *Measuring International and Global Inequality*, Princeton University Press, 2005.

② http://hdr. undp. org/en/content/mean – years – schooling – adults – years.

3. 无量纲化

为便于指标间的对比，必须对性质和计量单位不同的指标进行无量纲化处理。无量纲化就是把不同单位的指标转换为可以对比的同一单位的指标数值。无量纲化的方法一般有标准化、归一化、极值法和功效系数等方法。为了保持指标的相关性和方向，并且使指标在国际横向和时间纵向两个维度上都有可比性，本书选取简单功效系数法来消除量纲的影响。简单功效系数法的公式如下：

$$d = \frac{x - L}{H - L}$$

其中，x 为评价指标，H 和 L 分别对应指标 x 在理论上的最大值和最小值。简单功效系数法中的最大值和最小值的选取是理论上的，也是相应指标的最好值和最差值，它们不随评价年份的改变而改变。

4. 指标权重

在多指标综合评价中，指标权数的确定直接影响着综合评价的结果，权数数值的变动可能引起被评价对象优劣顺序的改变。一般来说，确定权重系数的方法有三类：主观赋权法、客观赋权法和主客观结合赋权法。在社会发展综合指数的权数结构中，我们认为福祉、包容、公平和可持续四个维度对总指数计算的重要性应当是相同的，即上述四个维度在计算总指数时是等权的，以体现协调发展的观念。而对于每个二级指标，由于指标数量较少，构成简单，本书借鉴联合国人类发展指数的构建方法，对每个指标也采用等权重的方法。

5. 指数合成

最后一步要做的是把各项子指数合成为一个综合指数，从而得到对一个国家社会发展水平的整体性评价。常见的指数合成方法有算术平均法、几何平均法及算术平均和几何平均混合法。考虑到几何平均法对指标权数的精确要求程度不如算术平均法明显，它突出数值较小的指标的作用，强调一个国家各项指标发展水平应当协调，同时，其对指标评价值变动的反映比加权算术平均合成模型更灵敏，更有助于拉开被评价对象的档次，综合评价的效度更高，因此本书选择几何平均法进行综合指数的合成。几何平均法合成指数的公式如下：

$$d = \Pi d_i^{w_i}$$

其中 d_i 为第 i 个一级子指标，$t = 1$，$\cdots$，4，w_i 为第 i 个一级子指标的权重，由于采用几何平均法，$w_i = 1/4$，$i = 1$，$\cdots$，4 一级子指标 d_i 由二级子指标合成得出，其计算公式为：

$$d_i = \Pi d_{ij}^{w_{ij}}$$

其中 d_{ij} 为第 i 个一级指标对应的第 j 个二级指标，二级指标对应的权重分别为：$w_{1j} = 1/2$，$w_{2j} = 1/2$，$w_{3j} = 1$，$w_{4j} = 1/3$。

四　中国在世界中的位置

今年的报告继续对 124 个国家和地区的社会发展综合指数进行计算，从最终得分来看，2014 年中国的社会发展综合指数为 0.246 分，在 124 个国家中排名第 89 位，比 2013 年上升了 4 位。为了更好地定位中国所处的发展阶段和在世界中的位置，本节我们将在 20 国集团（G20）的范围内，将中国与各国进行比较。

1. 存在社会发展的"后发优势"吗？

20 国集团（G20）是一个国际经济合作论坛，于 1999 年 12

月 16 日在德国柏林成立,属于布雷顿森林体系框架内非正式对话的一种机制,由九国集团(美国、日本、德国、法国、英国、意大利、加拿大、俄罗斯、中国)和十个重要新兴工业国家(阿根廷、澳大利亚、巴西、印度、印度尼西亚、墨西哥、沙特阿拉伯、南非、韩国和土耳其)以及欧盟组成。G20 集团的 GDP 占全球经济的 90%,贸易额占全球的 80%,人口约为 40 亿,占到全世界总人口的将近 2/3。集团成员涵盖世界最主要的国家,目前已取代八国集团(G8)成为全球经济合作的主要论坛。

　　从社会发展综合指数计算的结果可以看出,在 20 国集团范围内,中国排名非常靠后,为 20 国集团中的倒数第二名,而排在中国之后的则是印度。我们从图 12—2 可以清楚地看到,在 20 国集团中,社会发展综合指数排名靠前的都是老牌的资本主义工业化国家(德国、美国、澳大利亚、日本、加拿大、英国、法国、意大利等),这些国家在"二战"之前就已经通过历次工业革命、海外殖民和海外贸易而遥遥领先于世界其他各国;排名中游的都是"二战"后兴起的所谓"新兴经济体"(阿根廷、沙特阿拉伯、墨西哥、土耳其、巴西),这些国家兴起的原因各有不同,但无一例外都曾经发生过民族独立和解放运动,并最终摆脱了西方的殖民统治;排名最末的则是南非、印度尼西亚、中国和印度。社会发展综合指数的这一排名结果与我们的认知基本相符,即发达国家排名靠前,属于高度发展国家(high developed country);新兴经济体暨发展中国家排名中游,属于中度发展国家(medium developed country);而其他一些人口基数大、经济底子薄的国家则排名最末,在 20 国集团范围内,属于中低度发展国家(medium - low developed country)。事实上,我们通过社会发展指数所计算出的排名结果，与联合国开发计划署根据人类发展指数（HDI）所计算的各国排名结果具有很大的一致性。虽然由于两种指数所使用的对各国家进行分组的临界值（cut – off value）不同，造成了分组的差异。但是就整体顺序而言，我们的社会发展综合指数排名与人类发展指数排名是一致的，虽然在各分组内部，国家的名次存在一些差异。比如根据人类发展指数 2013 年的排名，澳大利亚、美国、德国、加拿大、英国、韩国、日本、法国、意大利、沙特阿拉伯和阿根廷属于"极高度发展国家"；俄罗斯、土耳其、墨西哥、巴西、中国属于"高度发展国家"；印度尼西亚、南非和印度则属于"中度发展国家"①。

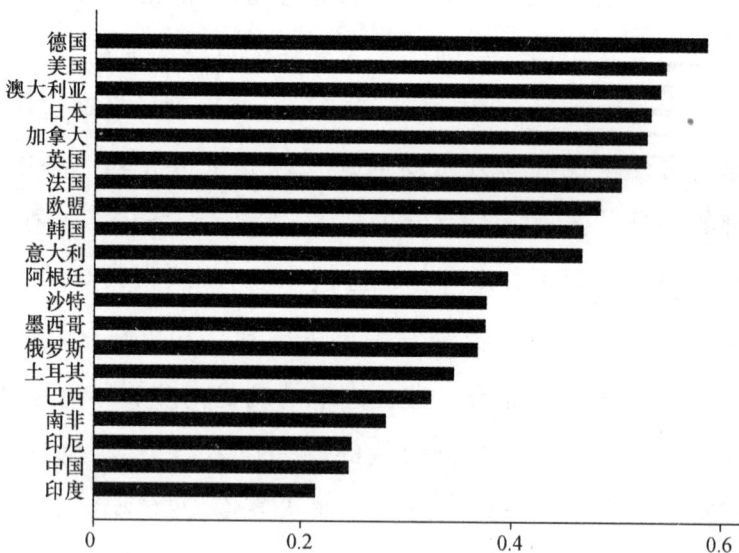

图 12—2　20 国集团社会发展综合指数排名（2014）

注：社会发展综合指数（SDI）取值范围为 0—1，横轴为 SDI。

---

①　UNDP，2014：160 – 163。

单就社会发展综合指数的结果来看，在 20 国集团中，以下几个国家是比较独特的，即韩国、意大利、俄罗斯、南非和中国。韩国在历史上是一个比较弱小的国家，在"二战"中曾经被日本占领，"二战"之后的很长一段时期内，其经济发展也落后于朝鲜。但从 20 世纪 60 年代开始，通过推行出口导向型战略，重点发展劳动密集型的加工产业，在短时间内实现了经济的腾飞，一跃成为全亚洲发达富裕的地区。意大利也是老牌的资本主义国家，但是在 20 国集团内部，它的社会发展综合指数排名居于中间，在所谓的"发达资本主义国家"中一直叨陪末座。俄罗斯在经历了苏联解体和经济上的"休克疗法"之后，经济发展受到重创，从当初苏美两极争霸中的一极迅速滑落为一个中等国家。不过无论是在解体之初，还是现在，俄罗斯在 20 国集团内的社会发展排名一直位于中间。南非作为非洲乃至南半球唯一的发达国家，在 20 国集团范围内，其社会发展综合指数排名却非常靠后。最后，我们再来看一下中国。众所周知，中国自改革开放以来，经济得到持续的高速增长，自 2010 年之后，已经赶超日本，发展成为仅次于美国的全球第二大经济体。但是在我们的社会发展综合指数排名上，在 20 国集团范围内，中国却排在末尾。虽然存在这样一些比较独特的情况，但是整体来看，社会综合发展指数的排名体现出了这样一种规律或者模式，即经济发展越早、进入发达国家行列越早的国家，社会综合发展水平也就越高；而新兴经济体和发展中国家的社会综合发展水平则普遍（相对）较低。

2. 经济发展和社会发展的"错位"

然而，如果我们就此把社会发展等同于经济发展，认为经

济发展水平代表和指示了社会发展水平，那么就会犯错误。实
际上，无论是总体的排名情况，还是我们刚才指出的一些比较
"独特"的国家的情况，都说明我们提出的社会发展综合指数不
同于简单的经济发展排名，经济发展水平高固然可能带动社会
发展水平的提高，但是这仅仅是一种"可能"。正如我们所坚持
认为的，社会发展是福祉、公平、包容和可持续"四位一体"
的综合系统工程，单独的经济发展不足以涵盖社会发展。我们
通过比较社会发展综合指数与20国集团国内生产总值（GDP），
可以进一步揭示这一点。

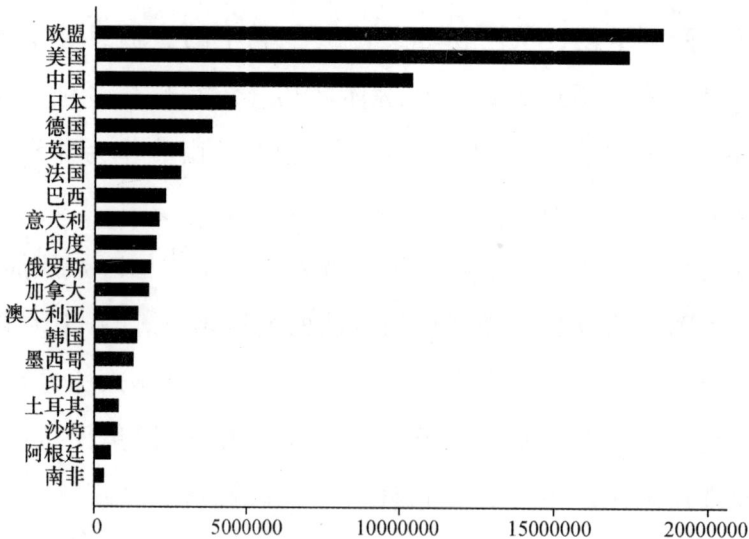

图12—3　20国集团国内生产总值排名（2014）（百万美元）

从图12—3中我们可以发现几点颇具价值的信息。第一，
在20国集团范围内，各国的经济发展水平差距非常大。中国虽
然已经是世界第二大经济体，经济体量巨大，但是美国的国内
生产总值仍然是中国的1.67倍。虽然中美之间存在如此大的差

距，但中国已经和美国一样成长为超级经济体，两国的国内生产总值之和占到了 20 国集团全部 GDP 的 35% 还多。第二，老牌资本主义工业国的国内生产总值排名整体靠前，新兴经济体中只有中国、巴西、印度和俄罗斯挤进了前十的位置。通过比较图 12—2 和图 12—3 可以看出，在 20 国集团范围内，各国社会综合发展和经济发展存在着一定程度的"错位"现象。第一，就加拿大、澳大利亚和韩国这三国来说，它们在社会综合发展指数上排名比较靠前（分别排在第 5、3、8 位），属于高度发展国家；但是在国内生产总值即经济发展排名上却排在中间靠后的位置（分别排在第 12、13、14 位），在 20 国集团范围内，只能算是中等偏下的水平。第二，就巴西、印度和俄罗斯三国来说，它们在社会综合发展指数上排名比较靠后（分别排在第 14、16、20 位），属于中度或中低度发展国家；但是在国内生产总值即经济发展排名上却排在中间靠前的位置（分别排在第 8、10、11 位），在 20 国集团范围内，属于中等偏上的水平。第三，中国的发展"错位"现象最为显著。如我们在图 12—3 的国内生产总值排名中所看到的，随着中国经济三十多年来持续快速的增长，中国已经和美国并列为全球两大超级经济体。但是，在按照社会综合发展指数所进行的排名中，如前所述，中国却排在了末尾的位置，仅比印度表现稍好。也就是说，中国的经济发展水平和社会发展水平之间存在着巨大的鸿沟和"错位"。在经济发展水平上，中国已经成为两极中的一极，在经济增长速度上更是独领风骚；但是在社会发展水平上，中国却一直占据中等偏下的位置，这一点不独在我们的社会发展综合指数中是如此（如上所述，中国排在第 89 位），而且在联合国开发计划署的人类发展指数排名中也是如此（根据该指数，中国排在第91位）。

我们通过计算国内生产总值（GDP）、人类发展指数（HDI）和社会发展综合指数这三者之间的相关系数，可以从统计上更精确地把握经济发展和社会发展之间的错位现象。如表12—2所示，国内生产总值与人类发展指数之间的相关系数只有0.221，与社会发展综合指数之间的相关系数也仅有0.216，这说明经济发展和社会发展之间的关联性是非常低的。经济发展水平和社会发展水平之间不存在必然的相互促进关系，有的国家在经济发展水平高的同时，社会发展水平也非常高，如美国和德国；有的国家在经济发展水平高的同时，社会发展水平却非常低，如中国和印度。

表12—2　　　　　各项发展指标之间的相关系数

	国内生产总值	人类发展指数	社会发展指数	福祉	公平	包容	可持续
国内生产总值	1						
人类发展指数	0.221	1					
社会发展指数	0.216	0.957	1				
福祉	0.398	0.909	0.960	1			
公平	0.038	0.790	0.828	0.740	1		
包容	0.258	0.467	0.459	0.428	0.585	1	
可持续	-0.016	0.776	0.852	0.751	0.616	0.116	1

3. 社会发展的多种类型

上面我们对比了20国集团范围内各国家的经济总量排名和社会发展综合指数排名，我们发现在这两者之间存在一定程度的错位现象。不过总体而言，排除一些极端的案例之后（如中国、印度等），这种错位显得并不是特别严重，社会发展和经济总量之间仍存在一定的正向关联。然而，如果我们再尝试着观察一下经济增长速度和社会发展综合指数之间的关系，就会发现经济发展与社会发展之间的错位非常严重。根据计算，在20国集团范围内，社会发展综合指数和经济增长速度之间的相关系数为 - 0.55。事实上，各国经济增长速度的排名与社会发展综合指数的排名相比，方向几乎完全掉转过来。

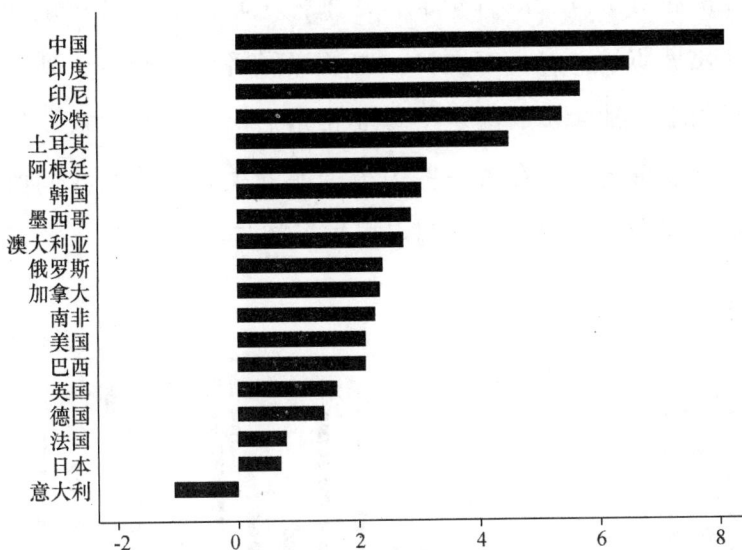

图12—4　20国集团的平均增长速度（2011—2014）（%）

我们从图12—4可以清楚地看到：第一，老牌资本主义国家（美国、英国、德国、法国、日本和意大利）虽然社会发展综合指数较高，经济总量也仍然领先大多数后发国家，但其近年来经济低迷、增速缓慢也是不争的事实，其中意大利在2011—2014年的平均经济增长速度更是为负数（ - 1.075）；第二,新兴经济体(印度尼西亚、土耳其、阿根廷、墨西哥、俄罗斯等)在经济发展上取得了长足进步,但与发达国家相比在经济总量上仍然落后,而且在社会发展水平上也处在落后位置;第三,一些年均经济增长速度超过6%,且在经济总量上已经跻身高度或中度经济发展水平的国家(如中国和印度),其社会发展水平却没有随之水涨船高,而是处在末后的位置上。

通过前面几个部分的描述和分析,我们隐约感觉到各国在发展路径和发展实践上存在着不同类型。比如,一方面一些先发国家在经济相对不景气的背景下,却维持了较高的经济总量和较高的社会发展质量;另一方面,一些新兴经济体在经济得到高速发展的背景下,社会发展的水平却非常落后。在社会发展、经济增长和经济总量之间存在着一些值得探明的关系,前面我们所分析的一些依据为我们提出这一观点提供了初步的支持。

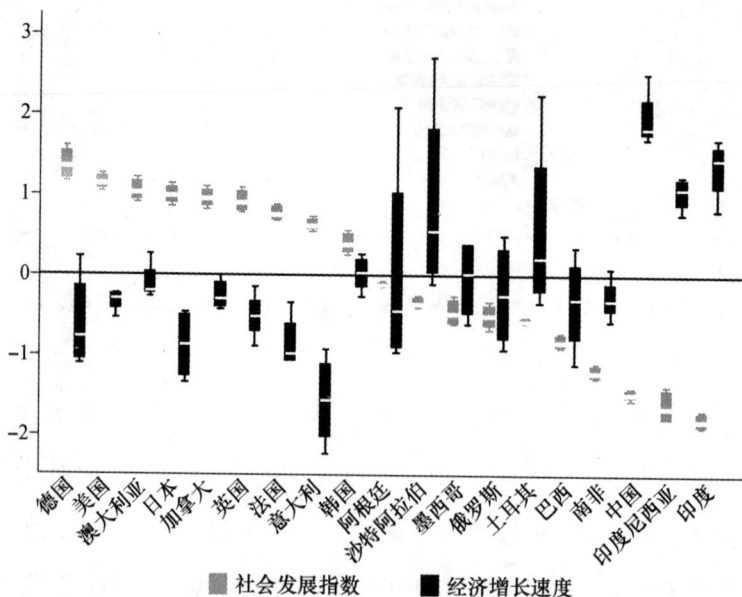

图12—5 20国集团经济增长速度和社会发展指数的关系

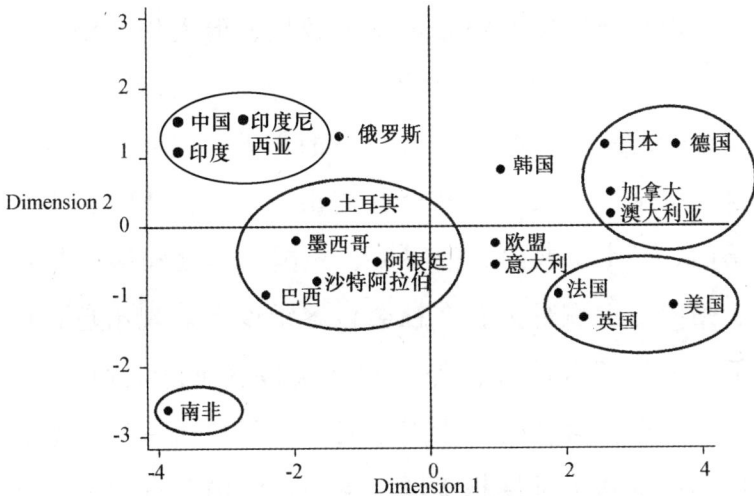

图 12—6　20 国集团的社会发展类型划分

　　为了更准确、深入地对这些现象,以及与之相关的发展模式进行讨论,我们下面将使用多维标度法(multidimensional scaling,简称 MDS)对 20 国集团范围内各国在福祉、公平、包容和可持续等维度上的数据进行分析。多维标度法的结果如图 12—6 所示。

　　通过对图 12—6 中所表现出来的模式进行分析,我们可以得出很多有意义的结论。第一,横轴的维度 1 解释了 76.8% 的方差,它主要反映的是社会福祉、社会公平和社会可持续性,可以说反映了社会发展的整体性。从图 12—6 中可以看出,在我们的社会发展综合指数排名上排在前 10 位的国家和排在后 10 位的国家,被泾渭分明地分割在两个区域。在 20 国集团范围内,老牌的资本主义国家以及作为"亚洲四小龙"的韩国在社会福祉方面成为第一集团,而且在社会平等程度和社会发展可持续性上也优于其他国家;而新兴经济体和南非则属于第二集团，虽然部分国家经济发展水平较快，但人均经济指标比较落后，而且社会不平等程度较大，社会发展的可持续性不足。第二，纵轴的维度2解释了13.8%的方差，主要反映的是社会包容这一维度，即失业率和公共支出比。从图12—6中可以看出，德国、日本、韩国、俄罗斯、中国、印度和印度尼西亚等国位于图中的上侧部分，在社会包容维度上表现出色；而位于下侧部分的国家（除美国外）在社会包容维度上均表现不佳。第三，结合双重信息图（本书未展示）可以进一步判断，福祉和可持续性这两个维度把美国、英国、法国、意大利和欧盟聚集在图的右下角，而与之相对应的，中国、印度、印度尼西亚、俄罗斯和土耳其则集中在图的左上角。这说明，一方面美英等国不仅在人均国内生产总值和人均消费额上远远高于中国、印度和俄罗斯等国家，而且另一方面在教育发展水平和经济活动中的单位能耗产值上，也都遥遥领先于后者。第四，在社会公平维度上，德国、日本、韩国、加拿大和澳大利亚集中在了图的右上角，它们的社会不平等程度最低；而与之相对应的墨西哥、巴西、沙特阿拉伯和南非则集中在图的左下角，是基尼系数最高的几个国家（社会不平等程度较高的国家还包括中国、印度和俄罗斯）。

　　总的来看，在20国集团的范围内，从社会发展综合指数的角度来看，第一集团和第二集团之间存在泾渭分明的界限，但两个集团内部在发展模式上也都存在或大或小的差异。比如，在所谓的"第一集团"中，有的国家以社会发展的可持续性见长（如美国、英国、法国、意大利），而有的国家则在社会公平上有良好表现（德国、日本、韩国、加拿大和澳大利亚）。在

"第二集团"中，大多数国家在社会发展的整体表现上都不如第一集团，不过，有一些国家在社会包容机制的建设上尚有突出表现（如俄罗斯、中国、印度和印度尼西亚等）。

4. 中国和美国的差距在哪里？

作为世界上最大的发展中国家和世界上最大的发达国家，中国和美国的对比一直是政府、学界和公众关心的问题之一。从经济总量来看，中美两国2014年的国内生产总值分别达到10万亿零3803万美元、17万亿零4189万美元，远超世界其他各国，即使在20国集团范围内，也是远超其他各国。从经济增长速度来看，中国2011—2014年的平均经济增速为8.1%，而美国2011—2014年的平均经济增速只有2.13%，增速差距明显。在很多专家和媒体看来，中国超过美国成为全球第一大经济体似乎只是时间的问题。[①] 但是，正如我们在上面所看到的，中美两国在社会发展综合指数上差距非常悬殊（2014年两国的指数分别为0.546和0.246），因此，我们在看到中美两国之间经济总量日益接近的同时，也必须清醒地认识到两国之间在社会发展上存在的巨大差距。

图12—7具体展示了中国和美国自1990年至今在社会发展综合指数上的变化趋势。从图12—7中可以看出，中美两国之间在社会发展综合指数上差距巨大，并且这种差距没有随着时间的推移而出现大幅缩小的趋势。经过计算，二十多年来，中美两国的社会发展综合指数之间的差值一直为0.3左右，只是

---

① 《境外高估经济总量 冷静以对不喜不恼 中国离发达国家还有很长路（热点聚焦）》，《人民日报》（海外版）2014年5月7日，http://paper.people.com.cn/rmrb-hwb/html/2014 - 05/07/content_1424161.htm。

在 2009 年之后，这一差值才下降到 0.3 以下。

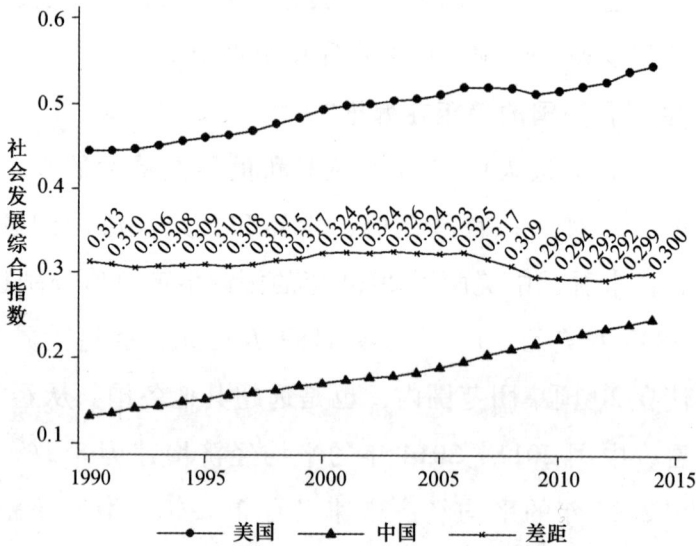

图 12—7　中美两国社会发展综合指数对比

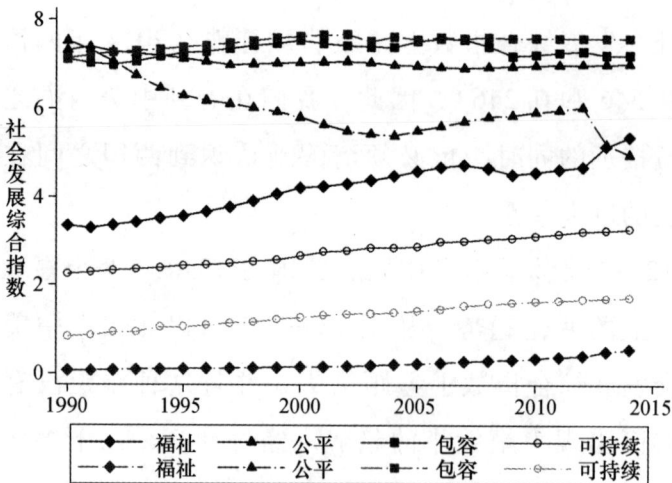

图 12—8　中美两国社会发展各维度对比

　　从构成社会发展综合指数的各分项指标来看（图 12—8），中国全面落后于美国。

（1）从社会福祉上来看，美国国民的福祉水平远高于中国。2014 年美国的人均国内生产总值是 46405.3 美元（2005 年不变价）和 52117.8 国际元（2011 年不变价），而中国的人均国内生产总值仅为 3865.88 美元和 12608.9 国际元，用 2005 年不变价美元计算，美国的人均国内生产总值是中国的 12 倍，用国际元来计算则为 4.1 倍；美国国民的人均消费额为中国国民的 23.8 倍之多，中国国民享受到的物质消费远低于美国国民。从图 12—8 可以看出，中美两国的社会福祉水平不仅没有随着时间推移而缩小，反而有逐渐拉大的趋势。

（2）从社会公平上来看，美国的社会公平程度也优于中国。美国的社会不平等程度要高于大多数欧洲国家的水平，且还有小幅上升的趋势，2013 年①美国的基尼系数为 37.0，接近国际公认 40 的警戒水平；而中国的基尼系数远超国际警戒水平，2013 年这一系数为 53.1，这一水平在 20 国集团范围内的各国家中也处于最不平等的国家的行列。另外就时间趋势而言，从图 12—8 可以明显看出，中美两国的社会公平指数存在逐步拉大的趋势，在 1990 年，中国的基尼系数还小于美国，但自那之后，美国的基尼系数基本保持不变，而中国的基尼系数则不断攀高，两者的差距越来越大。

（3）从社会包容上来看，美国的社会包容性低于中国，但这种差距不是特别大。从图 12—8 可以看出，中美两国的社会包容指数一直在 0.7 左右徘徊，且两者非常接近。2013 年美国的公共支出比约为 63.8%，略微高于中国 63.3% 的水平。从失

---

① 由于我们使用的数据库（参见第 2 部分）在更新方面的限制，所以部分指标仍沿用了 2013 年的数据。

业率①来看，则美国的失业率要高于中国。2013 年美国的总失业率为 7.4%（其中女性为 7.1%，男性为 7.7%），15—24 岁的青年失业率为 15.8%；中国 2013 年的总失业率为 4.5%（其中女性为 3.8%，男性为 5.2%），15—24 岁的青年失业率为 10.1%。

（4）从社会发展的可持续上来看，美国的社会可持续发展水平也远高于中国。如图 12—9 所示美国的人均受教育年限为 12.9 年，而中国仅为 7.5 年，从教育投入来看，中国的教育公共开支占国内生产总值的比例仅为 2.3%，也远低于美国 5.8% 的水平。另外，2013 年中国的单位能耗产值为 4.6 美元，而美国为 7.42 美元，为中国的 2.2 倍。从图 12—8 可以看出，中美两国在社会发展的可持续性上均保持匀速增长，两国之间的差距也几乎保持不变。

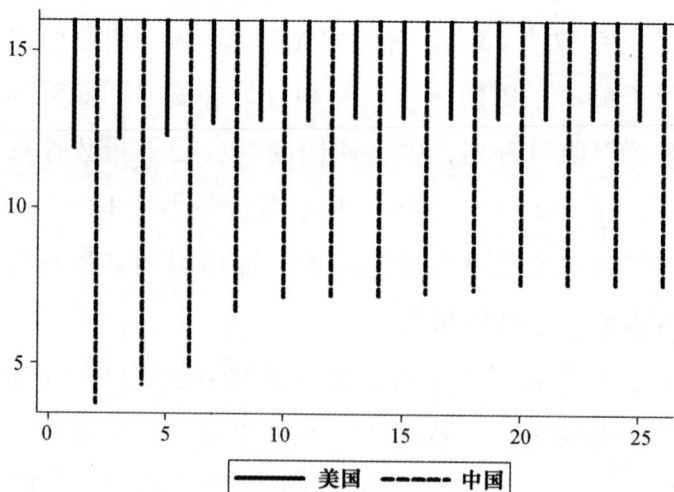

图 12—9　中美两国平均受教育年限对比（年）

---

① 本段所引失业率数据来自世界银行的世界发展指标数据库（WDI 2015），详情可参见本章第 2 部分。

五 中国的发展潜力和方向

本章运用我们提出的衡量国家社会发展的指数体系,计算出了124个国家和地区的社会发展综合指数,并着重在20国集团(G20)的范围内,对中国和其他国家的社会发展状况进行了详细的比较。分析结果显示,在全部的124个国家和地区中,中国的社会发展综合指数排名第89位,比2013年上升了4位;在20国集团范围内(包括欧盟在内),排名第19位。我们通过对比各国的社会发展、经济总量和经济增长速度等指标的变化趋势,揭示了中国在经济发展和社会发展之间的"错位"现象,并且从社会福祉、社会公平、社会包容和社会可持续等维度,深入讨论了中国与发达国家,尤其是与美国之间在社会发展上存在的差距。从社会发展战略和政策设计的角度,我们提出如下几个问题,供决策者考虑。

第一,正确认识我国当前所处的发展阶段。我国社会主义初级阶段至少需要上百年时间,这是我国的基本国情,也是建设中国特色社会主义的总依据。尽管改革开放37年来,我国经济保持了持续的高速增长,经济总量飞速提升,目前已发展成为仅次于美国的全球第二大经济体。但是,从社会发展综合指标来看,我国仍属于中低度发展国家,这一点在联合国的人类发展指数(HDI)排名中也得到了充分揭示。经济发展是国家发展的基础,是硬道理,但我们必须认识到,国家的发展是一个整体的事业和系统的工程。在制定国家发展战略时,应该切实从全面协调可持续的角度来思考发展问题,不能只盯住经济增长和经济发展，更不能寄希望于通过经济发展而使得社会发展和社会问题得到自动解决。党的十八届五中全会报告中指出，实现"十三五"时期发展目标，破解发展难题，厚植发展优势，必须牢固树立并切实贯彻创新、协调、绿色、开放、共享的发展理念。这在顶层设计上为我国的发展战略指明了方向。

第二，下大力气切实维护社会公平公正。改革开放以来，我国的基尼系数不断攀高，目前已经远超国际警戒水平，不仅与美国的差距不断拉大，在20国集团范围内的各个国家中也处于最不平等的国家的行列。部分学者的研究表明，在我国，人民群众的生活满意度和社会不公平感是同步上升的，也就是说，一方面广大群众却是因经济增长而享受到了丰富的物质成果，但与此同时，人民群众对经济发展成果分配的公平性也日益不满。在我国，共同富裕是社会主义的本质规定和奋斗目标，也是我国社会主义的根本原则。因此，必须切实贯彻中央精神，坚持共享发展，坚持发展为了人民、发展依靠人民、发展成果由人民共享，做出更有效的制度安排，使全体人民在共建共享发展中有更多获得感，增强发展动力，增进人民团结，朝着共同富裕的方向稳步前进。

第三，增强社会发展的韧性和可持续性。2006年，世界银行在《东亚经济发展报告》中提出了"中等收入陷阱"（Middle Income Trap）概念。它是指一个经济体的人均收入达到世界中等水平（人均国内生产总值在4000—12700美元的阶段）后，由于不能顺利实现发展战略和发展方式转变，导致新的增长动力特别是内生动力不足，经济长期停滞不前；同时，快速发展中积聚的问题集中爆发，造成贫富分化加剧、产业升级艰难、城市化进程受阻、社会矛盾凸显等。在 20 国集团范围内的巴西、阿根廷、墨西哥等国，以及东南亚的越南、泰国、菲律宾和马来西亚等国，均进入了中等收入陷阱。当前，受制于国际经济环境低迷和国内需求不足等因素，中国经济增速有所回落，正在进入发展的"新常态"阶段。在这种背景下，如何解决经济发展和社会发展长期的错位问题，通过提升社会发展水平来为经济增长提供动力，保持经济社会的长期可持续发展，避免落入中等收入陷阱，是政策设计者必须面对的问题。

第四，树立全面协调可持续的发展理念。历史经验证明，经济发展在造福全体国民的同时，也会造成一系列的社会问题，这些问题如得不到妥善解决，最终将会危害经济发展。因此，经济发展和社会发展是一体两面，经济发展为社会发展提供了基础；与此同时，健康可持续的经济发展，也需要良性的社会发展为其提供支持。无论是经济发展还是社会发展，都应该以"人的发展"作为最终目的和最高目标。单纯追求经济增长而无视社会发展，或者只重视社会发展而忽视经济发展，最终都无法实现"以人为中心的发展"。从福祉、公平、包容和可持续"四位一体"的角度来看待社会发展，要求我们彻底抛弃"唯GDP论"，在发展过程中，更加注重实现速度和结构质量效益相统一、经济发展与人口资源环境相协调，实现经济社会永续发展。

附录一　调查抽样与数据清理

　　现阶段错综复杂的社会问题，是与我国社会发展和社会转型相伴而生的，既反映了人类社会现代化进程中的一般规律，也有着中国自身的特殊性。这种特殊性不仅体现在中国的文化价值传统、经济体制机制、人口资源状况等方面，而且也反映了全球化背景下中国作为后发性国家在争取发展过程中所要面对的困难。事实上，中国的经济社会在改革开放以来业已取得了巨大的成就，尤其是经济的高速发展被称之为"奇迹"。"中国经验""中国道路"的研究和总结显现出改革三十年在中国历史上的巨大意义。无论从哪个方面而言，中国已经迈入了新的历史阶段。在新阶段，对中国社会发展问题的研究，既要借鉴国外的理论和方法，更需要紧密联系中国的现实经验。深入探讨社会发展和变迁过程中不断出现的问题，进一步分析重大现实问题的成因和演变趋势，深刻理解和把握社会发展转型的规律机制成为中国社会发展研究的重要课题和艰巨任务。

　　全面、定期、纵贯的调查研究已成为发达国家收集数据资料的必要手段，如美国的 GSS（1972）、欧盟的 ESS（2002），以及日本的 JGSS（1999）、中国台湾地区的 TSC（1984）等。中国大陆类似的社会调查起步较晚，还不完善。中国综合社会调查（CGSS）是中国第一个全国性、综合性、连续性的大型社会调查项目。从 2003 年开始至今，对全国范围内的 10000 多户家庭中的个人进行调查。CGSS 通过定期、系统地收集中国人与中国社会各个方面的数据，总结社会变迁的长期趋势，探讨具有重大理论和现实意义的社会议题。

　　一般看来，除了综合性调查之外，专门主题的调查也必不可少，如美国除了基本社会调查（GSS）之外，还有美国当前人口调查（CPS）、美国家庭经济动态调查（PSID）等。中国社会科学院社会发展战略研究院于 2012—2014 年连续 3 年对我国社会发展问题进行全国大样本的问卷调查，并出版了 3 本《中国社会发展年度报告》，在社会发展调查和研究方面积累了经验。

　　为此，在 2012—2014 年调查的基础上，就社会发展中的相关重大问题进行研究，2015 年继续开展全国问卷调查。"社会发展与社会态度"调查以中国社会发展状况为研究主题，以大型全国抽样调查为基本研究方法，深入分析和描述我国社会发展的总体状况、影响因素及变动趋势。紧扣科学发展观与当今中国社会经济"五位一体"综合协调发展的核心社会议题，以带有全局性、整合性的研究视角引领社会发展研究，同时将中国社会发展景气指标体系构建、社会发展状况与人们的主观感受、社会发展与政府的社会责任纳入研究之中。

一　抽样设计与抽样程序

　　"全国社会态度与社会发展状况调查 2015"项目，在国家统计局"六普"数据的基础上建立抽样框，抽取全国直辖市、地级市、县级市中居住在社区（居委会）辖区中的 16 岁及以上人口为调查对象，并通过问卷调查获得的数据对我国社会发展的总体状况与运行态势进行观测与评估。

（一）目标总体

"全国社会态度与社会发展状况调查 2015" 项目的目标总体为中国大陆城市居民。此处，"城市居民"的操作性定义为，中国大陆直辖市、地级市、县级市中居住在社区（居委会）辖区中的 16 岁及以上人口。

（二）抽样方式

调查采取多阶抽样设计，其中县级行政区划（市辖区、县级市）为一级抽样单位（primary sampling unit，PSU），社区（居委会）为二级抽样单位（second sampling unit，SSU），家庭户作为三级抽样单位（third sampling unit，TSU），最终抽样单位为个人（ultimate sampling unit，USU）。

（三）样本量

在简单随机抽样的条件下，我们可以得到样本量估计的如下公式：

$$n_{srs} = \frac{u_\alpha^2 P (1-p)}{d^2}$$

其中 p 为样本中某一个类别在总体中的比例；u_α 为置信度为 $1-\alpha$ 时所对应的分布临界值；d 为样本估值和总体参数之间的差值。根据上述公式，如果我们设定估计区间置信水平为

0.05，绝对误差在 3% 以内，那么对于绝大多数分布的估计而言，我们仅需调查 1000 个样本即可。

但本次调查并非简单随机抽样，而是多阶复杂抽样，所以我们还必须考虑设计效应（deff）问题。设计效应是指在同等样本规模下，采取复杂抽样所形成的样本方差和简单随机抽样所形成的样本方差之间的比值。设计效应的估计公式为：

$$deff = 1 + (b - 1) \times roh$$

b 为从单个群中抽取的样本数量；roh 为群内同质性。公式表明，从单个群中抽取的样本数量越大，设计效应越大；群内同质性越大，设计效应越大。本次调查抽样方案已经尽可能增大群的数量，降低单个群内的样本数量。但是，在"社会态度与社会发展"相关问题上，群内同质性估计较强。因此，根据本次调查设计方案，我们估计设计效应为 6。因此，考虑设计效应的样本量就是 $1000 \times 6 = 6000$。

为了获得无偏的参数估值，社会调查必须保证一定水平的应答率。经验的规则是，在抽样调查中，我们至少应保证 50% 以上的应答率，50% 的应答率是底线，70% 的应答率就是较好的抽样调查。考虑到调查中的无应答现象，我们需要适当放大抽取样本的规模。我们估计应答率为 75% 左右，因此考虑无应答现象的样本量为 $6000 \div 0.75 = 8000$。考虑到样本分配中的具体情况，最终确定的样本量为 8100，即 $60 \times 9 \times 15 = 8100$。

（四）抽样框与抽样流程

1. 第一阶抽样：PSU（市、区）的抽取

本次调查的 PSU 抽样框来自 2010 年由国家统计局实施并发

布的《第六次全国普查（分县）数据》。但考虑到 2010 年距今已久，为了校正人口变动的效应，我们根据"六普"数据中的分性别、分年龄的粗死亡率对 2010 年人口普查数据中的 12 岁及以上城镇人口进行死亡率校正，以校正后的数据作为 PSU 的抽样框（包括 1226 个 PSU），12 岁及以上城镇人口作为加权权重。根据抽样设计方案，我们从 1226 个 PSU 中，按照 PPS 的原则，抽取 60 个 PSU（除新疆和西藏之外的地区中抽取），经专门编制的 Stata 程序运行所得的 60 个 PSU 分布在 24 个省市自治区，均值为 2.5，样本数量最多的是湖北省（包含 5 个 PSU），样本数量最少的是云南省（包含 1 个 PSU）。

附表 1　　所抽取 PSU 家庭数、16 岁及以上人口数[①]

单位：户、人

PSU 名称	家庭数	人口数	PSU 名称	家庭数	人口数
北京市朝阳区	1317845	3251255	河南荥阳市	170820	516827
北京市房山区	314012	844849	河南鹤壁市山城区	64156	194387
天津市津南区	150048	528255	河南信阳市浉河区	181403	502008
天津市宝坻区	212266	708654	河南信阳市平桥区	198222	506152
河北藁城市	197063	658745	湖北武汉市江岸区	311234	805553
河北唐山市路北区	229744	660708	湖北武汉市洪山区	345453	1279208
河北秦皇岛市北戴河区	26729	76563	湖北武汉市东西湖区	142963	397368
山西太原市迎泽区	194429	521091	湖北黄石市西塞山区	77040	203713
山西吕梁市离石区	90748	264503	湖北汉川市	268793	871824
辽宁沈阳市沈北新区	119590	384399	湖南汨罗市	197796	587090

---

① 以上 16 岁及以上人口数是经过调查组在粗死亡率校正后的估算结果。

PSU 名称	家庭数	人口数	PSU 名称	家庭数	人口数
辽宁大连市旅顺口区	108004	292032	湖南常德市鼎城区	238147	737203
辽宁抚顺市顺城区	178916	423610	湖南永州市零陵区	143521	439468
吉林长春市宽城区	224297	599460	广东惠州市惠城区	455817	1354553
黑龙江双城市	250077	723247	广东东莞市市辖区	2311534	7598689
黑龙江绥化市北林区	279567	768569	广东中山市市辖区	915156	2788955
上海市浦东新区	1815251	4522727	广西南宁市邕宁区	77865	210515
江苏苏州市吴中区	292407	1048596	广西岑溪市	205537	595038
江苏连云港市连云区	73320	201813	广西北海市铁山港区	38993	115397
浙江宁波市镇海区	165724	369809	广西钦州市钦北区	148124	431271
浙江乐清市	459359	1183755	海南琼海市	133942	399518
浙江义乌市	419193	1084992	重庆市北碚区	224094	610843
浙江温岭市	505042	1185970	重庆市沙坪坝区	301535	907977
安徽马鞍山市雨山区	93898	276022	重庆市南岸区	258022	681458
安徽黄山市徽州区	30684	83028	四川邛崃市	203029	545215
福建龙海市	247500	751220	四川达州市通川区	147318	408698
江西宜春市袁州区	263838	825238	云南楚雄市	158982	500042
山东济南市长清区	159300	499998	陕西西安市未央区	238677	713918
山东莱西市	247935	640721	陕西西安市雁塔区	393151	1065165
山东诸城市	316179	913512	陕西咸阳市秦都区	147726	447173
山东乐陵市	167666	549170	陕西安康市汉滨区	240371	734864

2. 第二阶抽样：SSU（社区居委会）的抽取

本次调查的 SSU 抽样框来自 2010 年国家统计局《第六次全国普查（分县）数据》的原始数据，国家统计局相关部门提供了 2010 年 SSU 的户数和 12 岁及以上城镇人口数。我们根据抽样方案，在 SSU 抽样框中，利用专门编制的 Stata 程序，按照

PPS 原则，在每个 PSU 中抽取 9 个社区居委会作为 SSU，原则上共抽取 540 个社区居委会。在实际抽样过程中，由于有的社区居委会人口规模较大，我们进行了分割处理，因此可能同一个社区居委会可能被重复抽中。最终抽样设计中共涉及 533 个社区居委会。

3. 第三阶抽样：TSU（家庭户）的抽取

在本调查中，家庭户包括户籍登记的家庭、集体户以及各类集体居住点。

TSU 样本框来自调查实施单位，主要来源有如下两种情况：

A. 如果居委会（社区）有现成的户籍资料（可以从居委会或者当地派出所获取），不论其保存形式为电子文档或纸质文档，抽样员都可以依据户籍资料建立"户样本框"。

B. 如果居委会（社区）没有现成的户籍资料，抽样员需要会同有关知情人，依据已知的地理信息（如地图、地址簿等），依据地块现场制作"户样本框"。

在 TSU 阶段，我们采用系统抽样法（等距抽样）。具体操作如下：

建立样本框之后，需要根据样本框内的总户数（N）、需要调查的户数（m）以及拒访率估值（r）确定抽样的间距（l）。计算公式是：

$$l = [N \times (1 - r)] / m$$

居内抽户的工作完成后，抽样员和访问员不可更换样本户。如果经多次努力仍然无法调查抽中的样本户，访问员请在《入户情况登记表》中的相应栏目中注明原因，但不可以进行户替代。

为了能够把流动人口纳入本次调查的范围之内，本次调查

TSU 的抽样采取"以户定人"的原则，即以住户为抽样单元，无论住户内的成员是户籍人口、常住人口还是流动人口，都是本次调查的潜在对象。

4. 第四阶抽样：USU（回答人）的抽取

抽中的家庭户中，所有 16 周岁及以上家庭成员构成第四级样本框。在成功入户后，访问员需要借助问卷首页上的 Kish 表从户内成员中抽选出被访者。需要注意的是，对于集中居住点，若总人数小于等于 10 人，采用 Kish 表进行户内抽样；若人数大于 10 人，则随机抽取集中居住点内的 10 人，再采用 Kish 表进行户内抽样。

（1）访问员应首先了解这一户中 16 周岁及以上的户内人口数（即问卷中的 S1 题），然后在 Kish 表的第一列"编号"栏中的相应数字上画"〇"。

（2）访问员要按照户内人口的年龄从小到大的顺序将家庭 16 周岁及以上的人口信息填写到表中。请按照实际情况，认真填写性别。

（3）在此表中，用"编号"确定相应的行，用"问卷编号的个位数"确定相应的列。行列交叉，在相应的交叉的单元格数字上画"〇"。这个数字是几，我们就选择表中编号为几的成员进行访问。

附表 2　　　　　　　**Kish 表进行户内抽人示例**

编号	性别 1男2女	年龄	问卷编号个位数									
			1	2	3	4	⑤	6	7	8	9	0
1	1	20	1	1	1	1	1	1	1	1	1	1

续表

编号	性别 1男2女	年龄	问卷编号个位数									
			1	2	3	4	⑤	6	7	8	9	0
2	2	48	2	1	1	2	1	2	2	1	2	1
③	1	50	3	2	1	2	①	3	1	3	2	3
4			4	1	2	3	3	4	1	2	4	2
5			5	4	3	1	2	2	3	4	5	1
6			6	5	1	2	4	3	1	4	5	6
7			7	1	4	3	6	2	5	3	7	2
8			8	4	5	7	1	2	6	3	9	7
9			3	8	9	2	9	5	4	6	1	7
10			5	8	4	6	1	7	9	10	2	3

　　例如，如果一户中16周岁及以上的人共有3位，问卷编号的个位数是5，则查找第3行和第5列的行列交叉处，数字为1。将本户所有适合访问对象按年龄从小到大排序，选择其中处于第1位的成员（即年龄为20岁的男性），即是本次调查的访问对象。

　　如果抽中对象同意接受访问，则开始进行问卷访谈。

　　如果抽中对象拒绝接受访问，访问员应如实在《入户情况登记表》中的"访问失败"——"受访者原因"的相应栏中标明抽中对象的性别，并记录下"失败原因"。

　　如果抽中对象因不在家、出国、病重等原因无法接受调查时，可根据当时情况考虑是否应约访抽中对象。如不能约访，访问员也应如实在《入户情况登记表》中的"访问失败"——"受访者原因"的相应栏中标明抽中对象的性别，并记录下"失败原因"。

不管因何种原因而访问失败,访问员都不得在户内替换抽中的被访者,而应在《入户情况登记表》中注明,然后开始下一户的入户工作。

二 调查质量控制

调查质量控制的目标,是在"总体研究设计"的指导思路下,降低调查数据的系统误差。基于"全国社会态度与社会发展状况调查2015"的研究设计,调查的系统误差主要可能出现在以下三个环节当中。

(1)"居内抽户"环节:如社区地块抽样图不完整,社区抽样表填写不准确,访员随意替换住户地址。

(2)"户内抽人"环节:如访员未按照Kish表程序进行户内抽样,或者Kish表填写不规范,导致样本性别、年龄等多方面出现偏误。

(3)"实地访问"环节:如访员在访谈时出现系统性漏问,利用跳答规则故意回避部分题组,将应"逐项提问"的问题合并提问等,引导或暗示被访者进行某种回答等。

本次调查的质量控制也主要围绕以上三个环节,在调查过程中通过以下程序对于数据质量进行控制。

(一)"居内抽户"环节

抽样员首先抵达抽中的社区或居委会,进行实地走访,考察社区居委会内的所有建筑情况,据此绘制或更新《社区地块抽样图》。在此基础上填写《地块抽样表》,列出每一幢建筑的层数、楼门数、每层每个楼门中住户数。上述建筑中的所有住户就构成了本次抽样的抽样框。抽样员必须确保图、表中住宅楼、房的编号一致。如果《地块抽样表》中显示的住户数量明显低于当地居委会的一般户数规模,应及时核对《地块抽样图》和《地块抽样表》是否完整。在接收到《地块抽样表》资料后,甲方项目组将根据随机程序,为每个社区提供访问地址。同一住户访问 3 次无应答或拒访 2 次才可视为访问失败,并将情况如实填写在《入户情况登记表》中。对上门 3 次仍不能完成规定数量有效样本访问的社区,甲方项目组提供第 2 批访问地址。访员在访问过程中,必须认真填写《入户情况登记表》,切不可随意更换访问地址。经核查,如果《地块抽样表》填写缺失超过 100 户,则该社区居委会的问卷将视为废卷。访员必须对完成访问的户拍摄住址照片一套(居委会全称照、住宅楼/平房编号照、家门牌号照)。照片中显示地址应与样本地址一致。缺失照片或地址错误的问卷将视为废卷。

(二)"户内抽人"环节

按照调查流程,访员在成功入户之后首先要借助问卷第 2 页上的 Kish 表从户内成员中抽取出被访者。"户内抽人"环节是保持样本随机性的重要环节,必须严格执行。调查机构在问卷完成的两天内进行一审、二审,检查问卷中 Kish 表抽样过程是否正确。如果有误,必须重新进行入户访问。调查机构需要对调查数据分城市进行性别、年龄进行快速汇总。如果出现性别比失衡、年龄结构偏差的情况,必须进行情况核实,并向项目组上交情况说明。访员访问过程中,必须进行全程录音。录音中必须显示访员正确地进行了"户内抽人"环节。录音中有造假行为的访员，此访员所做的所有问卷视为废卷。录音缺失"户内抽人"环节的问卷将视为废卷。

（三）"实地访问"环节

调查执行机构利用《访问员手册》和相应的视频材料对于访员进行有效培训。针对"实地访问"环节，调查机构需要在问卷完成的两天内进行一审、二审，避免出现漏问、跳答误用等问题。如果出现上述错误，必须及时进行弥补。每个访问员在完成第一份样本访问后，必须及时把第一份访问的问卷电子版和录音传送给社科院督导，以便及时评估和纠正访问中存在的问题。问卷完成后，录音审核必须覆盖每个访员和每个居委会。如果录音显示访问时间过短，在 15 分钟之内完成，复核员需要对此问题进行重新复核，并对访员进行及时指导。对于录音核查过程中发现的错误，及时反馈给调查执行机构，要求其进行弥补。如果发现明显的录音造假行为，要求调查执行机构对该访员负责的所有问卷重新入户。访员必须记录被访者的电话信息，并记录于问卷首页，以便进行电话核查。

三 数据录入与数据清理

（一）数据录入

数据用软件 EpiData Entry 3.1 进行录入。本次调查对所有问卷数据采取双录比对。此外，利用 Epidata Entry 中的数据录入质控功能，预先编制程序，令计算机系统自动检验和控制其中变量的值域错误与变量间的逻辑错误。被调查者的性别、年龄、教育等基本变量不允许出现缺失值,其他变量缺失的数量不能超过5%。单个变量如出现异常值,或者多个变量间逻辑关系有错误,需要查找原问卷,确认是否录入错误;如非录入错误,通过电话联系被访问者,进行核实和补救。如一份问卷中存在逻辑问题的变量数超过总变量数5%,此问卷需作废卷处理。

(二) 数据清理

在数据录入之后,对数据进一步进行清理。清理工具主要包括以下几种。

1. 核查

进行双录比对(即通过将同一份问卷交由两名不同的录入员进行录入,然后比对两份录入数据,对不一致的样本和变量查对原始问卷记录以进行错误修正,将录入中造成的数据错误降至最低),核查个案的唯一性与完备性;问卷编号、居委会编码、地址核查;文字与编码比对;问卷时间核查。

2. 入户表的逻辑查验

首先,我们检查入户登记表中16周岁及以上的人口数是否与受访者自答的全家16周岁及以上人口数一致;然后检查入户登记表中户主是否唯一;接下来,对入户登记表中的配偶关系进行逻辑检查。

3. kish 表的查验

对 kish 表的查验依循 kish 表抽取被访者的原则进行,分为三种情形,第一种情形为户内16周岁及以上的成员只有1人,那么被访者只能是此人;第二种情形是户内16周岁及以上的成员超过 10 人（n），那么被访者应该是户内年龄排行（由小到大）位于小于 n/2 或大于 n/2 + 1 的成员；第三种情形是被访者的抽取应该是问卷编码的末尾数与户内 16 周岁及以上成员数的交叉号成员。如果违背上述三种原则，kish 表出错或者 kish 表缺失，那么调查过程与数据结果就值得怀疑。

4. 缺失值与"模糊答案"的查验

在问卷调查中，缺失值与"模糊答案"（"不知道"或"不清楚"）的出现是正常现象，但一旦在一份问卷数据中缺失值与"模糊答案"的数量过多，那么就会对该数据结果的适用性产生较大影响。如果一份问卷的缺失值过多，那么就将其当作不合格问卷进行剔除。

5. 人口结构核查

主要目标在于核查性别比、年龄结构是否正常，与家庭成员人口结构是否一致。核查结果显示，数据中女性比例为 54.02%。总体而言接近正常。但是分省来看，仍然是三个省份的女性比例超过 60%。问卷回答人的性别年龄分布如（附图 1）所示。

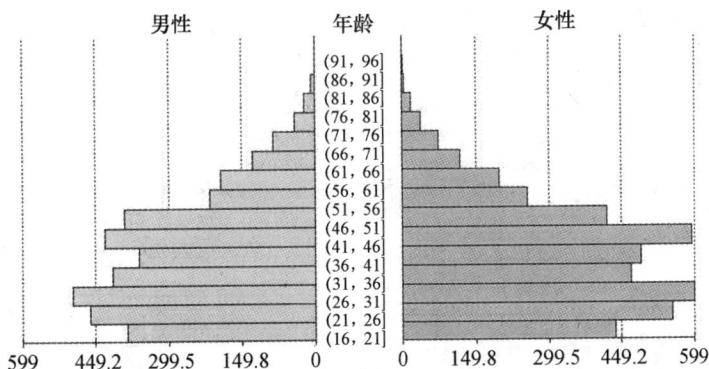

附图 1　问卷回答人的性别年龄分布（岁）

四　抽样权重与目标总体校正

本次调查数据中共生成了两个权重变量：抽样权重和事后分层权重。前者用来调整抽样设计当中的多阶段不等概率；后者在前者基础上，进一步进行结构性权重调整，以防止人口结构的偏差。现就两者的生成过程作简要说明。

（一）抽样权重（weight）

本次调查的基本抽样设计是多阶段复杂抽样。第一阶是以PPS方式抽取出59个市区；第二阶是市区内以PPS方式抽居委会；第三阶是居委会内以随机方式抽户；第四阶是户内用Kish表方式等概率抽人。

样本中每个个案被抽中的概率为：

$$\frac{psu.p}{pop.p} \times psu.n \times \frac{ssu.p}{psu.p} \times ssu.n \times \frac{tsu.n}{ssu.h} \times \frac{1}{tsu.p} = \frac{ssu.p}{pop.p} \times$$

$$psu.n \times ssu.n \times \frac{tsu.h}{ssu.h} \times \frac{1}{tsu.p}$$

抽样权重应为上述概率之倒数。我们加权中使用到如下几个数据。

（1）pop.p："六普"数据中所有市区居委会中的16周岁及以上人口数。根据抽样框可以计算出，这一数字为616432389人。

（2）ssu.p：被抽中的居委会中16周岁及以上人口数。这一数据多数来自于"六普"数据。但在广西壮族自治区钦州市钦北区执行过程中，居委会变动非常大，已经不能从"六普"

数据中得到相应居委会的户数资料，因此按照实际执行中收集到的户数资料进行了近似估计。我们先按"六普"资料计算了钦州市钦北区中每户中 16 周岁及以上人口数平均为 3.18 人，然后按照实际执行中收集到的户数资料乘以 3.18 人估计其居委会中 16 周岁及以上人口数。

（3）psu. n：抽中的市区数。本次抽样设计中抽取 60 个市区，实际执行中由于福建漳州龙海市操作困难，实际执行了 59 个市区的调查。故而这一数字为 59。

（4）ssu. n：每个市区中抽中的居委会数。本次抽样设计中每个市区抽取 9 个社区，在实际执行中由于居委会人口数不一，多数市区中抽取 9 个社区，部分市区有所调整。

（5）ssu. h：被抽中的居委会中的户数总数。这一数据多数来自于"六普"数据。但在广西壮族自治区钦州市钦北区执行过程中，居委会变动非常大，已经不能从"六普"数据中得到相应居委会的户数资料，因此按照实际执行中收集到的户数资源进行了更新。

（6）tsu. h：每个居委会中抽取到并且成功访问的户数。

（7）tsu. p：被抽中的户中的 16 周岁及以上家庭人口数。

（二）事后分层权重

为了使数据中的性别比更为接近总体的性别比，我们还用 rake 方法进行了加权修正。"六普"数据中，男性比例为 51.27%，女性比例为 48.73%。这样，便又生成一个对性别结构进行调整后的权重 rake。加权之后的性别比和"六普"一致。

附录二　调查数据主要变量频数

一　个人信息

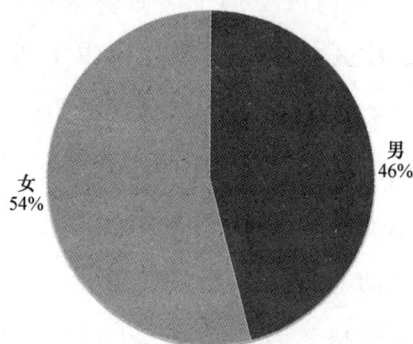

附图1—1　性别（n＝7967）

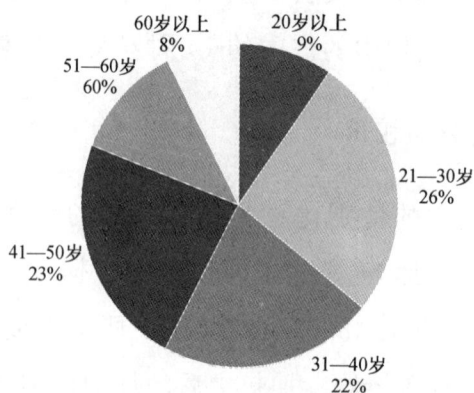

附图1—2　年龄（n＝7967）

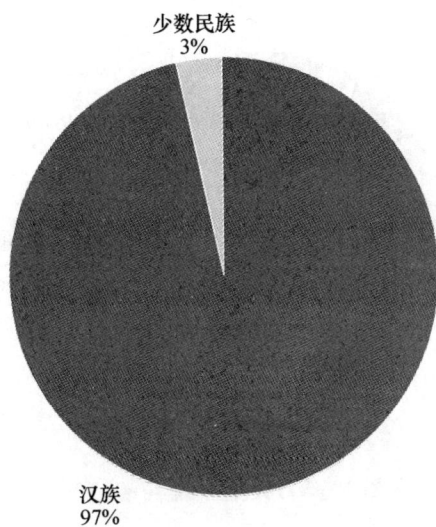

少数民族
3%

汉族
97%

附图 1—3 民族（n = 7953）

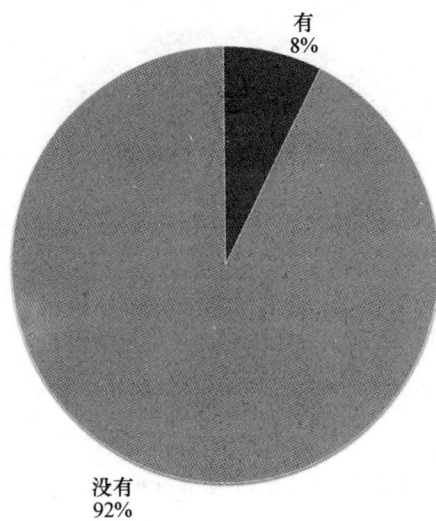

有
8%

没有
92%

附图 1—4 宗教信仰（n = 7938）

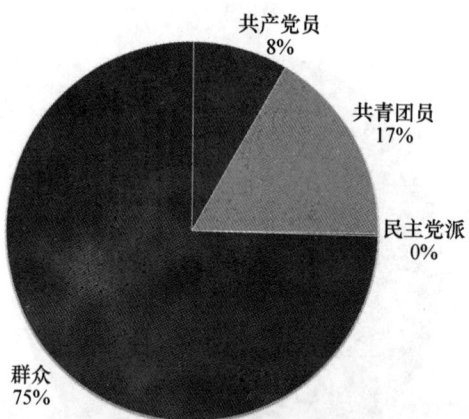

附图1—5　政治面貌　（n = 7951）

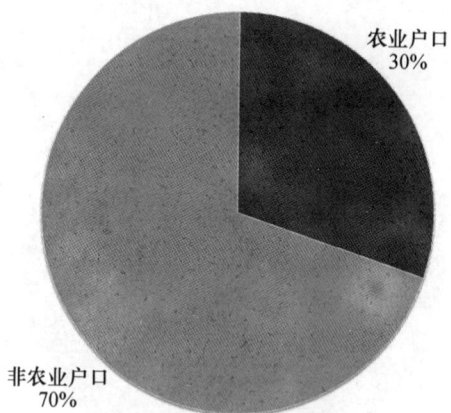

附图1—6　户口类型　（n = 7937）

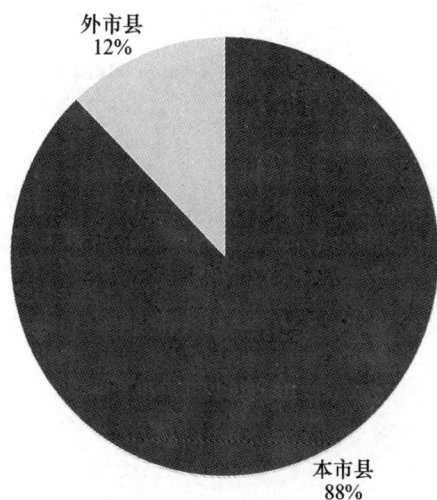

附图1—7 户口类别（n =7916）

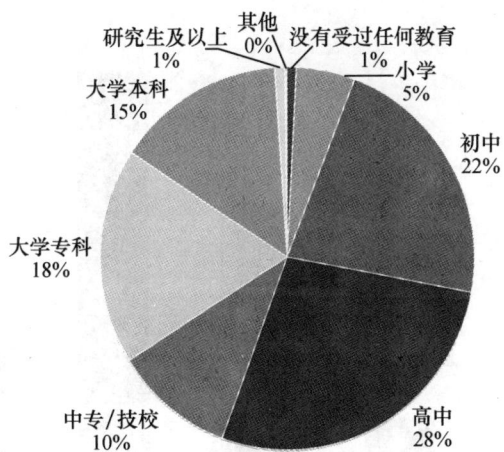

附图1—8 最高教育程度（n =7942）

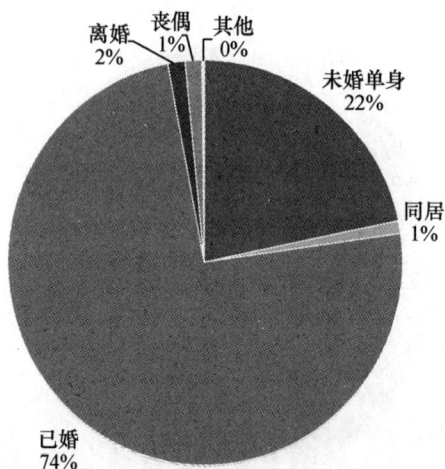

附图1—9　您目前的婚姻状况是（n = 7933）

二　社会感受

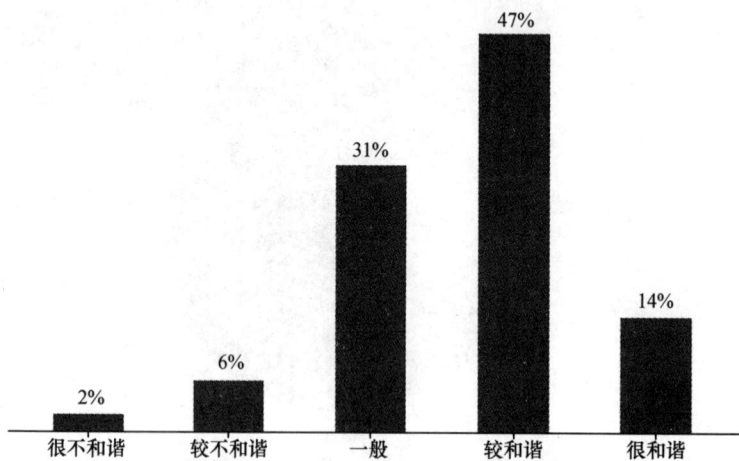

附图2—1　您认为当前的社会处于什么样的状况（n = 7912）

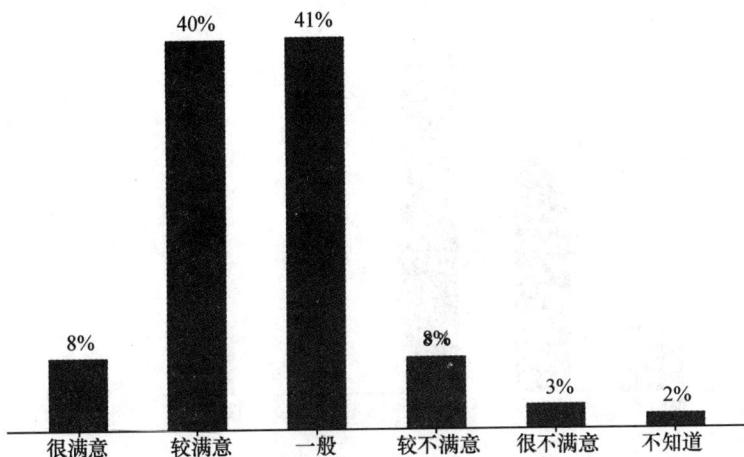

附图 2—2　经济发展水平（现实评价）（n = 7960）

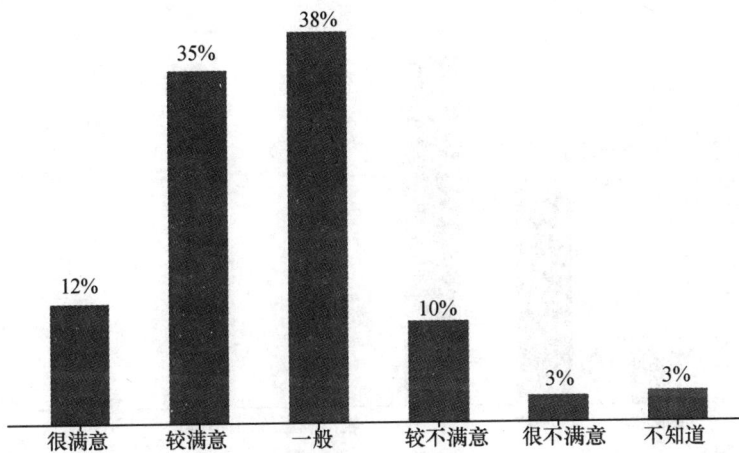

附图 2—3　经济增长速度（现实评价）（n = 7960）

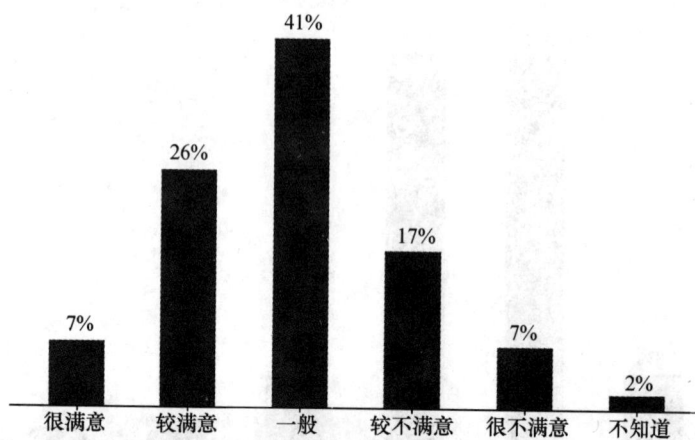

附图 2—4　居民收入增长（现实评价）（n = 7961）

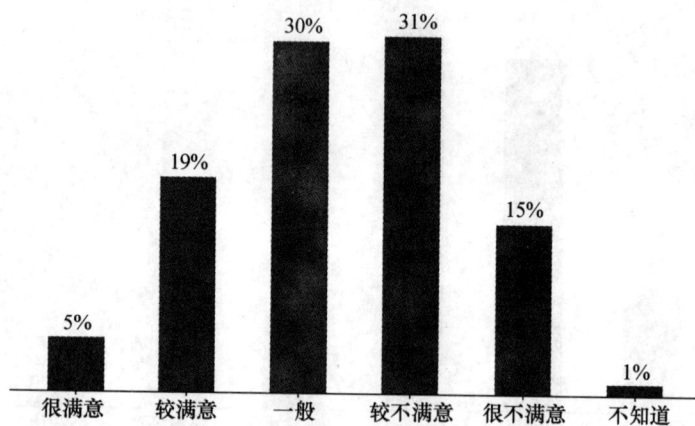

附图 2—5　物价（现实评价）（n = 7959）

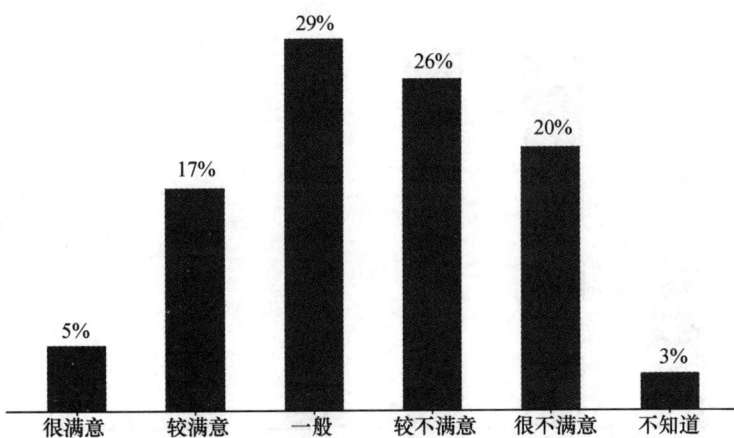

附图 2—6　住房价格（现实评价）（n ＝7960）

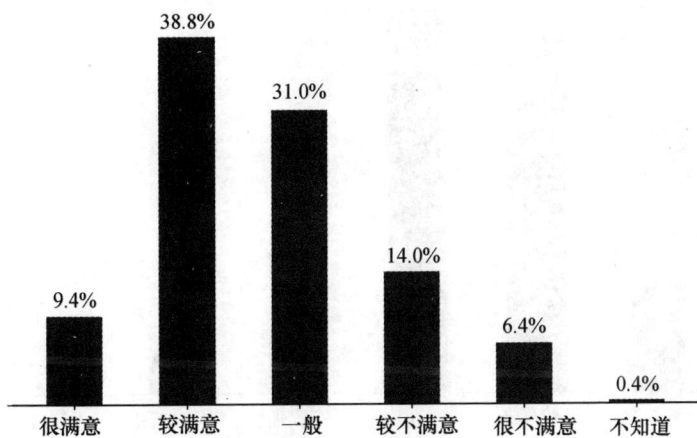

附图 2—7　环境质量（现实评价）（n ＝7959）

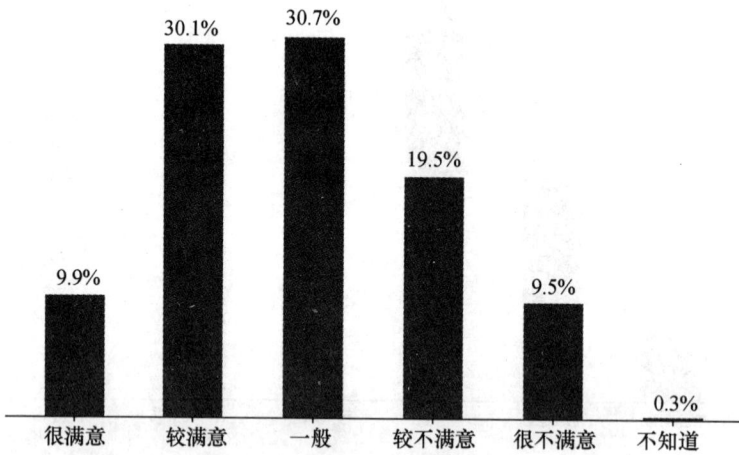

附图2—8　空气质量（现实评价）（n = 7961）

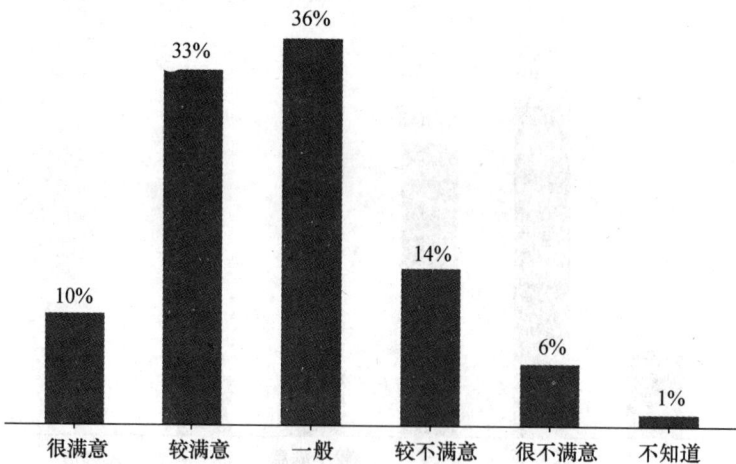

附图2—9　自来水质量（现实评价）（n = 7962）

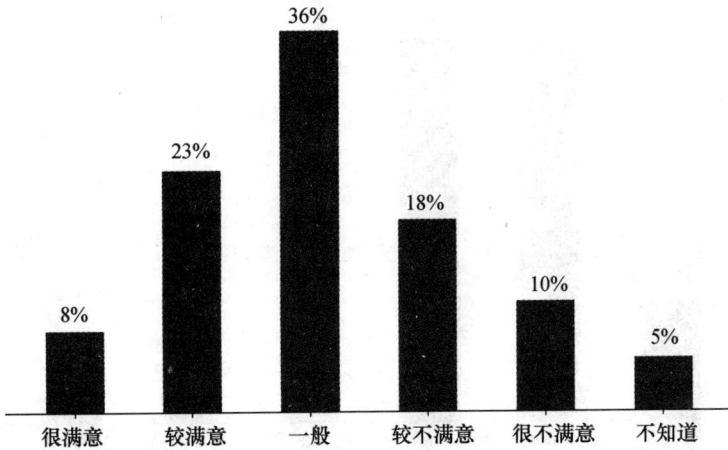

附图 2—10　生态水面质量（现实评价）（n = 7957）

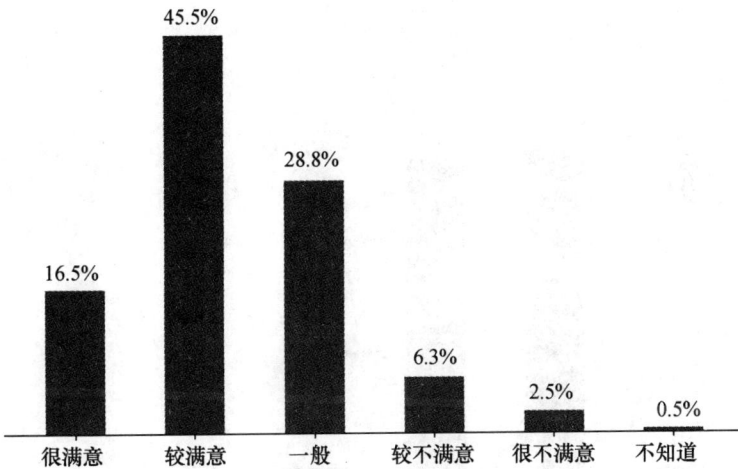

附图 2—11　城市绿化（现实评价）（n = 7960）

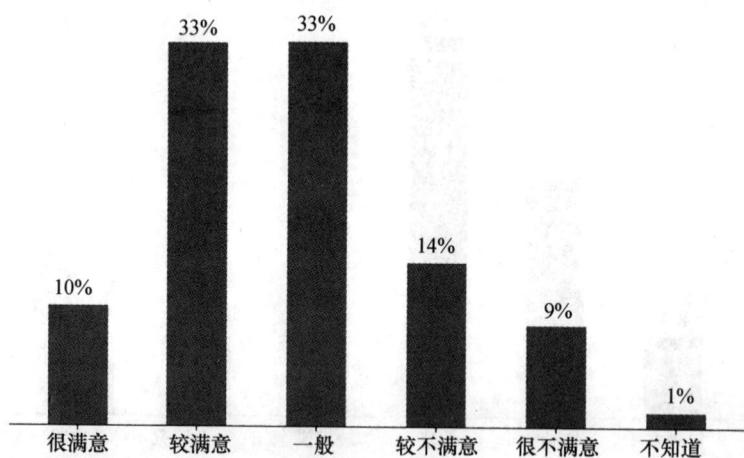

附图 2—12　生活垃圾处理（现实评价）（n =7951）

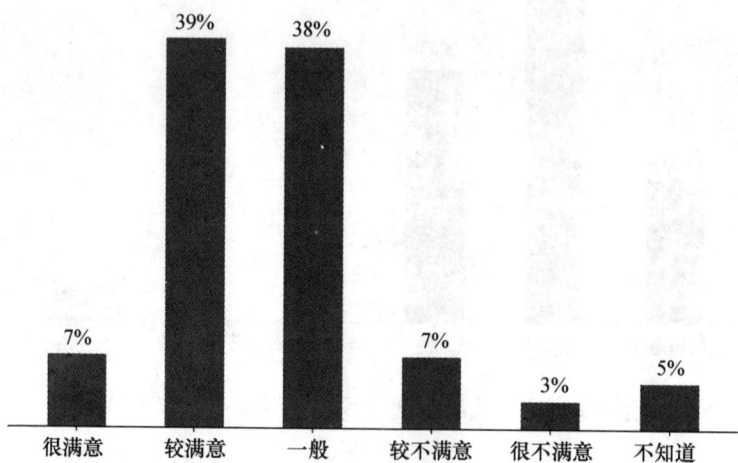

附图 2—13　法律对公民人身权利的保护状况（现实评价）（n =7955）

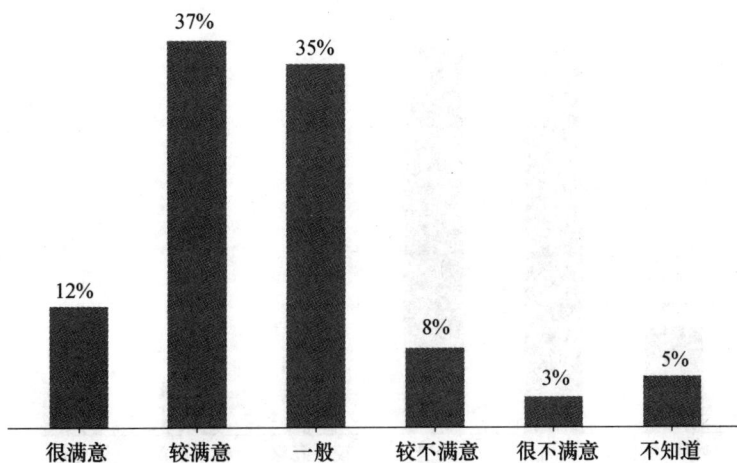

附图 2—14　法律对公民财产权利的保护（现实评价）（n = 7955）

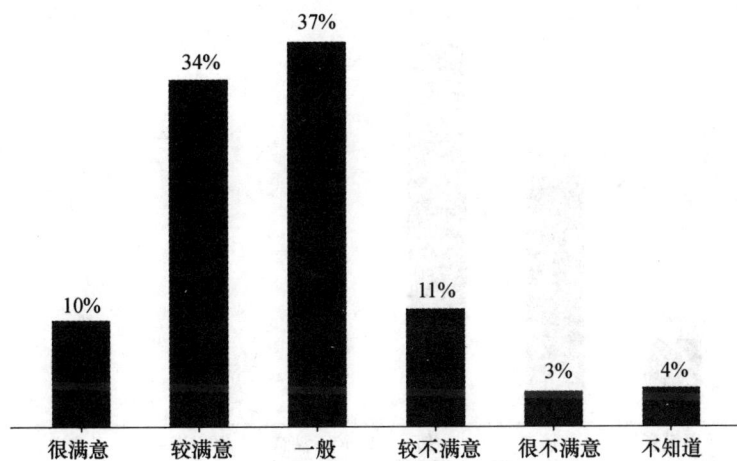

附图 2—15　法律对公民劳动权益的保护（现实评价）（n = 7949）

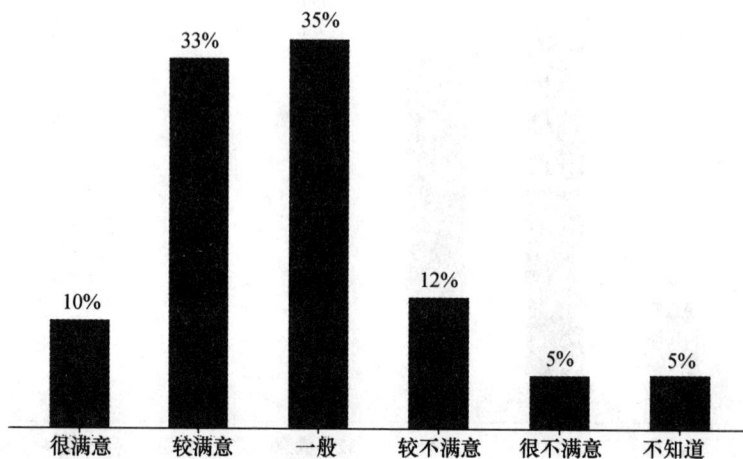

附图2—16　政府依法行政（现实评价）（n = 7952）

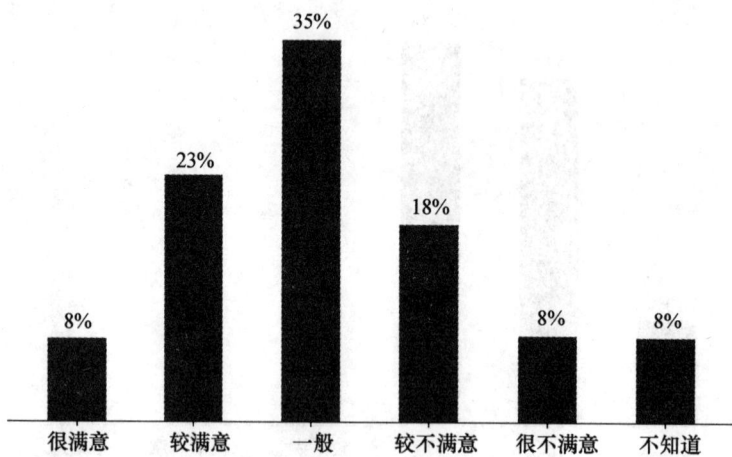

附图2—17　公务员廉洁自律（现实评价）（n = 7952）

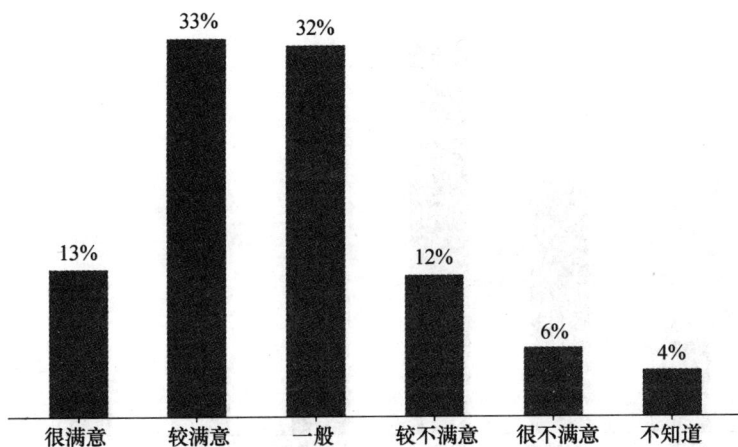

附图2—18　预防和惩治腐败（现实评价）（n = 7957）

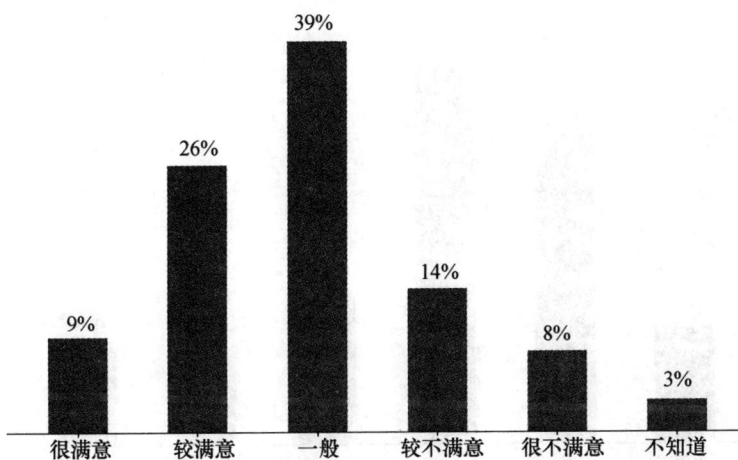

附图2—19　政府办事效率（现实评价）（n = 7954）

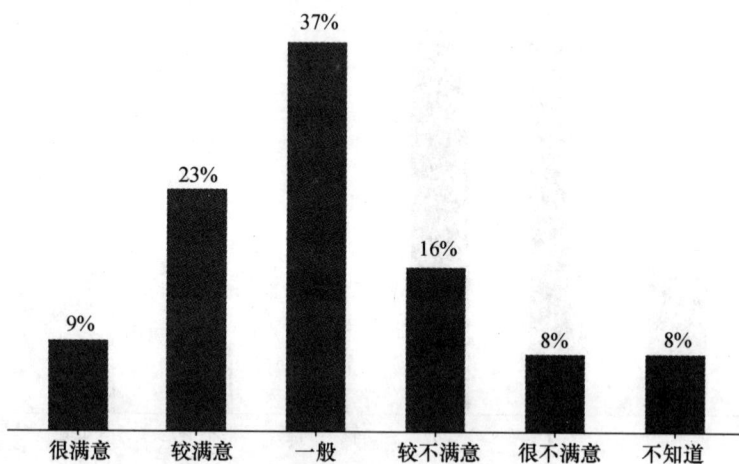

附图 2—20　信息公开透明（现实评价）（n = 7954）

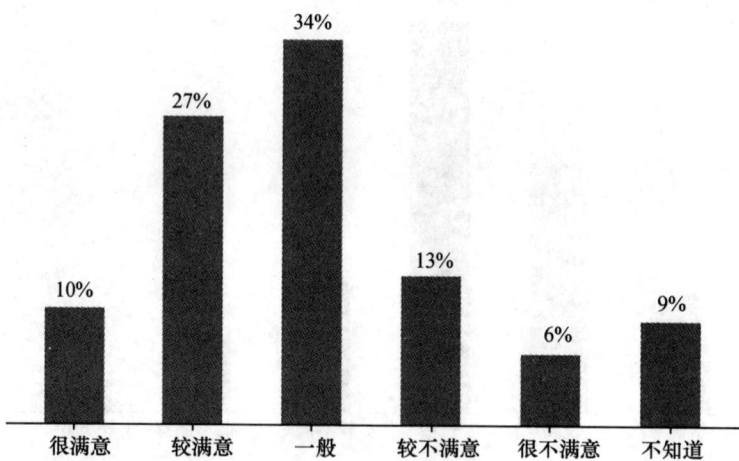

附图 2—21　有关部门及负责人在违规失职后受到追究

（现实评价）（n = 7954）

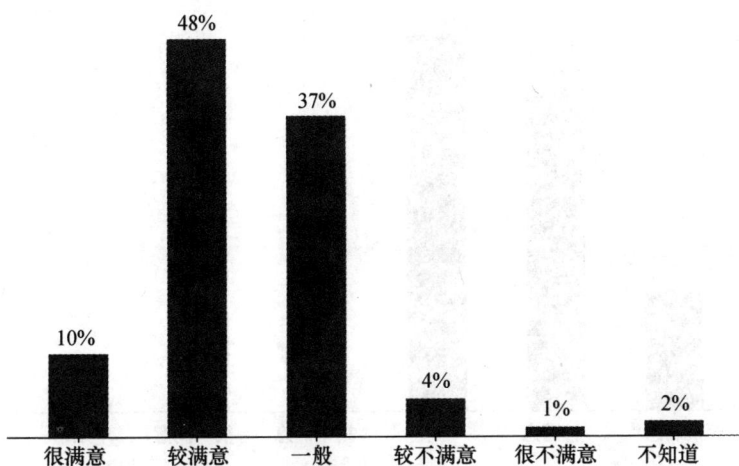

附图 2—22 社会整体发展水平（现实评价）（n = 7964）

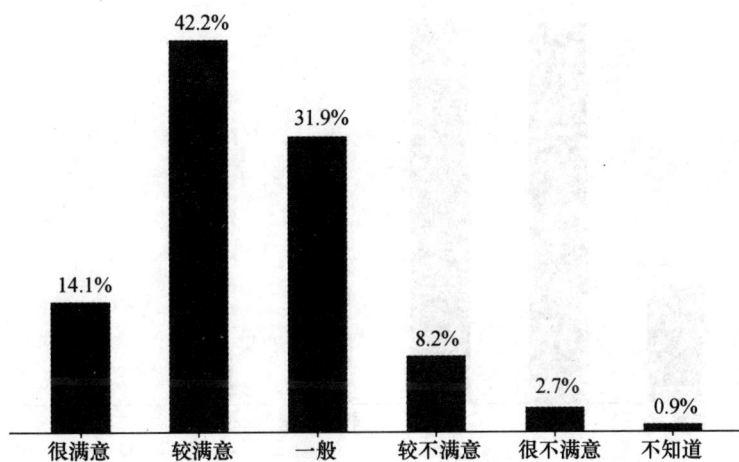

附图 2—23 基础设施状况（现实评价）（n = 7961）

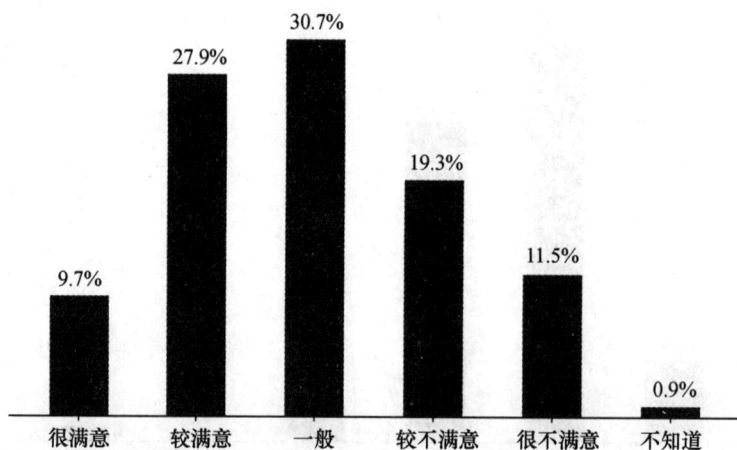

附图 2—24 医疗服务（现实评价）（n = 7964）

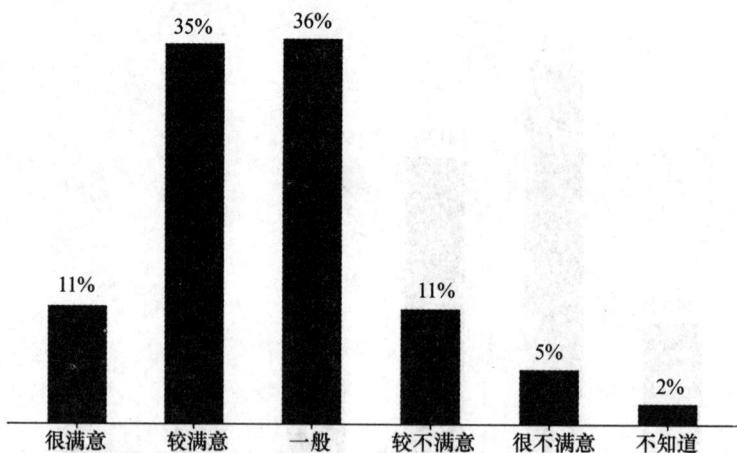

附图 2—25 教育水平（现实评价）（n = 7960）

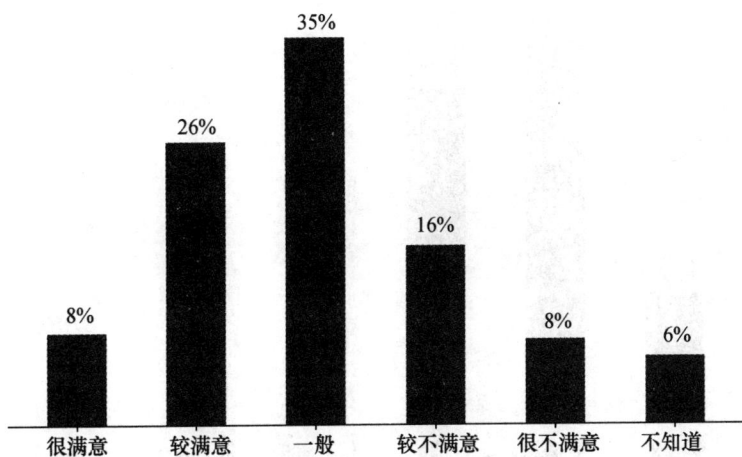

附图 2—26　住房保障（现实评价）（n = 7962）

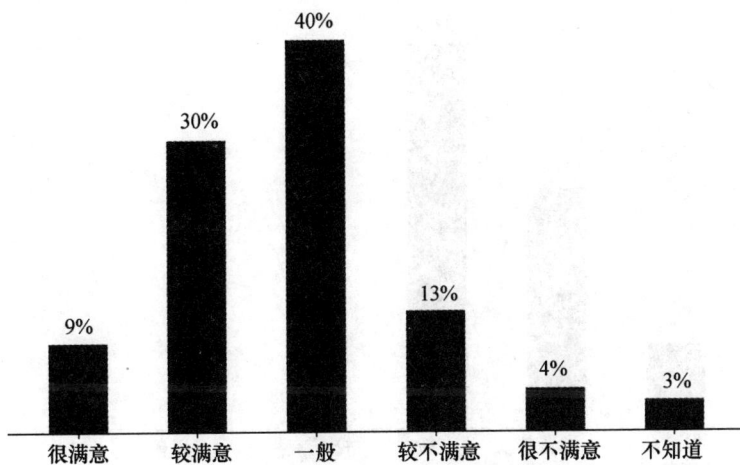

附图 2—27　社会保障水平（现实评价）（n = 7960）

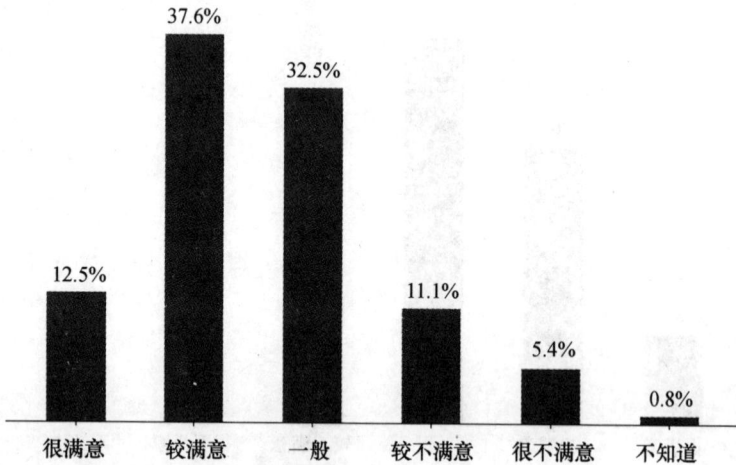

附图 2—28　治安状况（现实评价）（n = 7964）

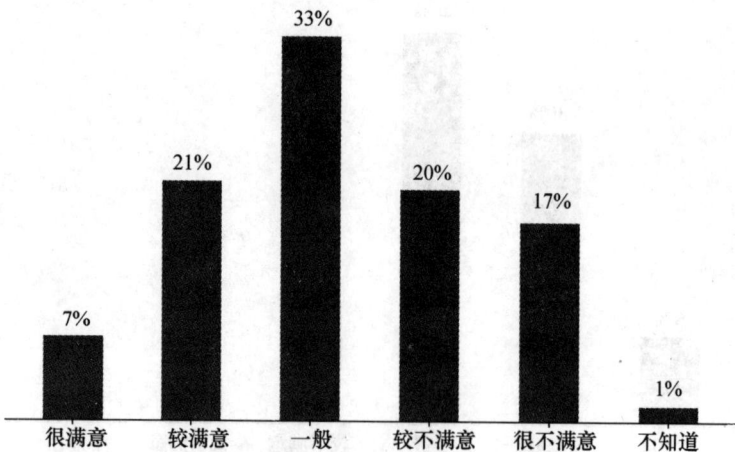

附图 2—29　食品安全状况（现实评价）（n = 7961）

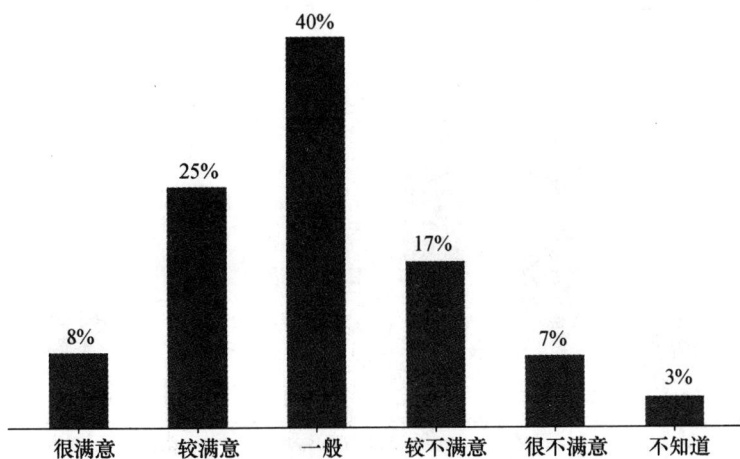

附图 2—30　社会公平公正状况（现实评价）（n = 7959）

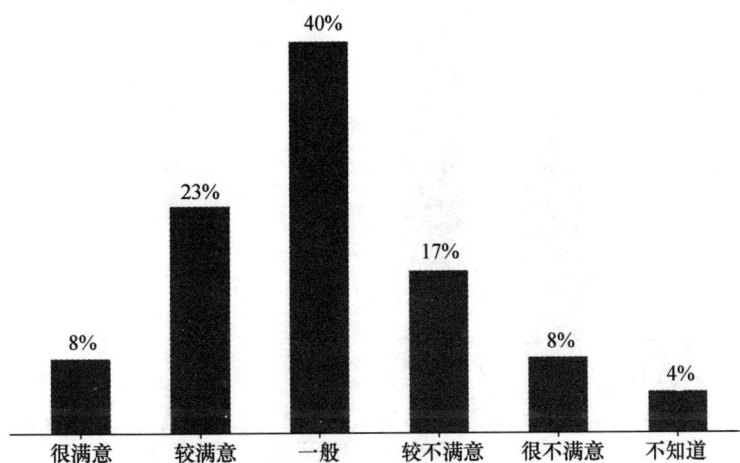

附图 2—31　就业机会（现实评价）（n = 7960）

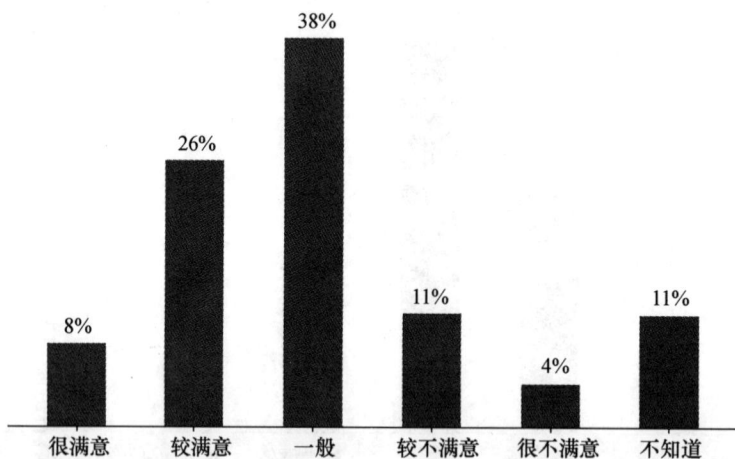

附图 2—32　继续教育和岗位培训机会（现实评价）（n ＝7960）

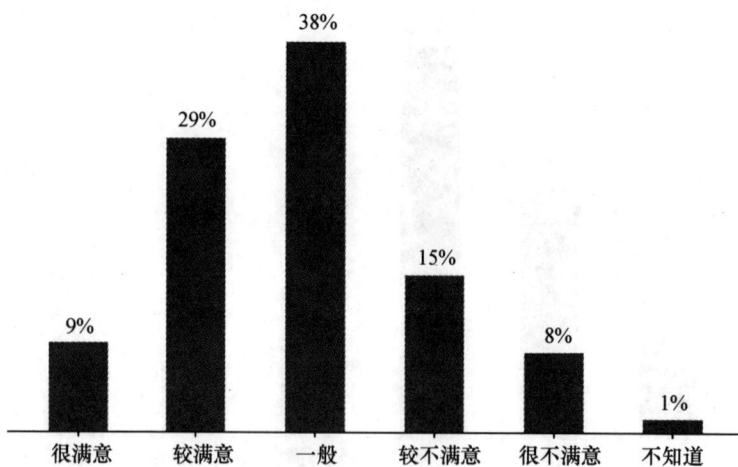

附图 2—33　社会风气（现实评价）（n ＝7958）

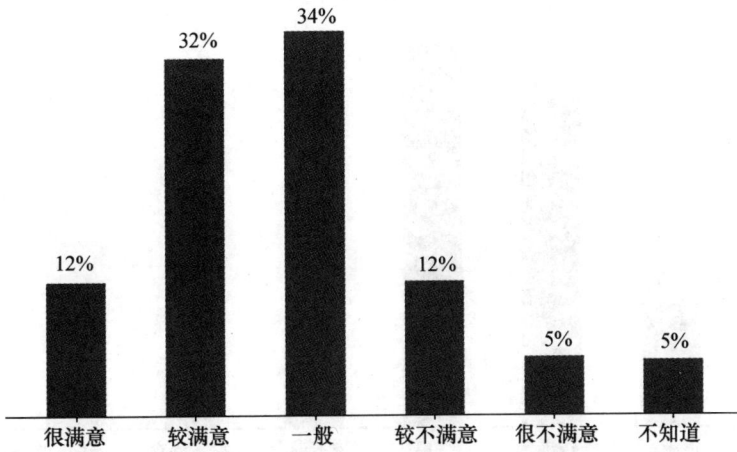

附图 2—34　对孤寡老人、孤儿的社会保护（现实评价）（n = 7958）

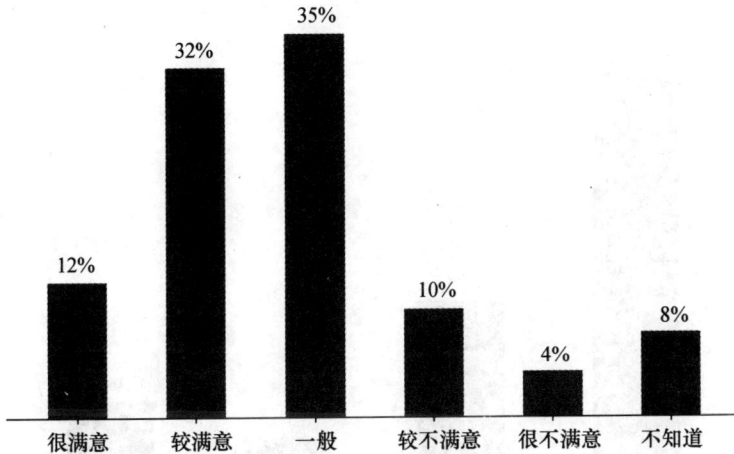

附图 2—35　对残疾人的社会援助（现实评价）（n = 7963）

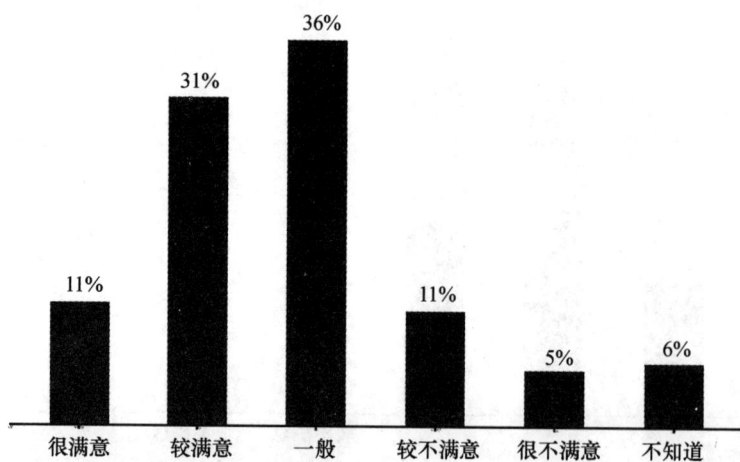

附图 2—36　对贫困群体的社会救助（现实评价）（n = 7963）

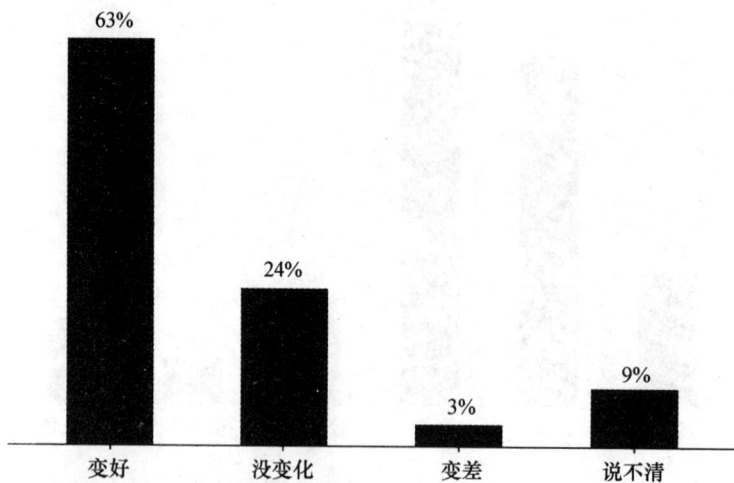

附图 2—37　经济发展水平（未来预期）（n = 7955）

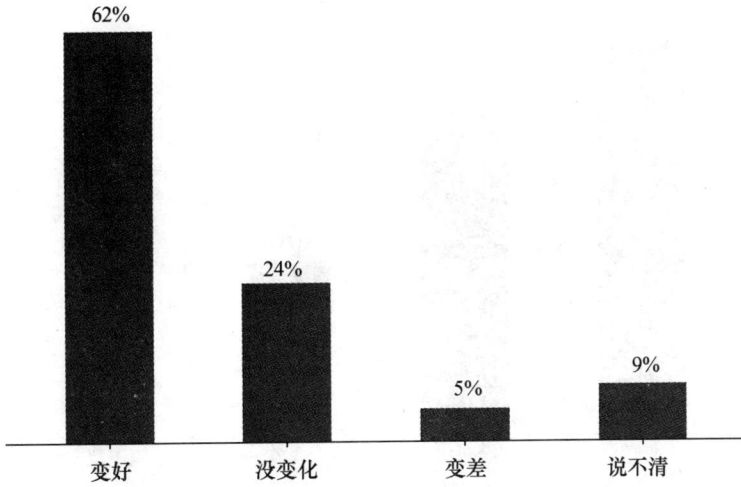

附图 2—38 经济增长速度（未来预期）（n = 7948）

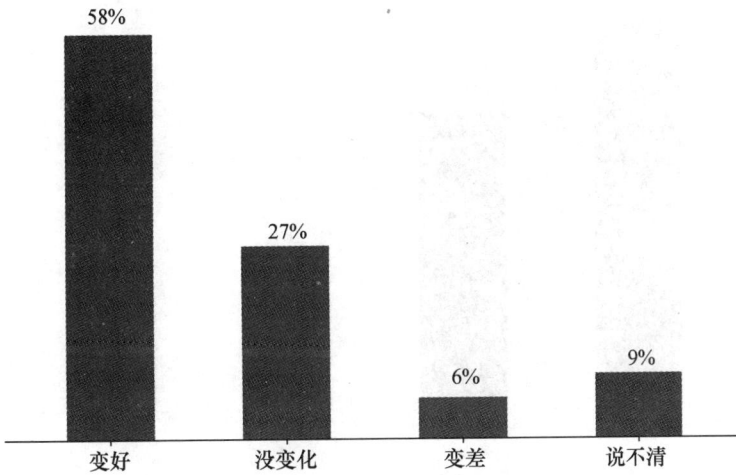

附图 2—39 居民收入增长（未来预期）（n = 7948）

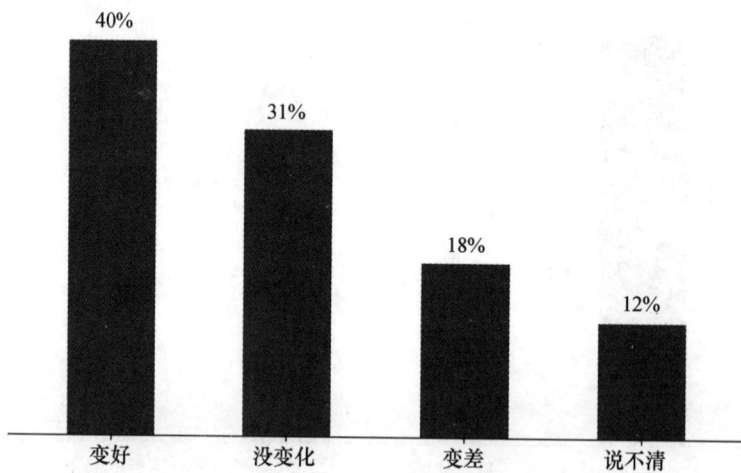

附图 2—40　物价（未来预期）（n = 7951）

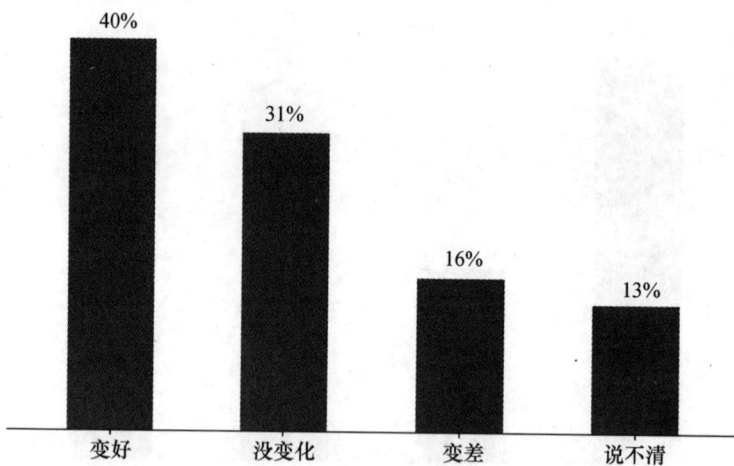

附图 2—41　住房价格（未来预期）（n = 7948）

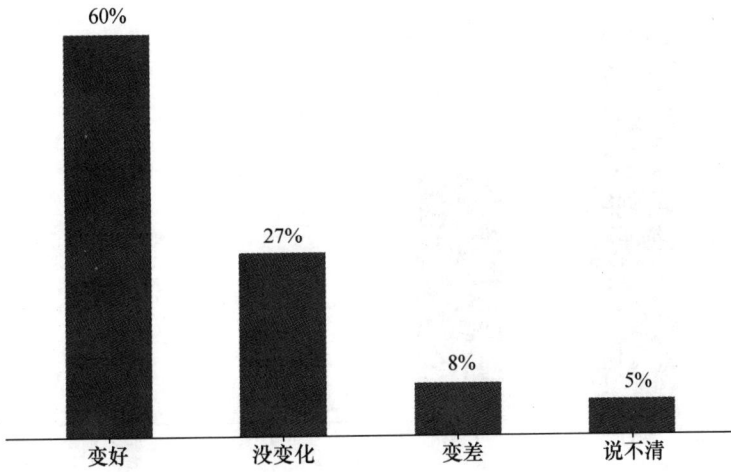

附图 2—42　环境质量（未来预期）（n = 7962）

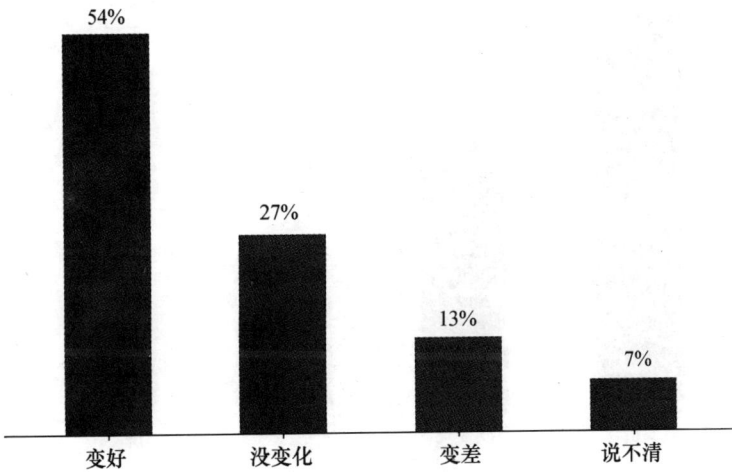

附图 2—43　空气质量（未来预期）（n = 7957）

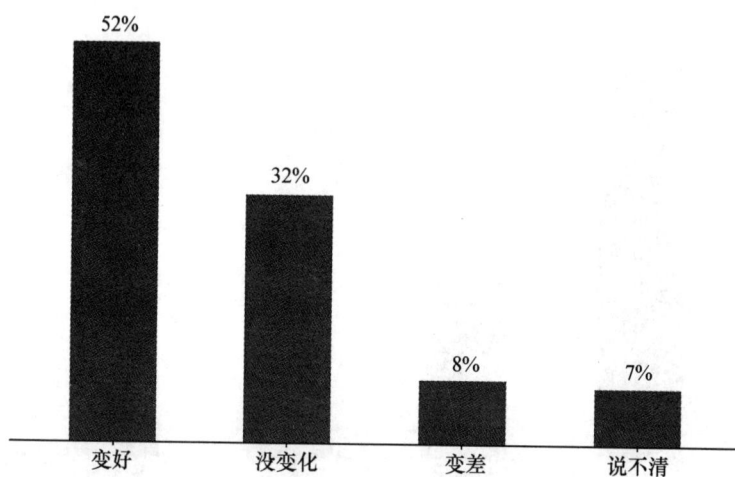

附图 2—44 自来水质量（未来预期）（n = 7956）

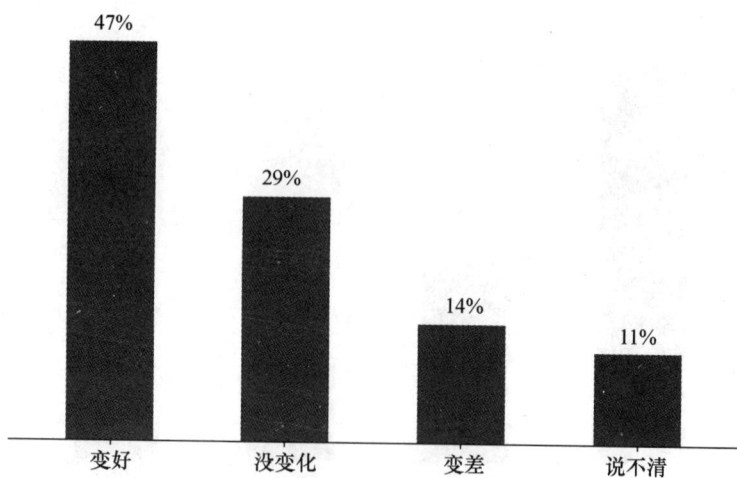

附图 2—45 生态水面质量（未来预期）（n = 7949）

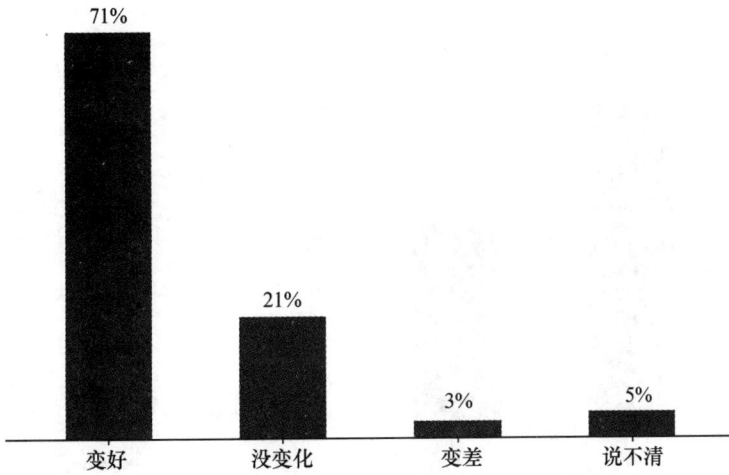

附图 2—46　城市绿化（未来预期）（n = 7955）

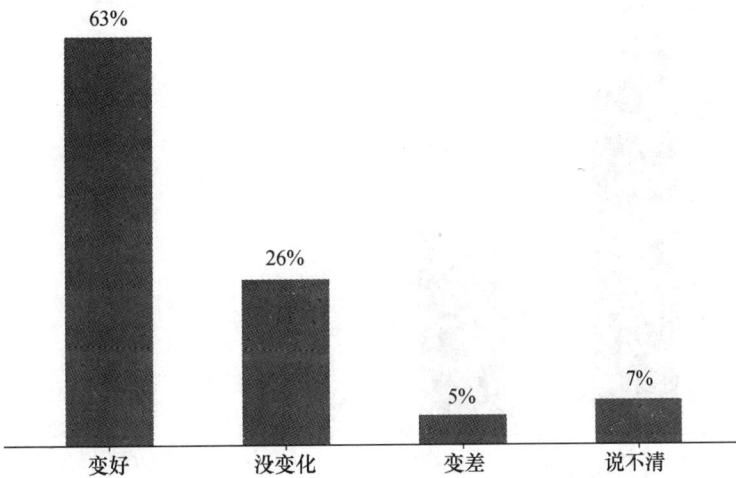

附图 2—47　生活垃圾处理（未来预期）（n = 7950）

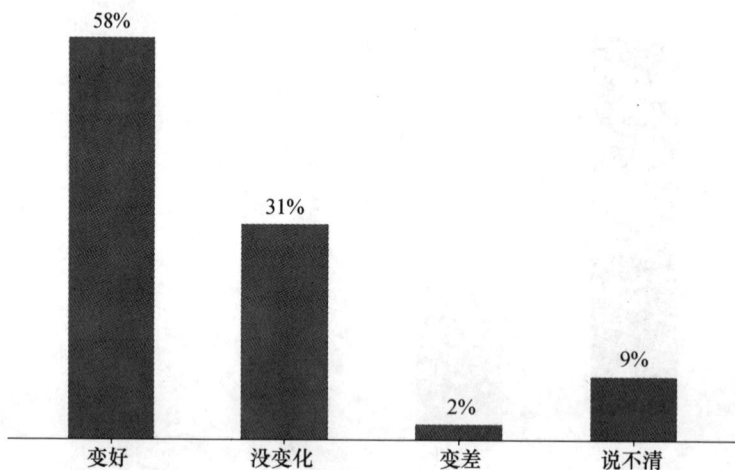

附图2—48 法律对公民人身权利的保护状况（未来预期）（n = 7957）

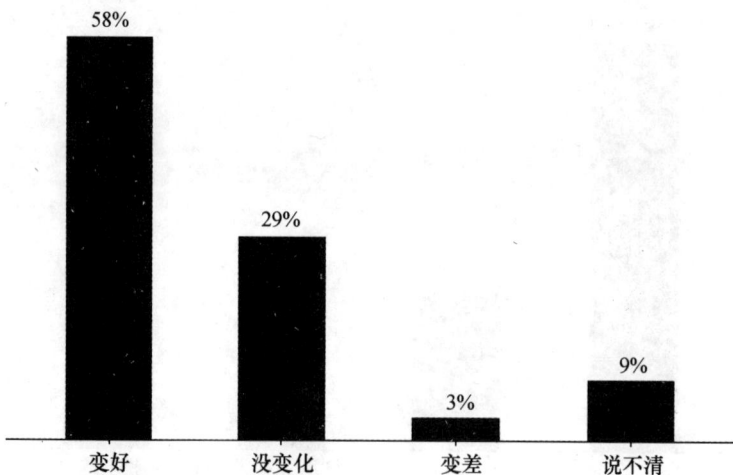

附图2—49 法律对公民财产权利的保护（未来预期）（n = 7954）

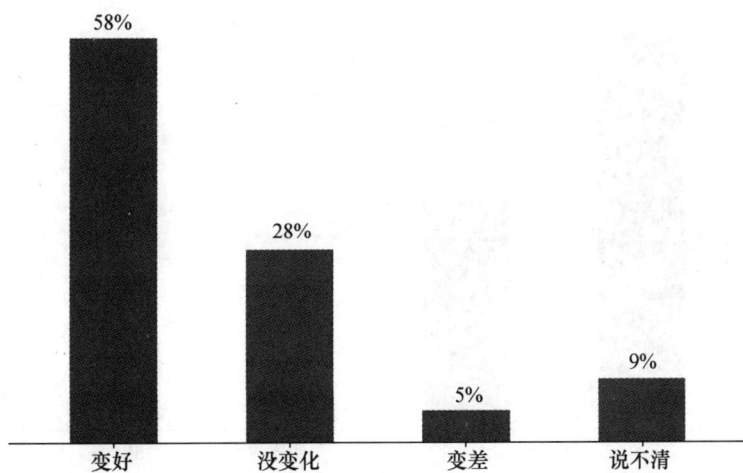

附图 2—50　法律对公民劳动权益的保护（未来预期）（n = 7941）

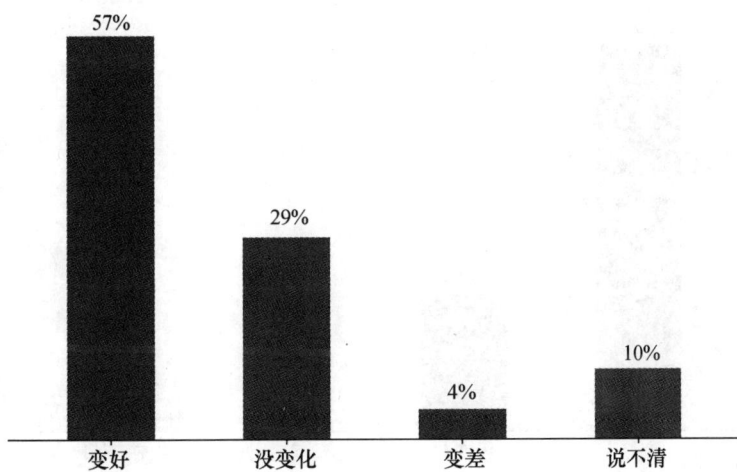

附图 2—51　政府依法行政（未来预期）（n = 7950）

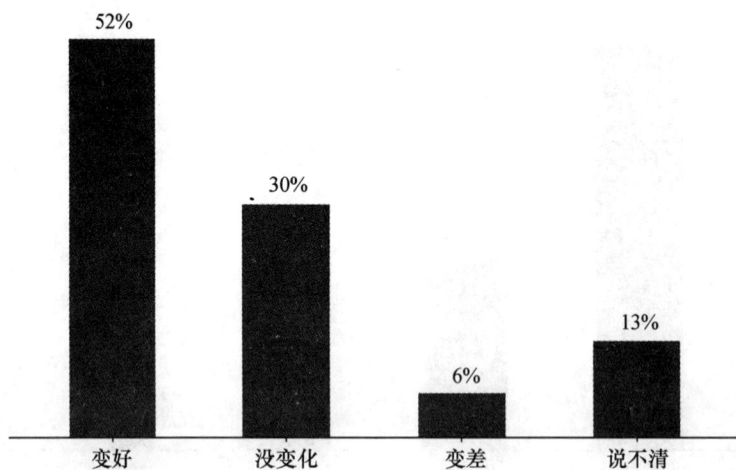

附图 2—52　公务员廉洁自律（未来预期）（n = 7939）

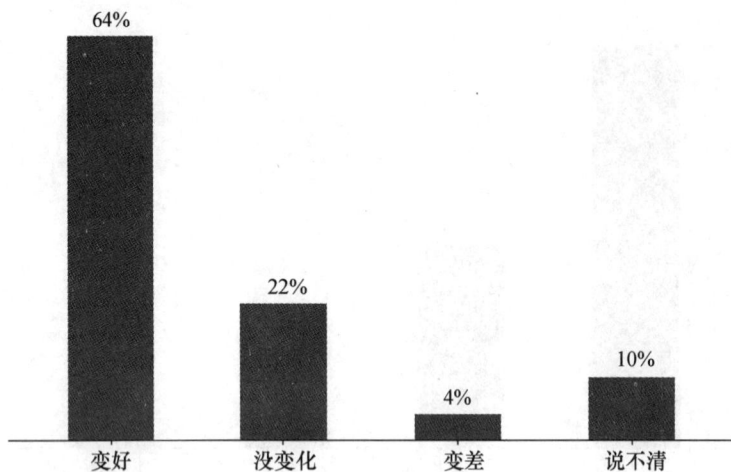

附图 2—53　预防和惩治腐败（未来预期）（n = 7957）

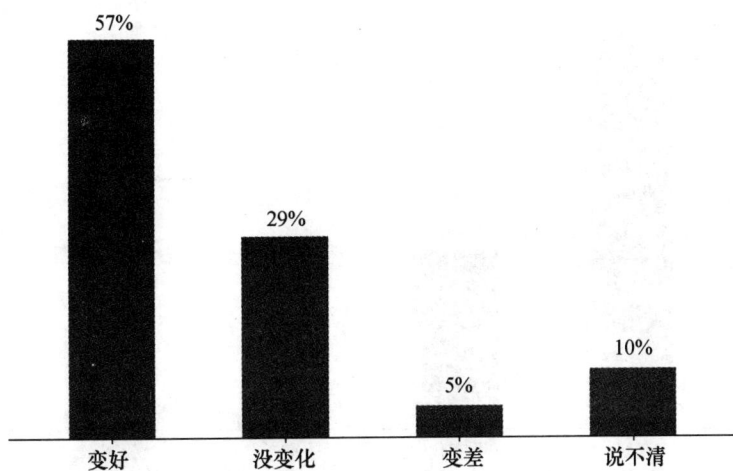

附图 2—54 政府办事效率（未来预期）（n = 7949）

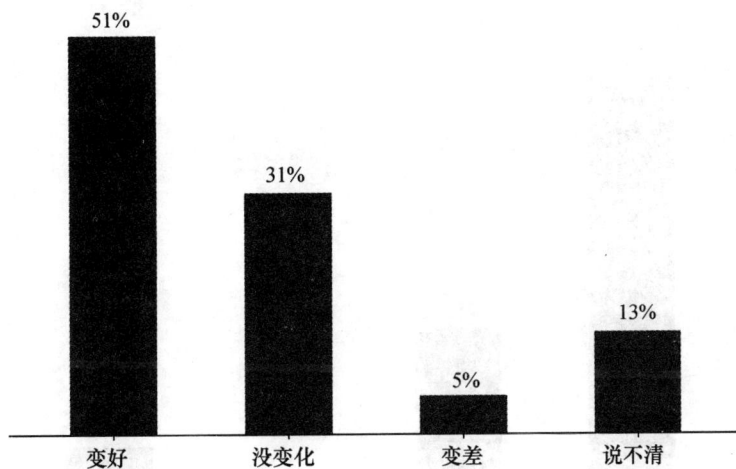

附图 2—55 政府公开透明（未来预期）（n = 7941）

56%

25%

4%

14%

| 变好 | 没变化 | 变差 | 说不清 |

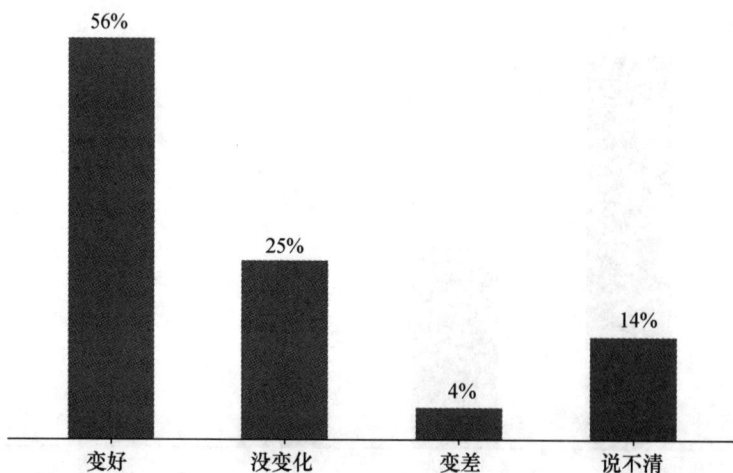

附图 2—56 有关部门及负责人在违规失职后受到追究
（未来预期）（n = 7935）

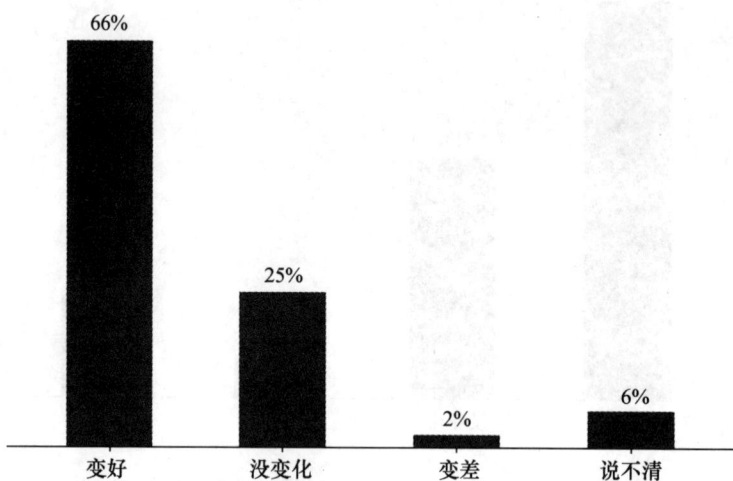

66%

25%

2%

6%

| 变好 | 没变化 | 变差 | 说不清 |

附图 2—57 社会整体发展水平（未来预期）（n = 7953）

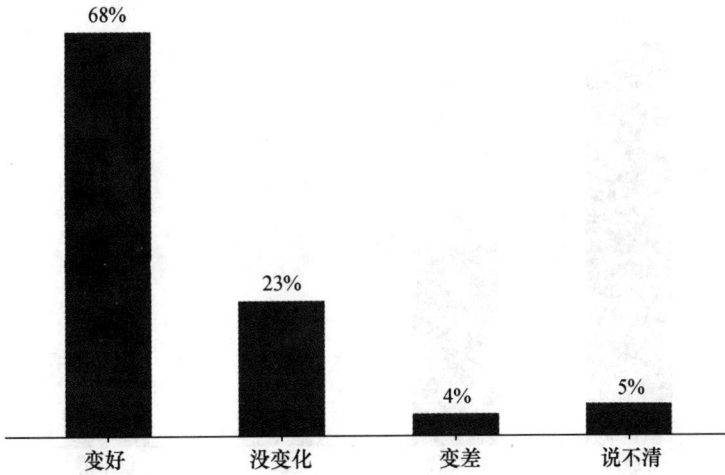

附图 2—58 基础设施状况（未来预期）（n＝7959）

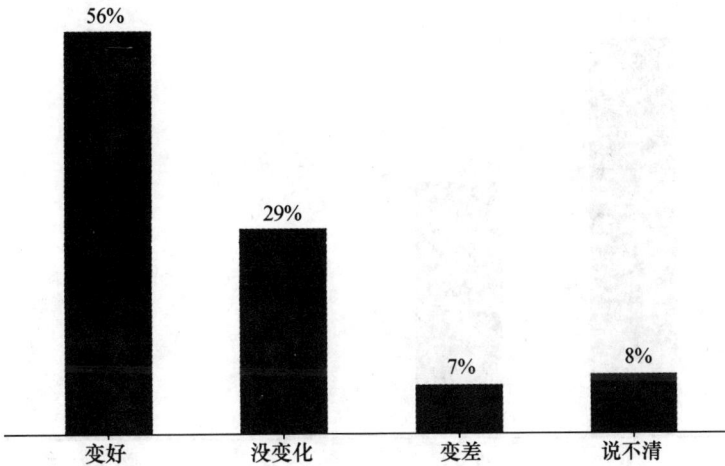

附图 2—59 医疗服务（未来预期）（n＝7960）

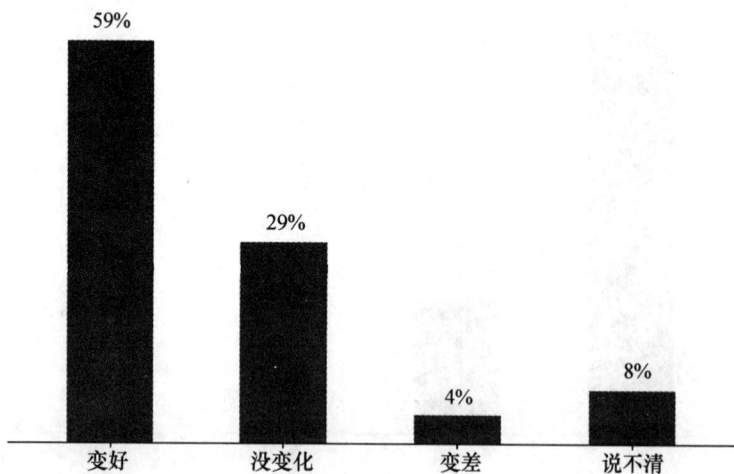

附图 2—60　教育水平（未来预期）（n = 7958）

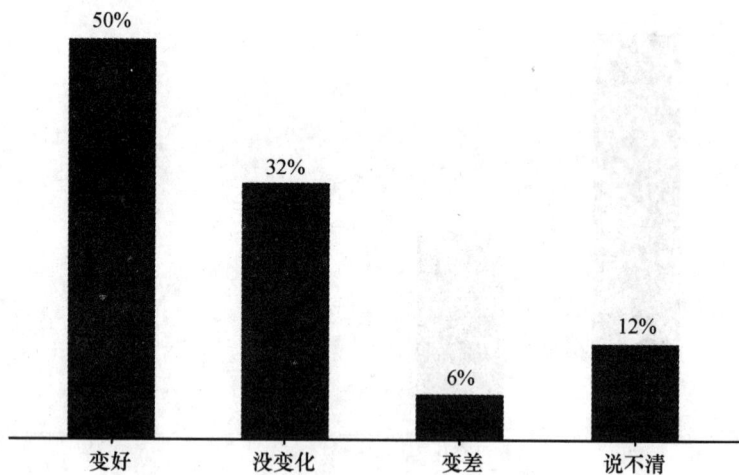

附图 2—61　住房保障（未来预期）（n = 7948）

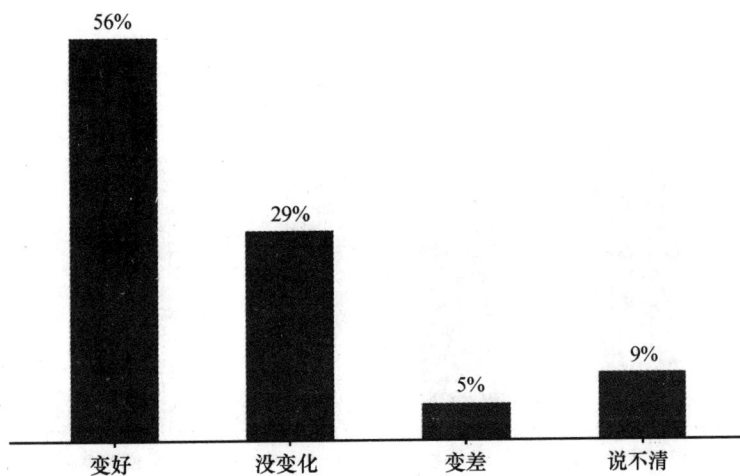

附图 2—62 社会保障水平（未来预期）（n = 7950）

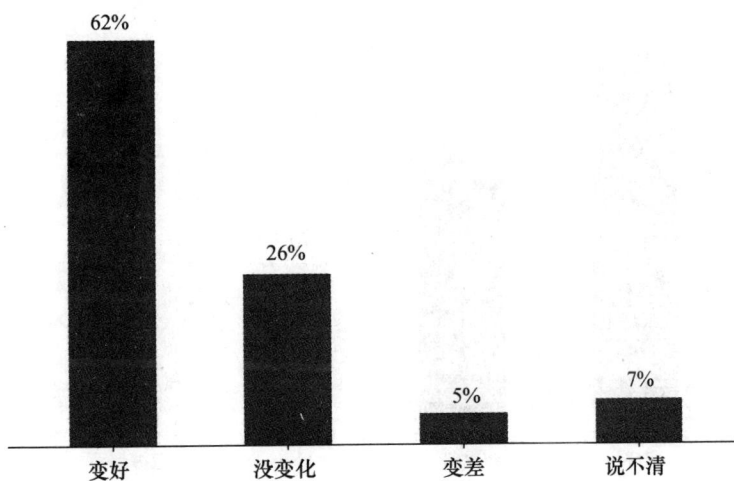

附图 2—63 治安状况（未来预期）（n = 7959）

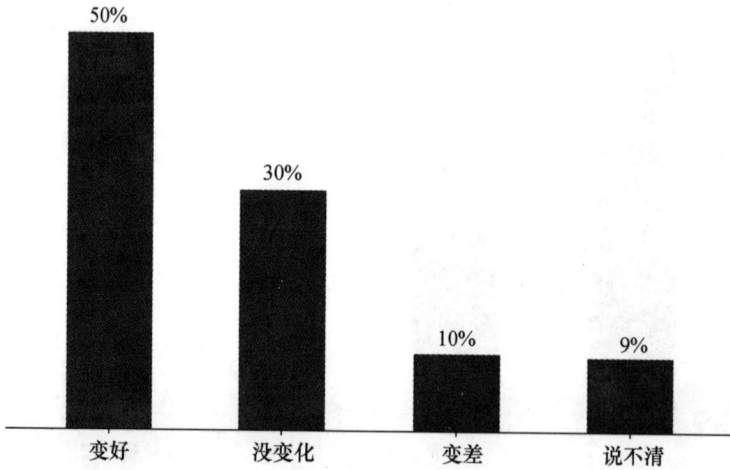

附图 2—64 食品安全状况（未来预期）（n = 7954）

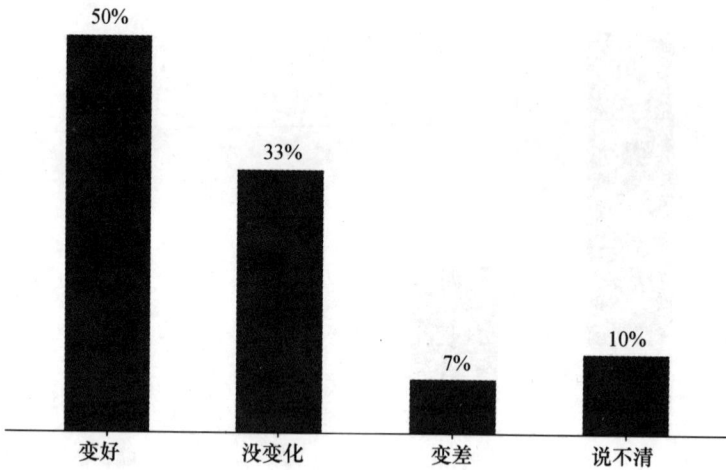

附图 2—65 社会公平公正状况（未来预期）（n = 7955）

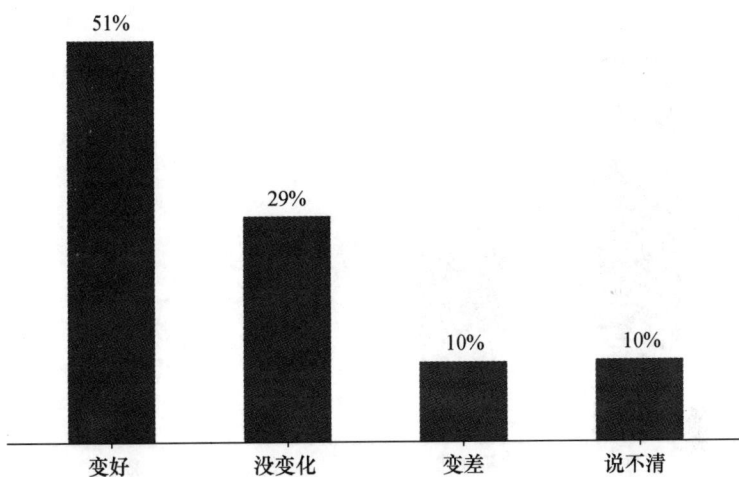

附图 2—66　就业机会（未来预期）（n = 7945）

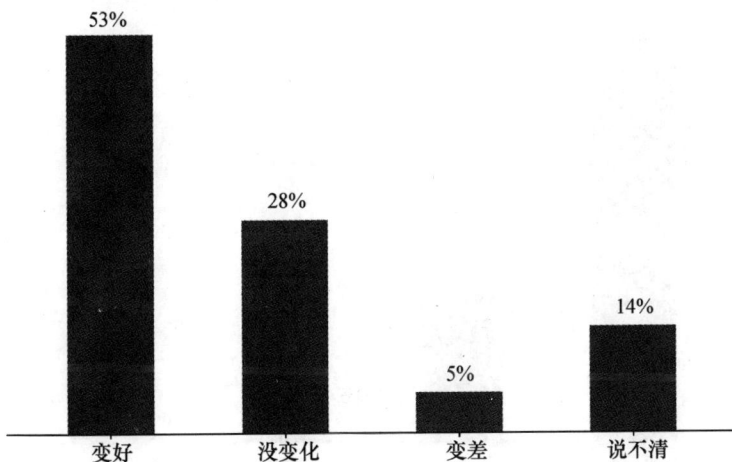

图 2—67　继续教育和岗位培训机会（未来预期）（n = 7938）

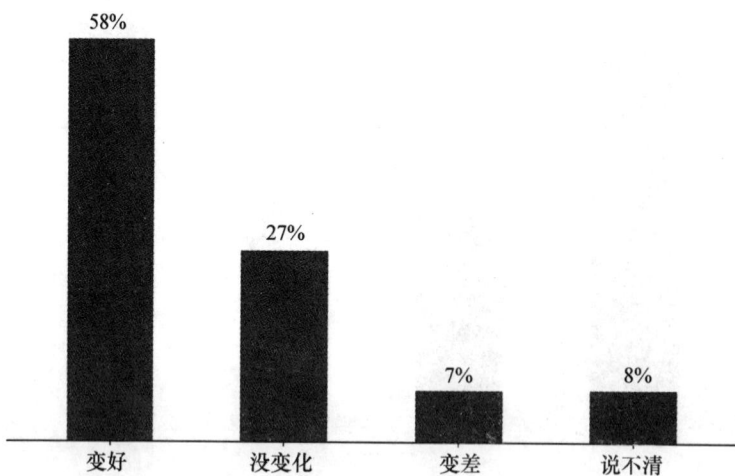

附图2—68　社会风气（未来预期）（n＝7952）

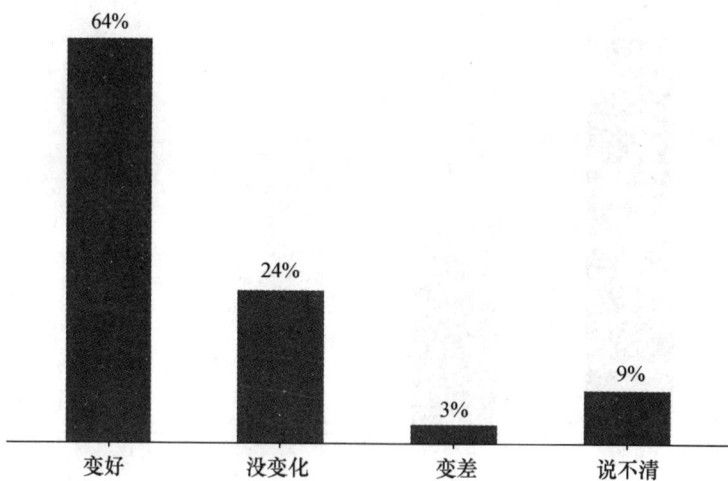

附图2—69　对孤寡老人、孤儿的社会保护（未来预期）（n＝7946）

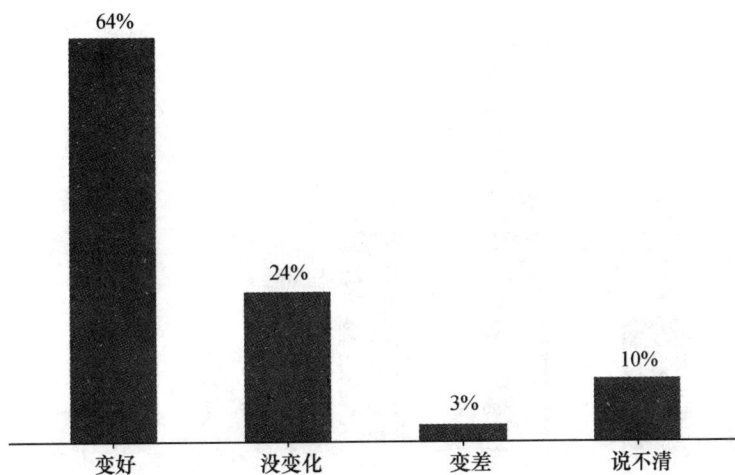

附图 2—70 对残疾人的社会援助（n = 7935）

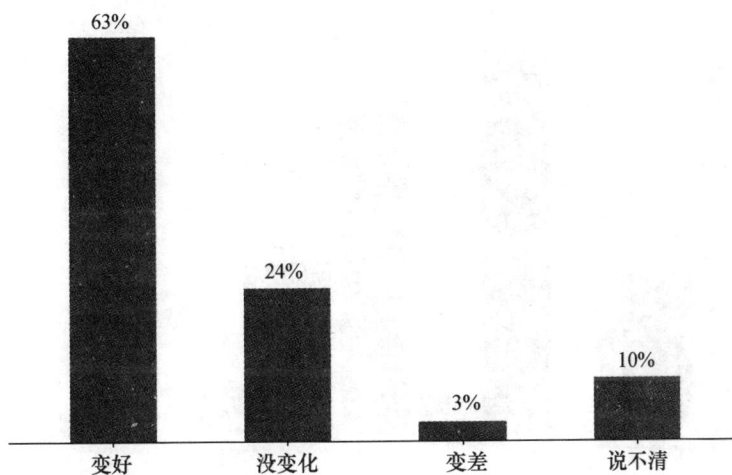

附图 2—71 对贫困群体的社会救助（n = 7934）

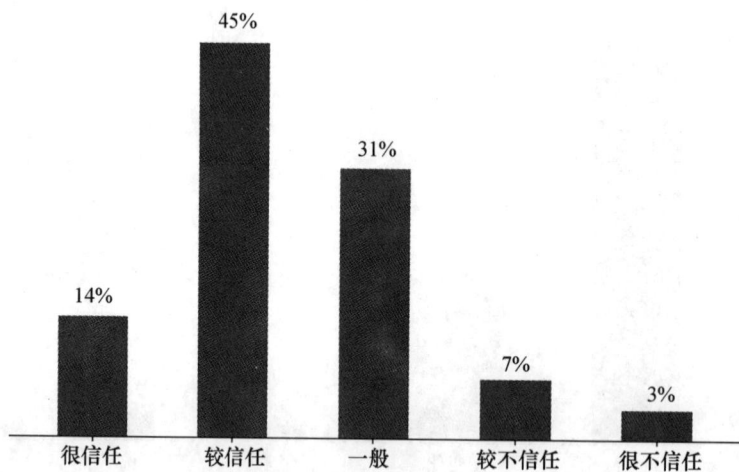

附图2—72　公安局/派出所（n＝7964）

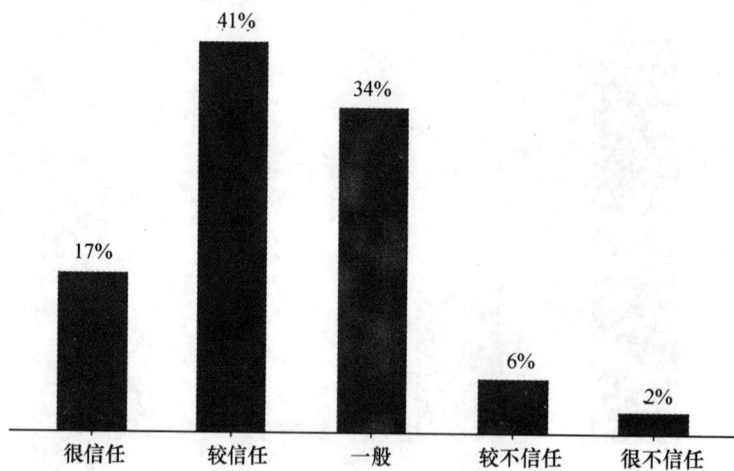

附图2—73　法院（n＝7949）

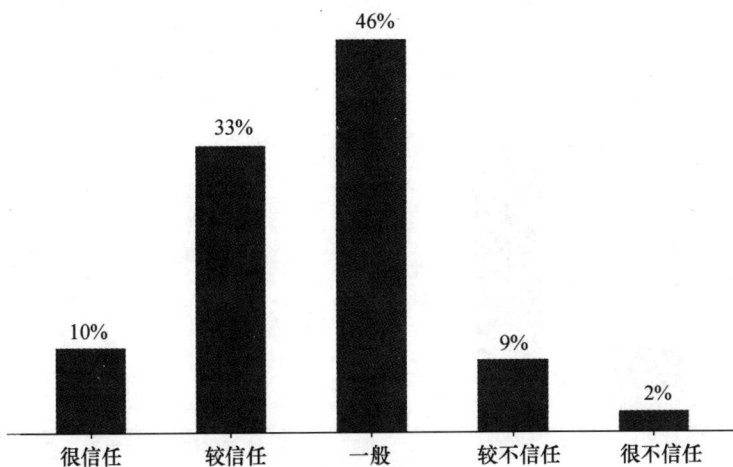

附图 2—74　工商/税务部门（n＝7932）

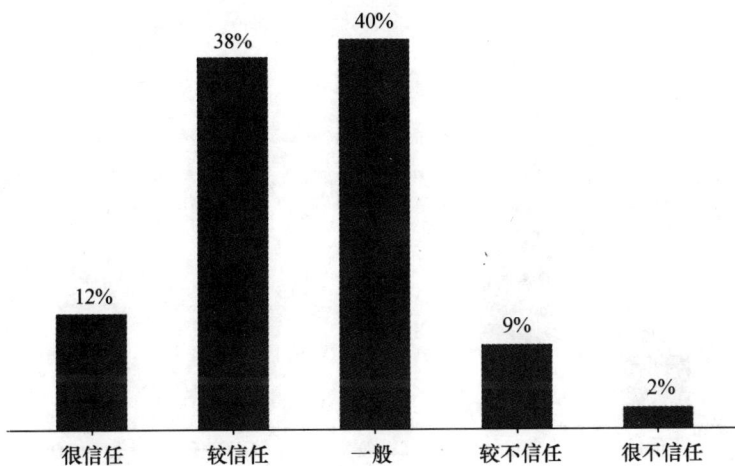

附图 2—75　社会保障部门（n＝7943）

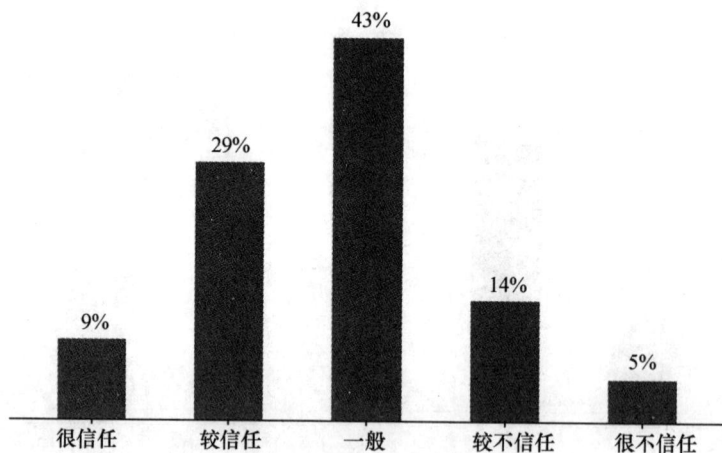

附图 2—76　信访部门（n = 7917）

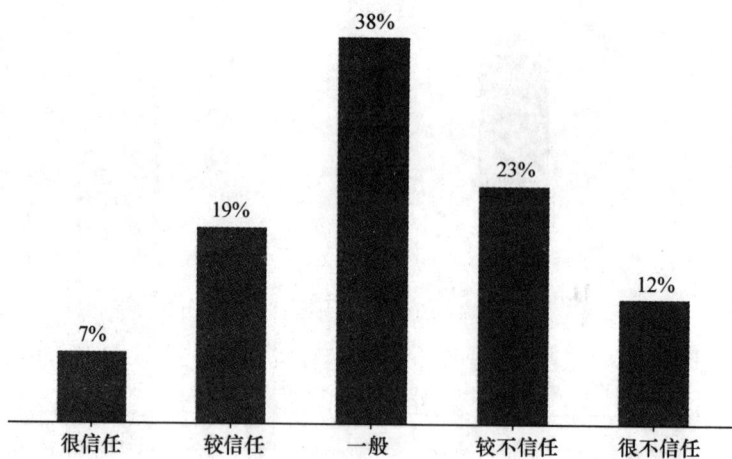

附图 2—77　城管部门（n = 7933）

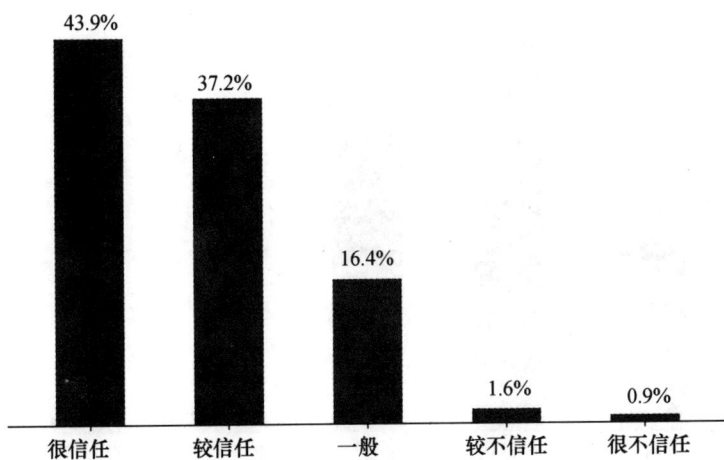

附图2—78 中央政府（n =7955）

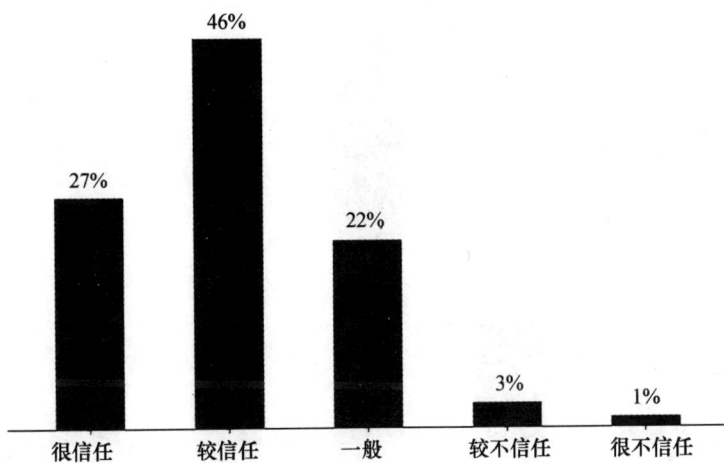

附图2—79 省、市政府（n =7951）

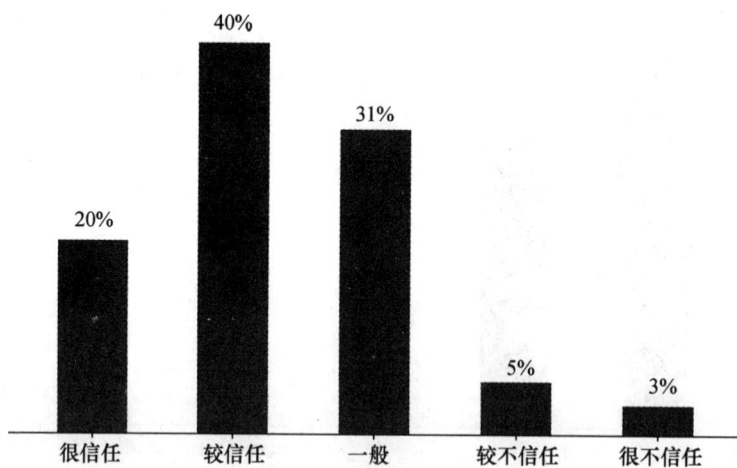

附图 2—80　县、区政府（n＝7950）

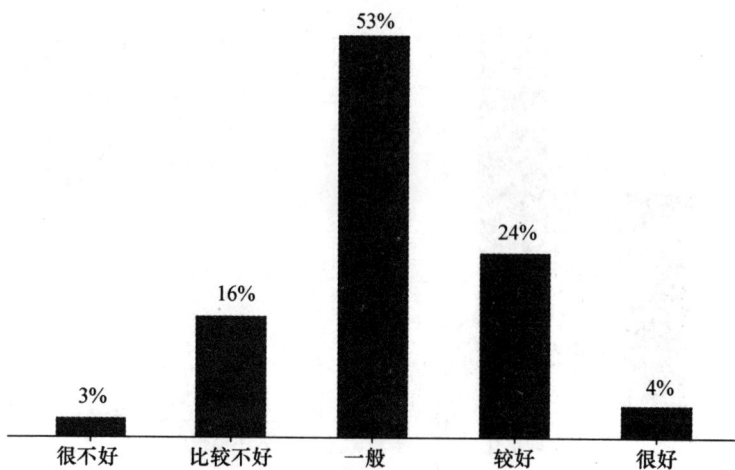

附图 2—81　老板与员工（n＝7940）

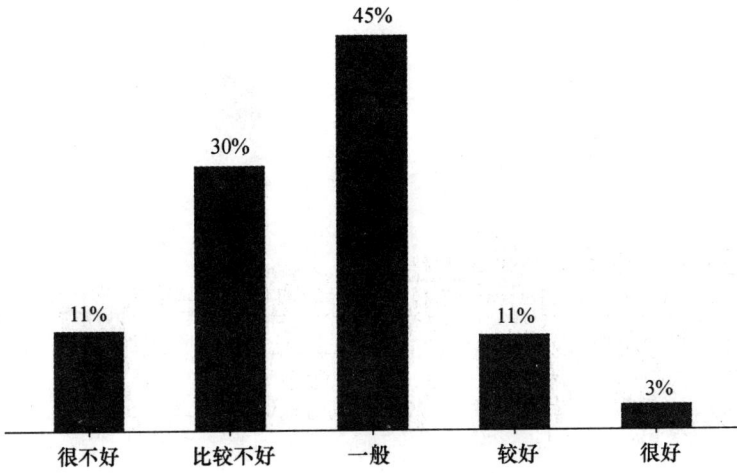

附图 2—82 穷人与富人（n = 7952）

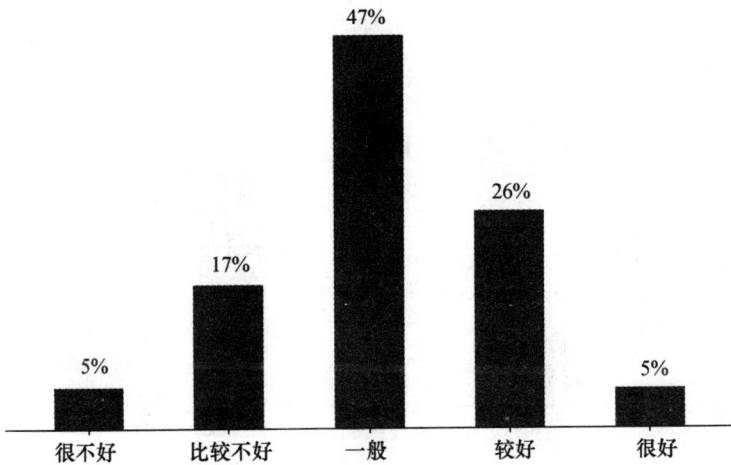

附图 2—83 城里人与农村人（n = 7957）

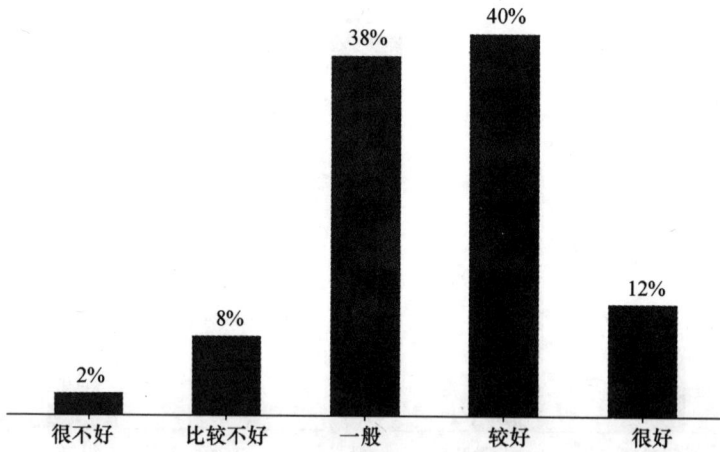

附图2—84 汉族与其他民族 (n = 7942)

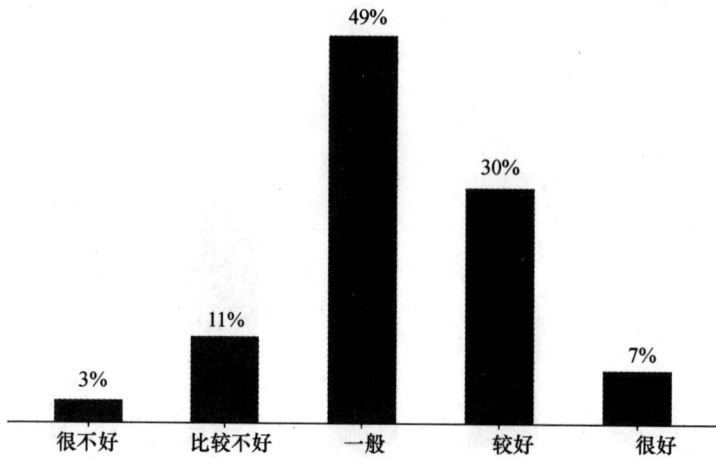

附图2—85 信教与不信教 (n = 7924)

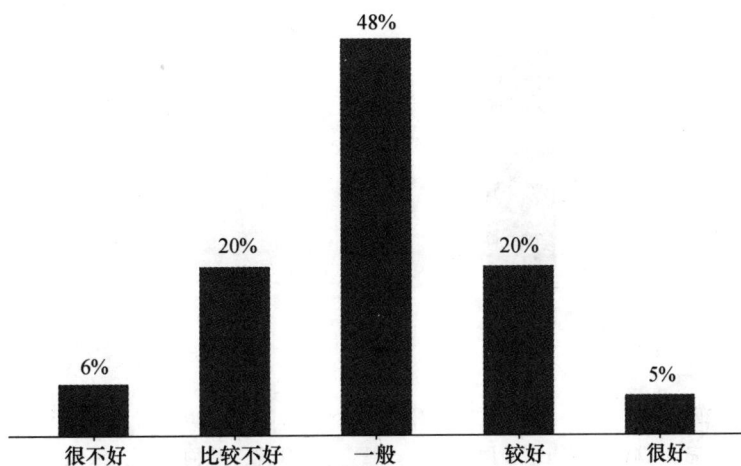

附图 2—86　干部与群众（n = 7950）

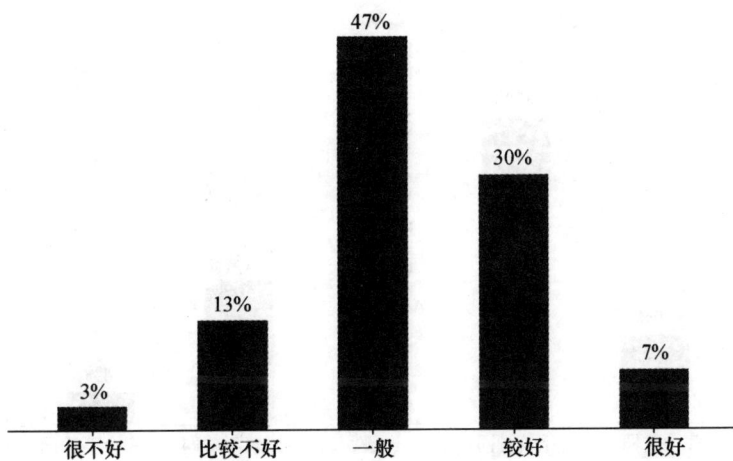

附图 2—87　本地人与外地人（n = 7953）

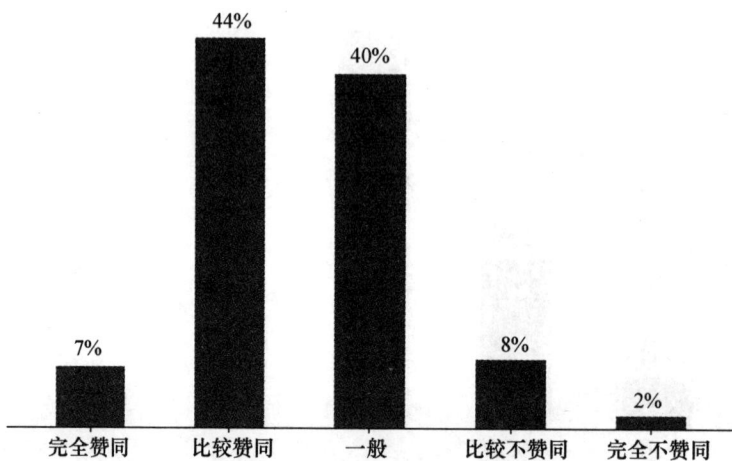

附图 2—88　政府的服务符合我的需要（n = 7962）

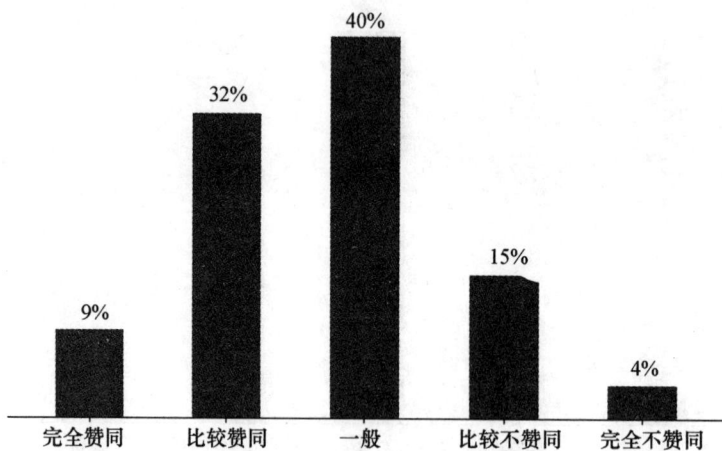

附图 2—89　政府的服务让我得到了实惠（n = 7961）

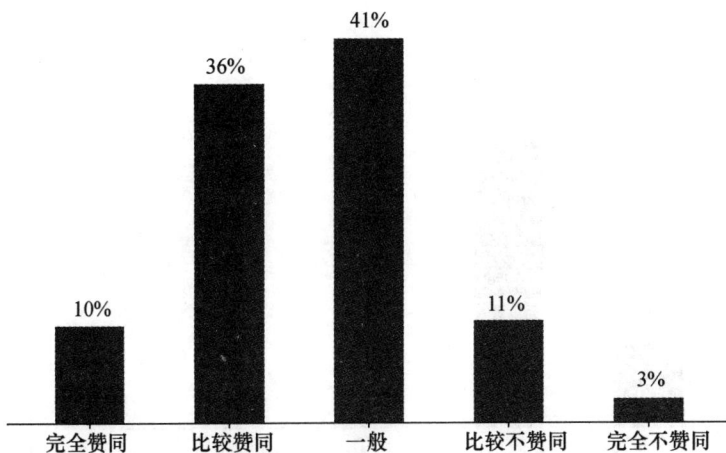

附图 2—90 政府提供的服务很方便（n = 7961）

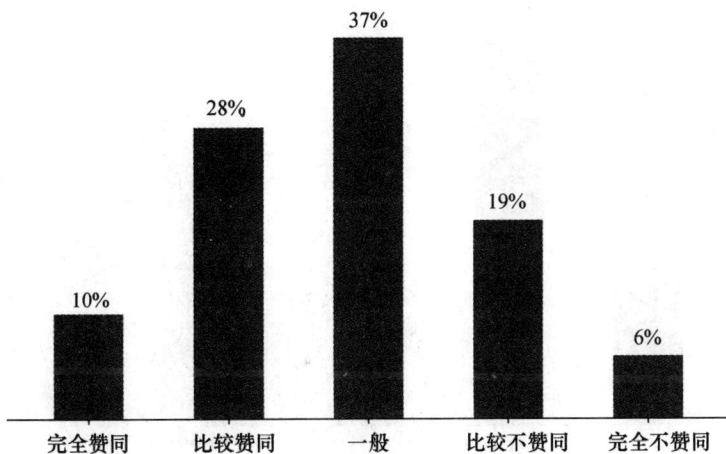

附图 2—91 政府愿意听取老百姓的意见（n = 7951）

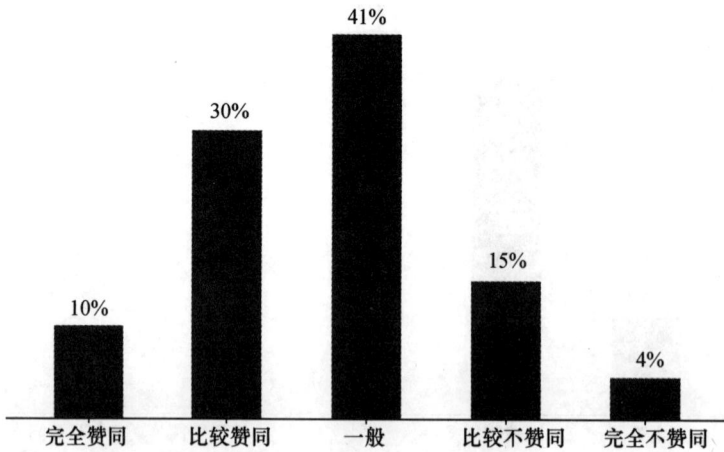

附图 2—92　政府处理事情是公道的 （n = 7944）

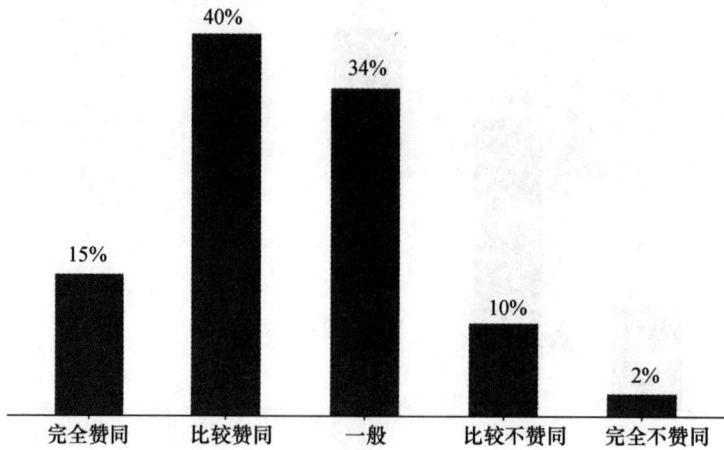

附图 2—93　政府能够处理好突发事件 （n = 7952）

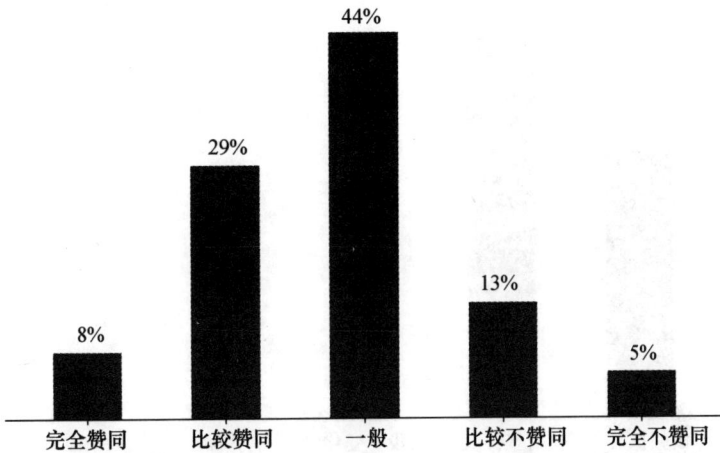

附图 2—94　政府工作人员的能力比较强（n = 7950）

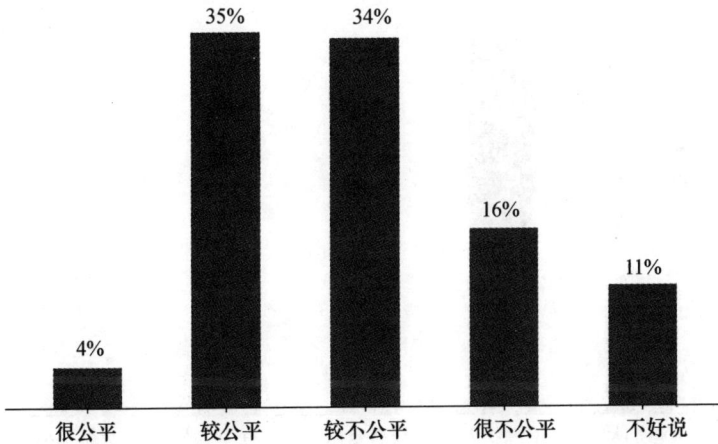

附图 2—95　您觉得当下社会的收入和财富分配是否公平？（n = 7454）

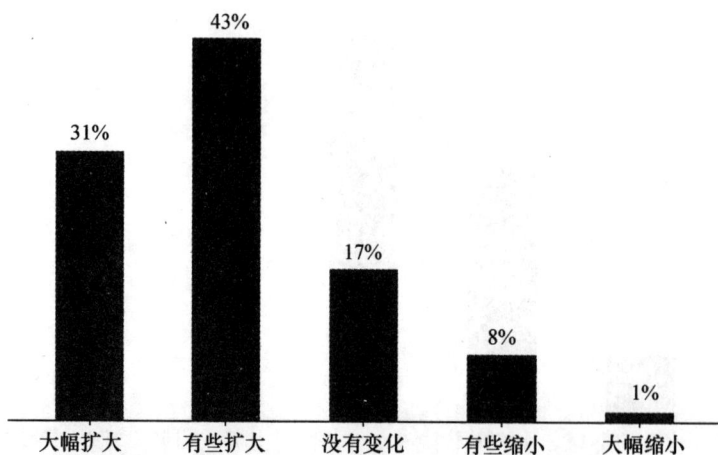

附图 2—96　穷人与富人的收入差距（n = 7948）

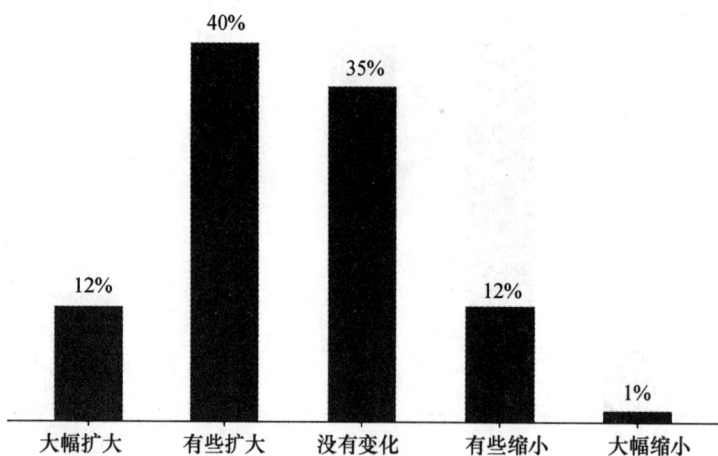

附图 2—97　私企员工与国企员工发展机会的差距（n = 7888）

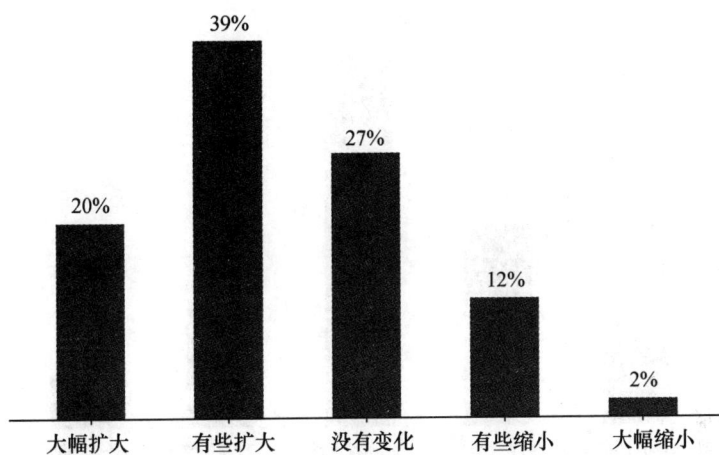

附图 2—98 老百姓与公务员在社会保障权利方面的差距（n ＝7916）

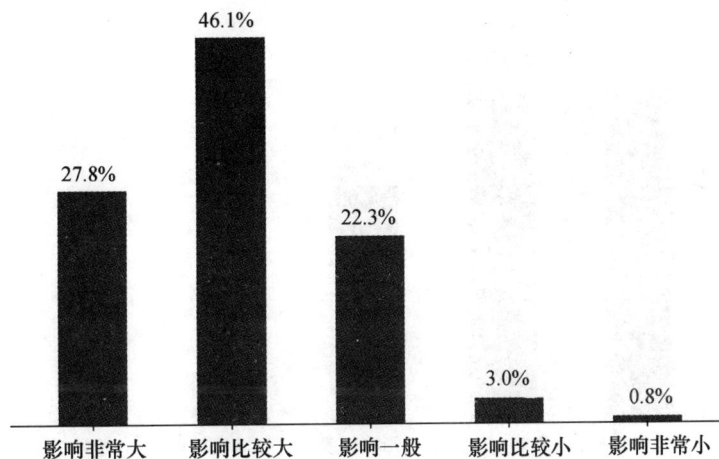

附图 2—99 缺乏能力和才干（n ＝7960）

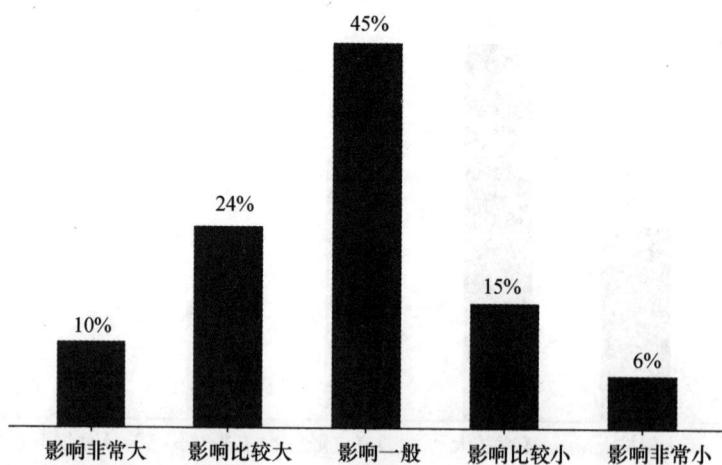

附图 2—100　运气不好（n ＝7956）

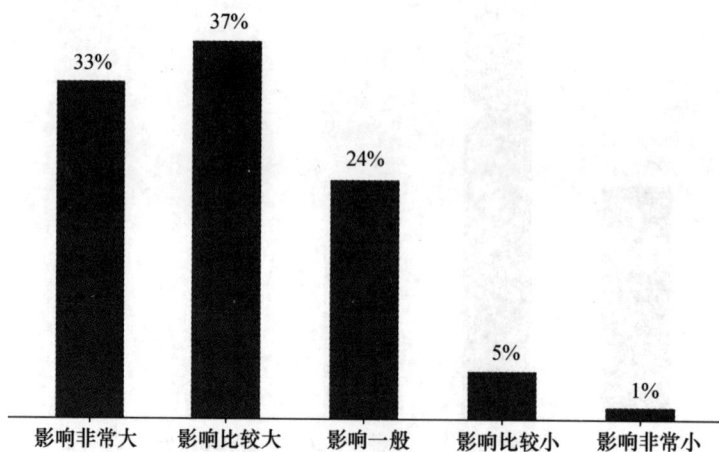

附图 2—101　品行不良（n ＝7957）

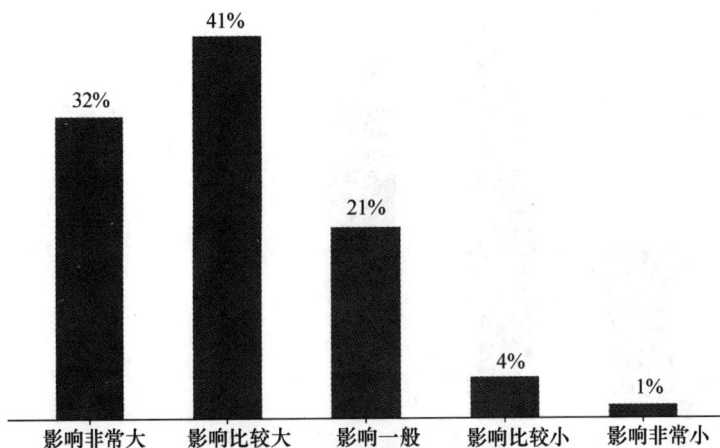

附图2—102 个人努力不够（n=7962）

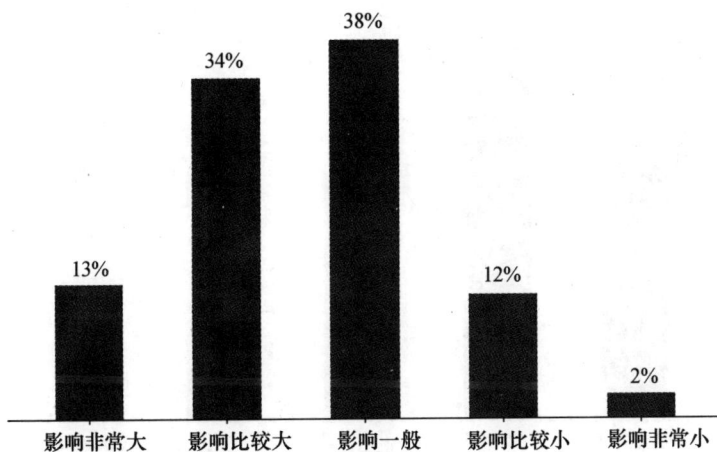

附图2—103 社会上存在偏见和歧视（n=7955）

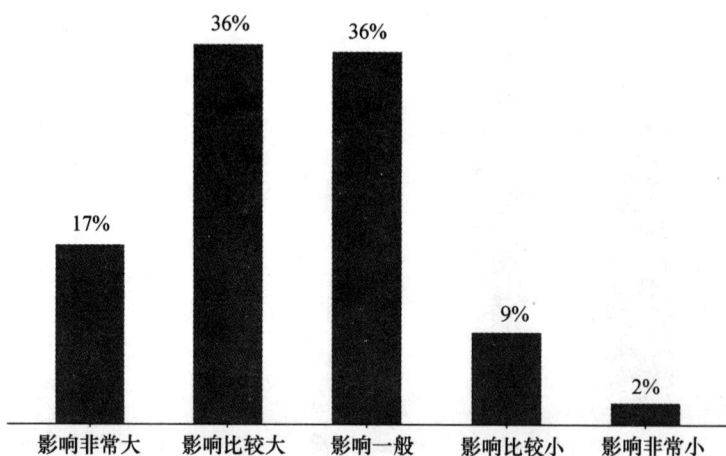

附图2—104　机会不均等（n=7950）

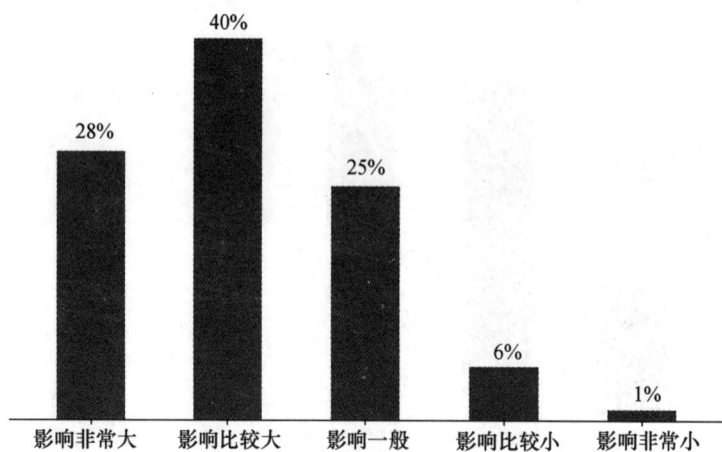

附图2—105　缺乏社会关系（n=7959）

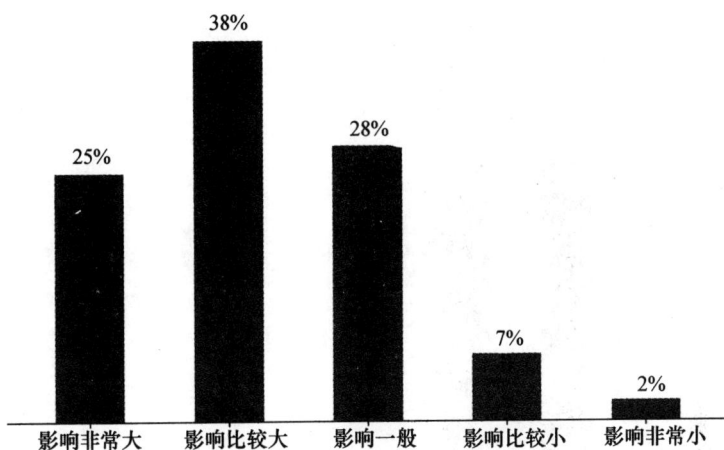

附图 2—106　学历低（n = 7951）

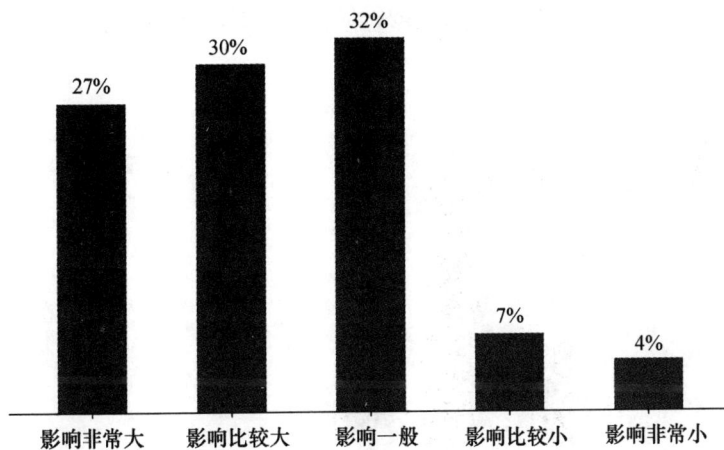

附图 2—107　其他（n = 272）

三　个人生活

41.12%　40.82%

10.39%

5.11%

2.12%

0.01%　0.41%

很满意　较满意　一般　较不满意　很不满意　不适用　不知道

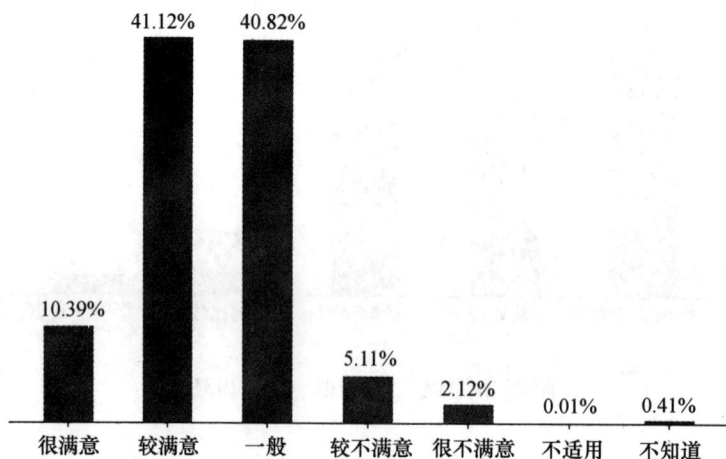

附图3—1　总体满意度（现实评价）（n＝7957）

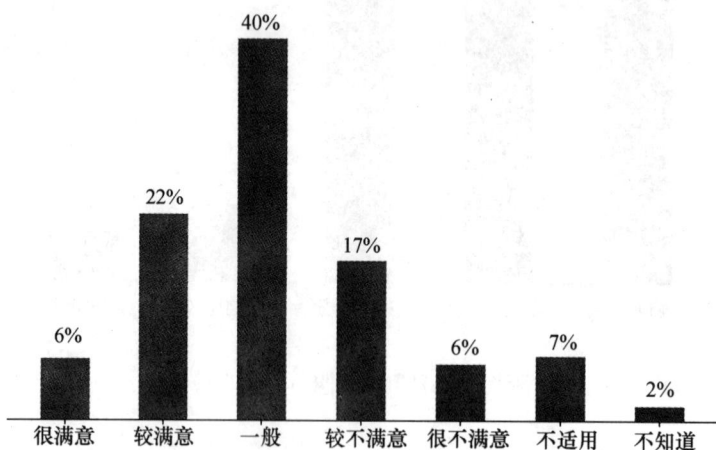

40%

22%

17%

6%

6%　7%

2%

很满意　较满意　一般　较不满意　很不满意　不适用　不知道

附图3—2　个人收入水平（现实评价）（n＝7944）

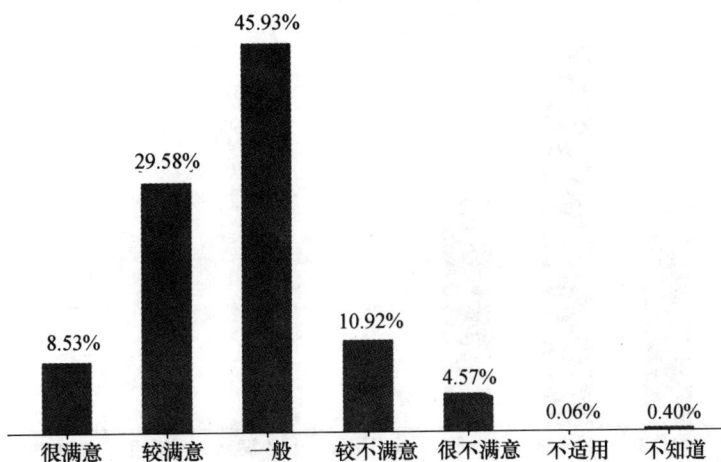

附图3—3 家庭经济状况（现实评价）（n = 7958）

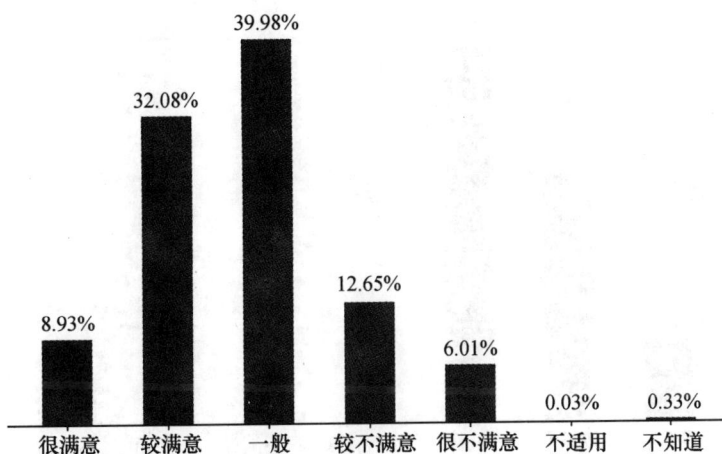

附图3—4 住房状况（现实评价）（n = 7954）

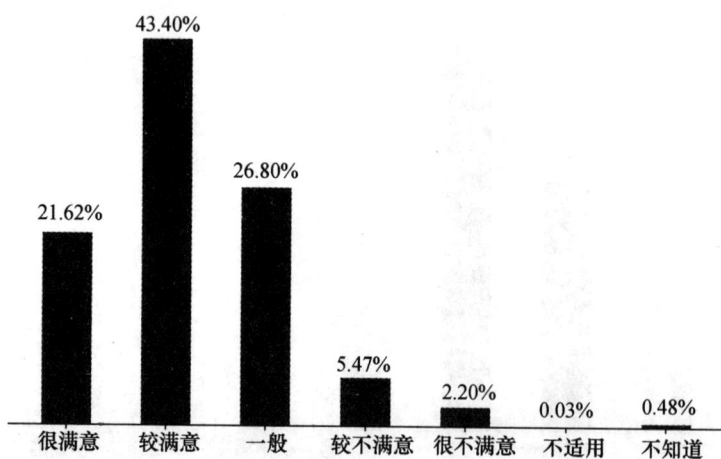

附图 3—5　健康状况（现实评价）（n = 7954）

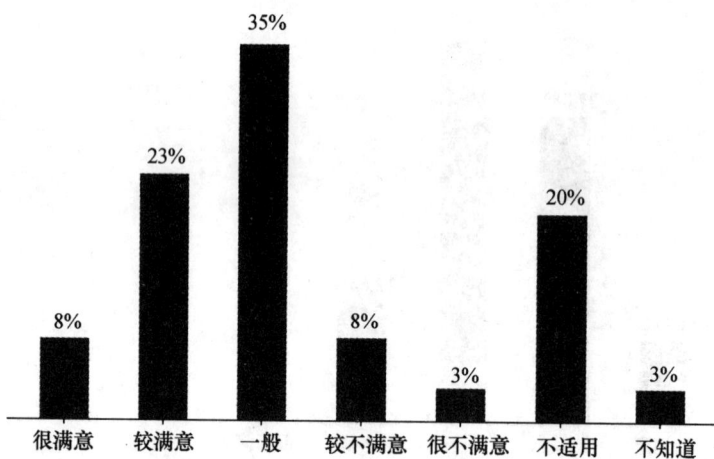

附图 3—6　工作状况（现实评价）（n = 7897）

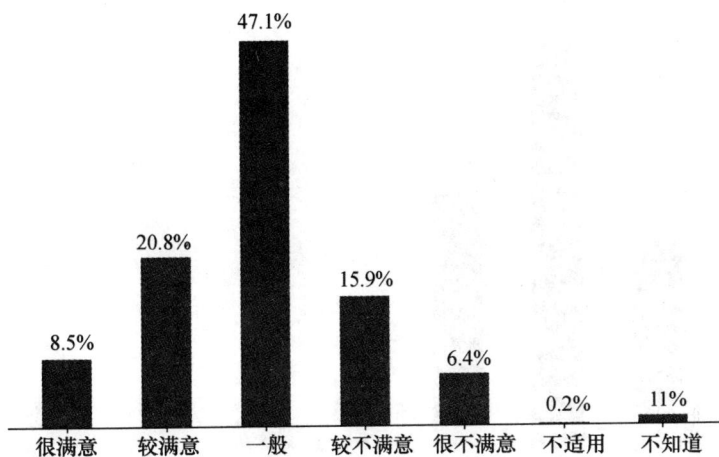

附图 3—7　生活压力（现实评价）（n＝7950）

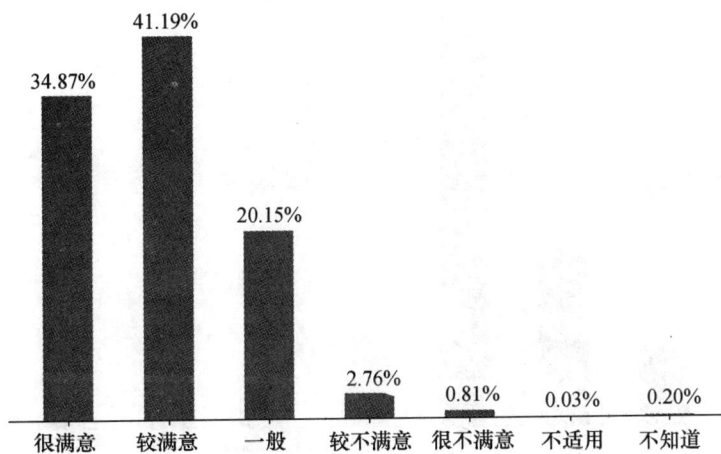

附图 3—8　家庭关系（现实评价）（n＝7949）

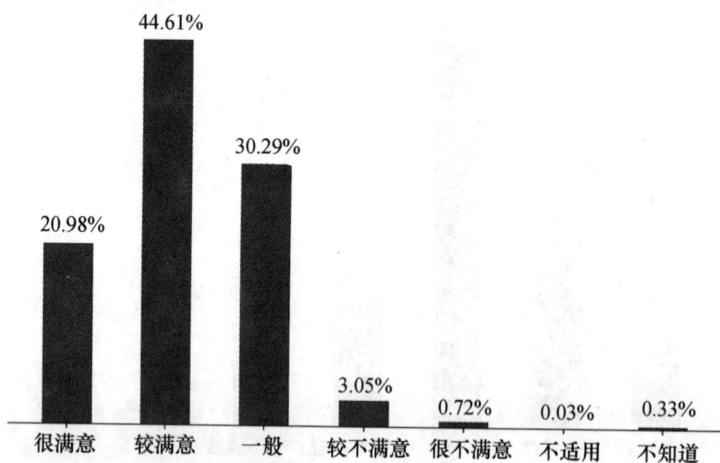

附图3—9　人际关系（现实评价）（n = 7956）

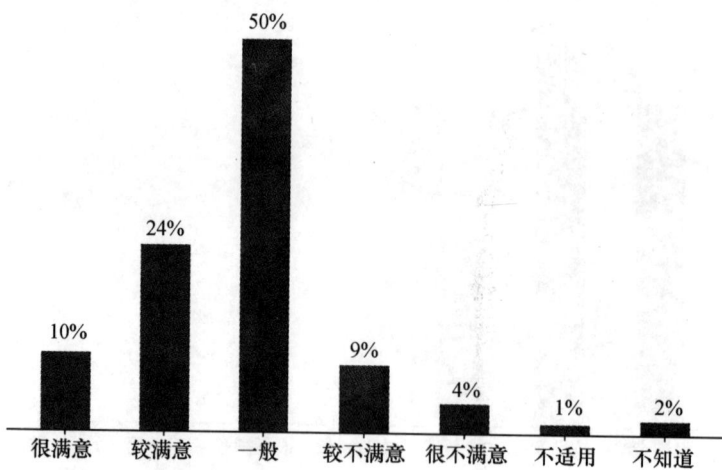

附图3—10　社会地位（现实评价）（n = 7953）

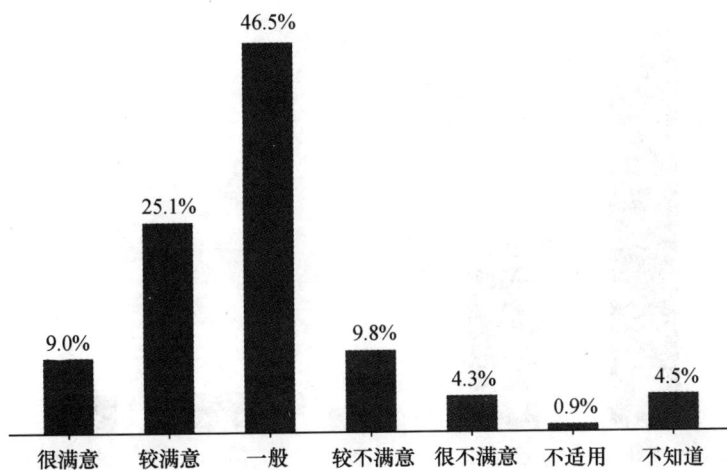

附图 3—11 发展机会（现实评价）（n = 7904）

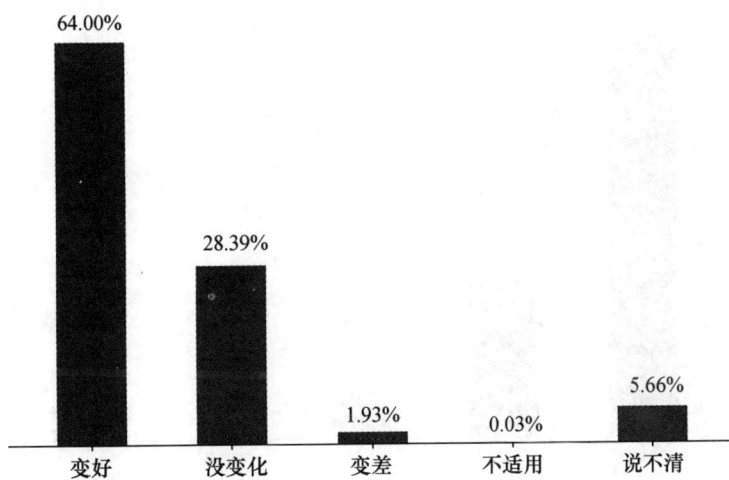

附图 3—12 总体满意度（未来预期）（n = 7947）

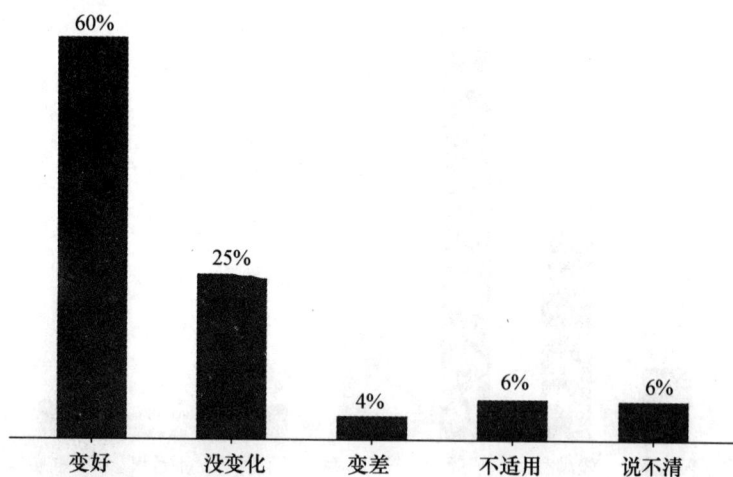

附图3—13　个人收入水平（未来预期）（n=7928）

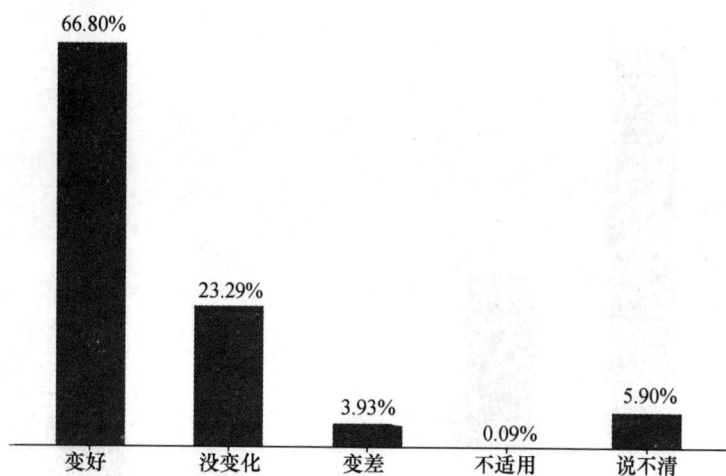

附图3—14　家庭经济状况（未来预期）（n=7948）

50.57%

39.51%

3.78%

0.01%

6.13%

| 变好 | 没变化 | 变差 | 不适用 | 说不清 |

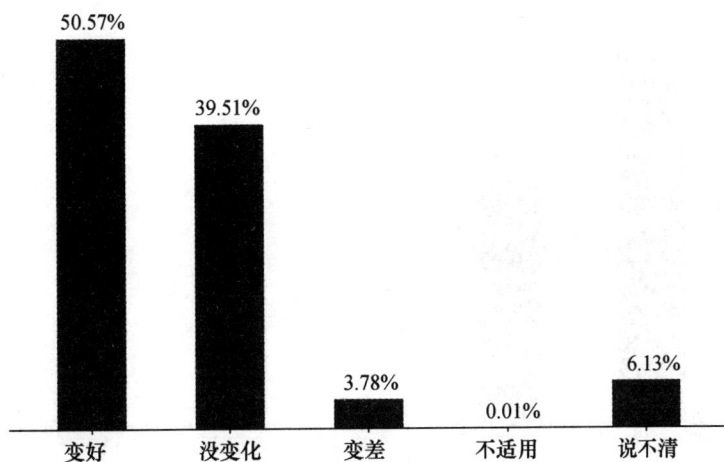

附图 3—15 住房状况 (未来预期) (n = 7945)

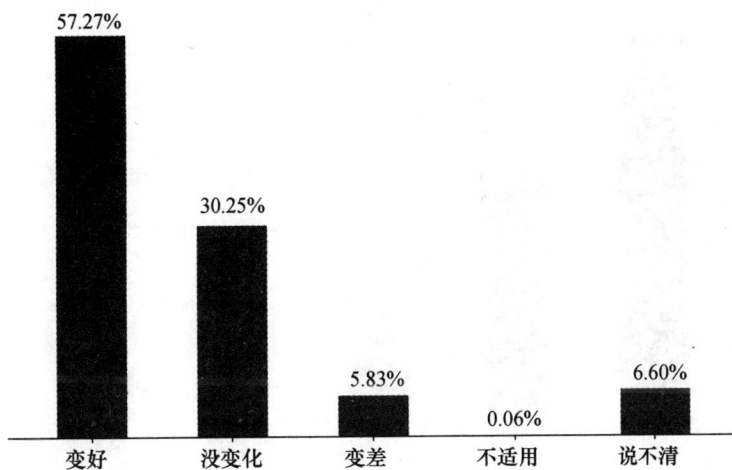

57.27%

30.25%

5.83%

0.06%

6.60%

| 变好 | 没变化 | 变差 | 不适用 | 说不清 |

附图 3—16 健康状况 (未来预期) (n = 7945)

45%

28%

18%

7%

3%

| 变好 | 没变化 | 变差 | 不适用 | 说不清 |

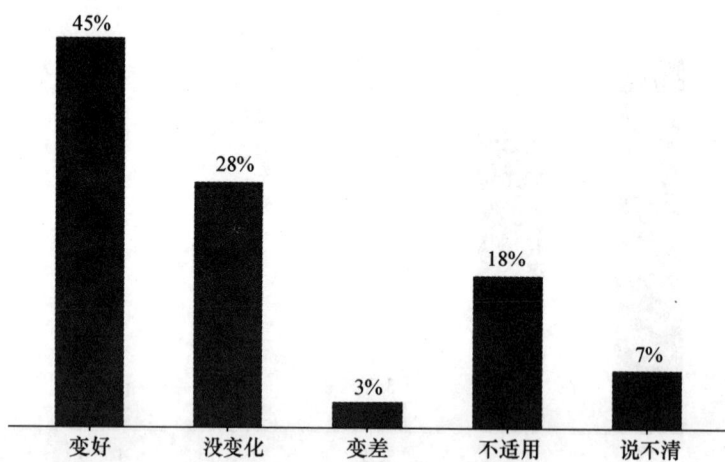

附图 3—17　工作状况（未来预期）（n = 7849）

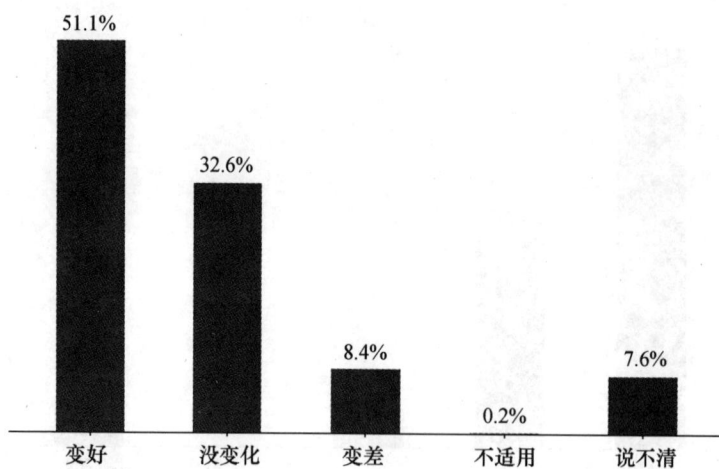

51.1%

32.6%

8.4%

7.6%

0.2%

| 变好 | 没变化 | 变差 | 不适用 | 说不清 |

附图 3—18　生活压力（未来预期）（n = 7943）

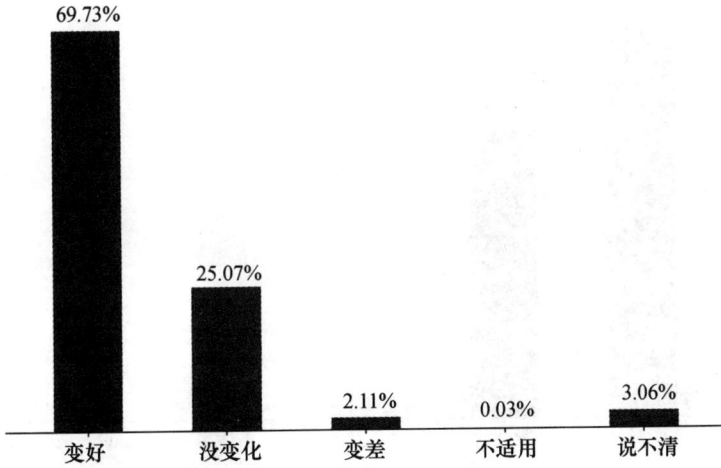

附图 3—19 家庭关系（未来预期）（n＝7945）

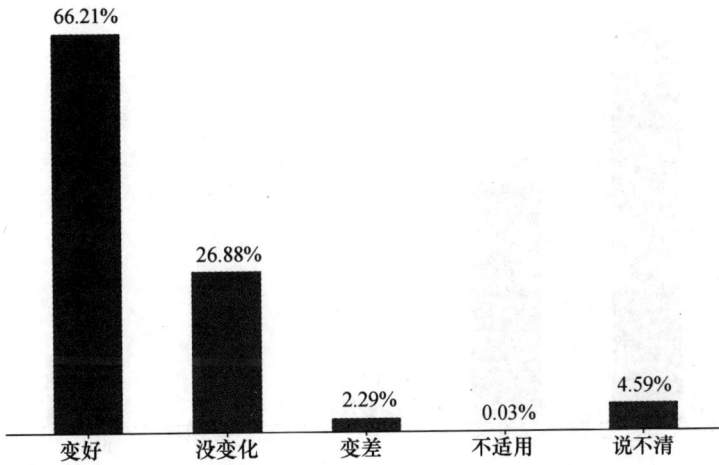

附图 3—20 人际关系（未来预期）（n＝7949）

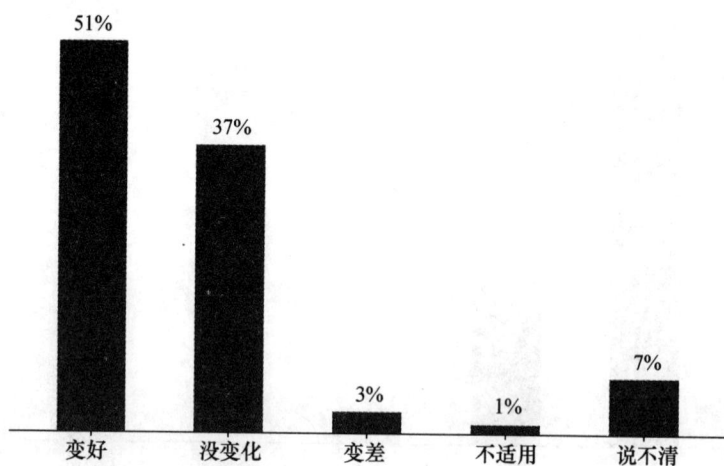

附图 3—21　社会地位（未来预期）（n = 7936）

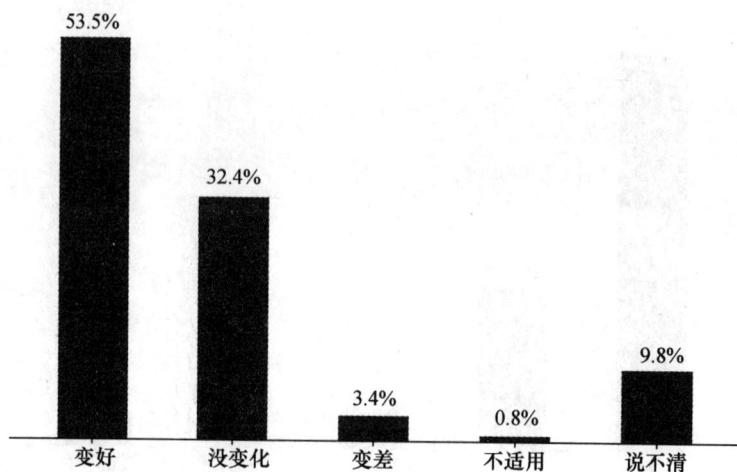

附图 3—22　发展机会（未来预期）（n = 7909）

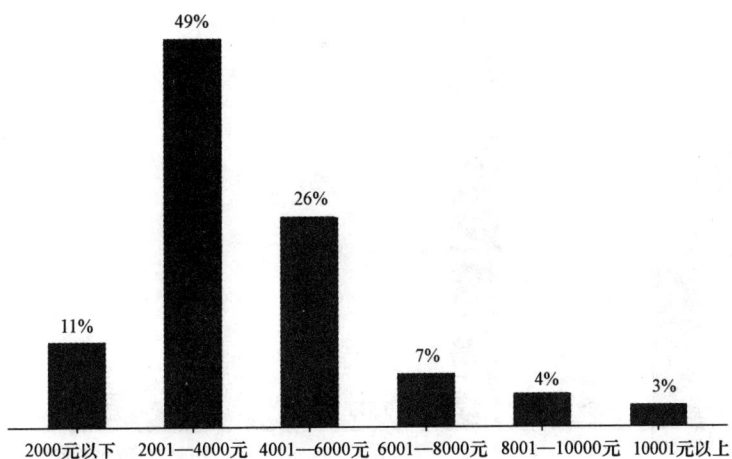

附图 3—23　您的月收入大概在什么范围（n = 4390）

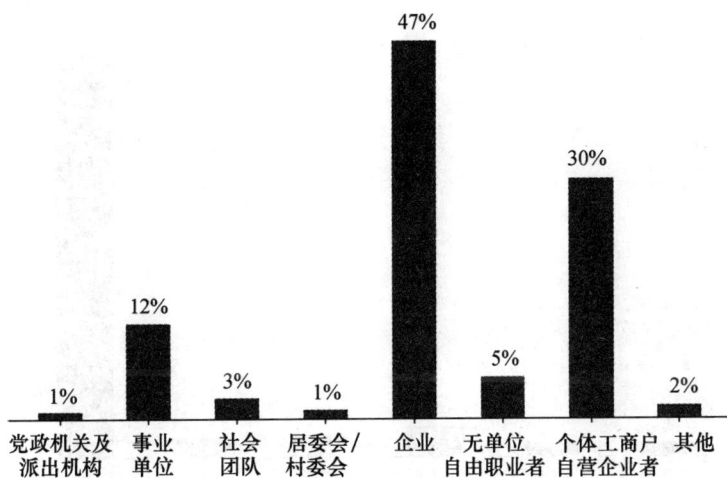

附图 3—24　您目前工作单位的类型（n = 4491）

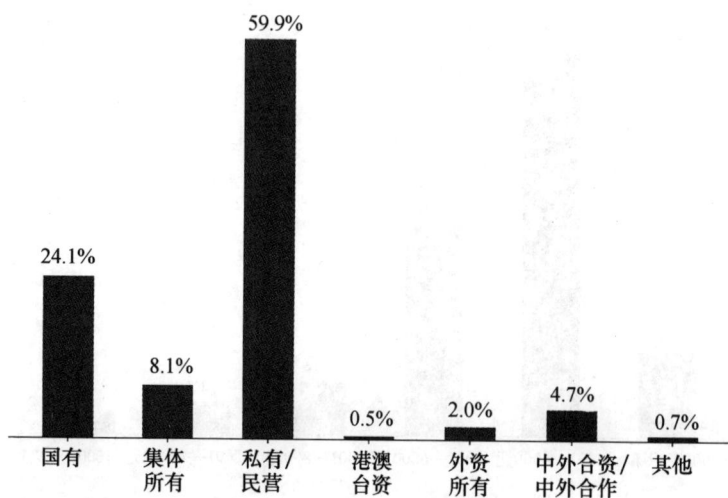

附图 3—25　您目前工作单位的所有制性质是（n = 2844）

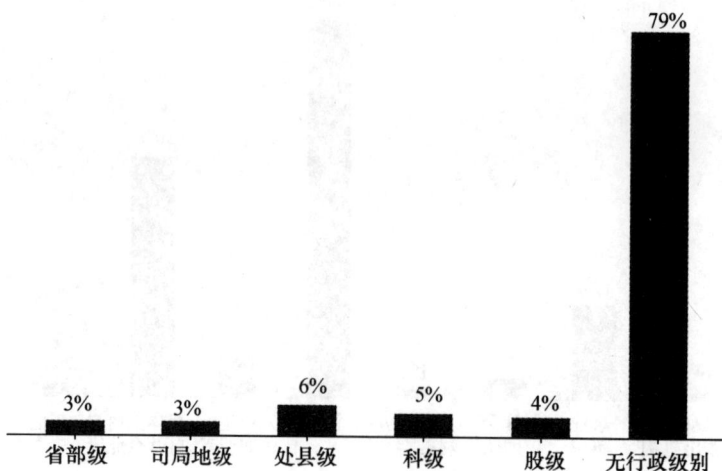

附图 3—26　您单位的级别是（n = 2832）

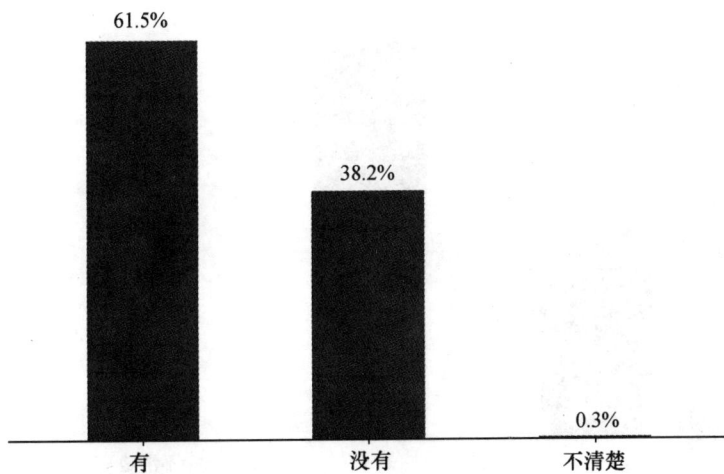

附图 3—27　基本养老保险（n = 7847）

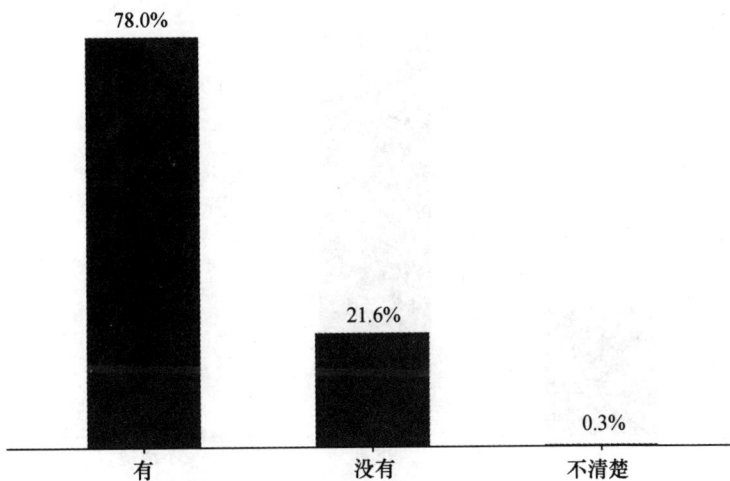

附图 3—28　基本医疗保险（n = 7876）

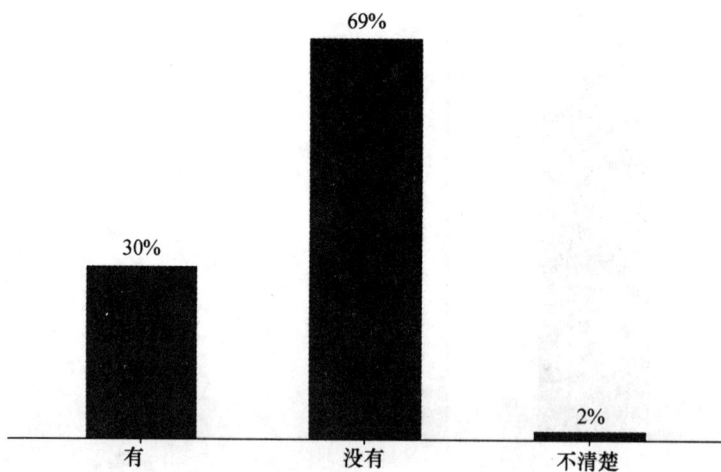

附图 3—29　失业保险（n = 7695）

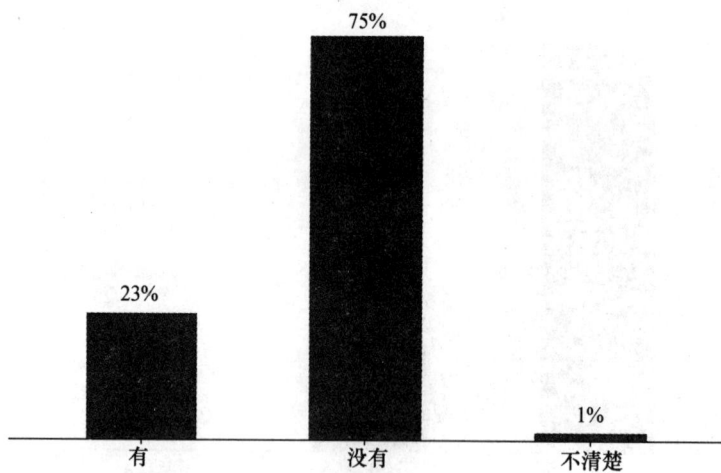

附图 3—30　住房公积金　（n = 7678）

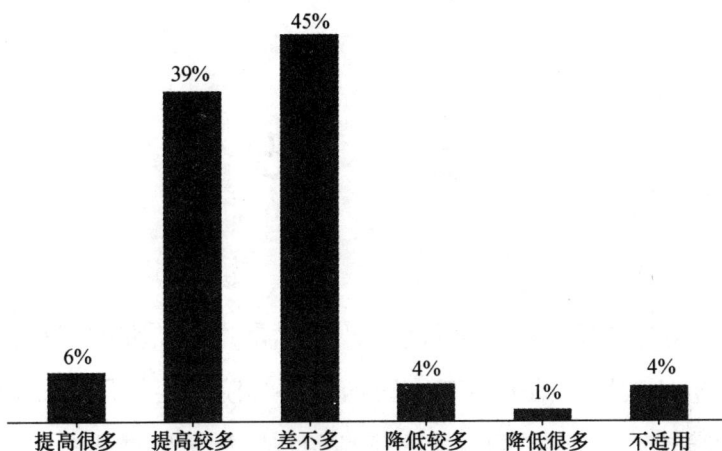

附图 3—31 与五年前相比，您的经济收入（n＝7937）

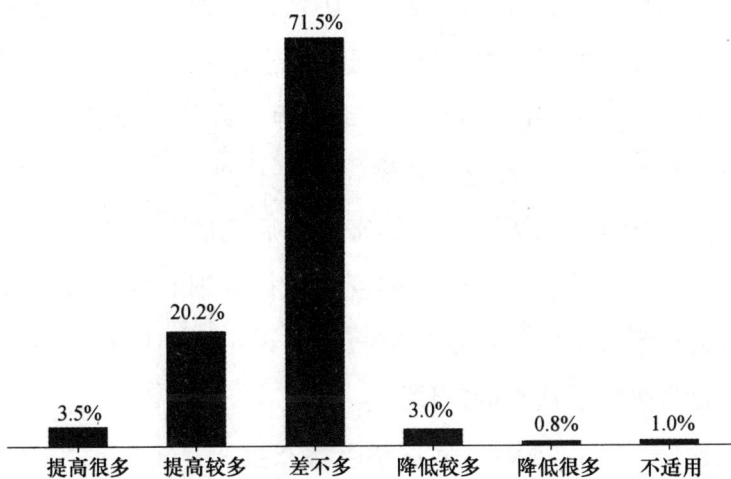

附图 3—32 与五年前相比，您的社会地位（n＝7945）

后 记

《中国社会发展年度报告（2015）》是集体研究的成果。这份报告分析的数据基础来源于中国社会科学院社会发展战略研究院在2015年下半年组织的一次全国性调查。社会发展战略研究院的科研人员参与了问卷的设计与调查。夏传玲和魏钦恭负责整个调查的抽样，高勇负责整个调查实施的管理，张彦、金凡路、郑美燕负责具体调查实施方面的沟通与协调，调查过程中的督导由吴莹、艾云、杨清媚、高勇、陈华珊、张蒽、张彦、张帆、张巍巍、张莹、梁萌、陈建伟、邹艳辉、邱雅静、许博、郑美燕、向眉、金凡路、李春兰、杨欣萌、张旖旎和邓雅丹进行了精心的组织，张莹和潘杰认真地完成了问卷的寄送等后勤服务工作，兰丽霞和黎元对问卷印刷以及研究经费的管理进行了细心的安排。课题组的全体成员积极参与了多次研究报告的讨论。刘白驹、葛道顺对各个分报告进行了认真的审读。

在这份年度报告中，第一章由潘杰撰写；第二章由李汉林、魏钦恭撰写；第三章由高勇撰写；第四章由艾云撰写；第五章由张彦撰写；第六章由吴莹撰写；第七章由钟宏武、张蒽撰写；第八章由吴建平撰写；第九章由向眉撰写；第十章由陈华珊、杨雪撰写；第十一章由葛道顺、张旖旎撰写；第十二章由陈建伟撰写；附录一和附录二分别由高勇与陈华珊撰写。